Benjamin Lemoine

Chasseurs d'États

Les fonds vautours et la loi de New York
à la poursuite de la souveraineté

La Découverte

Si vous désirez être tenu régulièrement informé de nos parutions, il vous suffit de vous abonner gratuitement à notre lettre d'information par courriel, à partir de notre site

www.editionsladecouverte.fr

où vous retrouverez l'ensemble de notre catalogue.

ISBN 978-2-348-08300-6

Introduction

Ils se vivent comme des « chasseurs ». Leurs proies sont les « souverains ». Ils sont avocats et ont pour clients la haute finance ou des firmes multinationales à qui des États doivent de l'argent, qu'il s'agisse d'une dette impayée, d'une indemnité obtenue à la suite d'un procès ou d'un recours en arbitrage[1]. L'un d'entre eux a rédigé le manuel du « bon » traqueur d'État, intitulé « À la poursuite des actifs protégés des débiteurs souverains[2] ». Son auteur, Michael S. Kim, est spécialisé dans les disputes commerciales transnationales. Fondateur et principal associé du cabinet d'avocats new-yorkais Kobre & Kim LLP, diplômé de la faculté de droit de Harvard, cet ancien assistant au bureau du procureur général du district sud de New York (où il travaillait sur la criminalité en col blanc) met son expertise acquise au département de la Justice[3] au service des entreprises et financiers qui cherchent à recouvrer leurs créances.

1. Consenti par les États eux-mêmes dans le cadre des traités bilatéraux d'investissement et des accords de libre-échange, le mécanisme de règlement des différends entre investisseurs et États (RDIE) – *Investor-State Dispute Settlement* (ISDS) en anglais – est une voie de recours, alternative à la justice étatique, pour les investisseurs, qui leur permet de réclamer auprès des arbitres des indemnités compensatoires si l'utilisation par l'État de ses institutions pour promulguer des lois, enquêter sur des infractions présumées, retenir ou révoquer des licences, etc., remet en question, de façon non conforme aux traités, les promesses faites à un investisseur.

2. Michael S. Kim, « Pursuing protected assets of sovereign award debtors », Kobre & Kim, LLP, 22 janvier 2016.

3. Les institutions qui jouent un rôle majeur dans le récit qui va suivre font l'objet d'une définition dans un glossaire en fin d'ouvrage.

Les États souverains constituent pour ces chasseurs, qui s'en prennent aussi à des sociétés privées, l'espèce la plus redoutable des débiteurs, et les poursuivre relève d'« un affrontement avec des titans[4] ». Pendant l'été 2005, les membres du cabinet Kobre & Kim se sont rendus dans le Connecticut, où ils ont passé une journée entière sur un champ de tir : « Nous nous occupons de litiges et de procès très agressifs ; nous préférons donc une activité qui s'accorde bien avec cette culture. Frapper une petite balle blanche sur les greens de golf ne nous convient pas vraiment », explique Kim à un journaliste du *New York Times* en 2005[5]. Le stand de tir est devenu l'activité de prédilection pour les séminaires d'intégration de nombreuses entreprises new-yorkaises. Finies les parties de pêche et de softball. Les montants en jeu sont élevés, dépassant la plupart du temps la centaine de millions, parfois plusieurs milliards de dollars. Le lexique décrivant leur travail est militaire : on parle de « campagnes d'exécution ». Il s'agit, en mobilisant tous les leviers de pression imaginables, juridiques ou extra-juridiques, de contraindre les États à transiger. En effet, si le créancier a le droit pour lui, une décision de justice ou la sentence d'un tribunal d'arbitrage, aucune force ne contraint les États à payer[6]. Dès lors, une armada est nécessaire pour transformer un bordereau de justice en liquidités.

Depuis la fin des années 1990, le tableau de chasse mondial est fourni. Certains actifs saisis sont qualifiés de « trophées » en raison de leur valeur financière ou symbolique, matérialisant la punition et l'entrave infligées aux États. Un Falcon de la flotte du président de la République

4. Pour reprendre le titre d'une note du cabinet d'avocats de M. Kim, « Clashing with Titans : maximizing returns on sovereign judgment enforcement », Kobre & Kim, Disputes and Investigations, 5 août 2020.

5. Vincent M. Mallozzi, « Now, accounting can get its gun », *New York Times*, 24 novembre 2005.

6. Razmig Keucheyan, « Un intellectuel discret au service du capital. À la recherche des véritables penseurs de droite », *Revue du Crieur*, n° 3, 2016.

du Congo, Denis Sassou-Nguesso, attaché au sol dans un hangar de l'aéroport de Mérignac en Gironde. Une frégate argentine immobilisée au Ghana. Des huissiers de justice dépêchés pour tenter de saisir un satellite de l'État argentin ou pour bloquer un port commercial du Venezuela. Les comptes bancaires des ambassades gelés. La Federal Reserve de New York dans l'incapacité de transférer de l'argent depuis le compte de la Banque centrale d'Argentine pour honorer le paiement du gouvernement au Fonds monétaire international...

Quand bien même ces saisies peuvent être levées dans certaines juridictions où elles sont entreprises, l'objectif a été atteint. Car ces raids légaux, délibérément spectaculaires, embarrassent, sinon humilient les États. Si les créanciers n'espèrent pas se rembourser intégralement par la saisie d'actifs, cette collecte provisoire finance leur procédure et, surtout, paralyse progressivement la cible. L'État débiteur voit peu à peu sa vie de souverain devenir impossible : ses partenaires commerciaux sont aussi visés et touchés, ses biens, ses transports sont placés sous surveillance et certains sont immobilisés. Tant que l'État pourchassé n'accepte pas de revenir à la table des négociations, avec eux en priorité, il éprouve de sérieuses difficultés à débourser son argent pour payer un autre créancier sans être menacé de confiscation. Jusqu'à ce qu'il craque. Tous les coups légaux sont permis pour mettre sous pression et étrangler financièrement le mauvais payeur et l'acculer au remboursement. En donnant libre cours à leur « instinct de chasseur », les créanciers finissent souvent par arracher le consentement de l'État débiteur à transiger et par en tirer profit.

Depuis le début des années 2000, des centaines d'investisseurs étrangers ont poursuivi en justice plus de la moitié des États du monde, fait des recours en arbitrage pour réclamer des dommages et intérêts liés à un large éventail d'actions gouvernementales – des réglementations en matière environnementale ou de santé publique – considérées comme une remise en cause de leurs investissements financiers[7]. Mais les réclamations devant les tribunaux portent aussi sur des dettes non honorées. La probabilité qu'une crise de la dette s'accompagne d'une action en justice est passée de moins de 10 % dans les années 1980 à plus de 50 % ces dernières années[8].

Cette industrie du litige contre les États est dominée par un petit nombre de fonds spéculatifs, des hedge funds[9], qui sont entourés d'enquêteurs et d'informateurs très bien renseignés, officiels ou officieux – dont la fonction est de traquer les actifs de l'État endetté circulant dans le monde –, ainsi que de spécialistes en relations publiques – qui se démènent pour nuire à la réputation des mauvais payeurs et, *a contrario*, polir l'image de victime des financiers auprès des tribunaux et de l'opinion financière. Dans chaque opération commando,

---

7. En juillet 2024, on recensait 1 332 cas de recours contre les États (<https://investmentpolicy.unctad.org/investment-dispute-settlement>). L'arbitrage investisseur/État prend son essor, sous les radars, à partir de 1954. Entre 1966 (date de l'entrée en vigueur de la « convention CIRDI », traité fondateur de l'arbitrage investisseurs/États) et 1996, on compte une affaire par an en moyenne. Pour la seule année 2015, 52 cas, puis 450 en 2011, pour seulement 38 en 1996. Il existe plus de 3 000 traités aujourd'hui, bilatéraux et multilatéraux. En 2022, 30 États étaient encore défendeurs dans 41 affaires enregistrées au tribunal pour le règlement des différends internationaux en matière d'investissement (le CIRDI). Chiffres à la fin 2023. UNCTAD, Investment Dispute Settlement Navigator. Voir Taylor St John, *The Rise of Investor-State Arbitration : Politics, Law, and Unintended Consequences*, Oxford, Oxford University Press, 2018.

8. Sur le seul volet de la dette souveraine, on recensait en 2021 près de 158 litiges contre 34 États souverains : la moitié de ces affaires remontent au début des années 2000. Julian Schumacher, Christoph Trebesch et Henrik Enderlein, « What explains sovereign debt litigation ? », *The Journal of Law & Economics*, vol. 58, n° 3, 2015.

9. Les hedge funds, contrairement à ce que suggère leur appellation littérale (fonds de couverture), sont des fonds d'investissement qui, profitant d'une faible réglementation, placent une part importante de leur portefeuille sur des actifs illiquides, complexes ou risqués – à la différence des fonds d'investissement (investisseurs institutionnels, compagnies d'assurances, fonds de pension) destinés au grand public. Peu transparents et souvent implantés dans les paradis fiscaux, ils cherchent la surperformance et utilisent massivement les techniques de spéculation sur l'évolution des marchés, à la baisse comme à la hausse (produits dérivés, vente à découvert et effet de levier). Autrefois petits groupes d'entrepreneurs, ils sont aujourd'hui, le plus souvent, de grandes institutions financières qui emploient des centaines de personnes.

il s'agit de faire face à la souveraineté des États, c'est-à-dire d'affronter leur capacité à ne pas reconnaître des droits au remboursement, à ne pas se plier au jugement des tribunaux étrangers et à décider qu'une situation exceptionnelle – crise économique, sociale ou politique – justifie d'ignorer les promesses préalablement faites.

La plupart du temps, les détenteurs originaux des titres d'emprunt ou des indemnités arbitrales se sont délestés des créances ou du dossier et les ont revendus sur un marché de l'occasion, dit secondaire, découragés par le coût d'une procédure judiciaire de longue haleine ou éprouvant le besoin de nettoyer leur portefeuille. On le voit, la poursuite juridique est devenue financiarisée, transformant les litiges en supports d'investissement circulant sur un marché des affaires[10]. Des consortiums réunissant financiers, avocats, spécialistes de l'information investissent dans des disputes et rachètent les créances « vacantes ».

En Argentine, ces organisations financières sont devenues des ennemis publics : la présidente Cristina Kirchner comparait les *fondos buitres*, « fonds vautours », à des « terroristes financiers ». Si les hedge funds sont décrits comme des spéculateurs prospérant sur le cadavre des entreprises, des clubs de football ou des États au bord de la faillite[11], les milieux financiers parlent plus sobrement de « fonds procéduriers », d'activistes, spécialisés dans une classe d'investissements spécifique : la dette en détresse.

La méthode est, *a priori*, simple et lucrative : mettre la main sur la créance d'un débiteur insolvable, revendue à bas

10. Ce qu'on appelle le « financement de procès par un tiers » (*third-party funding*). Voir N. Kalyanpur et A. L. Newman, « The financialization of international law », *Perspectives on politics*, vol. 19, n° 3, 2021 ; et F. Dafe et Z. Williams, « Banking on courts : financialization and the rise of third-party funding in investment arbitration », *Review of International Political Economy*, 28 (5), 2020.

11. Par exemple le club de Lille (LOSC). Voir Grégory Schneider, « Les fonds vautours planent sur le foot français », *Libération*, 12 avril 2020 ; Clément Lacombe, « Foot : 10 choses à savoir sur Elliott, le fonds vautour qui s'empare du Milan AC », *Le Nouvel Obs*, 12 juillet 2018.

prix, et le poursuivre par des moyens judiciaires et extra-judiciaires, par exemple *via* une campagne médiatique de dénigrement, jusqu'à l'astreindre au paiement et empocher le remboursement à un prix bien supérieur à celui de l'achat, auquel s'ajoutent les intérêts courus et les frais de justice.

Si beaucoup se prétendent « chasseurs d'actifs souverains », peu ont un « historique de recouvrement » à faire valoir, me confie Kim. Les succès sont « extrêmement rares » : « Lorsque des clients (des investisseurs) engagent des avocats, presque personne ne demande : “Avez-vous déjà perçu des fonds ?”[12]. »

En face, les gouvernants des États-nations débiteurs ne sont pas des victimes ingénues. Il est donc fondamental pour ces fonds vautours de dégainer vite et de frapper par surprise, pendant le procès, avant même que la décision soit rendue. Car, dans les trente jours qui suivent l'émission du jugement, l'adversaire aura réagi et peut-être déjà mis ses biens à l'abri des saisies. Face « à un débiteur souverain récalcitrant typique qui a déjà fait l'objet de nombreuses attaques et est assez avisé, ce n'est pas le moment de tergiverser en se demandant s'il va bientôt payer »[13]. Les chasseurs le savent : « En général, un État dispose de ressources beaucoup plus importantes et d'un portefeuille plus garni que n'importe quelle entreprise, et peut employer des tactiques de mauvaise foi pour dissuader les créanciers de chercher à monnayer une indemnité[14]. »

Et de fait, les États aussi savent s'équiper. Pour optimiser leur rapport au droit et minimiser leur exposition au risque de saisie, ils s'entourent d'avocats des grandes places financières du monde, New York ou Londres, et qui travaillent

12. Quand je l'interroge sur son palmarès, Kim évoque trois dossiers au moins : Conoco Philipps c. Venezuela ; Chevron *c.* l'Équateur ; Elliot *c.* Corée (qui fait actuellement l'objet d'un appel).

13. « Clashing with Titans : maximizing returns on sovereign judgment enforcement », *loc. cit.*

14. Noor Kadhi et Paul Grelon (du cabinet Fieldfisher), « The Five W's. Who ? What ? Where ? When ? Why ? of enforcement », « States of conflict : navigating sovereign & states disputes and enforcement », *ThoughtLeaders4 Disputes*, novembre 2023.

pour les cabinets les plus prestigieux – ce qu'on appelle le « cercle magique ». Dans le domaine du droit, les actifs d'État sont réputés les plus insaisissables parce que le souverain dispose de moyens d'esquive et de dissimulation atypiques : il peut faire valoir son immunité souveraine ou déplacer ces actifs dans des territoires échappant au droit commun commercial (comme à la Banque des règlements internationaux en Suisse). La proie souveraine ne se laisse pas prendre aisément.

Mais l'énigme se complique car ce sont les États eux-mêmes qui, pour des raisons financières, renoncent souvent à nombre de ces protections spéciales. Afin de susciter la confiance des prêteurs mondiaux et d'accéder à un crédit moins onéreux, les services des États emprunteurs dont la confiance est la moins assise ont libellé leurs titres de dette en monnaie étrangère, la plupart du temps en dollar, et complété ce « péché originel[15] », comme disent les économistes, sur le terrain du droit en plaçant leurs contrats sous l'égide du droit dominant, celui de l'État de New York. Ils ont ainsi écarté la référence à leur droit national, « suspendu » leur immunité souveraine et consenti à des clauses protégeant largement les créanciers[16]. En échange d'un crédit plus avantageux, un taux d'intérêt plus faible, les départements du Trésor de ces pays se sont ainsi délibérément exposés à des risques juridiques et financiers. Dans la logique rationnelle du contrat, plus le souverain se laisse des marges d'action discrétionnaire en cas d'impossibilité de paiement, plus le créancier fera payer cher son prêt. Inversement, plus les efforts de sécurisation des créanciers privés sont importants, plus les facteurs de risque sont élevés pour les États.

---

15. Barry Eichengreen, Ricardo Hausmann et Ugo Panizza, « Le péché originel. Le calvaire, le mystère et le chemin de la rédemption », *L'Actualité économique*, vol. 79, n° 4, 2003.

16. Les contrats contiennent des clauses de renonciation à l'immunité qui précisent, par le menu, le déroulé des opérations en cas de défaillance. Voir Anna Gelpern « What Irak and Argentina might learn from each other », *Chicago Journal of International Law*, vol. 6, n° 1, 2005.

Mais tous les débiteurs publics ne se sont pas soumis aux mêmes contraintes. L'inégalité entre pays occidentaux et pays du « Sud global[17] » se décline dans le support même de l'emprunt : les souverains n'ont pas tous besoin d'émettre des contrats au sens strict pour lever de l'argent. Les États les plus centraux de l'architecture financière mondiale (les États-Unis, l'Allemagne, la France, etc.)[18], forts de leur capital confiance, goûtent peu ce jeu de la rationalité contractuelle (et son cocktail de risques *versus* protections) et cet empiètement sur leur souveraineté pour obtenir des financements. Leurs emprunts, y compris auprès de créanciers étrangers, sont inscrits dans leurs droits administratifs, dans des lois, des arrêtés ministériels et des décrets domestiques : ce sont des actes d'État unilatéraux et incontestables, au sens où ils ont pour fonction d'éviter le couperet des tribunaux étrangers[19]. Au contraire, en fixant les obligations de l'État, en listant précisément les voies de recours possibles et impossibles en cas de défaut, et en étant éventuellement régi par une juridiction étrangère, le contrat d'emprunt est un outil de force pour le créancier privé et l'arme de l'État faible[20]. Mais

17. La catégorie « Sud global » représente un étendard politique important dans les années 1960-1970, soulignant l'importance de l'unité politique malgré les situations économiques disparates des pays regroupés. D'autres bannières sont mobilisées, comme le « tiers monde », vestige de la guerre froide, pour se différencier du « premier monde » des démocraties industrielles relativement riches (l'Occident) et du « second monde » des pays communistes d'Europe de l'Est, relativement riches et fortement industrialisées. Ces autolabellisations contrastent avec les caractérisations, émanant des pays du « Nord » ou des organisations internationales, qui ne tiennent compte que du niveau de richesse de ces pays – dits « à faible revenu », « pauvres », « faiblement développés », « émergents » – et ont pour effet de ou visent explicitement à saper cette « unité ». Voir C. T. Mohantyn, « "Under western eyes revisited" : feminist solidarity through anti-capitalist struggles », *Signs*, vol. 28, n° 2, 2003.

18. Voir Immanuel Wallerstein, *Comprendre le monde. Introduction à l'analyse des systèmes-monde*, La Découverte, Paris, 2006.

19. La France procède ainsi par arrêtés ministériels. Voir Mathias Audit, « Sovereign bonds by law : can a state debt be non-contractual ? », Communication à la Debtcon, conférence organisée à Genève, octobre 2017.

20. Liora Israël, *L'Arme du droit*, Presses de Sciences Po, Paris, 2020.

le droit peut constituer un instrument de contre-pouvoir dans ces terrains de la finance globale : à partir des années 1960, les États postcoloniaux du Sud global revendiquent un droit international « réellement universel », qui ne soit pas seulement la projection et prolongation des standards du droit coutumier favorables aux intérêts économiques des puissances européennes[21].

Le système financier et monétaire mondial n'est donc pas plat, mais hiérarchique[22] : certains souverains dominent le monde de la finance et semblent plus souverains que d'autres. À mesure que Wall Street est devenue la place financière incontournable du monde, les tribunaux de New York se sont imposés comme la chambre globale de règlement des litiges et de collecte des réclamations[23]. La grande majorité des dettes en circulation, émises par des États émergents sous forme d'obligations, sont régies par le droit new-yorkais[24]. Le tribunal du district sud de Manhattan, New York Southern District, le premier niveau hiérarchique de l'administration judiciaire étatsunienne (avant les tribunaux d'appel et la Cour suprême), est ainsi devenu un véritable centre de pouvoir global. La juridiction est qualifiée de « district souverain[25] » pour souligner sa puissance et son autonomie relative vis-à-vis du pouvoir exécutif à Washington. La genèse de ce pouvoir

21. « Les sociétés asiatiques et africaines qui avaient été exclues du domaine de la souveraineté tout en étant soumises au fonctionnement du droit international » étaient supposées, avec l'émergence des États souverains d'Afrique et d'Asie, pouvoir désormais participer à ce système en tant « qu'États égaux et souverains ». Voir Antony Anghie, *Imperialism, Sovereignty and the Making of International Law*, Cambridge University Press, Cambridge, 2005, p. 197.

22. Perry Mehrling, « The inherent hierarchy of money », *in* Lance Taylor, Armon Rezai, Thomas Michl (dir.), *Social Fairness and Economics : Economic Essays in the Spirit of Duncan Foley*, Routledge, Londres, 2013.

23. Ann Laura Stoler « On degrees of imperial sovereignty », *Public Culture*, 18 (1), 2006, p. 125-146.

24. Le reste étant gouverné par le droit britannique. Voir Julian Schumacher, Christoph Trebesch et Henrik Enderlein, « Sovereign default in courts », *Journal of International Economics*, vol. 131, 2021.

25. Thomas Angeletti, « Quand le capitalisme négocie ses peines. Genèse de la justice négociée pour les entreprises », *Actes de la recherche en sciences sociales*, vol. 251, n° 1, 2024, p. 74-91.

juridique de la finance est au cœur de ce livre, dont le but est de comprendre comment s'est façonné ce terrain de jeux *local* et *global* pour les créanciers privés.

Enquêter sur la manière dont les États sont poursuivis et appréhendés par des créanciers est l'occasion pour les sciences sociales d'analyser concrètement la manière dont ils sont mis à l'épreuve de la mondialisation financière. Ce récit est une plongée dans les arcanes de ce monde : il restitue les fondements institutionnels du pouvoir juridique de la finance, ses croyances et représentations de la souveraineté comme du bon « gouvernement ».

La souveraineté désacralisée

Mais de quoi parle-t-on au juste quand on parle de souveraineté ? « Incommensurable », « absolue », « indénombrable », « inconditionnelle », « indivisible », « anhistorique », « insaisissable », « auto-immune » et, dès lors, injusticiable… Cette litanie d'adjectifs pour qualifier la souveraineté dressée par le philosophe Jacques Derrida, peu après les attentats du 11 septembre 2001 et l'intervention militaire qui s'est ensuivie des États-Unis en Afghanistan est destinée à en faire la critique radicale[26]. Vouloir « conférer du sens » à la souveraineté, « la justifier, lui trouver une raison, c'est déjà entamer son exceptionnalité décisoire, la soumettre à des règles, à un droit, à une loi générale, à du concept […] c'est la diviser, en faire la part […] et entamer son immunité, la retourner contre elle-même[27] ». L'essence même de la souveraineté résiderait dans cet art agile et fuyant de la négation : sa capacité de décider des normes mais surtout de l'exception aux règles, son droit de suspendre le droit. La forme pure de la souveraineté renverrait au caractère « inconditionné » de son pouvoir, toujours

26. Jacques Derrida, *Voyous*, Galilée, Paris, 2003.

27. « Dès qu'il y a souveraineté, il y a abus de pouvoir et rogue State. L'État est voyou », in *ibid.*

« absolu »[28], illimité et ne supportant aucune contrainte ou règle extérieure[29].

Mais comment rendre compte sociologiquement d'un phénomène dont le mode d'existence est l'exception, la possibilité de contourner les règles, le vouloir imprévisible et le pouvoir arbitraire qui échappe à toute contrainte et institution extérieures ? Ce livre fait le pari de rapatrier la souveraineté dans l'atelier empirique des sciences sociales en analysant des situations sociales où la souveraineté, en pratique, devient un objet circonscrit et délimité, de suivre la manière dont les dispositifs et acteurs du droit et de la finance s'y attaquent. J'appréhende la souveraineté comme le fruit d'un travail[30] et d'un rapport social, que révèlent les pratiques, les représentations et les techniques déployées par une petite communauté qui a pour métier de produire, définir et agir sur la souveraineté ou d'y faire face[31]. Dans les ateliers de la globalisation, la souveraineté constitue un matériau travaillé, taillé et découpé sur mesure par les pratiques et discours de juges, d'avocats, d'administrations d'État et de

28. « La caractérisation minimale [de la souveraineté] est qu'aucune entité terrestre n'existe au-dessus du souverain. Ce dernier dispose d'un pouvoir absolu, c'est-à-dire inconditionné. Le souverain est celui qui est délié de toute obligation. » Voir Jean Bodin, *Les Six Livres de la République. Livre I*, Fayard, Paris, 1986, p. 179.

29. Pour Carl Schmitt, la souveraineté « ne consiste pas tant à exercer le pouvoir normatif qu'à se montrer capable de décider de la situation exceptionnelle, c'est-à-dire de suspendre les règles ayant cours – attestant par là qu'il se situe lui-même, tel un démiurge, en dehors de tout ordre normatif contingent et temporaire, et conférant en retour à ses actions les caractères de la nécessité et de l'éternité » (Thomas Boccon-Gibod, « Souveraineté de la monnaie et souveraineté de l'État », dans Thomas Boccon-Gibod et Alban Mathieu (dir.), *Monnaie, souveraineté et démocratie*, Le Bord de l'eau, Lormont, 2022, p. 114).

30. Comme le rappelle Howard Becker, « la sociologie du travail s'étendait à tout. [Hughes] aimait dire que tout ce qui se produit est le résultat du travail de quelqu'un ». « La vie en société : une improvisation ». Entretien avec Howard Becker, par Pauline Peretz, Olivier Pilmis et Nadège Vezinat, La Vie des idées, 3 février 2015.

31. Pour les traitements réservés à la notion de puissance souveraine dans les politiques néolibérales, voir Odile Tourneux, *La Souveraineté à l'ère du néolibéralisme*, Classiques Garnier, Paris, 2022.

financiers privés[32]. Les manifestations de la souveraineté en tant que discours, mot d'ordre ou étendard, telles que le sens commun les appréhende, s'y font encore jour, mais dans les marges. La réaffirmation de la forme pure de la souveraineté étatique contre la loi de la finance globale est devenue une stratégie d'État isolé, rejeté comme un paria, et donc critique par dépit vis-à-vis de ses normes et outils. Un avocat français spécialisé dans le recouvrement de créances impayées des États oppose ainsi les versions « absolutistes » de la souveraineté à la « réalité », plus terre à terre, des nécessités de financement auxquelles les États dans le besoin font face en contractant avec les détenteurs privés de l'épargne mondiale. Il raconte une joute verbale lors d'un séminaire sur les dettes souveraines organisé aux Nations unies : « C'est un monde où on parle de concept en concept : "la souveraineté ceci, la souveraineté cela". Un professeur de droit qui a écrit des articles partout sur des dossiers dans lesquels il était aussi le conseil [du pays concerné] et qui vous explique qu'"une clause de renonciation à l'immunité, il faudrait la réputer non écrite parce qu'en fait il ne faut pas qu'on accepte qu'un État renonce à sa souveraineté". Ok, ok [rires]. Passionnant ! Tout ça c'est génial. Moi je veux bien que plus aucun État ne renonce à sa souveraineté : on verra bien qui sera prêt à lui prêter… Si vous voulez, allez-y hein ?! Banco. C'est trop facile. »

Pourtant, ces mêmes avocats et financiers qui se moquent de la prétention à la souveraineté font part d'une méfiance à son égard, précisément parce que son expression *pure* peut constituer une menace pour la stabilité de leurs placements. En pratique, les modalités d'endettement s'apparentent donc à une « hypocrisie organisée » : l'idéal-type westphalien de souveraineté-étatique, qui n'accepterait aucune autorité supérieure, est constamment violé par le consen-

32. Pour une analyse de la souveraineté par ses usages, voir Sabine Saurruger, « Théoriser l'État dans l'Union européenne. Ou la souveraineté au concret », *Jus Politicum*, n° 8, septembre 2012.

tement des États eux-mêmes à d'autres normes supranationales ou clauses contractuelles privées[33]. Les pratiques de l'emprunt souverain, comme les éventuels aléas, poursuites et tentatives d'exécution de la créance – qui font suite à la rupture d'un contrat d'emprunt – sont ainsi le théâtre pour de nombreux pays de compromissions vis-à-vis de leur autonomie politique domestique. Repartir de la façon dont les organisations, sur le terrain, manipulent, réifient et se servent de la notion de souveraineté répond à l'invitation de Michel Foucault qui conseillait, pour faire « l'économie d'un repas indigeste », de ne pas aborder frontalement la théorie de la souveraineté[34]. Il s'agit de passer à la « grille des pratiques gouvernementales », les « universaux » – que sont « le souverain, la souveraineté, l'intérêt général, le peuple, les sujets, l'État, la société civile ». La souveraineté n'est plus le facteur explicatif des phénomènes sociaux mais devient la chose à expliquer. Pour ce faire, il convient de décrire les déplacements et le travail dont elle fait l'objet. Ce livre dépeint la façon dont la réalité des pratiques, séculaires et « terre à terre », opaques et hybrides, et des transactions collusives entre administration publique et capital privé[35], (re)fabrique par endroits et sous contraintes cet universel de la souveraineté.

La dette devient souveraine

Pour désigner la dette de l'État, les organisations de la finance privée utilisent la notion de « dette souveraine ». Cette terminologie ne va pas de soi et s'est imposée en même temps

33. Stephen Krasner, *Sovereignty : Organized Hypocrisy*, Princeton, Princeton University Press, 1999.

34. Michel Foucault, *Naissance de la biopolitique. Cours au Collège de France*, 1978-1979, leçon du 31 janvier 1979, Seuil, Paris, 2004, p. 78.

35. Michel Dobry, « Valeurs, croyances et transactions collusives. Notes pour une réorientation de l'analyse de la légitimation des systèmes démocratiques », *in* Javier Santiso (dir.), *À la recherche de la démocratie*, Mélanges offerts à Guy Hermet, Karthala, Paris, 2009.

que la financiarisation du monde économique et social[36]. Initialement, le terme était cantonné aux arènes spécialisées ; il était utilisé par les traders obligataires, les banques, les agences de notation financière et certaines bureaucraties intergouvernementales. Il s'est imposé plus largement par la suite. En 2010, il suffisait d'ouvrir un titre de presse généraliste comme *Le Parisien* pour voir expliqué, en pleine crise de la zone euro, « comment fonctionne la dette souveraine ». En faisant disparaître de la grammaire du débat démocratique le vocable de « dette publique », les mots de la finance se sont substitués « aux mots du public » pour constituer le nouveau sens commun[37]. L'expression s'apparente néanmoins à un oxymore : comment la dette pourrait-elle relever du domaine de l'obligatoire quand les attributs de la souveraineté placent l'État, dépositaire de ces pouvoirs, à un niveau supérieur à cette contrainte[38] ? Le contrat de dette lui-même pourrait-il être devenu souverain, intouchable et sacré ?

L'émetteur souverain d'obligations financières est donc paradoxalement considéré à la fois comme le plus sûr dans la hiérarchie des emprunteurs (par rapport aux entreprises privées, aux entreprises publiques ou aux municipalités et régions), mais aussi, « par nature » ou « par essence », comme le plus risqué. Si les défauts sur les engagements financiers souverains ont connu une brève hausse dans les années 1980, la part de dette publique non honorée a ensuite été en nette diminution à l'échelle mondiale – que ce soit à la suite de la crise financière de 2008, la pire depuis les années 1930, où cette part est restée bien inférieure à 1 %, ou même au point culminant de la crise de la zone euro, entre 2010 et 2015,

36. Surtout, le terme renvoie à la figure du monarque, le souverain de l'Ancien Régime, capable de prélever d'autorité l'impôt sur la population.

37. Antoine Vauchez, *Public*, Anamosa, Paris, 2022.

38. On retrouve la conception négative, en droit, de la souveraineté : « Par "souverains", on entend que les États n'ont pas, en droit, de supérieurs. Attribut consubstantiel à la qualité étatique, la souveraineté internationale [...] qualifie les pouvoirs étatiques et exclut que leur exercice soit conditionné par un pouvoir équivalent ou supérieur », à moins que l'État ait consenti. Voir Raphaële Rivier, *Droit international public*, PUF, Paris, 2012, p. 1.

quand cette proportion est tombée à un niveau historiquement bas, estimé à 0,2 %[39]. À tel point qu'une énigme se pose : Pourquoi les États ne se rebellent-ils pas contre leurs créanciers et ne déchirent-ils pas plus souvent leurs contrats ? L'obéissance aux contrats de dette est devenue, statistiquement, la *règle* et la défaillance aux engagements, l'*exception*. Ce retournement s'observe dans les doctrines juridiques. Au début du XXe siècle, les dettes souscrites par l'État étaient considérées comme de simples « dettes d'honneur[40] ». Luis Maria Drago, spécialiste de droit international et ministre des Affaires étrangères argentin entre 1902 et 1903, exprimait le sens commun de l'époque : « Il ne peut y avoir déni de justice par la raison qu'il n'existe pas de tribunal devant lequel il y ait moyen de citer l'État débiteur et qu'on ne saurait même concevoir, fût-ce par hypothèse, un semblable tribunal[41]. » Au milieu du siècle, la dette devenait un engagement juridique ferme et obligatoire[42].

La mise en marché globale de la dette a construit dans le même temps une qualité souveraine bien spécifique : une entité publique émettrice de titres de créance sécurisés pour les prêteurs, et capable de lever l'impôt afin d'honorer sa promesse de remboursement et qui oriente son action publique afin de maintenir une vigilance constante sur ce

---

39. Jérôme Roos, *Why not Default : The Political Economy of Sovereign Debt*, Princeton, Princeton University Press, 2019.

40. Nicolas Politis, *Les Emprunts d'État en droit international*, Paris, 1894, p. 16. Les doctrines citées ci-dessous s'appuient sur le travail de la juriste Fanny Giansetto, « Le traitement de l'insolvabilité de l'État par le droit international privé », thèse de doctorat en droit privé, 18 octobre 2016, Université Paris 1 Panthéon-Sorbonne.

41. Luis Maria Drago, « Les emprunts d'État et leurs rapports avec la politique internationale », RGDIP, 1907, p. 251. Drago est connu comme le père de la doctrine Drago, qui considère que le recouvrement des dettes d'un État par la force va à l'encontre du droit international. La doctrine Drago se voulait le corollaire de la doctrine Monroe de 1823.

42. En 1944, il « n'[était] plus possible d'affirmer que les obligations d'un État débiteur [ne fussent] pas juridiquement obligatoires », selon l'avocat d'affaires britannique, spécialiste de droit international, Francis Mann (« The law governing state contracts », *British Yearbook of International Law*, vol. 20, n° 60, 1944, p. 11).

point. Pour perpétuer son crédit et entretenir la confiance, l'État est censé veiller en permanence au fait qu'un tel engagement en domine d'autres dans la hiérarchie des politiques publiques domestiques. C'est en ce sens précis que la légitimité des arrangements entre finances publiques et privées apparaît hautement « boiteuse », car risquée politiquement. Un cahier des charges s'est ainsi imposé à la société tout entière : maintenir un actif sans risques pour les placements financiers privés, fournir un support d'épargne doté d'une sécurité à toute épreuve – c'est ce qu'on appelle la « signature » financière[43]. Ce travail politique et institutionnel de « dérisquage[44] » de la finance a mobilisé certains segments de la bureaucratie : la main droite de l'État commande à la police de faire respecter les contrats financiers, y compris en cas de crise, contre les mouvements sociaux et la démocratie qui exigent le maintien des dettes sociales, autrement dit, les engagements de l'État en termes de dépenses publiques, de santé, d'éducation, de culture, etc.

Droit, discipline et punition réputationnelle

Le faible pourcentage de défauts, rapporté à l'échelle des emprunts en circulation, continue néanmoins de justifier les nombreuses protections qu'exigent les créanciers auprès des États du Sud. Des contrats aux mâchoires acérées sont souscrits parce que les financiers se méfient de la potentialité de l'exercice du pouvoir souverain, de sa capacité de décider des lois et des normes, mais surtout de l'exception aux règles, bref de son droit de suspendre le droit. Les poursuites juridiques des États, et l'industrie du litige qui se déploie autour, fonctionnent comme des instances de punition pour l'exemple. À la propension des États à l'autodiscipline

43. Benjamin Lemoine, *La Démocratie disciplinée par la dette*, La Découverte, Paris, 2022.

44. Daniela Gabor, « Critical macro-finance : a theoretical lens », *Finance and society*, vol. 6, nº 1, 2020, p. 45-55.

– de peur de ne plus accéder à de nouveaux financements ou à ces marchés –, les procédures judiciaires, publiques, humiliantes et coûteuses, ajoutent une force de dissuasion. Ne pas respecter ses promesses, c'est s'exposer aux tactiques de financiers et avocats qui instrumentalisent ce souci des pouvoirs publics pour leur réputation et leur « crédibilité » en tant qu'assureurs de la finance privée.

Dans ce jeu, la volonté souveraine des États pauvres ou « émergents » de construire une économie compétitive et de s'ouvrir aux capitaux étrangers peut se retourner en vulnérabilité. Les créanciers utilisent la respectabilité financière – et les coûts financiers que les dommages causés à cette dernière engendrent – comme un levier. Le responsable d'une société de communication spécialisée dans les litiges, explique comment le « shaming » fait partie de son métier et consiste à « identifier et activer les points de pression », pour que « la partie adverse revienne à la table des négociations ». Ainsi, au Forum économique mondial de Davos, où se réunissent les élites du monde de l'entreprise, de la finance et de la politique, ce conseiller en relations publiques raconte comment il est possible de faire vaciller l'image d'un État emprunteur en exposant ses contradictions au public : « Un gouvernement qui tente de promouvoir les investissements directs à l'étranger à Davos se retrouve ainsi soudainement, devant son hôtel, avec des panneaux d'affichage disposés à côté des drapeaux de son gouvernement, et des prospectus dans le hall indiquant : "Il est grand temps que vous commenciez à traiter les investisseurs internationaux comme il se doit." Il est évident que, lorsqu'ils viennent ici pour dire que leur pays est l'endroit idéal pour investir, cela ne correspond pas exactement à leur agenda[45]. »

---

45. J'ai choisi d'anonymiser la plupart des entretiens, sauf ceux où j'ai eu le consentement explicite des personnes interrogées ou quand il s'agissait de personnalités politiques de haut rang (anciens ministres, etc.) qui s'expriment régulièrement à titre individuel et de façon publique sur la question.

Une autre tactique de créanciers consiste à travailler les oppositions qui structurent l'État au sens large, intégrant la société politique au-delà du strict appareil bureaucratique. « L'État n'est pas un monolithe », poursuit le conseiller spécial en relations publiques des États ou des investisseurs. Les chasseurs d'État peuvent dénoncer la corruption d'une partie du gouvernement ou attendre patiemment qu'un opposant, plus sensible aux intérêts financiers, (re)prenne le pouvoir. À l'approche des élections, même les dirigeants des États les plus tenaces, considérés comme des débiteurs indélicats, peuvent jouer la carte du légitimisme de marché et prêter le flanc aux contre-offensives financières. En avril 2024, le Venezuela de Nicolas Maduro faisait savoir aux milieux financiers qu'il s'entichait des conseillers de Rothschild afin d'organiser la renégociation de sa dette souveraine, certainement longue et périlleuse : un premier pas vers la réintégration de l'ordre financier global après avoir été un « paria international[46] ».

Michael Kim, l'avocat que nous avons rencontré plus haut, compare l'État à un « diagramme de Venn » : « Ce qu'on appelle le "gouvernement" n'existe pas : il s'agit en fait de différents groupes de personnes qui ont chacun leurs priorités. Tant que nous parlons aux bonnes personnes et qu'elles alignent leur agenda sur celui des créanciers, tout peut bien se passer. Il faut créer une situation dans laquelle ils peuvent blâmer les administrations précédentes d'avoir créé le problème, puis présenter ces tractations comme une victoire sur le créancier, parce qu'elle leur permet d'obtenir de nouveaux investissements. » Les divisions internes aux États qu'entraîne la conformation au rôle de bon élève de la finance globale sont exploitées par les créanciers privés. S'il est possible de parier sur les rapports de classe qui structurent ces États – en espérant un gouvernement favorable aux créanciers –, la différenciation institutionnelle complexe des

46. « In default on $154 billion of debt, Venezuela is ready to talk », Bloomberg, 24 avril 2024.

sociétés démocratiques constitue autant une ressource qu'une difficulté pour cette haute finance procédurière.

D'après Kim, les régimes autoritaires, les monarques ou les dictateurs, sont les « souverains les plus rationnels », soit ceux avec qui il serait le plus aisé de négocier : « Un monarque intelligent et responsable, parce qu'il essaie de maximiser le bien-être à long terme de sa famille, est généralement un très bon interlocuteur avec lequel vous pouvez traiter pour obtenir un règlement. » Le haut degré de discipline que le régime politique dictatorial impose au corps social, procure de la stabilité aux investisseurs. Les régimes démocratiques seraient en revanche plus « chaotiques », et le processus de recouvrement y serait plus incertain. On voit qu'il y a une réelle affinité élective entre autoritarisme et finance globale[47]. Afin de pourchasser et saisir les actifs souverains, les avocats et financiers mènent des enquêtes sur la consistance et l'organisation des États et cherchent à exploiter leur désorganisation, jouer de leurs failles et mettre la main sur leurs ressources.

L'État qui rendait les autres États justiciables

Pour que la chasse aux États soit ouverte, il a d'abord fallu veiller à ce que la proie ne soit pas équipée du gilet pare-balles de l'immunité, mais qu'elle soit vulnérable, c'est à-dire « justiciable ». Longtemps, les créanciers privés ont été dépourvus des moyens légaux de poursuivre les États et de recouvrer leurs créances contre les gouvernements étrangers. Ces derniers étaient protégés par la doctrine dite de l'immunité souveraine « absolue ». Les créanciers n'avaient d'autre choix que d'accepter ces défauts de paiement unilatéraux ou de tenter de mobiliser leur gouvernement pour mettre en place des sanctions commerciales, voire, plus rarement, orchestrer des interventions militaires. Les procédures juridiques ont

47. Marlène Benquet et Théo Bourgeron, *La Finance autoritaire. Vers la fin du néolibéralisme*, Raisons d'Agir, Paris, 2021.

généralement remplacé la canonnière mais n'ont pas mis fin aux intrications entre diplomatie et finance.

En 1976, devançant le Royaume-Uni de deux années, les États-Unis ont fait passer le *Foreign Sovereign Immunities Act* (FSIA), qui légifère sur la restriction de l'immunité souveraine des États étrangers et offre aux créanciers privés américains des voies de recours au sein des tribunaux nationaux. Alors que les différends commerciaux et financiers étaient résolus entre États par la négociation interétatique et le « canal diplomatique[48] », le conflit s'est alors déplacé dans l'arène judiciaire. À défaut d'un tribunal ou d'une architecture internationale reconnue (ou de standards juridiques puisant dans un corpus international accepté), les faillites d'États ont été traitées au cas par cas et, en cas de litige, potentiellement jugées devant les tribunaux du New York Southern District, la juridiction de Wall Street, devenue hégémonique. Depuis lors, les tribunaux étatsuniens ont fourni plus de la moitié des cas alimentant l'ensemble de la jurisprudence sur l'immunité des États. Par leurs décisions, mais aussi les ressources d'investigation qu'elles ont autorisées, ces cours ont servi de bureaucraties soutenant les financiers dans leurs « campagnes d'exécution » visant à faire rentrer dans le rang les États revêches.

Si l'intégralité des actes d'État n'a pas été soumise aux jugements de tribunaux étrangers, il a fallu doter les tribunaux compétents, ceux des États-Unis, de critères standard permettant de jauger des activités relevant de leur compétence. Les opérations du droit[49] ont passé au crible les gestes étatiques, « testé » leur nature spécifiquement souveraine et distingué entre catégories commerciales, exposées à la saisie, et régaliennes, supposées immunes et insaisissables. Ce faisant,

---

48. Michael Waibel, « The diplomatic channel », *in* J. Crawford, A. Pellet et S. Olleson (dir.), *Handbook on State Responsibility*, Oxford University Press, Oxford, 2010.

49. Fabian Muniesa, « Financial value, anthropological critique, and the operations of the law », *in* Isabel Feichtner et Geoff Gordon (dir.), *Constitutions of Value. Law, Governance, and Political Ecology*, Routledge, Londres, 2023.

ces souverains se sont exposés au jugement des cours d'un autre souverain, à ses découpages catégoriels et à la remise en question de leurs propres définitions de ce qu'est un acte d'État. Le déploiement de l'appareil d'État fédéral a été nécessaire pour que les tribunaux new-yorkais deviennent ce centre de la justice financière globale, capable de « domestiquer » – de traiter dans les tribunaux nationaux – les autres souverainetés du monde. Mais à quelles conditions exactement ? Les travaux d'économie politique ont montré le rôle indispensable de l'État dans la construction des infrastructures marchandes, la délimitation du domaine de la propriété privé et la légitimation des instruments contractuels pour gouverner les économies, les sociétés et les États eux-mêmes – autant de conduites et de principes qui sont au cœur du néolibéralisme qui célèbre l'action économique individuelle sans entraves, l'efficience des marchés autorégulés et le dépérissement de l'État-providence bureaucratique[50].

Les dispositifs juridiques sur lesquels ce livre enquête ont contribué au basculement d'une « économie soumise à la souveraineté » à une « souveraineté soumise à l'économie politique[51] », reconfigurée par les droits des financiers.

Mais l'histoire se complique puisqu'elle prend racine aux États-Unis. Décrire la construction du pouvoir global de la finance, c'est faire l'histoire d'une souveraineté des contrats qui s'est construite avec la domination mondiale (et la souveraineté nationale) des États-Unis et contre la souveraineté *inter*nationale, celle des relations de pouvoir organisées entre États.

50. « Le projet néolibéral se concentre sur la fabrication d'institutions, non pas pour libérer les marchés, mais pour les protéger et les envelopper, pour vacciner le capitalisme contre la menace de la démocratie, pour créer un cadre permettant de contenir les comportements humains », compris comme « irrationnels », et « pour réorganiser le monde après l'empire comme un espace d'États en concurrence dans lequel les frontières remplissent une fonction nécessaire » (Quinn Slobodian, *Globalists : The End of Empire and the Birth of Neoliberalism*, Harvard University Press, Cambridge, 2018, p. 2 [je traduis]).

51. Bertrand Mazabraud, « Foucault, le droit et les dispositifs de pouvoir », *Cités*, n° 2, 2010, p. 127-189.

De fait, si la suprématie des États-Unis tient à leur pouvoir financier, axé sur la valeur internationale du dollar, elle se fonde aussi sur la référence à son droit, à la force de ses cours de justice et de ses avocats, qui maîtrisent le « code » juridique global[52], plutôt qu'au recours systématique à la force armée : « Le Pentagone et la CIA jouent un rôle beaucoup moins important dans le processus de mondialisation capitaliste que le Trésor américain et la Réserve fédérale », expliquent les économistes Léo Panitch et Sam Gindin. Ces auteurs parlent d'« internationalisation de l'État » pour décrire comment, à partir de la Seconde Guerre mondiale, les États-Unis sont devenus la puissance dépositaire de la responsabilité de construire et de reproduire le « capitalisme global »[53]. L'agenda et les valeurs de Washington – la libre circulation des marchandises et des capitaux, par-delà les frontières, le libre-échange, la propriété et la concurrence – sont défendus comme des projets universels et apolitiques qui avancent sous la forme de la froide technique du droit : un empire « informel »[54].

Un tel pouvoir hégémonique repose sur un dosage permanent de l'action entre coercition et obtention du consentement, et suppose donc de couvrir la main de fer par un « gant de velours »[55]. Pour devenir une référence mondiale, la construction aux États-Unis d'un droit et d'une justice protégeant avec fermeté les investissements domestiques

52. Katharina Pistor, *Le Code du capital. Comment la loi fabrique la richesse capitaliste et les inégalités*, Seuil, Paris, 2023.

53. Christakis Georgiou, « Un capitalisme global pacifié ? À propos du livre de Leo Panitch et Sam Gindin », *Contretemps*, 15 avril 2015.

54. Léo Panitch et Martijn Konings, « Demystifying imperial finance », *in* Leo Panitch et Martijn Konings (dir.), *American Empire and the Political Economy of Global Finance*, Palgrave McMillan, Londres, 2019.

55. Pour devenir hégémonique, un État ne doit pas donner le sentiment d'exploiter directement les autres, mais s'efforcer de fonder et protéger un ordre mondial de conception universelle, qui peut s'avérer compatible avec les intérêts des autres États, du moins des élites sociales qui y sont aux commandes. Voir Robert Cox, « Gramsci, hegemony, and international relations : an essay in method » *in* Robert Cox et Timothy Sinclair (dir.) *Approaches to World Order*, Cambridge University Press, Cambridge, 1996 [1983].

à l'étranger, devait aussi s'imposer au pouvoir exécutif étatsunien. Un groupe d'avocats et de juges convertis à la *Rule of Law* – qu'il faut traduire, pour éviter le faux-ami d'état de droit, par Règne des contrats – a ainsi évangélisé l'appareil bureaucratique fédéral, à commencer par le département d'État, responsable de la diplomatie et des affaires étrangères, pour le mettre au service de la protection des investisseurs financiers. Il fallait imposer au pouvoir politique la sacralité et la suprématie des contrats privés dans la hiérarchie des impératifs d'action publique et faire de la *Rule of Law* un modèle « universel ».

De fait, les États-Unis bénéficient de ce statut d'hégémon. Mais le déploiement de cet empire juridique informel, appliqué aux autres États souverains, a soulevé des tensions au sein de l'appareil d'État et de la société étatsuniens, comme au niveau international, qui ont été peu documentées. Si, comme l'énonce Michel Foucault, la doctrine de la *Rule of Law* fait du gouvernement un simple « prestataire de règles pour un jeu économique dont les seuls partenaires, et dont les seuls agents réels, doivent être les individus ou les entreprises[56] », cet ordre contractuel et financier doit assujettir l'ensemble des choix politiques. Dans le cas des États-Unis, cela signifie rivaliser avec un autre pouvoir jalousement conservé et entretenu : la force mondiale du dollar, qui est aussi au cœur de son ambition impériale. En effet, l'application stricte des droits économiques et la défense bec et ongles des contrats aux dépens de toute autre priorité politique – ce que j'appelle l'ordo-finance – pourrait mettre en péril le rôle stratégique des États-Unis qui officient comme terre de transit drainant des flux de capitaux et de stockage des réserves mondiales – ce que je décris comme la finance-entrepôt[57]. New York, et plus généralement l'intérêt

56. Michel Foucault, *Naissance de la biopolitique*, *op. cit.*, p. 178-179.

57. Pour élaborer le concept d'ordo-finance, je m'inspire des analyses du « constitutionnalisme de marché », ainsi que de l'ordo-libéralisme par Michel Foucault qui, dans ses cours au Collège de France, mentionne la « fortune » que les notions de « *Law and Order* », « loi et ordre » (un slogan de l'extrême droite

général financier étatsunien, est ainsi pris en tension entre deux raisons d'État qui sont autant de dilemmes : défendre les investisseurs nationaux à l'étranger, mais aussi veiller à rester accueillant et conciliant pour capter et organiser la circulation des capitaux du monde ; sanctionner, par le marché ou directement, les États expropriateurs et récalcitrants mais continuer de les enrôler dans le système financier étatsunien, en leur montrant à quel point il en va de leur intérêt propre.

L'enquête sociologique sur des États embarqués dans la finance globale

Partout dans le monde, ce sont majoritairement les États-nations qui sont le support du pouvoir souverain, celui de la « multitude »[58]. Contrairement au sens commun d'une partie du spectre politique – la gauche ou la droite dite « souverainiste » –, la souveraineté de l'État ne saurait se confondre avec les concepts d'indépendance ou d'émancipation sociale[59]. Saisi par l'enquête sociologique, l'État s'appréhende comme un champ de luttes[60] entre fractions bureaucratiques et sociales

« butée et originaire du Midwest »), a eu dans la pensée de droite américaine, ainsi que la façon dont ce programme a fonctionné aux États-Unis comme « l'antithèse du New Deal (et) l'ennemi de toute forme de planification ». Voir Michel Foucault, *ibid.* J'emprunte le terme « d'entrepôt » financier du monde à Randall Germain (*The International Organization of Credit. States and global finance in the world-economy*, Cambridge University Press, Cambridge, 1997).

58. Frédéric Lordon, *Imperium, Structures et affects des corps politiques*, La Fabrique, Paris, 2015. On peut citer aussi Georges Burdeau (*L'État*, Seuil, Paris, 1980) : « Le souverain, c'est celui qui décide quelle est l'idée de droit valable dans la collectivité. Ce peut être un individu (le roi) ; ce peut être aussi une classe de la nation, comme il arrive dans les régimes oligarchiques ; ce peut être la nation tout entière. »

59. Pierre Dardot et Christian Laval, *Dominer. Enquête sur la souveraineté de l'État en Occident*, La Découverte, Paris, 2020. Dans la configuration d'économie politique contemporaine, la souveraineté de l'État s'attache notamment aux intérêts sociaux des marchés de capitaux.

60. Nicos Poulantzas, *L'État, le pouvoir et le socialisme*, Les Prairies ordinaires, Paris, 2013 [1976].

pour la représentation légitime de la société politique dans son ensemble et la définition de l'intérêt général[61].

Ainsi, ce travail s'attachera d'abord à décrire ce que fait la construction du pouvoir juridique à l'hégémon étatsunien et à analyser les lignes de fracture entre les raisons d'État concurrentes – monétaire, financière, diplomatique et juridique – et les arbitrages qui façonnent cette domination et la mettent en ordre de bataille pour s'imposer et se maintenir.

Il s'agira ensuite de décrire comment les États étrangers entrent en relation avec les réseaux de pouvoir du « centre » étatsunien. Au nom de la conquête des marchés de capitaux, les secteurs financiers des États, et tout particulièrement au Sud où les curseurs sont pousés à leur maximum, consentent à introduire un régime juridique favorable aux investisseurs financiers.

Les sommets de l'État de finance – les bureaux en charge de la monnaie et de la dette –, dont les agents sont généralement issus de l'élite du corps social, travaillent en étroite coordination avec les investisseurs, les banques et les représentants des intérêts économiques nationaux ou mondiaux et œuvrent à ce que l'appareil administratif serve leurs intérêts (dans tous les sens du terme) en priorité. Ces départements revendiquent de faire parler l'État comme « un tout », qui se veut accueillant vis-à-vis du capital global et pour lequel il faudrait instaurer une forme de confiance l'emportant sur toute autre nécessité.

Les luttes sociales et les revendications du capital ne sont donc pas extérieures à l'État : leurs rapports de force le structurent comme autant de « petites guerres civiles » et s'impriment plus ou moins durablement au sein de ses diffé-

61. « Sociologiquement compris, il n'y a d'État [...] que si le groupe étatique capte de manière continue les mouvements qui animent la société politique, les accompagne, éventuellement les renforce, parfois les infléchit et les réoriente, mais sans jamais s'en abstraire, ni s'y fondre » (Dominique Linhardt, « L'État de société. Considérations sur la méthode », *in* Bruno Karsenti et Dominique Linhardt [dir.], « État et société politique. Approches sociologiques et philosophiques », *Raisons pratiques*, n° 27, 2018).

rentes fractions[62]. Schématiquement, les hauts fonctionnaires des ministères des Finances, dans leurs présentations conçues pour plaire aux investisseurs mais aussi pour convaincre les agences de notation ou le Fonds monétaire international (FMI), annoncent peu d'impôts et de réglementations pour le capital, organisent des marchés pour le placement d'actifs financiers, en démantelant les retraites par répartition pour installer la capitalisation, en mettant en compétition des travailleurs sur le marché de l'emploi, et en privatisant les services publics pour ouvrir de nouveaux marchés, autant de promesses futures qui ont un impact sur les départements de la « main gauche » de l'État[63].

L'analyse sociologique de la souveraineté documente les alliances et points de friction entre secteurs stratégiques de l'appareil d'État – Trésor, banque centrale et affaires étrangères – et acteurs financiers et juridiques privés. Ces derniers s'appuient en effet sur les premiers pour relayer leurs voix et leurs intérêts.

Mais l'idée que le pouvoir juridico-financier et la raison du créancier exerceraient une influence décisive à l'échelle globale ne se superpose pas nécessairement au cadre spatio-temporel unitaire des États, avec un « centre-décideur ». Dépassant l'idée d'une « perte de contrôle de la souveraineté », la sociologue Saskia Sassen aide à penser cette « géographie du pouvoir » inédite. Elle décrit une souveraineté disséminée en zones de pouvoir, où s'enchevêtrent des « droits, des territoires et des

62. Pierre Bourdieu analyse la manière dont l'administration publique porte la trace des luttes sociales et politiques du passé. Les institutions du *Welfare*, de la main gauche, sont aussi fragiles que fraîchement bâties par rapport à l'histoire longue de la construction de l'État, où les finances – la « main droite » –, les secteurs financiers de l'État et la fonction de caisse et de trésorerie, tâche historiquement régalienne, se révèlent institutionnalisés de plus longue date. Voir Pierre Bourdieu, « Le mythe de la “mondialisation” et l'État social européen », dans *Contre-feux. Propos pour servir la résistance contre l'invasion néo-libérale*, Raisons d'Agir, Paris, 1998.

63. Les capacités de résistance à l'ordre financier sont très variables selon les États concernés. Sur ces oppositions qui structurent l'espace des organisations internationales, voir Vincent Gayon, *Épistémocratie. Enquête sur le gouvernement international du capitalisme*, Raisons d'Agir, Paris, 2022.

formes d'autorité »[64]. Ce sont ainsi des tribunaux de district, des *lower courts* – ceux de l'État de New York, ainsi que leurs juges –, qui sont utilisés comme des ressources par les avocats et financiers, parce qu'ils sont plus sensibles à leur cause.

Enfin, les États emprunteurs, selon les gouvernements au pouvoir et leur orientation idéologique, peuvent recomposer, provisoirement ou durablement, les différents pôles de l'État et se plier autant que résister à l'ordre financier. La défection ou la critique vis-à-vis des dispositifs légaux de la finance globale restent des tactiques jouables, bien que condamnant à la marginalité[65].

Un tout petit monde

L'enquête porte sur le centre financier de New York et les bureaux des cabinets d'avocats de Manhattan. Elle s'appuie sur des entretiens avec des avocats associés des cabinets les plus prestigieux des États-Unis (Cleary Gottlieb, Dechert, Cravath, Quinn Emmanuel, Davis Polk and Wardwell, etc.), menés dans leurs bureaux qui surplombent la ville et offrent d'impressionnants panoramas. Certains conseillent les États, d'autres les fonds procéduriers. J'ai pu discuter, parfois longuement, avec des représentants de fonds spéculatifs, les hedge funds, spécialisés dans l'investissement sur les dettes des pays dits émergents en détresse, et qui font métier des crises. Gérants de portefeuille[66] et patrons de fonds, certains m'ont reçu chez eux ou dans des cafés car ils travaillent aussi beaucoup seuls : leur équipement matériel peut être léger (ils n'ont pas besoin d'investir dans de grands bureaux) et n'a pour fonction que de mettre en réseaux de grandes fortunes

64. Saskia Sassen, *La Globalisation. Une sociologie*, Gallimard, Paris, 2009.

65. Albert O. Hirschman, *Exit, Voice and Loyalty, Responses to Decline in Firms, Organizations and States*, Harvard University Press, Cambridge, 1972.

66. Les gérants de portefeuille s'occupent des fonds des investisseurs et des institutions, en optimisent la valorisation, en faisant des placements opportuns dans le cadre d'une stratégie déterminée en amont.

et de gros clients, spécialisés dans les créances en détresse et la sélection des dossiers juteux.

À Londres et à Paris, j'ai rencontré nombre d'avocats qui travaillent pour les fonds vautours étatsuniens et cherchent à exécuter, à faire reconnaître et à appliquer, les décisions de justice des tribunaux américains. Les avocats et banquiers se vivent comme des techniciens, parfois des théoriciens, mais surtout des réparateurs, œuvrant de façon clinique à l'obutration des « trous » de l'architecture financière internationale. Ils sont souvent muets quant aux intérêts qu'ils défendent, alors qu'ils sont la plupart du temps embarqués dans la cause des États ou des créanciers.

Les scènes de ce livre embarquent aussi le lecteur dans les centres de pouvoir classiques, au département d'État, l'administration en charge aux États-Unis des affaires étrangères et diplomatiques, grâce au dépouillement des archives fédérales, mais aussi au département du Trésor et au Fonds monétaire international. On y entendra la voix de « clubs », ces réunions ou associations plus ou moins formalisées de créanciers publics et privés, qui tiennent à maintenir les États sous le joug de la discipline de marché. Mais on y verra aussi les tactiques et mobilisations de ceux qui résistent, au sein des services financiers d'États aux prises avec ces fonds, et tout particulièrement en Argentine, dont le gouvernement des Kirchner (Nestor puis Cristina) a mené l'une des principales batailles[67]. Ce livre repose

67. J'ai réalisé plus d'une centaine d'entretiens semi-directifs entre 2016 et 2023. D'abord auprès des professionnels privés de la dette souveraine – avocats spécialisés dans les dettes souveraines ou le recouvrement de créances souveraines (à la suite de litiges de dette ou d'arbitrage), enquêteurs et traceurs d'actifs souverains, gestionnaires de portefeuilles pour des fonds d'investissement privés spéculatifs, (*hedge funds*), et procéduriers – puis auprès de bureaucrates nationaux et internationaux – aux Nations unies, au Trésor en France (Club de Paris, cabinet du ministre des Finances), aux États-Unis et au Mexique ; au département d'État aux États-Unis, au ministère des Affaires étrangères en France et au Fonds monétaire international. Enfin, plus spécifiquement auprès d'agents de l'administration argentine (Trésor, banques centrales, économistes, banquiers et avocats).

de même sur le dépouillement des archives numériques de l'EMTA, une association de traders dans les marchés émergents basée à New York : bulletins mensuels et annuels, comptes rendus de forums, documentation relative aux procès, échanges de courrier, contrats-types, sondages sur les volumes de trading, etc. Tout ce matériel empirique donne à la finance globale ses multiples visages, révèle ses intérêts particuliers et ses zones d'ombre, contre l'idée selon laquelle la mondialisation financière se réduirait à un ensemble déterritorialisé et « fluide » de transactions, d'« imaginaires » et de « récits ».

Enfin, cette enquête explore les lieux où s'élabore la critique de ces espaces légitimes – Nations unies, ONG, associations – et montre comment les alternatives dont ces organisations et acteurs ont été porteurs ont été explicitement ignorées, méprisées, sinon tuées dans l'œuf ou démantelées.

Partie I

L'arme du droit et l'impérialisme financier

En ce jour d'hiver 2023, la conférence organisée à Londres[1] par le réseau ThoughtLeaders4[2] s'ouvre sur la question d'« un rapprochement unique entre les communautés des litiges souverains et du recouvrement d'actifs mondiaux[3] ». Réservé aux professionnels élargis du droit, l'événement fait le plein. Le coût d'entrée est dissuasif – pour les personnes extérieures au réseau, les frais d'inscription s'élevaient à 1099 livres Sterling[4]. Dans la salle se trouvent des avocats de toutes nationalités – chargés de conseiller les créanciers privés qui cherchent à recouvrer leurs dettes face aux États –, des « enquêteurs » recrutés pour jeter la lumière sur le patrimoine saisissable des États débiteurs (actifs mobiliers ou immobiliers, matériels ou immatériels) et des financeurs tiers disposés à investir dans des disputes avec les États. Les échanges tournent autour de l'organisation de la division du travail pour affronter et vaincre les « souverains » : quelles

1. Elle se tient dans la salle principale du bâtiment de The Law Society, une organisation professionnelle indépendante d'avocats.

2. Nous traduisons librement le label anglais « ThoughtLeaders4 ». Le réseau *ThoughtLeaders4 Disputes* est une communauté regroupant des avocats, des juristes, des juristes d'entreprise et des experts de l'industrie impliqués dans des litiges, des arbitrages et des médiations.

3. « Uniquely bringing the sovereign disputes and international asset recovery communities together », 24 et 25 janvier 2023, The Law Society, Londres.

4. J'ai pu bénéficier, grâce à un enquêté, d'une inscription à titre gracieux en tant qu'universitaire.

juridictions privilégier, quels droits préserver, et quels outils déployer ?

La souveraineté y est appréhendée comme un *objet*, une entité dont on peut identifier cliniquement les manifestations, les décisions arbitraires et les moyens de protection exorbitants. Les sessions ont pour but de débusquer les ruses des États pour éviter les tribunaux comme leurs jugements, et de réfléchir collectivement aux moyens de s'en protéger et de réaliser des coups tactiques. Bref, de faire gagner les clients financiers contre d'autres avocats défendant des États.

Invitée d'honneur, la conférencière Emilia Onyema, professeure de droit du commerce international à la SOAS University of London, prend la parole. Le titre de sa communication – « Le droit international de l'investissement réimaginé depuis la perspective des pays du Sud » – détone avec les thématiques débattues par les professionnels réunis pendant ces deux jours. Ses propos se veulent délibérément en rupture avec l'ordre du jour et déstabilisant les routines de pensée de l'assemblée. Elle affirme ainsi avoir eu « le cœur brisé » à la lecture du programme des deux jours : « On a l'impression que la principale question est : "Comment extraire le plus de profits possible des États ?" [rires à peine audibles dans le public]. J'ai regardé [le programme] et les personnes présentes dans la salle et je me suis dit : "Ok, mon propos va se trouver en porte-à-faux". Il s'agit certes d'un business important, mais nous ne pouvons pas nous arrêter là[5]. »

Régulièrement, Emilia Onyema met en doute la légitimité de sa prise de parole : « Je vous remercie pour l'invitation, je sais que je n'étais votre premier choix [...]. J'espère que vous allez trouver ce que je dis un tout petit peu intéressant. » Le décalage, voire le renversement de perspective qu'elle propose tient d'abord au point de vue situé géopolitiquement à partir duquel elle construit son propos. Son intervention historicise et relocalise, en tant que « perspective occidentale », le point

5. Toutes les citations entre guillemets sont extraites de son intervention.

de vue dominant : « Je prendrai l'exemple de l'Empire britannique parce que je suis nigériane et que je m'exprime ici en anglais. Je vais essayer de vous faire repenser la façon dont nous faisons du litige commercial et, pour vous faire prendre du recul, parler depuis l'hémisphère Sud. » Son intention, dit-elle, est de « s'éloigner de la perspective occidentale par laquelle nous abordons le droit international de l'investissement et essayer de l'envisager du point de vue de la souveraineté ». En déclarant parler au nom des « citoyens », elle prétend remettre en cause le cadrage de la conférence qui, selon elle, ne voit les disputes qu'avec les yeux des créanciers : « Mon travail consiste à vous rappeler ceci : “Ce n'est qu'une facette de la réalité. Qu'en est-il de l'autre côté ? Qu'en est-il des citoyens sur lesquels votre propre pensée, vos règles, avec vos clients, ont de lourds effets ? Ne pensez-vous pas que vous êtes complices de ce qui leur arrive ?” »

Cherchant à ne pas paraître trop donneuse de leçon, ou critique en surplomb, elle mentionne plusieurs fois « le travail que nous accomplissons tous ». Mais elle affirme s'attaquer à un impensé qui fonctionne comme préalable à la possibilité même de l'industrie du litige souverain : le consentement éclairé aux contrats et aux traités, à parts égales, entre les États du Sud et l'industrie financière privée. Elle rappelle qu'à l'époque de la signature des accords sur l'investissement, « la plupart des pays en développement, pour beaucoup des pays africains, n'étaient même pas des États souverains. Rappelez-vous de la Convention du CIRDI [sur l'arbitrage d'investissement] en 1965 : combien d'États africains étaient indépendants ? Pourtant, vingt-deux d'entre eux l'ont signée immédiatement ». Évoquant la façon dont les puissances européennes ont imposé leurs droits (« ils sont venus avec leurs propres lois ») tout en occupant les colonies afin de protéger leurs investissements d'éventuels renversements ultérieurs du pouvoir impérial, elle fait mine de dédouaner l'assistance : « Vous n'avez pas à vous sentir coupable, vous n'avez peut-être pas fait cela, vous en bénéficiez et c'est très bien ainsi. Il faut bien que quelqu'un profite de quelque chose. » Selon Emilia Onyema, l'ensemble de l'échafaudage juridique transnational reposerait sur ce déséquilibre initial : le droit protège les investissements occidentaux vis-à-vis d'États qui ont souscrit, en acceptant ces capitaux, à des « promesses qu'ils ne pourront pas tenir ». L'existence même de ces contrats « aux mâchoires capables de mordre le moment venu » prouve que les liens reposent sur la reconduite incessante de ces hypothèses : « Nous devons mettre en place autant de protection que possible parce que nous savons que les États, dans la plupart des cas, ne se conforment pas aux règles, ne paient pas et se battent bec et ongles. Vous rédigez toutes ces clauses, et il est normal que tous ces pays fassent toutes ces promesses de protection. Mais c'est de la science-fiction. Ils ne peuvent pas tenir ces promesses ! »

La *lex mercatoria* ne serait plus soutenable parce que l'ordre institutionnel et économique qui le sous-tendait n'existe plus. De moins en moins d'États accepteraient de renoncer à leurs pouvoirs souverains pour protéger les investisseurs, tout comme les politiques d'assistance conditionnées de la Banque mondiale et du FMI ne suffiraient plus à fabriquer leur consentement : « Devrions-nous reconduire ce récit qui fait croire aux États qu'ils ont besoin d'investissements étrangers ? "Vous avez désespérément besoin d'investissements étrangers ! Rendez-vous aussi attractifs que possible ! Offrez des incitations !" »

Selon Emilia Onyema, les consciences souveraines s'éveillent, refusant de valider cet ordre asymétrique en y participant. Semant des graines de controverse sur un parterre de professionnels qui échangeront sur un ton consensuel, elle remet en question la contractualisation des relations commerciales entre États et investisseurs, fondée sur la fiction d'une relation entre égaux. Si le droit est devenu un « business », une « industrie », il ne faudrait pas, selon elle, perdre de vue que son but premier reste l'« administration de la justice ».

Des applaudissements modérés (comparés à ceux qui ponctueront les interventions des deux jours à venir) suivent cette prise de parole. Les organisateurs remercient l'intervenante pour cette « présentation très stimulante », reprennent le pupitre et invitent aux questions, précisant qu'il reste du temps. Un long silence émaillé de rires embarrassés s'ensuit. Après avoir attendu quelques instants, un avocat animant les journées enchaîne : « Peut-être êtes-vous trop timides pour poser une question... Nous pouvons avoir cette discussion pendant la pause-café qui commence maintenant. » En parlant dans le couloir avec l'un des organisateurs, je reviens sur le caractère dissonant de cette intervention. Il me précise que l'oratrice avait été précisément choisie pour cela. Peut-être. En tout cas, nombre des participants ont regardé leurs chaussures, attendant que le *business as usual* reprenne son cours. Les sessions s'enchaîneront, oubliant cette invitation à renverser la perspective : « Avions, trains et automobiles : identifier les actifs souverains » ; « Injonctions, saisies, séquestres, divulgation et autres mesures accessoires : les États souverains sont-ils trop protégés ? » ; « Outils extrajudiciaires utilisés par et contre les États étrangers »...

Pendant cette conférence dédiée à la chasse aux actifs souverains, et malgré les efforts d'Emilia Onyema, il n'est pas possible de remonter le fil des épreuves qui ont naturalisé la souveraineté comme une chose manipulable et saisissable par la loi de la finance[6]. Pour comprendre comment cette industrie de la poursuite des souverains est devenue possible, il faut se plonger dans les affres de la politique des États-Unis et saisir comment cette voix critique des Suds, et les aspirations à un monde d'États traitant commercialement entre parties réellement égales a été marginalisée. Autrement dit, il faut faire la genèse de ce droit de chasse du domaine public par le privé.

Dans les années 1970, les États récemment décolonisés souhaitent nationaliser les industries extractives. Face à cette montée du souverainisme en matière économique, qui se traduit par l'expropriation de compagnies privées états-uniennes, le capitalisme se défend. La diplomatique états-

6. Alain Desrosières, « Discuter l'indiscutable. Raison statistique et espace public », *Raisons pratiques*, vol. 3, 1992, p. 131-154.

unienne réagit aussi aux velléités de contrôle politique de l'économie et au désir de faire vivre un modèle alternatif, et solidaire, d'organisation du commerce international en construisant un standard de droit obéissant à la demande de sécurité des investisseurs mais qui puisse aussi être endossé par les services financiers des États du Sud global qui désirent s'insérer dans la finance mondiale, tirée par New York.

Au terme d'un processus amorcé dans les années 1950, mais finalisé en 1976, les États étrangers sont tombés de leur piédestal et devenus de « simples » justiciables, devant répondre de leurs actes devant les tribunaux américains, à armes égales avec les propriétaires et les créanciers. Une fois les proies préparées, défaites de leur manteau souverain, et le marché de la dette construit comme un champ de bataille, les vautours ont pu prendre leur envol.

Chapitre 1

La fin de l'immunité absolue

Pendant l'été 1811, un navire de guerre français, le *Balaou n° 5*, entre dans le port de Philadelphie pour être réparé en urgence. Dans ce court laps de temps, une plainte est déposée au tribunal fédéral du district de Pennsylvanie par deux citoyens des États-Unis, John McFaddon et William Greetham. Ils réclament la propriété du navire, dont le vrai nom serait *The Exchange*. En effet, la goélette a été saisie en haute mer par la marine française, puis rebaptisée sur les ordres de Napoléon ; et cela aurait été fait « en violation du droit international », selon les plaignants[1]. En réponse à cette plainte, le procureur du district dépose un mémoire suggérant l'« immunité souveraine » et indiquant que, dans la mesure où les États-Unis et la France sont en paix, un navire public ne peut être saisi de la sorte. Les plaignants se retrouvent ainsi automatiquement déboutés par le tribunal, mais ils font appel de cette décision, et l'affaire remonte jusqu'à la Cour suprême. La décision rendue par le président de la Cour, John Marshall[2], constitue un cas d'école incontournable des manuels de

1. The Schooner Exchange *v.* McFaddon, 11 U.S. 116, 135 (1812).

2. John Marshall (1755-1835) est un juriste et homme politique américain, membre du Parti fédéraliste. Il a été secrétaire d'État et a joué un rôle essentiel dans la création et l'interprétation de la Constitution en donnant à la Cour suprême un rôle central, inspiré des pratiques de la *common law*. Il est président de la Cour suprême des États-Unis de 1801 jusqu'à sa mort.

droit[3]. Les questions à trancher sont formulées ainsi : « La France étant un pays souverain, peut-elle être mise en cause ou poursuivie en son nom propre devant un tribunal étranger, c'est-à-dire devant les tribunaux américains ? Sur la base de la doctrine absolue ou classique de l'immunité de souveraineté, la France peut-elle arrêter les poursuites ou éventuellement s'opposer à une saisie de ses biens, le cas échéant ? Napoléon, ayant acquis le titre par la force, peut-il être mis en cause ? »

Pour appuyer son raisonnement, le juge Marshall cite Jean Bodin, Thomas Hobbes et Emer de Vattel : leurs concepts trouvent ici une application directe. Ces écrits classiques de la philosophie politique de la souveraineté deviennent les fondements de la doctrine de l'immunité souveraine absolue « dans un sens métaphysique, comme une dérivation théorique du pouvoir suprême local (*superanus*)[4] ». Ce jugement est considéré comme « la source et l'origine du droit moderne de l'immunité des États[5] ».

Corps commercial et corps public du souverain

Se référant aux « usages et obligations reçues du monde civilisé », le juge Marshall réaffirme la « compétence territoriale pleine et absolue » comme « étant l'attribut de tout souverain ». La Cour s'estime « incapable d'un pouvoir extraterritorial » et se déclare dans l'impossibilité

3. Daniel T. Murphy, « The American doctrine of sovereign immunity : an historical analysis », *Villanova University Law Review*, vol. 13, n° 3, 1968.

4. Du latin classique *super*, « au-dessus », « superanus » renvoie à un pouvoir qui ne connaît pas de limites supérieures. Cette conception de la souveraineté est indissociable de la conception de l'État et de l'égalité au plan international entre différents États souverains ayant en commun de gouverner un territoire, une population et d'assurer la sécurité *via* un droit autonome régi par un souverain. Ernest Bankas, « The origins of absolute immunity of States », dans *The State Immunity Controversy in International Law : Private Suits Against Sovereign States in Domestic Courts*, Springer, Berlin, 2022, p. 33-51.

5. S'il ne s'agit évidemment pas de la première affaire relative à l'immunité d'un État, c'est le premier cas donnant lieu à un arrêt écrit sur le sujet par la Cour suprême, la plus haute juridiction américaine. Voir *in ibid.*

d'« envisager comme objets les souverains étrangers » : « Un souverain n'étant à aucun égard soumis à un autre, et étant tenu par des obligations du plus haut caractère de ne pas dégrader la dignité de sa nation, en se plaçant ou en plaçant ses droits souverains sous la juridiction d'un autre, ne peut être supposé entrer dans un territoire étranger qu'en vertu d'une licence expresse, ou assuré du fait que les immunités appartenant à sa position souveraine indépendante, bien qu'elles ne soient pas expressément stipulées, lui sont réservées. »

Le domaine juridique international est entièrement déterminé par le degré de confiance entre pairs étatiques. Un souverain étranger qui pénètre sur le territoire d'un autre – ici un navire armé sur le territoire des États-Unis – avec son consentement et en paix jouit de l'immunité absolue vis-à-vis de la juridiction de ce pays hôte. Le principe de « l'égalité parfaite et de l'indépendance absolue » de tous les souverains s'applique : « un égal n'a pas d'autorité sur un égal »[6].

Les conventions, peu formalisées, de la courtoisie internationale reconnaissent que tout État jouit d'une autorité absolue sur son territoire : elles n'admettent aucune limitation extrinsèque[7]. Pourtant, dans le même mouvement, ce jugement ouvre une brèche en délimitant des situations au cours desquelles les souverains sont soustraits à la juridiction, mais aussi d'autres où ils ne le sont pas. La « dignité » et l'autonomie auxquelles les souverains ont droit sont associées à l'exercice de fonctions exclusivement « publiques », par opposition aux actes de la personne privée du souverain. Les deux corps du roi[8] sont dissociés : le corps mortel, attaché à la propriété privée détenue par le « prince » à un moment donné, et le corps immortel, qui renvoie ici à la force armée

---

6. Le juge cite la formule latine, « *Par in parem non habet imperium* ».

7. William S. Dodge, « International Comity in American Law », *Columbia Law Review*, vol. 115, n° 2071, 2015.

8. Ernst Kantorowicz, *Les Deux Corps du roi. Essai sur la théologie politique au Moyen Âge*, Gallimard, Paris, 1989.

et au domaine de la « Couronne » comme de la « nation » que « le prince ne fait que gouverner[9] ».

Dans une autre décision de la Cour suprême rendue en 1824[10], alors qu'une banque invoque l'immunité parce que l'État de Géorgie compte parmi ses membres fondateurs, le juge Marshall affirme que, lorsqu'un « gouvernement devient partenaire d'une société commerciale, il se dépouille de son caractère souverain pour les transactions relatives à cette société et prend celui d'un simple citoyen[11] ». Cette ligne de démarcation entre les actes publics et privés du gouvernement admet qu'il y a des séquences d'action où le gouvernement « se défait de son manteau de souverain » et, qu'« au lieu de transmettre à la société privée ses privilèges et ses prérogatives, le prince s'abaisse au niveau de ceux avec lesquels elle s'associe »[12]. La différenciation est au fondement de la doctrine restreignant l'immunité souveraine[13]. Une entreprise ou une banque publique qui commerce avec des contreparties privées ne peut plus revendiquer son appartenance au régime juridique de l'immunité souveraine. Les privilèges d'immunité dont bénéficie l'État de Géorgie ne sont pas automatiquement projetés sur la banque, ce qui vaudrait aussi au niveau fédéral[14]. Que l'activité commerciale fasse exception à l'immunité souve-

9. Marshall cite le philosophe Bynkershoek comme un « juriste de grande réputation » qui a « soutenu que la propriété d'un souverain étranger n'est pas distinguée par une quelconque exemption légale de la propriété d'un individu ordinaire ». Il explique que, « sans vouloir trancher sur cette question, on peut affirmer sans risque qu'il y a une distinction manifeste entre la propriété privée de celui qui se trouve être un prince et cette force militaire qui soutient le pouvoir souverain et maintient la dignité et l'indépendance d'une nation ».

10. Affaire Bank of United States *v.* Planters' Bank of Georgia, 22 U.S. 904 (1824).

11. Je traduis ainsi « *divests* », qui signifie aussi littéralement « désinvestir » sa fonction souveraine. Plus loin, il utilise l'expression « *strips itself* », qui signifie « se déshabiller », se « dépouiller ».

12. Christine G. Cooper, « Act of State and sovereign immunity : a further inquiry », *Loyola University of Chicago Law Journal*, vol. 11, n° 193, 1980.

13. Lee M. Caplan, « Human rights, and *jus cogens* : a critique of the normative hierarchy theory », *The American Journal of International Law*, vol. 97, n° 4, 2003, p. 741-781.

14. Affaire Bank of U.S. *v.* Planters'..., à 181-182 et 908.

raine ou encore que le commerce soit exclusivement une entreprise privée n'a rien d'évident, de naturel ou d'inévitable.

Pendant plusieurs siècles, l'interdépendance entre l'État et le capitalisme n'a pas « obéi à la présomption selon laquelle le commerce est exclusivement une entreprise privée[15] ». Se dessinait plutôt l'image d'un tissu sans coutures, avec des délimitations floues entre le travail dit « public » du gouvernement et les activités dites « privées » des acteurs commerciaux. L'intrication entre capitalisme, marché, entreprises et État était appréhendée comme allant de soi et « mutuellement bénéfique », comme l'explique la juriste Maryam Jamshidi, en analysant l'économie politique évolutive du droit de l'immunité souveraine : « Les États fournissaient les biens publics dont les entreprises commerciales privées avaient besoin à des fins d'organisation et de production, y compris les systèmes judiciaires qui garantissaient la prévisibilité et la certitude nécessaires aux transactions commerciales. En échange de ces biens publics, les États récoltaient les bénéfices de l'entreprise capitaliste, notamment les revenus et les biens nécessaires au fonctionnement de l'État[16]. » De nombreuses sociétés commerciales agissant outre-mer étaient alors dotées d'un double statut public et privé. La décision du juge Marshall a cependant longtemps fait jurisprudence. En 1926, plus d'un siècle après, dans le cadre d'un litige mettant aux prises une compagnie privée étatsunienne (Berizzi Brothers Company) et un navire (*The Pesaro*) appartenant au gouvernement italien, la Cour suprême prend le parti de la défense souveraine italienne. Elle refuse de distinguer entre les usages commerciaux et les usages publics d'un navire appartenant à l'État, à partir du moment où ces activités sont conçues pour promouvoir « le maintien et le progrès du bien-être économique d'un peuple[17] ».

---

15. Maryam Jamshidi, « The political economy of foreign sovereign immunity », *Hastings Law Journal*, vol. 735, n° 85, 2022.

16. *Ibid.*

17. Comme analysé par Shaina Potts, *Judicial Territory : Law, Capital, and the Expansion of American Empire*, Duke University Press, Durham, 2024.

Si ces deux décisions du juge Marshall sont assimilées à l'idéal-type de l'immunité souveraine absolue, elles reflètent surtout l'idéologie du « laissez-faire » et des conceptions du commerce comme essentiellement privé qui se profilent au début du XIXe siècle. Alors que les États-nations ont accompagné l'ascension du capitalisme[18], l'activité commerciale directement dirigée par l'État s'affaisse progressivement, sans pour autant entièrement disparaître. En tranchant dans le réel hybride et en purifiant les périmètres respectifs entre ce qui relève du souverain – compris comme « État-nation-public » – et ce qui ressort du commercial – et dès lors essentiellement privé –, les découpages juridiques objectivent sur le tard un principe central du capitalisme, qui fait du commerce une affaire intrinsèquement privée.

Les équations sont désormais fixées : commerce = privé *versus* public = souverain = non commercial et régalien. Dès lors que l'État s'engage – de façon marginale, selon ce raisonnement – dans des activités commerciales, il devrait assumer les conventions du privé et renoncer à la protection liée à l'immunité qui définit l'idiosyncrasie du pouvoir public-souverain.

L'immunité absolue se combine avec une conception westphalienne de la souveraineté « territoriale », mais en démêlant les différentes fonctions possibles du souverain, commerciales ou régaliennes.

La faiblesse du citoyen américain face à la force d'un « acte d'État » étranger

À la fin du XIXe siècle, en pleine guerre civile au Venezuela, le général Hernandez prend le commandement de la ville de Bolivar. Le pouvoir révolutionnaire est reconnu par les États-Unis comme le gouvernement légitime du pays. George Underhill, un citoyen américain vivant alors à Bolivar, où

18. Sompong Sucharitkul, *State Immunities and Trading Activities in International Law*, Praeger, New York, 1959.

il a construit un système d'adduction d'eau dans le cadre d'un contrat avec le gouvernement, demande un passeport pour quitter la ville. Le général Hernandez refuse de le lui délivrer afin qu'il poursuive des travaux de réparation au profit des forces révolutionnaires. Une fois son passeport finalement obtenu, Underhill quitte le pays et poursuit le général devant le tribunal fédéral du district de New York pour « séquestration, coups et blessures » commis par les soldats d'Hernandez. Débouté, le plaignant fait appel, mais le jugement est confirmé, la Cour estimant « que les actes de la défense [liés à la guerre] étaient le fait du Venezuela et qu'en tant que tels, ils ne pouvaient pas faire l'objet d'un jugement devant les tribunaux d'un autre gouvernement[19] ». L'affaire est finalement portée devant la Cour suprême, où les juges confirment les jugements précédents au nom de l'intérêt national. Les actes de guerre sont à nouveau considérés comme « légitimes » par la plus haute cour des États-Unis, peu importe la nature du gouvernement – ici des actes commis au nom d'un « parti révolutionnaire », qui constituait un « gouvernement de fait »[20] : « Tout État souverain est tenu de respecter l'indépendance de tout autre État souverain, et les tribunaux d'un pays ne jugeront pas les actes du gouvernement d'un autre pays accomplis sur son propre territoire[21]. »

L'arrêt Underhill *c.* Hernandez, rendu en 1897 par la Cour suprême, inaugure aux États-Unis la doctrine de l'« *Act of State* » – l'« acte d'État ». Comme dans la décision de 1824 rendue par la Cour suprême, la distinction entre un acte strictement gouvernemental/public et un acte privé (compris comme juridique et apolitique) du gouvernement est décisive. La réquisition et la détention du citoyen américain sont traitées comme des actes militaires, le fait d'un « comman-

19. Underhill *v.* Hernandez, 168 U. S 250 (1897). Les citations qui suivent sont extraites de ce jugement de la Cour suprême.

20. *Idem*, à 583.

21. *Idem*, à 252.

dant représentant l'autorité d'un parti révolutionnaire en tant que gouvernement ».

Un autre jugement, rendu au début du XXe siècle à l'issue de l'affaire American Banana Co. *c.* United Fruit Co.[22], considère que « l'habilité à faire la loi est souveraine ». La souveraineté est donc réaffirmée comme une « réalité pure[23] » : « Le sens même de la souveraineté est que le décret du souverain fait loi. [...] La règle générale et quasi universelle est que le caractère licite ou illicite d'un acte doit être déterminé entièrement par la loi du pays où l'acte est accompli. »

La mention du droit international vise à affirmer l'importance des relations entre États. Dans l'affaire Underhill, le tribunal d'appel insiste sur le fait que celle-ci est « tranchée par les deux gouvernements[24] », conformément aux règles de la courtoisie internationale. Il va de soi, dans ces décisions, que le droit international est du ressort du politique, de la diplomatie et de la guerre, et ne relève pas des tribunaux domestiques des États-Unis. Mais, comme l'explique la géographe Shaina Potts, les références au droit international sont « nébuleuses », « rhétoriques » et « américano-eurocentrique » : « Vingt-cinq pages [de la décision Underhill] sont consacrées à rassembler des citations de divers juristes remontant jusqu'à 1403. Les préjugés occidentaux inhérents à cette approche sont flagrants. Le document est truffé de citations selon lesquelles le droit international s'inspire des coutumes des nations "civilisées" [soit celles qui] "constituent le monde commercial", incluant le Japon, qualifié de "dernier État admis au rang des nations civilisées"[25]. »

Autour des catégories juridiques d'acte d'État et d'immunité souveraine s'ouvre alors un champ de bataille entre avocats, leurs

---

22. American Banana Co. *v.* United Fruit Co. 213 U.S. 347 (1909).

23. « Sovereignty is pure fact », *idem*, à 356.

24. Cité dans le jugement Underhill de la Cour suprême, *op. cit.*, 1895, à 583.

25. Shaina Potts, *Displaced Sovereignty : US Law and the Transformation of International Financial Space*, PhD, University of California, Berkeley, 2017, p. 700-711.

clients privés qui s'estiment lésés, mais aussi au sein de l'administration publique pour l'interprétation de ces doctrines. Ces modes de défense – l'immunité renvoyant au statut de l'entité agissante, l'acte d'État au caractère légal, officiel ainsi qu'à la matérialité juridique des décisions (décrets, lois, actes administratifs) – vont être progressivement remis en cause parce qu'ils offriraient une protection excessive aux puissances étrangères, tout particulièrement dans le champ des transactions économiques mondiales[26]. C'est leur caractère absolu qui va être contesté.

Alors qu'au cours des deux guerres mondiales et après la crise financière et la grande dépression de 1929, les États se font omniprésents dans la vie économique, la théorie de l'immunité souveraine absolue s'érode dans les milieux académiques du droit aux États-Unis. La révolution russe de 1917 a aussi changé la face du monde et donné naissance à un État-nation qui, fort d'un monopole absolu sur la vie économique intérieure de l'URSS, commerce hors de ses frontières.

Dès la fin de la Première Guerre mondiale, le département d'État américain épouse très progressivement une version restrictive de l'immunité. Dans une lettre adressée en novembre 1918 au procureur général des États-Unis, le secrétaire d'État Robert Lansing – qui se décrit lui-même comme croyant « aveuglément à la valeur du capitalisme » et aimant faire « pression pour son expansion mondiale »[27] – considère que les navires appartenant à l'État et engagés dans des affaires commerciales devraient être soumis aux obligations contractuelles. Comme Lansing l'affirme : « Lorsqu'un souverain s'engage dans une affaire, il se soumet aux conditions de celle-ci[28]. » Le département d'État refuse à plusieurs reprises

26. L'application systématique de l'acte d'État ignorerait la potentielle illégalité des actes vis-à-vis des lois des États-Unis, et les injustices qu'une telle absence de considération génère pour les citoyens des États-Unis. Voir John S. Jr. Sims, « Comment : Act of State *v.* International Law », *Mercer Law Review*, vol. 13, n° 370, 1961-1962.

27. David Glaser, *Robert Lansing : A Study in Statecraft*, Xlibris, 2015. Cité dans Maryam Jamshidi, « The political economy of foreign sovereign immunity », *loc. cit.*

28. Cité dans *ibid.*, p. 609.

de suggérer aux tribunaux d'appliquer l'immunité souveraine à des navires marchands appartenant à des États étrangers. Pour les États-Unis, la restriction de l'immunité souveraine s'entend comme une nécessité pratique dans un monde globalisé où il faut composer avec les grandes compagnies d'État communistes. Tout doit se passer comme si, en matière commerciale, les parties étaient toujours à armes égales.

En 1932, Philipp Caryl Jessup, alors professeur de droit international à Harvard, s'alarme du « retard » accumulé par la jurisprudence des États-Unis par rapport à cette évolution de la réalité macro-économique. Comme il l'indique dans un rapport, l'irruption des États dans la vie commerciale implique de rompre avec la « conception traditionnelle » de la souveraineté : « L'État a de plus en plus assumé le contrôle de diverses activités auparavant laissées à l'initiative privée. L'exploitation par l'État des chemins de fer, des télégraphes, de la radio et de nombreuses autres entreprises, ainsi que les monopoles d'État tels que ceux du tabac, du sel, des allumettes et d'autres articles de commerce courants, ont nécessairement amené l'État à entretenir des relations commerciales avec des particuliers et donné lieu à de nombreux litiges qui ont été portés devant les tribunaux de nombreux États[29]. »

Le rapport recommande de faire des États étrangers des justiciables comme les autres, dans les tribunaux situés en dehors de leur territoire, lorsqu'ils s'engagent dans des activités « industrielles, commerciales financières ou toute autre entreprise dans laquelle des personnes privées peuvent aussi s'engager[30] ». Parce que les États interviennent dans l'économie (comprise comme « naturellement » d'ordre privé) *via* ses différentes émanations – agences semi-publiques, entreprises publiques, banques publiques –, il faudrait d'autant plus défendre en

29. « Draft convention on competence of Courts in regard to Foreign States », *Harvard Research in International Law*, vol. 451, p. 267. Ces éléments sont cités par Peter Trooboff dans « Foreign State immunity : Emerging consensus on principles », vol. 200, *Collected Courses of the Hague Academy of International Law*, 1986.

30. *Ibid.*

contrepartie les valeurs de la propriété privée, du marché et de la concurrence en restreignant l'immunité souveraine[31].

Néanmoins, pendant cette période, les tribunaux s'en remettent, en cas de litige, aux « suggestions d'immunité » du département d'État, dont les services sont sollicités par la diplomatie des États étrangers. En 1945, dans l'affaire République de Mexico *c.* Hoffman[32], le président de la Cour suprême déclare qu'il « n'appartient pas aux tribunaux de refuser une immunité que notre gouvernement a jugé bon d'accorder[33]. » En statuant que les tribunaux doivent systématiquement s'en remettre au vouloir de l'exécutif dans des affaires commerciales, le juge se fait le relais de la prise en charge politique et diplomatique des dossiers d'immunité. Selon certaines interprétations, pendant l'entre-deux-guerres, dans la foulée des luttes relatives à la législation du New Deal, la Cour suprême n'aurait pas eu l'« estomac » de disputer ces questions au pouvoir exécutif[34]. De même, lors de la Seconde Guerre mondiale, l'exécutif aurait veillé au fait que les tribunaux s'alignent sur ses opinions.

Pourtant, la part jouée par les États dans l'économie à l'occasion des conflits mondiaux a invité à un changement de doctrine. En 1952, le département d'État adopte officiellement, et de manière systématique, la théorie restrictive de l'immunité souveraine, à travers la Tate Letter[35], du nom

31. John G. Hervey, « The immunity of foreign States when engaged in commercial enterprises : a proposed solution », *Michigan Law Review*, vol. 27, n° 75, 1929.

32. Republic of Mexico *v.* Hoffman, 324 U.S. 30 (1945).

33. Ingrid Wuerth, « Foreign official immunity determinations in U.S. Courts : the case against the State Department », *Virginia Journal of International Law*, vol 51, n° 4, 2011. Voir aussi « Throwback Thursday : The Tate Letter and Foreign Sovereign Immunity », *Transnational Litigation Blog*, 26 mai 2022.

34. Sur cette bataille du New Deal, voir Shamir Ronen, *Managing Legal Uncertainty : Elite Lawyers in the New Deal*, Duke University Press, Durham, 1995.

35. Jack B. Tate, « Changed policy concerning the granting of sovereign immunity to foreign governments », *Department of State Bulletin*, vol. 26, n° 984, 1952. Ruth Donner Willamette, « The Tate Letter revisited », *Journal of International Law and Dispute Resolution*, vol. 9, n° 1, 2001.

de Jack Tate, alors conseiller juridique suppléant[36]. La lettre commence par l'évocation de la petite dizaine de pays et juridictions ayant adopté ce modèle, au nombre desquels ne figure même pas le Royaume-Uni. Paradoxalement, les régimes où règne l'immunité absolue sont considérés comme marginaux – la lettre pointe du doigt « l'URSS et ses satellites »[37]. Tate fait le vœu que le changement de cap au sein de l'administration soit suivi d'effets dans les tribunaux : « Selon la théorie plus récente ou restrictive de l'immunité souveraine, l'immunité du souverain est reconnue en ce qui concerne les actes souverains ou publics (*iure imperii*) d'un État, mais pas en ce qui concerne les actes privés (*iure gestionis*). [...] Le département d'État estime que la pratique, de plus en plus répandue, d'engagement des gouvernements dans des activités commerciales rend nécessaire que les personnes faisant des affaires avec eux voient leurs droits garantis devant par les tribunaux. »

Deux ans plus tard, ce virage restrictif est compris par Tate comme un alignement inévitable sur ce qui serait la substance du droit international coutumier : « Même si c'était souhaitable, il serait difficile de maintenir la théorie classique [de l'immunité][38]. »

À mesure que les intérêts privés étatsuniens sont atteints par des expropriations décidées par des puissances étrangères, le droit international, tel qu'il est alors travaillé dans les bureaucraties d'État et tribunaux étatsuniens, passe d'un

36. Diplômé de l'université de Yale en droit, Jack Tate a été fonctionnaire fédéral pendant des décennies, partageant son temps entre diverses branches de l'exécutif. Il quitte le gouvernement en 1953 pour le monde académique. Voir Ruth Donner Willamette, « The Tate Letter revisited... », *loc. cit.*

37. En réalité, seuls 20 pays ont adopté la théorie restrictive en 1980, et 75 sur les 118 pays interrogés en 2010. La Russie et la Chine restent attachées à l'immunité souveraine absolue, comme plus de 30 autres États, dont l'Arménie, la Bolivie et le Mozambique. Voir Shaina Potts, *Judicial Territory*, *op. cit.*

38. Tate prenait la parole lors d'un programme organisé par l'American Bar Committee of New York sur le droit étranger, intitulé « Actes des gouvernements étrangers devant les tribunaux américains ». Cité dans Robert Jarvis, « The Tate Letter : Some words regarding its authorship », *American Journal of Legal History*, 55 (4), 2015, p. 465-472.

état gazeux, flou et controversé, à un état solide, composé d'un ensemble de valeurs rigides. La fabrique d'un corpus de droit international stable devient le cheval de Troie de la défense des droits des compagnies américaines à l'étranger.

Face aux expropriations : américanisation du droit international et radicalisation de l'exécutif

En août 1960, Castro nationalise trente-six sucreries, les raffineries de pétrole et les compagnies d'électricité et de téléphone. En septembre, il prend le contrôle de trois banques appartenant à des ressortissants des États-Unis. Le 13 octobre, il nationalise dix-neuf autres entreprises américaines, dont les filiales locales de Procter & Gamble, DuPont et Swift. Le 20, les États-Unis réagissent en décrétant un embargo sur les exportations vers Cuba, à l'exception des médicaments et de quelques produits alimentaires.

La guerre froide et la révolution cubaine de 1958 ont fait du sujet des nationalisations à l'étranger une préoccupation centrale du gouvernement étatsunien. La pression domestique sur la question des expropriations vient heurter l'équilibre que s'efforce de maintenir le département d'État entre, d'une part, les impératifs de politique étrangère et, d'autre part, la prise en compte des intérêts économiques et judiciaires privés. Les affaires remontent régulièrement jusqu'au bureau ovale à Washington, où les réactions ne répondent pas systématiquement à une logique d'opposition entre Démocrates et Républicains. Comme l'explique l'économiste spécialisé dans les affaires internationales Noel Maurer, avec la guerre froide « les intérêts privés [américains] ont rapidement appris que la crainte d'une expansion communiste facilitait la manipulation des services de renseignement et la mobilisation de l'opinion publique et du Congrès[39] ».

---

39. Noel Maurer, *The Empire Trap : The Rise and Fall of US Intervention to Protect American Property Overseas, 1893-2013*, Princeton, Princeton University Press, 2013, p.14.

Pendant une décennie, la politique intérieure s'enflamme sur la question des expropriations. Des entreprises et des citoyens des États-Unis, s'estimant lésés par la décolonisation et les nationalisations, trouvent des relais au sein de l'administration. La défense de leurs intérêts rend délicate la préservation des relations étrangères avec certains partenaires privilégiés. En période de guerre froide, les sanctions sont lourdes de conséquences géopolitiques : utilisées par le gouvernement, elles peuvent transformer un différend entre un investisseur et un État en une véritable confrontation entre superpuissances. Surtout, cette politique punitive est considérée comme dangereuse par le département d'État : nombreux sont ceux qui pensent que le rapprochement entre Cuba et le bloc soviétique est un effet de la politique de sanctions[40]. Mais les voix des riches expropriés pèsent dans l'administration et, dans le cadre de la lutte contre le communisme, obligent à un *aggiornamento* régulier des impératifs de politique étrangère. Pour l'administration, il devient tout aussi coûteux de s'abstenir.

De fait, les négociations entamées par l'administration Eisenhower (1953-1961) autour du quota de sucre [*sugar act*] privilégié pour Cuba – les investisseurs lésés et leurs lobbyistes souhaiteraient le diminuer, voire le supprimer, par représailles – radicalisent en retour le régime cubain. Castro déclenche la loi 851 « qui autoris[e] l'expropriation de tous les biens américains à Cuba ».

Pour autant, les nationalisations ne se réduisent pas à Cuba. Fin 1962, disposant d'une majorité significative à l'Assemblée générale des Nations unies, les États nouvellement indépendants font adopter une résolution affirmant « les droits d'un souverain à disposer de ses ressources naturelles » et proclament que « le droit des

---

40. Le gouvernement américain devient « très conscient du risque qu'une protection trop zélée de la propriété privée américaine puisse pousser un gouvernement neutre dans le bloc soviétique. La situation cubaine est devenue une expérience qu'aucune administration américaine ne voulait répéter ». Voir Noel Maurer, *ibid.*

peuples et des nations à une souveraineté permanente sur leurs ressources naturelles doit être exercé dans l'intérêt de leur développement national et du bien-être des populations concernées »[41]. Une telle déclaration de souveraineté économique, étroitement articulée au concept d'autodétermination, veut rompre définitivement, sur le terrain du droit international, avec l'ère coloniale. Pendant la colonisation, les sociétés commerciales et minières occidentales ont acquis des concessions pour l'exploitation de ressources minérales, « par la force », la « tromperie » ou à travers des « "accords" qui, tout en ayant une forme juridique, étaient difficilement compréhensibles pour les indigènes qui en étaient ostensiblement signataires »[42]. Mais la résolution réaffirme que les ressources du territoire ont toujours « appartenu au peuple » qui y vit, et cette souveraineté indigène s'est maintenue, y compris réduite au silence, pendant la « rencontre coloniale ». Et elle y survivra.

Les juristes occidentaux ont accueilli froidement cette prise de parole collective. Pour concevoir à quel point ces affirmations du peuple souverain contreviennent au sens de la norme anciennement établie, il suffit de citer ce que disait en 1823 le président de la Cour suprême, John Marshall – que l'histoire retient comme le théoricien de l'immunité souveraine absolue et du droit coutumier entre pays indépendants, à l'époque exclusivement occidentaux – sur la question de l'exploitation coloniale des territoires : « Le titre par conquête est acquis et maintenu par la force. Le conquérant en fixe les limites[43]. »

---

41. Résolution 1803 (XVII) de l'Assemblée générale en date du 14 décembre 1962 : « Souveraineté permanente sur les ressources naturelles ».

42. Voir Antony Anghie, *Imperialism, op. cit.*, p. 212. Voir aussi Rajagopal Balakrishnan, *International Law from Below : Development, Social Movements and Third World Resistance*, Cambridge University Press, Cambridge, 2003.

43. Johnson *v.* McIntosh, 21 U.S. (8 Wheat.) 543 (1823). Cité dans *ibid.*, p. 213.

Sans reconduire explicitement un tel schéma colonial, il est attendu que les pays nouvellement indépendants honorent les droits que les sociétés commerciales avaient acquis avant l'indépendance. Si les anciennes puissances coloniales ne contestaient pas le droit de nationaliser, les États nouvellement indépendants seraient tenus légalement par la doctrine de « responsabilité de l'État en matière d'investissement étranger[44] » et le principe de « juste indemnisation ».

Cette conception prend racine dans l'idée occidentale, contenue dans la charte de l'Atlantique de 1941, selon laquelle les ressources des « territoires sous mandat », avant la décolonisation, appartenaient à l'humanité dans son ensemble[45]. Au mieux, les prétentions juridiques décoloniales sont réduites à des normes strictement nationales, elles-mêmes relatives et ne pouvant faire loi à l'échelle internationale – où le droit coutumier doit s'appliquer. Les souverains décoloniaux doutent quant à eux de la nature du consentement originel aux contrats de concession, exigent un examen de leur légalité, comme des bénéfices réalisés par la puissance coloniale ou commerciale, et considèrent que seules les lois nationales président aux décisions de nationalisation.

Ces antagonismes déchaînent les passions politiques aux États-Unis. En février 1962, le gouverneur d'un État brési-

---

44. Ce que contestent radicalement les grands juristes décoloniaux, dont Mohammed Bedjaoui, dans les commissions de droit international de l'ONU. Un contrat de concession, selon lui, « ne peut survivre au changement de souveraineté que par la volonté expresse de la nouvelle autorité ». Voir « First Report on Succession of States in Respect of Rights and Duties Resulting From Sources Other Than Treaties », Documents of the 20th session, General Assembly Yearbook of the International Law Commission, vol. II, 1968, p. 115.

45. Les alliés « s'efforceront [...] d'aider tous les États, grands ou petits, vainqueurs ou vaincus, à accéder, dans des conditions d'égalité, au commerce et aux matières premières du monde qui sont nécessaires à leur prospérité économique ». Voir Nico Schrijver, *Sovereignty Over Natural Resources : Balancing Rights and Duties*, Cambridge University Press, Cambridge, 1997, p. 37.

lien annule le titre d'exploitation d'une filiale d'IT&T (une entreprise de téléphone étasunienne) et ordonne l'expropriation de ses biens. L'indemnité compensatoire versée est dénoncée comme abusivement basse, évaluée à moins de 10 % de ce que IT&T considérait comme la valeur de sa filiale[46]. La gêne est palpable au département d'État. Les diplomates commencent par reconnaître le droit du Brésil tout en constatant que la compensation n'est pas ajustée. Le trauma cubain est toujours prégnant : sanctionner revient à perdre des alliés, intensifier les sentiments d'hostilité et prendre le risque que le pays puni refuse ensuite les aides et l'argent des États-Unis.

Une douzaine de projets de loi déposés au Sénat visent alors à protéger les investissements privés étrangers en menaçant de retenir les fonds publics d'aide étrangère. Mais le président Kennedy s'y oppose. Dans une note soumise au Congrès, le département d'État considère qu'indexer les programmes d'assistance étrangère aux condamnations ne servirait « au mieux que marginalement les intérêts du citoyen américain dont la propriété est expropriée » ; surtout, cela pourrait « nuire gravement aux intérêts nationaux vitaux des États-Unis que le programme d'aide à l'étranger est censé promouvoir »[47]. La compagnie IT&T se rapproche alors de Bourke Hickenlooper, sénateur originaire de l'Iowa, « un homme aux références anticommunistes irréprochables[48] », connu comme l'un des membres les plus conservateurs et les plus isolationnistes du Parti républicain, qui porte politiquement l'affaire. Le Congrès adopte le « *Hickenlooper Amendment* »,

46. *New York Times*, 18 février 1962, p. 33, col. 2. Voir R. B. Lillich, « Protection of foreign investment and the Hickenlooper Amendment », *University of Pennsylvania Law Review*, vol. 112, n° 8, 1964.

47. Hearings on S. 2996. Before the Senate Committee on Foreign Relations, 87th Congress, 2d Sess. 31, 1962, at 558.

48. Noel Maurer, *The Empire Trap*, *op. cit.* Sur la capacité de nuisance géopolitique du géant américain des télécommunications et son rôle dans la déstabilisation du gouvernement Allende au Chili, voir Evgeny Morozov, « Une multinationale contre Salvador Allende », *Le Monde diplomatique*, août 2023, p. 16.

qui exige que le président des États-Unis suspende l'aide étrangère à tout pays qui, s'emparant de biens américains, ne prendrait pas, dans un délai de six mois, « les mesures appropriées » : soit une procédure d'arbitrage et une indemnisation rapide de ces biens équivalente à leur valeur totale, « pour s'acquitter de ses obligations en vertu du droit international[49] ».

Hickenlooper ironise sur la réaction surjouée du département d'État, qui « soulève toutes sortes d'objections », et d'une façon générale sur l'administration, qui a « exercé une influence considérable pour assouplir l'amendement » : « Ils ont rédigé des rapports [...], comparu devant la commission, ont dit : "Nous protégerons les droits des Américains. Mais, s'il vous plaît, ne rédigez pas de telles lois. Certains pays se sentiraient offensés et ne prendraient pas notre argent"[50]. » En effet, si l'administration Kennedy s'oppose sur le fond à cet assaut législatif, le président refuse d'utiliser son veto, craignant de donner l'impression d'ignorer les victimes des expropriations. L'amendement Hickenlooper est acclamé au Sénat. Il s'ensuit que la série de nationalisations cubaines aboutit à une inflation du contentieux et voit de nombreux actionnaires dépossédés tenter d'obtenir une indemnisation en s'adressant aux tribunaux. À la date du 5 décembre 1962, « trente-sept affaires se trouv[ent] pendantes pour le seul Southern District of New York [la juridiction de Wall Street], certaines d'entre elles portant sur des millions de dollars[51] ».

En février 1963, une affaire d'expropriation cubaine, remontée jusqu'à la Cour suprême, va durablement marquer

49. Amendement ajouté à la loi sur l'aide à l'étranger (le *Foreign Assistance Act*) de 1962. Ronald Mok, « Expropriation claims in United States Courts : the Act of State Doctrine, the Sovereign Immunity Doctrine, and the *Foreign Sovereign Immunities Act*, A road map for the expropriated victim », *Pace International Law Review*, vol. 8, n° 1, 1996.

50. Congressional Record., 87th Congress, 2nd session, October 2, 1962, p. 21615-24616. Cité dans Noel Maurer, *The Empire Trap*, *op. cit.*, p. 331.

51. Patrick Julliard, « L'arrêt Banco Nacional de Cuba *c.* Sabbatino », *Annuaire français de droit international*, vol. 11, 1965, p. 205-229.

les esprits en frustrant de nombreux groupes d'intérêt qui vont déplorer l'incapacité des tribunaux à rendre justice aux investisseurs privés.

La pomme de discorde sur le droit international

L'entreprise Farr, Whitlock & Co s'est engagée à acheter du sucre à la Compania Azucarera Vertientes Camaguey de Cuba (C.A.V.). Celle-ci est régie par le droit cubain, mais son capital est en majorité détenu par des actionnaires étatsuniens. Farr, Whitlock & Co a chargé le sucre sur un bateau battant pavillon allemand. En réponse à la réduction du quota de sucre cubain décidée par le président Eisenhower, Cuba a émis un décret prenant possession du sucre. La C.A.V. faisait partie du paquet de nationalisations décidées par Castro. Elle n'autorisera le sucre à quitter Cuba que si Farr, Whitlock & Co conclut un nouveau contrat avec la Banco Nacional de Cuba. Mais après que le sucre a finalement quitté Cuba, Farr, Whitlock & Co refuse de payer Banco Nacional et verse les fonds à Peter Sabbatino, l'administrateur provisoire des biens de l'ancienne société C.A.V. Ce dernier s'est pourvu en justice devant les tribunaux du district sud de New York en 1961, faisant valoir que sa compagnie avait droit aux revenus du sucre.

Saisi de l'affaire, le juge du Southern District of New York Edward Dimock estime que le droit international a été violé[52]. La nationalisation opérée par Cuba ne passerait pas le test de l'*Act of State* car elle ne serait pas associée à un « objectif public » tangible et « légitime » : « L'expropriation n'a pas été justifiée par Cuba au motif que l'État avait besoin du bien dans un but légitime ou que le transfert de propriété du bien était nécessaire à la sécurité, à la défense ou au bien social de l'État. » Elle serait « manifestement une mesure de

52. Nommé par le président démocrate Truman. Voir « Edward J. Dimock, 96, A Senior Federal Judge », *New York Times*, 19 mars 1986.

représailles », « ce seul fait suffi[san]t à la rendre contraire au droit international »[53].

Dimock n'admet pas que la souveraineté soit illimitée ou suffise en soi à justifier n'importe quel type d'action : « Le droit de souveraineté nationale prend fin lorsque les actes du souverain empiètent sur le droit international[54]. » Chose nouvelle, le jugement s'immisce dans le périmètre décisionnel du souverain étranger et évalue, au nom du droit international, la justification de l'acte cubain et sa légitimité (sociale, politique et économique). Dimock a conscience d'innover en passant l'acte d'État au tamis du droit international – il précise qu'« apparemment, aucun tribunal de ce pays ne s'est prononcé sur la question ». Les motifs de sa décision oscillent entre exercice réflexif – le juge new-yorkais explicite ce qu'il admet être un biais occidental – et resacralisation, en tant que valeur universelle, du droit de propriété.

En appel, le tribunal émet de nombreux doutes quant à l'existence d'un corpus de principes internationaux incontestables sur lesquels il serait possible d'adosser son opinion. Mieux, la Cour relativise son propre point de vue national. Le jugement s'accompagne de nombreuses précautions, expliquant vouloir se prémunir du « piège » tendu par une universalisation trop hâtive des énoncés : « L'un des pièges dans lesquels nous pourrions tomber serait d'identifier comme principe fondamental du droit international un simple aspect de la politique publique de notre propre nation et non un principe si cher aux autres peuples civilisés. Nous devons adopter une vision plus cosmopolite des choses et reconnaître que la règle de droit que nous annonçons au niveau municipal doit être une règle applicable à des souverainetés dont les modèles sociaux et économiques sont très différents des nôtres[55]. »

---

53. Banco Nacional de Cuba *v.* Sabbatino, 193 F. Supp. 375, 384 (S.D.N.Y. 1961).

54. *Idem*, à 381

55. U.S. Court of Appeals for the Second Circuit - 307 F.2d 845, Argued January 3, 1962. Decided July 6, 1962.

Pour autant, tout en admettant une projection occidentale, les énoncés suivants consacrent à nouveau le droit de propriété : « Les Constitutions de la plupart des États de l'hémisphère nord contiennent des dispositions qui semblent confirmer le droit du propriétaire à recevoir une juste compensation en cas d'appropriation d'une propriété privée par l'État[56]. » La réflexivité vis-à-vis du point de vue occidental, relatif et situé, n'empêche pas le juge, qui annonce la décision en appel, de considérer que les éléments réunis dans l'affaire ne permettent pas – « malgré tous [les] efforts pour traiter équitablement des doctrines politiques et sociales très différentes »[57] – de conclure à la présence d'un acte d'État. La Cour souhaite, par ce jugement, apporter une pierre à l'édifice d'un droit international, pour l'heure en chantier et controversé. Déplorant l'absence d'un autre espace pour la prise en charge des « victimes » d'expropriations en dehors du territoire des États-Unis, le tribunal d'appel new-yorkais se veut « le gardien des concepts du droit international[58] », un forum « compétent pour donner un recours en restitution » et l'un des « seuls moyens de dissuader de telles violations » du droit international[59].

Pour trancher le litige, la Cour suprême doit répondre à la question suivante : les tribunaux des États-Unis peuvent-ils refuser de donner effet aux décrets d'un souverain étranger lorsqu'ils « violent » le droit international ? À la majorité, la Cour statue en faveur de Cuba au motif que la doctrine de l'*Act of State* interdit aux tribunaux des États-Unis de se prononcer sur la validité de la nationalisation de sociétés sucrières. Quant au gouvernement, en plein scandale de la Baie des Cochons, il se refuse à intervenir et à faire connaître son opinion. La plus haute juridiction des États-Unis, dont

56. *Idem*, à 862.
57. *Idem.*
58. *Idem.*
59. *Idem.*

la composition de l'époque (la Cour Warren) a été décrite comme l'une des plus progressistes de l'histoire, pousse un cran plus loin la relativisation de la perspective occidentale sur le droit international.

Livrant l'opinion de la Cour, le juge Harlan souligne le caractère formellement étatique de l'acte cubain et prend en compte la justification donnée par Cuba : le préambule de la loi « réitère la prétendue injustice de la réduction américaine du quota de sucre cubain et souligne l'importance pour Cuba de servir d'exemple à d'autres pays dans leur lutte pour se libérer des griffes brutales de l'impérialisme ». Le droit international est évoqué comme le site de conflits entre des visions de l'économie politique antagonistes, sinon irréconciliables : la Cour rappelle la dénonciation par les « États émergents[60] » des « normes traditionnellement formulées régissant l'expropriation de la propriété » comme étant le « reflet des intérêts “impérialistes” »[61]. Soulignant la « divergence encore plus fondamentale entre les intérêts des nations importatrices et exportatrices de capitaux et entre les idéologies sociales des pays qui favorisent le contrôle par l'État d'une partie considérable des moyens de production et ceux qui adhèrent au système de la libre entreprise », la Cour refuse de « s'engager dans un domaine qui touche de manière sensible les objectifs pratiques et idéologiques des différents membres de la communauté des nations ».

Le vocabulaire que la Cour suprême mobilise rappelle celui défendu par les États postcoloniaux aux Nations unies peu auparavant. Mais, comme le note Shaina Potts, « au fur et à mesure que la Cour [présidée par] Warren sera remplacée par de nouvelles nominations judiciaires au cours de la décennie suivante, cette franchise va disparaître[62] ». Le

60. La notion évoque les États, récemment indépendants, qui émergent au sens politique sur la scène internationale. Banco Nacional de Cuba *v.* Sabbatino, 376 U.S. 398 (1964).

61. *Ibid.*

62. Shaina Potts, *Displaced Sovereignty*, *op. cit.*

silence de l'exécutif sur ce dossier Sabbatino, et tout particulièrement celui du département d'État, considérant que la Cour est seule légitime à se prononcer, nourrit l'amertume. Par cette décision aux « conséquences malheureuses », selon le juriste français Patrick Julliard chroniquant la décision peu de temps après qu'elle a été rendue, la Cour suprême prêtait le flanc à l'accusation « d'avoir sacrifié les justiciables pour ne causer nulle gêne, même légère, aux négociateurs éventuels du département d'État[63] ». « Conséquence malheureuse » : le mot est faible. Selon Mark Feldman, avocat au département d'État de 1965 à 1981, cette décision « a rendu furieuses les entreprises américaines », « poussé le Congrès à surenchérir » dans le registre des sanctions, et est devenue une « cause célèbre parmi les juristes pendant des années »[64].

À la fin des années 1970, plus d'une centaine d'articles de revues juridiques et de notes sont déjà publiés sur l'affaire Sabbatino. Les rebondissements de la jurisprudence obsèdent les avocats du barreau privé dont les clients ont des intérêts financiers en Amérique latine. Pomme de discorde du droit international, l'affaire Sabbatino intensifie la lutte pour dire le droit, qui met aux prises les trois branches du pouvoir – législatif/Congrès ; exécutif/département d'État, de la Justice et du Trésor ; judiciaire/des Lower Courts du district new-yorkais à la Cour suprême –, et pour définir quelle institution et quels moyens déployer pour protéger les investissements privés.

Alors que les États-Unis sont embarqués dans la guerre froide et font face à l'émergence de visions du monde et de politiques économiques profondément antagonistes, l'administration fédérale entreprend de techniciser le droit international et de le faire gagner en substance. Le temps n'est

---

63. Patrick Julliard, « L'arrêt Banco Nacional de Cuba *c.* Sabbatino », *loc. cit.*

64. Mark B. Feldman, Interviewed by Robin Matthewman, 28 avril 2021, The Association for Diplomatic Studies and Training Foreign Affairs. Oral History Project, Copyright 2022 ADST.

plus à la reconnaissance du caractère relatif de la perspective occidentale, qui a sanctuarisé la propriété privée et la valeur de l'investissement. La jurisprudence des États-Unis va imposer ce point de vue local comme absolu, naturel et universel.

Chapitre 2

Protéger l'investissement de la raison diplomatique

En 1964, un comité *ad hoc*, le Rule of Law Committee, est mis sur pied pour défendre la suprématie des contrats de propriété. Un de mes enquêtés, bien des années après, en parle avec amusement comme un lobby d'« inquisiteurs en robes sombres qui font peur aux gens et protègent le capitalisme ». Créé pour faire pression sur les décideurs politiques américains concernant l'investissement international, le comité est composé des praticiens et des enseignants les plus influents des États-Unis dans le domaine du droit international. Parmi ses clients figurent quinze entreprises, majoritairement des compagnies pétrolières, ayant des investissements à l'étranger.

Son porte-parole, l'avocat Cecil Olmstead, a commencé sa carrière au département d'État en tant qu'assistant du Conseiller juridique[1]. En 1961, il devient assistant du président du conseil d'administration de Texaco, compagnie pétrolière fondée au Texas[2], puis occupe le poste de vice-président exécutif jusqu'en 1980, quand il part officier chez Steptoe & Johnson, un cabinet d'avocats d'affaires où il est conseiller sur des dossiers de droit international et d'arbitrage. Steptoe & Johnson est l'un des cabinets pionniers et les plus réputés en matière de droit commercial. Stratégiquement basé à Washington, il revendique

1. Il a aussi débuté comme conseiller juridique chargé de la réorganisation gouvernementale au sein l'administration Hoover.

2. En 1928, elle est la première compagnie de vente de carburants, présente dans 48 États (50 avec l'Alaska et Hawaï en 1959).

« une tradition de service public » et affiche fièrement sur son site web les parcours de ses associés, qui pour la plupart ont occupé des postes dans différents secteurs de l'État[3].

Le comité se donne pour mission explicite de renverser le jugement Sabbatino de la Cour suprême, qui a débouté les plaignants privés, en menant un intense lobbying à Washington. Auditionné par la Chambre des représentants, le professeur Olmstead exprime la « consternation » et le « désarroi » qui ont gagné les rangs des avocats d'affaires après Sabbatino : il dit à quel point les « membres du Comité de la *Rule of Law* ont été troublés par la décision de la Cour suprême », qui aura « des effets très négatifs sur la protection et l'encouragement des investissements à l'étranger, en particulier dans les pays les moins développés »[4].

En septembre 1964, alors que l'affaire Sabbatino est à nouveau renvoyée devant le tribunal de district afin de calculer les sommes dues à Cuba, le Congrès s'interpose avec l'« amendement Sabbatino », introduit dans le programme d'assistance financière aux pays étrangers. Ce dispositif législatif ouvre la possibilité de sanctions unilatérales – couper les aides officielles et publiques aux pays ciblés – sera baptisé l'« amendement *Rule of Law* ». Désavouant la Cour suprême, il déclare que les tribunaux des États-Unis « ne devaient pas refuser d'examiner les affaires impliquant des expropriations de biens en violation du droit international » et, plus généralement, vise à « protéger les investissements privés américains à l'étranger » en « empêchant que les biens soient vendus

---

3. Steptoe parle d'une « tradition de service public » au sein du cabinet qui remonte à 1949, lorsque Louis Johnson, son cofondateur, a été nommé secrétaire américain à la Défense sous la présidence de Harry Truman. Le cabinet affiche fièrement la liste de charges publiques (exécutives et au Congrès) occupées par les avocats : SEC, OMB, DoD, Treasury, agences fédérales de régulation, etc. Le cabinet revendique ainsi une connaissance de toutes les décsions qui « affectent les entreprises », <www.steptoe.com/en/about/government-experience.html>.

4. Statement of Cecil Olmstead, Hearings on H.R. 7750, Before the Committee on Foreign Affairs of the House of Representatives, 89th Congress, 1st Session, 1965, à 577-578.

aux États-Unis par le pays expropriant »[5]. Si les États-Unis représentent toujours un immense marché d'exportation pour les entreprises nationalisées, l'amendement *Rule of Law* vise à rendre ces expropriations le moins profitables possible. Pour autant, bien que cet amendement permette au Congrès d'outrepasser la jurisprudence de la Cour suprême, l'exécutif s'efforce de ne pas utiliser cette arme[6], nourrissant d'autant plus les frustrations du barreau d'affaires.

Au sujet de ce renversement par le Congrès de la décision de la Cour suprême, le *New York Times* évoque « une campagne de lobbying efficace menée par un jeune et discret avocat international : Monroe Leigh[7] ». Ce dernier et son comparse Cecil Olmstead sont présentés comme « inséparables »[8]. Ils se ressemblaient comme « deux gouttes d'eau », me raconte soixante ans après un fonctionnaire du département d'État. À longueur de contributions, ces deux avocats se présenteront comme les gardiens du temple du droit contractuel privé, œuvrant à sa pérennité transnationale contre les incursions de politique étrangère. En ce début des années 1960, ils se vivent comme des « Sabbatino Watchers » et veillent à ce que l'ordre juridique ne néglige plus jamais les droits des investisseurs. La lutte pour la protection de ces derniers à l'étranger, ainsi que la réforme de l'acte d'État constituent pour eux une véritable « cause sociale ». Non seulement ils « choisissent leurs clients et leurs dossiers afin de mener à bien leur projet idéologique

---

5. *Foreign Assistance Act* de 1961 avec ajout de la ligne Sabbatino en 1964.

6. Un débat existe par ailleurs sur l'efficacité de ces leviers d'action discrétionnaires : couper les aides officielles et publiques aux débiteurs rendrait la tâche du recouvrement de créances encore plus difficile. Voir Stanley G. Mazaroff, « An evaluation of the Sabbatino Amendment as a legislative guardian of American private investment abroad », *George Washington Law Review*, vol. 37, 1969.

7. Anthony Lewis, *New York Times*, 15 novembre 1964.

8. En 1940, fraîchement diplômé de l'université de Virginie, Monroe Leigh part travailler à Washington dans un cabinet d'avocats d'affaires. Après une première mission à l'OTAN en 1951, liée à sa spécialisation en droit international, il intègre le service juridique du département de la Défense, spécialisé dans les affaires internationales. De retour dans le privé, il rejoint le cabinet Steptoe & Johnson.

et redistributif[9] », mais ils poursuivent ce combat au sein ou auprès des bureaucraties et de la classe politique.

La cause du plaignant privé écrasée par l'« intérêt des nations »

Leigh est régulièrement consulté, de façon informelle, par le service juridique du département d'État. En 1966, il raille dans ses articles le « un pas en avant, deux pas en arrière du gouvernement » en matière de restriction de l'immunité souveraine des États étrangers. Il préconise de banaliser les disputes entre entreprises privées et États afin de redonner leurs droits aux intérêts individuels et privés, en refusant qu'ils soient écrasés sur l'autel de la géopolitique : « La protection des droits individuels peut sembler microcosmique par rapport aux opérations internationales macrocosmiques dans lesquelles le pouvoir exécutif est impliqué. Néanmoins, le gouvernement a l'obligation d'accorder aux particuliers une protection procédurale aussi large que le permet la nature de la situation[10]. »

Leigh exhorte les pouvoirs publics à agir, y compris par la loi[11]. Il accuse la procédure de la « Tate letter », qui laisse au département d'État le soin d'apprécier la différence entre actes commerciaux et souverains et de suggérer ou non l'immunité souveraine aux tribunaux, d'être un mélange « baroque » entre des considérations politiques et des « fonctions quasi

---

9. L'analyse en termes de « défense d'une cause » par les avocats a principalement porté sur des avocats militants plutôt situés à gauche et spécialisés dans la défense des minorités, des plus démunis ou des droits des femmes, et plus rarement sur des avocats d'affaires défendant des intérêts privés au nom de l'intérêt général. Voir Austin Sarat et Stuart A. Scheingold, « State transformation, globalization and the possibilities of cause lawyering », dans Austin Sarat et Stuart Scheingold (dir.), *Cause Lawyering and the State in a Global Era*, Oxford University Press, Oxford, 2001.

10. Monroe Leigh et Timothy Atkeson, « Due process in the emerging foreign relations law of the United States », *Business Lawyer* (ABA), vol. 22, n° 1, 1966.

11. Monroe Leigh, « Sovereign immunity : the case of the "Imias" », *American Journal of International Law*, vol. 68, n° 2, 1974.

judiciaires »[12]. L'évaluation de la nature des activités resterait encastrée dans la raison diplomatique et, dès lors, priverait les plaignants de véritables recours judiciaires. Selon Leigh, Cuba et les États étrangers exploiteraient ce levier diplomatique et le mettraient régulièrement en jeu pour obtenir l'immunité sur des cas *ad hoc*, par exemple en menaçant de ne plus participer à des accords internationaux ou bilatéraux intéressant au premier chef les États-Unis. Une bonne manière de faire consisterait à débrancher les disputes commerciales entre compagnies privées et États étrangers de l'appareil exécutif et à les soumettre, « afin d'encourager le développement du commerce international », à « une résolution devant les tribunaux plutôt que par le biais d'échanges diplomatiques »[13]. Leigh ironise sur la « grandiloquence et les phrases chocs des juges » qui invoquent la « paix des nations » dans leurs opinions[14] ; une emphase qui nuirait à l'application précise des doctrines comme à l'appréciation juste des affaires, au cas par cas. Revendiquant une approche d'ingénieur et de technicien, il voit le droit comme un écheveau de principes logiques et rationnels devant être appliqués aux « faits » en respectant leur pureté originelle, c'est-à-dire en faisant abstraction du contexte social et politique.

Membre du barreau new-yorkais, Victor Rabinowitz est l'un des principaux opposants au Rule of Law Committee. Avocat de Cuba, il a défendu le régime de Castro dans les principales affaires qui l'ont opposé, à partir des années 1960, à des ressortissants étatsuniens expropriés. Il est aussi, à front renversé, un entrepreneur de la cause sociale et politique par le droit et pour le droit[15]. À sa mort, le *New York Times*

---

12. *Ibid.*

13. *Ibid.*

14. Monroe Leigh, « Sabbatino's silver anniversary and the restatement : no cause for celebration », *The International Lawyer*, 1990, p. 1-20.

15. Victor Rabinowitz est quant à lui identifié comme « *cause lawyer* » en tant qu'avocat radical proche des mouvements sociaux aux États-Unis de 1960 à 1970. Luca Falciola, *Up Against the Law : Radical Lawyers and Social Movements, 1960s-1970s*, UNC Press Books, 2022.

rendra hommage à un « avocat gauchiste[16] ». Membre du Parti communiste entre 1942 et le début des années 1960, il est connu pour avoir défendu le président socialiste Salvador Allende après la nationalisation du cuivre au Chili au début des années 1970, les Black Panthers ou encore certains syndicats étatsuniens[17].

Dans un article aux allures de manifeste intitulé « Viva Sabbatino ! », Rabinowitz a sévèrement critiqué les tentatives, jugées hâtives et instrumentales, de faire exister un corpus « logique » de principes de droit international coutumier. Selon lui, le droit international n'existe pas : à défaut d'être doté « de tribunaux et d'autorités idoines », il ne saurait en être question qu'au conditionnel, et les tentatives de formalisation dont il fait l'objet seraient à ce titre « nébuleuses »[18]. Les « règles de preuve anglo-américaines » et une poignée de juges étatsuniens ne sauraient gouverner la geste commerciale des États[19], tout particulièrement face au concert des nouvelles nations indépendantes. Selon lui, la petite communauté épistémique du Rule of Law Committee, un entre-soi d'experts des pays industrialisés, pense, « sur le plan juridique et politique », avec un logiciel de « 1812 ou, à la limite, de 1938 », soit dans « un monde où il n'y avait que quelques

16. Lui-même jouait de ce label et avait intitulé son autobiographie *Mémoires d'un gauchiste non repentant :* Victor Rabinowitz, *Unrepentant Leftist : A Lawyer's Memoir,* University of Illinois Press, Urbana/Chicago, 1996. Actif au sein de l'American Labor Party, se présentant au Congrès sur l'étiquette de ce parti en 1947, il a été l'un des membres fondateurs de la National Lawyers Guild, créée en 1937 comme alternative à l'American Bar Association, plus conservatrice. Voir Douglas Martin, « Victor Rabinowitz, 96, leftist lawyer, dies », *New York Times*, 20 novembre 2007.

17. Douglas Martin, « Victor Rabinowitz... », *Ibid.*

18. Autorités qui seraient par exemple « capables d'imposer des sanctions pour violation du droit international ». Voir Victor Rabinowitz, *Unrepentant Leftist, op. cit.* Sauf mention contraire, les extraits suivants sont tirés de ce texte.

19. « Compte tenu de la nature du droit international et de l'état du monde dans lequel nous vivons aujourd'hui, il est impossible de déterminer le droit international sur de nombreux sujets et, dans la mesure où il peut être déterminé, il diffère profondément du droit international supposé par la plupart des observateurs du Sabbatino. »

nations[20] dont les points de vue devaient être pris en considération » : « Bien que [ces nations] aient pu être rivales dans le partage du monde non industriel, elles étaient unies dans leur désir de formuler des règles qui ne donneraient aucun droit à d'autres pays moins développés – les règles reconnaissaient d'ailleurs à peine l'existence de ces États. » Selon, Rabinowitz, un pseudo-« consensus » a été décidé, qui en réalité souffrait d'un déficit de représentativité, excluant les « peuples africains et asiatiques » et les considérant « soumis au droit international » sans « jamais suggérer qu'ils devraient participer à son élaboration ». Mais, toujours selon lui, « ce monde n'existe plus » et il est impossible de « plaquer [...] ce droit international du passé sur la communauté internationale » actuelle, composée des « nouvelles nations du monde » qui « ne souhaitent pas être liées par lui ».

Victor Rabinowitz conteste par ailleurs le fait que des tribunaux puissent prendre en charge des affaires économiques qui enchâssent diplomatie, haute politique et échanges commerciaux. Il critique le présupposé de l'exécutif américain, qui prétend « faire loi » en affirmant que « si un pays étranger exproprie une propriété, le droit international exige [qu'il] verse une indemnité prompte, adéquate et efficace [...] peu importe que cette règle n'ait pas reçu l'approbation des pays d'Amérique latine ».

En 1970, il participe à l'Association internationale des avocats démocrates à Helsinki, qui adopte une série de résolutions affirmant que les seules juridictions compétentes pour évaluer la possibilité d'indemnisation lors des nationalisations, ou pour statuer sur des conflits entre États et investisseurs, sont celles « de l'État dans lequel les capitaux ont été investis ». Selon Rabinowitz, ces esquisses, modestes ou réalistes, ne prétendent pas dire le vrai du droit international mais appuient l'idée que le droit international ne peut être tenu pour « aussi peu controversé que Monroe Leigh a semblé le supposer ».

---

20. Il cite les États-Unis, l'Angleterre, la France, la Russie, l'Espagne et, après le milieu du XIXe siècle, l'Allemagne, l'Italie et le Japon.

Ainsi, quand l'avocat des nationalisations cubaines défend la décision politique et l'intérêt de l'État, l'avocat de la *Rule of Law* fait des droits du citoyen privé le cœur de l'architecture juridique internationale légitime. Selon Leigh, les transactions et litiges entre ressortissants privés et États ne sauraient, pour la seule raison qu'un État est concerné, échapper au droit commun. Comme tout litige commercial ordinaire, ils devraient être traités par des règles formelles, logiques et indiscutables. Ce sont là deux façons nettement opposées d'articuler une vision du droit, de la politique et des pratiques commerciales légitimes qui, alors que les expropriations se multiplient, vont être progressivement départagées au cœur de l'administration.

Depuis la seconde moitié des années 1960, en réaction à l'insatisfaction des classes dirigeantes liée au jugement de la Cour suprême, l'administration se démène pour trouver une issue institutionnelle acceptable[21]. Il s'agit à la fois d'éteindre le feu des polémiques alimentées par les défenseurs des droits de l'investissement à l'étranger, mais aussi de stabiliser le rapport entretenu par l'appareil exécutif, et notamment les services diplomatiques, avec les puissances souveraines du monde. De même, il faut trouver un moyen terme entre la sacralisation de la propriété privée et les désagréments économiques et monétaires qu'un pouvoir juridique excessif pourrait causer.

Dans la machine clivée de l'hégémon

Au cœur d'un imbroglio qui divise la machine administrative de l'hégémon, figurent le périmètre de l'immunité souveraine – la liste des institutions qui y sont incluses – et l'amplitude des capacités d'exécution, de saisie et de collecte, dont bénéfi-

21. Le patient travail bureaucratique sur la réforme des modalités d'attribution de l'immunité souveraine commence dès les années 1960 sous l'administration Johnson (1963-1969) et se poursuit sous Nixon (1969-1974) et Ford (1974-1977).

cient les investisseurs pour lesquels une décision de justice favorable a été prononcée. En effet, les intérêts monétaires des États-Unis pourraient être menacés par un excès de procédures vis-à-vis des souverains étrangers.

En 1967, on trouve les premiers signes d'un dialogue entre les avocats du barreau d'affaires et les représentants du département d'État au sujet d'une réforme législative des modes d'attribution de l'immunité souveraine. Les juristes du département d'État, situés dans le quartier de Foggy Bottom à Washington, font circuler une ébauche de texte à quelques experts qui gravitent autour de l'appareil d'État. La question du rôle du département d'État sur ces questions y est posée.

Un échange épistolaire entre Leonard Meeker[22] – le conseiller juridique en place du département d'État – et Abram Chayes[23] – professeur à Harvard et ancien conseiller juridique du département d'État sous Kennedy – ménage encore une large place aux « considérations politiques » dans le domaine de l'immunité souveraine ainsi qu'aux canaux spécifiques qui permettraient de les gérer. On doute alors de la possibilité que les plaintes des ressortissants contre les États puissent faire l'objet d'un traitement judiciaire ordinaire, autonome vis-à-vis du contexte géopolitique, comme pour n'importe quelle transaction économique. Mais il est déjà question, sans le dessaisir, de redéfinir le rôle du département d'État afin d'éviter le mélange des genres entre domaine économique et politique étrangère. L'encastrement politique des décisions d'immunité est en passe de devenir « archaïque », fragilisé par la « modernisation » qui s'annonce.

22. Lettre d'Abram Chayes à Leonard Meeker, 30 octobre 1967.

23. La carrière d'Abram Chayes s'est principalement déroulée au cœur de l'administration fédérale. Il s'est fait connaître pour son approche du droit international fondée sur le « processus juridique », moins formaliste dans l'analyse des règles juridiques, et les étudiant dans leur contexte politique pratique, telles qu'elles sont utilisées par les décideurs en politique étrangère. Il a joué un rôle important dans un certain nombre de crises majeures (dont la crise des missiles de Cuba de 1962). Après un bref passage en 1964 au cabinet d'avocats Ginsburg & Feldman à Washington, il retourne enseigner le droit à Harvard en 1965.

Leonard Meeker échange aussi à la même époque avec Cecil Olmstead, vice-président du conseil d'administration de Texaco et porte-parole du Rule of Law Committee. Ce dernier pointe la « timidité judiciaire » qui, à ses yeux, s'est installée après l'affaire Sabbatino en matière d'immunité souveraine[24]. Seule l'introduction d'une loi pourrait enfin cranter les progrès graduels qui ont grignoté le périmètre d'immunité des États étrangers. Prudemment, Meeker répond qu'il ne faudrait pas aller trop loin en supprimant « la possibilité même de la défense en immunité souveraine » pour les États étrangers, mais attend volontiers de la part du lobbyiste un texte et « des éléments de langage » qui préciseraient les contours et motifs d'un projet de loi. Les services de Foggy Bottom disent être confrontés au « problème » des espèces ambiguës – « les entreprises purement "commerciales" appartenant à des gouvernements étrangers » – et dont le statut est à cheval entre domaines commercial et souverain[25]. Le département d'État tient à préserver l'idée qu'un acte d'État objectivé par une loi ou un décret d'un État étranger, quand bien même il aurait une incidence sur les contrats économiques et financiers, est du « ressort du souverain » et « échappe à la justice »[26].

Ces échanges entre le barreau d'affaires et le département d'État restent discrets. Afin de discuter de « l'opportunité d'introduire, pour la première fois, une disposition statutaire régissant l'immunité souveraine », seuls « un petit nombre de juristes concernés par les problèmes d'immunité souveraine » rencontrent de manière confidentielle, lors d'un déjeuner au très chic Cosmos Club[27] de Washington, les hauts fonction-

---

24. Cecil J. Olmstead, Assistant to the Chairman of the Board, to The Honorable Leonard C. Meeker, The Legal Adviser Department of State Washington, D. C. 27 November 1967.

25. Leonard Meeker à Cecil Olmstead, 12 décembre 1967.

26. Leonard Meeker à Cecil Olmstead, 27 mars 1968.

27. Le club est réservé aux « gentlemen » et indique sur son site que, « depuis sa création, il a encouragé la camaraderie entre les plus grands esprits de notre temps ». Parmi les membres du Cosmos Club figurent trois présidents des États-Unis, deux vice-présidents, des juges de la Cour suprême, des artistes,

naires du Département[28]. L'objectif affiché est de rendre un État étranger « responsable » devant les tribunaux étatsuniens de ses activités menées aux États-Unis « ou ayant un effet direct sur ce pays ». Les membres des prestigieux cabinets d'avocats de Washington et de New York siègent aux côtés des responsables du département d'État, puissance organisatrice, et des juristes du Trésor et du département de la Défense. Pour les membres de l'assistance les plus proches du pôle de la *Rule of Law*, toute réforme doit s'accompagner de garanties d'exécution, soit la possibilité de saisir des actifs souverains afin de maintenir les États sous pression. Sans cela, la doctrine restrictive de l'immunité resterait un « geste vide », un postulat sans moyens[29].

Au début des années 1960, ces premières esquisses de loi font face à l'hostilité des services financiers de l'État à l'égard de tout « changement fondamental dans la position que le département d'État a adoptée jusqu'à présent[30] ». Le Trésor s'alarme de perdre en matière de politique étrangère un levier d'action discrétionnaire – même si les décisions d'immunité sont prises par le département d'État, le Trésor reste dans la boucle – et surtout, les services sont extrêmement préoccupés par l'extension potentielle du pouvoir de saisie des plaignants, qui pourraient viser n'importe quel actif d'un « État étranger quelle que soit la nature de l'usage de cet actif[31] ».

---

des écrivains, des hommes d'affaires, des fonctionnaires, des journalistes, des scientifiques, des présidents d'université, trente-six lauréats du prix Nobel, etc. Le club n'est ouvert aux femmes qu'en 1988, <www.cosmosclub.org/>.

28. En 1968, Stephen Schwebel, Assistant Legal Adviser, écrit à « l'honorable Stanley D. Metzger », qu'il appelle « Stan ». Il met en copie John B. Stevenson, le président de l'American society of International Law. Note du 15 avril 1968. Cables « Amintlaw ».

29. J'utilise ici cette expression qui sera employée des années plus tard dans la lettre d'un haut fonctionnaire de l'Office of Management and Budget (situé auprès du bureau ovale) adressée au porte-parole de la House of Representatives. Voir « A draft bill, Section by Section analysis », 16 janvier 1973.

30. Il est ainsi fait référence à cette période aux « suggestions d'immunité » propres au régime de la Tate Letter.

31. Counsel of the Treasury (G. d'Andelot Belin) au Legal Adviser du Department of State (Abram Chayes, Washington), 12 avril 1963.

Force du dollar contre force du droit

Le « point de vue » du Trésor, asséné à plusieurs reprises au département d'État, consiste à réaffirmer la suprématie, au sein de l'administration, de l'objectif de préservation de « notre balance des paiements et de notre position en or [le stock d'or disponible][32] ». En effet, les accords de Bretton Woods ont placé le dollar au cœur du système monétaire mondial, le billet vert devant se maintenir comme « *as good as gold*[33] ». Les dépôts en dollars des gouvernements étrangers auprès de la Réserve fédérale, la Fed de New York, généralement placés en bons du Trésor américains, facilitent le financement du gouvernement des États-Unis et fluidifient le crédit pour l'ensemble de l'économie, puisque ces dépôts étrangers transitent par des banques étatsuniennes[34].

Dès février 1963, informé de travaux en cours, le secrétaire adjoint au Trésor John Bullit[35] rappelle à l'ordre le conseiller juridique adjoint du département d'État Andreas Lowenfeld[36]. Le Trésor fait savoir qu'il s'opposera à toute « éventuelle

32. La « position en or » renvoie aux stocks d'or détenus par les États-Unis qui rendent possible et crédible (ou non) leur engagement de convertibilité du dollar en or scellé par les accords de Bretton Woods en 1944. Avec ces accords, les États-Unis se sont engagés à verser à toute banque centrale (adhérant à ce système monétaire international de changes fixes) la contre-valeur en or des dollars qu'elle présenterait, sur la base d'une clé de conversion de 35 dollars par once d'or fin, soit environ 31 grammes.

33. Michel Aglietta et Virginie Coudert, *Le Dollar et le Système monétaire international*, La Découverte, Paris, 2014.

34. L'inquiétude porte à la fois sur la balance des capitaux étatsunienne, les fonds en dollars détenus à la Federal Reserve, mais aussi dans les banques commerciales des États-Unis. Voir *ibid.*

35. Avocat, il a été haut-fonctionnaire au sein de l'Agence pour le développement international (AID) de 1967 à 1969. Il est aussi associé au cabinet Shearman and Sterling.

36. Diplômé de la Harvard Law School en 1955, Andreas Lowenfeld rejoint le bureau du conseiller juridique du département d'État en tant que Legal Adviser et sert les présidents John F. Kennedy et Lyndon Johnson. Il a plus tard été arbitre dans des affaires commerciales internationales et dans des litiges relatifs aux investissements et au commerce. Voir *Andreas Lowenfeld (1930-2014) In Memoriam*, *The American Journal of International Law*, vol. 109, n° 1, 2015.

révision de la politique des États-Unis en matière d'immunité souveraine », tout particulièrement aux réformes qui envisageraient de sortir ces décisions du giron de l'exécutif pour les laisser exclusivement aux tribunaux. Le Trésor explique qu'« il est dans l'intérêt des États-Unis que les États étrangers continuent à détenir des montants substantiels de leurs réserves internationales sous forme de dollars ». La ligne rouge concerne l'éventuelle « saisie des biens des gouvernements étrangers[37] ». Cette perspective, effrayante pour les gouvernements, serait de nature à dissuader « les autorités monétaires étrangères » – une catégorie large qui inclut nombre d'institutions financières, au-delà des seules banques centrales[38] – de placer leurs réserves de dollars aux États-Unis.

Bullit insiste sur le caractère erratique et irrationnel des « mouvements » de marché, qui échappent à « l'analyse objective des faits » : « Un retrait peut en entraîner d'autres sans rapport logique avec la cause initiale, de la part des autorités monétaires d'autres pays ou même de détenteurs étrangers privés. » Toute modification des dispositifs d'immunité courrait le risque d'ouvrir une boîte de Pandore sur le statut protégé des avoirs bancaires publics des souverains qui circulent aux États-Unis. La simple intention de légiférer, si elle venait à être rendue publique, mettrait en péril les « accords en vertu desquels les autorités monétaires étrangères détiennent actuellement une partie de leurs réserves d'or à la Banque fédérale de réserve de New York ». Si des retraits étaient effectués, la confiance dans le dollar serait minée, avertit la note : « Il ne fait aucun doute que les détenteurs

37. Treasury Department Assistant Secretary, Washington, Confidential, 20 février 1963.

38. « L'expression comprend les Trésors, les ministères des Finances, les banques centrales, les fonds de stabilisation, les bureaux de contrôle des changes et les agents fiscaux des gouvernements nationaux qui ont des fonctions similaires à celles des Trésors et des banques centrales. Le terme inclut également les établissements diplomatiques et consulaires et d'autres départements et agences des gouvernements nationaux. Il n'inclut toutefois pas les banques nationalisées ou d'autres banques ou sociétés appartenant à l'État, à moins que leurs fonctions ne soient principalement monétaires. »

de fonds en dollars, tant étrangers qu'américains, éprouveraient un sentiment supplémentaire de malaise à l'égard de la position financière internationale des États-Unis. » « Toute discussion publique sur la possibilité d'un tel changement de politique » pourrait déclencher ces forces défavorables[39]. L'utilisation internationale du dollar constitue un « privilège exorbitant[40] » pour les entreprises américaines et le financement de l'État, mais cet avantage nécessite un entretien et une vigilance institutionnelle permanents[41].

De tels avertissements ne freinent pas entièrement les désirs de réforme du département d'État. Quelques mois plus tard, en avril 1963, une lettre adressée au département d'État par le conseiller juridique du Trésor sonne comme une fin de non-recevoir : le Trésor demande de cesser toute tentative de réforme – « ce n'est pas le moment de prendre des mesures » –, sans que ses services en soient informés et puissent en « discuter personnellement » avec les plus hautes autorités du département d'État[42]. Si la *Rule of Law* et le respect des contrats préoccupent l'administration, ces considérations doivent s'incliner devant l'attractivité monétaire des États-Unis. Le Trésor fixe ses conditions à tout chantier sur l'immunité souveraine : mettre les réserves étrangères à l'abri.

En avril 1968, le conseiller juridique du Trésor semble mieux disposé à discuter d'un projet de loi[43]. Tout en cherchant à offrir un forum judiciaire aux victimes, cette version interdit

---

39. Note du 20 février 1963, *loc. cit.*

40. L'entretien du crédit du dollar fait l'objet d'une politique, au même titre que le crédit de l'État-emprunteur. Voir Anne-Laure Delatte et Benjamin Lemoine, « Le travail politique de la signature financière : Cantonnement de la dette Covid et restauration de l'ordre du débat public », *Revue d'économie financière*, n° 2, 2022, p. 229-243.

41. Barry Eichengreen. *Exorbitant Privilege. The Rise and Fall of the Dollar and the Future of the International Monetary System*, Oxford University Press, Oxford, 2011.

42. Gaspar d'Andelot Belin, Counsel of the Treasury, à Abram Chayes, Legal Adviser du Department of State, Washington, 12 avril 1963.

43. Il est intitulé « Permettre des poursuites contre les États étrangers, leurs agences et émanations en matière contractuelle et délictuelle, et à d'autres fins ».

la pratique des saisies conservatoires et construit un périmètre sacré autour des actifs monétaires en dollar – ce qui « résout un problème qui nous a beaucoup préoccupés par le passé et représentait une grande inquiétude », comme s'en satisfait le conseiller juridique du Trésor[44]. La décision du président Nixon, en 1971, de cesser d'arrimer le dollar à l'or fera évoluer cette position[45]. Surtout, dans le parcours administratif des projets de loi ultérieurs, ce veto du Trésor disparaîtra. En effet, dans un contexte de transformation économique et géopolitique et sous la pression de lobbies d'investisseurs, le département d'État ne cessera de remettre la réforme de l'immunité souveraine sur l'établi.

Répondre à l'inflation des plaintes

Confronté, au début des années 1970, à une crise de rentabilité de ses entreprises domestiques, le monde des affaires américain accuse le pouvoir des syndicats et les salaires trop élevés. Le développement à l'étranger apparaît comme une solution spatiale à ces baisses de profitabilité[46]. Mais ces investissement doivent être accompagnés et protégés, d'autant que le rythme des expropriations contre les entreprises américaines s'est accéléré. Le pouvoir de dissuasion de l'amendement du Rule of Law Committee, voté en 1964, n'a pas empêché la multiplication exponentielle des expropriations qui deviennent un sujet brûlant. En comptabilisant les prises de contrôle – une catégorie qui regroupe les expropriations mais aussi les réquisitions, les renégociations de contrats et les ventes forcées –, le taux passe de 0,8 % par an entre 1946 et 1960 (douze prises de contrôle) à 15,8 % par an entre 1967 et 1971 (soixante-dix-neuf) et atteint enfin 28,5 % par

44. *Idem.*
45. Joanne Gowa, *Closing the Gold Window : Domestic Politics and the End of Bretton Woods*, Cornell University Press, Ithaca, 2019.
46. David Harvey, *Les Limites du capital*, Éditions Amsterdam, Paris, 2020 ; Benjamin Bürbaumer, *Chine/États-Unis, le capitalisme contre la mondialisation*, La Découverte, Paris, 2024.

an entre 1972 et 1973[47]. Il s'agit en majorité d'expropriations, tout particulièrement en Amérique latine, à propos de laquelle la presse financière étatsunienne parle de « montée en flèche de la fièvre nationaliste[48] ».

En mai 1971, le département d'État estime que cinquante-six litiges en cours impliquant des investissements américains n'ont pas été résolus[49]. Des efforts bureaucratiques considérables sont consacrés à ce problème. Pour autant, dans la lignée de ses prédécesseurs, une fois au pouvoir, le président Nixon veille à ne pas nourrir les amertumes qui forment, dans ces pays, le terreau de la subversion communiste. Dès lors, les expropriations apparaissent comme un caillou dans la chaussure de la politique étrangère de l'administration : elles passent pour un désaveu du discours tenu par Washington sur le rôle vertueux de l'investissement privé en matière de développement économique. D'autant que les différents gouvernements d'Amérique latine mettent en place des restrictions vis-à-vis de l'investissement étranger, et tout particulièrement étatsunien, et affichent un rejet du « colonialisme économique ». Le secrétaire général de l'Organization of American States (OAS), le diplomate équatorien Galo Plaza, incarne cet état d'esprit général en exigeant « l'exclusion totale des capitaux étrangers dans les secteurs d'intérêt national vital[50] ».

---

47. Robert G. Hawkins, « Norman Mintz and Michael Provissiero, governement takeovers of US foreign affiliates : a postwar profile », Occasional Paper, Center for Multinational Studies, n° 7, 1975. Cité dans Charles Lipson, *Standing Guard, Protecting Foreign Capital in the Nineteenth and Twentieth Centuries*, University of California Press, Berkeley, 1985.

48. Shirley Scheibla, « What price expropriation ? The U.S. has finally begun to take a hard line », *Barron's National Business and Financial Weekly*, 30 août 1971.

49. Note du secrétaire d'État, John Irwin, au président Nixon, 8 mai 1971. U.S. Department of State, Foreign Relations of the United State.

50. L'OAS, dont le siège est à Washington, est une organisation multilatérale fondée le 30 avril 1948 pour promouvoir la coopération entre ses États membres au sein des Amériques. General Assembly, *Actas y documentos*, tomo I, Washington, D.C. : Secretaria General de la Organización de los Estados Americanos, 1972, p. 36. Cité dans *ibid.*

Quelques années plus tôt, en 1965, Mark Feldman, avocat récemment diplômé de Harvard, a rejoint le département d'État à Washington[51] après avoir exercé en tant qu'avocat du barreau de New York dans différents cabinets. Progressant dans la hiérarchie, il devient conseiller juridique adjoint et spécialiste, auprès du secrétaire d'État, des expropriations, de l'immunité souveraine des États étrangers et de la doctrine fédérale de l'acte d'État. Il participe aussi aux négociations bilatérales des traités d'investissement et d'arbitrage des différends et préside les audiences administratives au cours desquelles les demandes d'immunité formulées par des États étrangers sont contestées par les plaignants privés. Au début des années 1970, il se dit « désenchanté vis-à-vis la doctrine de l'acte d'État » qui, « bien que considérablement affaiblie au fil des ans […] reste un obstacle »[52]. Il va jouer un rôle central dans la judiciarisation de l'immunité souveraine.

L'incessante préoccupation pour l'immunité est alimentée par les expropriations à Cuba mais aussi au Pérou, au Chili, au Venezuela, en Jamaïque, au Congo, en Zambie et en Libye. Par ailleurs, les intérêts des multinationales étatsuniennes du pétrole sont remis en cause en Arabie saoudite et dans le Golfe, depuis la mise en place de l'Organisation des pays exportateurs de pétrole (OPEP) au début des années 1960. Alors que dans les années 1950, les « Sept Sœurs » – les grandes compagnies pétrolières étatsuniennes – contrôlaient pratiquement tout le pétrole produit en dehors de l'Amérique du Nord et du bloc communiste, elles voient ce quasi-monopole s'effondrer inexorablement au début des années 1970 avec la vague de nationalisations, les obligeant à se reconvertir en acheteuses privilégiées du brut de l'OPEP,

51. Étudiant, il côtoie « Nino Scalia », Antonin Scalia, le célèbre futur président conservateur de la Cour suprême. Mark Feldman, « The United States Foreign Sovereign Immunities Act of 1976… », *loc. cit.*

52. Mark Feldman interviewed by Robin Matthewman, The Association for Diplomatic Studies and Training Foreign Affairs Oral History Project. 28 avril 2021. Copyright 2022, ADST.

avec une légère remise accordée en échange des grandes quantités commandées[53].

Tout cela fait réagir les « milieux d'affaires », qui activent leurs connexions politiques, notamment au Congrès, et transforment ces litiges en « enjeu majeur de politique étrangère pour les États-Unis, tant dans les relations bilatérales que dans la diplomatie multilatérale[54] », raconte Feldman. Le département d'État est soupçonné d'être soumis aux pressions des États étrangers utilisant leurs contacts diplomatiques alors qu'ils sont sur le banc des accusés dans des affaires en cours. Feldman est aussi régulièrement sollicité par des banques et des investisseurs qui s'estiment lésés[55]. Néanmoins, les requêtes du secteur privé sont systématiquement mises en balance avec les impératifs de politique étrangère. Les plaignants ne font pas face à un mur, mais les diplomates préfèrent leur donner raison au cas par cas plutôt que de fermer définitivement le guichet d'appel diplomatique des États[56].

Longtemps, cette position du département d'État consistant à « faire profil bas » et à se tenir en retrait des litiges commerciaux, assumée au plus haut niveau par le secrétaire d'État Henry Kissinger, emporte les arbitrages. D'autant que les priorités de politique étrangère sont ailleurs : favoriser la détente avec Moscou et Pékin et trouver une porte de sortie dans la guerre du Vietnam[57]. Mais si le département du Trésor

53. En l'espace d'une décennie, la part de ces groupes dans la propriété du brut était tombée de 61 % à 25 %. Banque mondiale, Private Direct Foreign Investment in Developing Countries, Staff Working Paper no. 348, préparé par K. Billerbeck et Y. Yasugi (Washington, D.C. : Banque mondiale, 1979), tableau SI.8, p. 73. Voir Charles Lipson, *Standing Guard*, *op. cit.*

54. Mark Feldman, « Expert witness report and opinion », *in* Re : Mezerhane *v.* Republica Bolivariana de Venezuela, *op. cit.*

55. Mark Feldman, *Footnotes to History, Law and Diplomacy, an oral history, 1965-2005*, Association for diplomatic studies and training, 2023.

56. Il raconte les appels et sollicitations de Citibank faisant face à Cuba. Mark B. Feldman Interviewed by Robin Matthewman, Oral History Project, *op. cit.*

57. John Gaddis, *Strategies of Containment : A Critical Appraisal of American Security Strategy during the Cold War*, Oxford University Press, Oxford, 2005.

n'a aucune appétence pour un grand chantier législatif, il se veut proactif en punissant les pays expropriateurs. Les pertes en valeur des investissements en dollar en Amérique latine détériorent en effet la balance des paiements étatsunienne, déjà négative.

Plusieurs dossiers enflamment particulièrement les débats internes à l'administration. Au Pérou, en 1968, Fernando Belaunde a été renversé au terme d'un coup d'État par la junte de Velasco, dont le premier geste souverain, de la plus haute importance matérielle et symbolique, est de nationaliser les gisements de pétrole qui appartenaient à la société privée étatsunienne International Petroleum Company (IPC). Les négociations avec le régime militaire sont sur le point d'échouer.

L'élection de Salvador Allende au Chili, en septembre 1970, accroît la « pression », raconte encore Feldman : « L'administration Nixon, choquée et préoccupée par le marxisme dans l'hémisphère [sud], a tardé à autoriser des négociations avec Allende sur le cuivre. Finalement, ces négociations ont eu lieu, mais elles n'ont pas abouti à un accord avant que l'armée chilienne ne renverse le régime d'Allende[58]. »

Le département d'État, l'Agence américaine pour le développement international (USAID) et, dans une certaine mesure, le département de la Défense[59] tempèrent les fractions de l'administration tentées d'actionner l'arme de l'amendement Hickenlooper – couper les aides au développement si une compensation financière n'est pas rétrocédée. La prudence de Nixon, qui suit cette ligne clémente et s'abstient de recourir aux sanctions, est prise pour une

58. *Ibid.*

59. L'un des représentants du département de la Défense dit à l'époque : « Quoi que nous disions, ces pays considèrent leurs matières premières comme leur propriété, c'est une réalité. » David Packard au Senior Review Group Meeting, 4 août 1971, Kissinger Transcripts Collection, NSA ; and Jonnes to Hannah, 5 août 1971, FRUS 1969–1972, IV : 423–425. Cité dans Hal Brands, « Richard Nixon and economic nationalism… », *loc. cit.*

provocation dans les milieux économiques et au Congrès. Le secrétaire au Trésor, John Connally[60], démocrate et ancien gouverneur du Texas, conteste de façon véhémente ces arbitrages. Plus généralement, les services du Trésor estiment que les politiques d'aide au développement doivent être indissociables de la promotion de la libre entreprise et qu'« un développement qui dépend de régimes étatistes menace tous nos intérêts[61] ».

En juin 1971, sous le feu de ces critiques, Nixon ordonne un audit complet de la politique américaine en matière d'expropriation. Toutes les agences de l'exécutif intéressées au sujet sont mobilisées[62]. Le président a été convaincu par une note du Trésor qui évoque des « enjeux énormes » et plaide pour une politique punitive et dissuasive : si l'on veut éviter la prolifération du nationalisme économique, il faut « décourager les pays moins développés de poursuivre des actions qui vont à l'encontre de l'augmentation des flux de capitaux privés et qui créent un biais en faveur du secteur public au détriment du secteur privé[63] ». La note du Trésor condense le ressenti des milieux d'affaires, pour qui le nationalisme économique des États du Sud combine ingratitude et refus d'accepter la politique du ruissellement promise par l'investisseur étranger. Comme le résume alors le *Wall Street Journal*, les « bureaucrates d'Amérique latine ne sont pas capables de reconnaître le rôle essentiel des profits dans la stimulation du développement[64] ». Le département d'État, de son côté, considère au contraire que « les réalités commandent de nouer une association plus souple et moins directive avec les pays d'Amérique latine[65] ». Au terme de

60. Il était à l'avant du convoi dans lequel JFK a été assassiné à Dallas.

61. Treasury Department position paper, 13 juillet 1971. Cité dans Hal Brands, « Richard Nixon and economic nationalism… », *loc. cit.*

62. National Security Study Memorandum 131, 23 juin 1971, cité dans *ibid.*

63. Treasury Department Position Paper, 13 juillet 1971, cité dans *ibid.*

64. « Investing in Latin America », *Wall Street Journal*, 16 juin 1969.

65. Note du département d'État, 4 août 1971. Cité dans Hal Brands, « Richard Nixon and economic nationalism… », *loc. cit.*

cette « âpre dispute bureaucratique », selon les mots de Feldman, le président Nixon décide en janvier 1972 que, désormais, les États-Unis réagiraient aux expropriations non compensées en retenant l'aide financière américaine et en votant contre les prêts des banques internationales de développement[66].

Les diplomates considèrent que les sanctions financières, outils rudimentaires, exacerbent un « sentiment anti-américain[67] », selon les mots de Feldman, attisent les antagonismes et multiplient les potentiels pays candidats au socialisme.

C'est dans ce contexte que l'idée d'une loi codifiant le mode d'attribution de l'immunité souveraine ressurgit. Un texte gravant dans le marbre les droits de recours judiciaires des « victimes » d'expropriation – pour l'heure des « blessés sans remèdes ni recours[68] », dit la prose de l'époque – représenterait une solution institutionnelle d'autant plus pertinente à endosser du côté du département d'État qu'elle s'écarterait du régime de la sanction discrétionnaire du Trésor, perçue comme trop brutale, tout en donnant un satisfecit au caractère « pro-business » de l'administration Nixon.

Il conviendrait de mettre à la portée des investisseurs des voies de recours judiciaires qui soient dégagées de la gangue diplomatique. Le département d'État considère d'ailleurs que son action diplomatique y gagnerait en efficacité puisqu'elle ne serait plus associée à ces affaires qui ne peuvent qu'envenimer les relations étrangères. L'enjeu est de « minimiser les problèmes de politique étrangère » tout en « répondant aux préoccupations du secteur privé selon lesquelles le système

66. Statement Announcing United States Policy on Economic Assistance and Investment Security in Developing Nations, 19 janvier 1972. Online by Gerhard Peters and John T. Woolley, The American Presidency Project, <www.presidency.ucsb.edu/ws/?pid=3385>. National Security Decision Memorandum 136, 8 octobre 1971.

67. Mark B. Feldman, Oral History, *op. cit.*

68. « The Castro government in American courts : sovereign immunity and the act of State Doctrine », *Harvard Law Review*, vol. 75, n° 8, 1962.

existant serait soumis à des pressions diplomatiques indues », dit Feldman[69].

Le chantier de la judiciarisation des relations économiques internationales s'impose ainsi sur le mode du *soft power*. Lorsque Mark Feldman reçoit la mission de coordonner les travaux sur l'immunité souveraine, « personne au Congrès ou dans les milieux politiques ne conteste plus l'idée que l'immunité devait être restreinte » : « Mes prédécesseurs, y compris mes patrons, ont travaillé pendant dix ans sur cette question et ont proposé un texte qu'ils avaient négocié avec les différents départements du gouvernement américain, la Maison-Blanche et les parties intéressées [l'industrie du droit et de la finance]. Mon travail consistait à faire adopter ce texte. Et la tâche ne s'annonçait pas facile[70]. »

Agents doubles : des avocats privés-publics comme diplomates

Au milieu des années 1970, le département d'État est un laboratoire des transformations du droit international dans le domaine commercial. Ce site bureaucratique devient aussi le cheval de Troie des associations du barreau d'affaires. Les avocats qui le rejoignent ou sont étroitement associés à son travail se présentent comme des « agents doubles[71] » capables de mettre à profit, au sein de l'État, leur connaissance des clients privés, financiers ou industriels composant la nouvelle élite multinationale, et de mettre l'État, lorsqu'ils le rejoignent, au service des intérêts privés. Hommes de conviction, ils tiennent à des principes de réforme, les

69. Mark B. Feldman, « Expert witness report and opinion », *in* Re : Mezerhane *v.* Republica Bolivariana de Venezuela, *op. cit.*

70. Entretien avec l'auteur, 2021.

71. Yves Dezalay et Bryant Garth décrivaient le rôle des « agents doubles » pour désigner les jeux des avocats vis-à-vis de leurs identités à la fois nationales et globales. Voir Yves Dezalay, Didier Bigo et Antonin Cohen, « Enquêter sur l'internationalisation des noblesses d'État. Retour réflexif sur des stratégies de double jeu », *Cultures & Conflits*, n° 98, 2015.

défendent tant au service de leurs clients dans le privé que lorsqu'ils viennent « en commando » dans le public pour les appliquer et faire avancer l'agenda de la législation sur l'immunité. Ces « *lawyers* » agissent au nom d'impératifs pratiques mais aussi en fonction de leur représentation d'un monde social et international « juste ».

Les voix du barreau privé, dont les membres éminents du Rule of Law Committee, se font entendre à travers la courroie de transmission que représente le Panel sur le droit international. Celui-ci, hébergé par le département d'État à Washington, réunit régulièrement avocats d'affaires et professeurs de droit aux côtés des technocrates et a tout d'une « proto-administration » ou d'« une haute fonction publique informelle »[72]. L'appareil d'État se révèle perméable aux franges de la société politique les plus sensibles au capitalisme d'affaires international. À aucun moment la conversion des capitaux symboliques entre secteur privé et administration fédérale ne semble poser problème, à la différence de la France, où les controverses sur les *revolving doors* peuvent être vives[73]. Aux États-Unis, il est normal que les avocats servent dans le privé avant et/ou après leur passage dans l'administration[74].

Les propositions du barreau d'affaires veulent que les pouvoirs de poursuite conférés aux investisseurs expropriés soient conséquents, c'est-à-dire suivis d'effet. Pour cela, il faut non seulement dessaisir le département d'État mais aussi

72. Pour penser l'administration d'élite aux États-Unis, « il faut assouplir le concept de haute fonction publique de manière à inclure des trajectoires de carrière lâches et aléatoires », et penser en termes de réseau public-privé. Voir Ulrike Lepont, « Les experts les plus consultés aux États-Unis. L'hypothèse d'une péri-administration. Le cas des politiques de protection maladie (1970-2010) », *Revue française de science politique*, vol. 66, n° 6, 2016, p. 887-913.

73. Luc Rouban, « L'inspection générale des Finances, 1958-2008. Pantouflage et renouveau des stratégies élitaires », *Sociologies pratiques*, vol. 21, n° 2, 2010.

74. Richard Bilder, « The Office of the Legal Adviser : the State Department lawyer and Foreign Affairs », *American Journal of International Law*, 56 (3), 1962.

étendre les possibilités d'exécution, de saisie et de collecte face aux souverains, quitte à bousculer certains tabous. Le département est dans la position du modérateur.

« Montrer au monde notre système »

En 1971, alors que les expropriations de sociétés américaines se multiplient au Chili, quelques avocats de l'American Bar Association font part au département d'État de la possibilité de réaliser, sur le terrain de l'immunité souveraine, le même coup tactique que le Sénat avait fait six ans plus tôt en renversant la jurisprudence de la Cour suprême favorable à Cuba (et à l'acte d'État) dans l'affaire Sabbatino. Plutôt que de jouer la carte, patiente et laborieuse, du grand chantier de loi, qui nécessite l'élaboration d'un consensus entre les pouvoirs exécutif, législatif et judiciaire ainsi qu'au sein de l'administration fédérale (entre Trésor, département d'État et département de la Justice), le barreau d'affaires veut profiter de l'hostilité du Congrès à l'égard des « confiscations » en Amérique latine pour agir plus directement, en amendant les règles du droit fédéral relatives aux procédures civiles. L'American Bar Association désigne cette manœuvre comme un « Hickenlooper de l'immunité souveraine[75] ».

Les correspondances entre membres du barreau d'affaires sur cette question cristallisent les idées les plus radicales. Certains avis ont une teneur antifédérale : un avocat conteste la domination de la Cour suprême, perçue comme trop sensible aux intérêts des puissances étrangères[76]. Les défenseurs de la *Rule of Law* démultiplient les points d'attaque. Les tribunaux d'État fédéral, comme ceux du New York Southern District, sont préférés et vus comme plus à même de faire entendre la voix du privé.

75. Échange entre Harry Le Roy Jones et l'American Bar Association, Section of International and Comparative Law, Chicago, Illinois, 8 décembre 1971.

76. *Ibid.*

Le ton véhément, impatient et explicitement idéologique va de pair avec la volonté de déborder le cadre institutionnel mis en place par le département d'État, qui contraint à euphémiser les antagonismes. Selon un avocat d'affaires, il faut faire une démonstration de force aux « États hostiles comme Cuba[77] ». Paradoxalement, c'est un critère géopolitique – la distinction ami/ennemi – qui justifie la force d'un droit autonome, arraché des mains des services diplomatiques. Face aux États étrangers qui ont « aboli ou subverti leurs systèmes judiciaires indépendants et leurs barreaux », il faut introduire une « exception » à l'immunité : « Même si je suis conscient que cela pourrait créer certains problèmes, au moins cela montrerait au monde notre position [celle de la *Rule of Law*]. Je pense qu'il est temps de changer. La courtoisie internationale est une chose, mais une politique de "non-représailles", comme celle que nous avons avec Cuba, dont le gouvernement veut détruire notre système, en est une autre[78]. » Les discussions qui ont cours dans les cénacles du département d'État restent plus feutrées, bien que clivées sur le fond, entre bienveillance et fermeté vis-à-vis des États étrangers.

En 1972, une discussion du Panel sur le droit international porte sur la possibilité d'accorder aux États poursuivis un « délai de grâce ». Le postulat étant que si les États ne paient pas leurs indemnités compensatoires, c'est la plupart du temps pour des raisons administratives et non par mauvaise volonté : le temps de faire voter une loi ordinaire, ou d'émettre un décret autorisant le décaissement d'argent au profit de l'investisseur lésé. Rapidement, le cadre fixé par le département d'État – qui s'en tenait à la durée de la période de grâce avant exécution – est débordé et les

---

77. Leonard Sutton à Harry Leroy Jones, Chairman, Committee on Transnational Judicial Procedure and all committee members. December 17, 1971 « Your letter of December 1, 1571, and proposed draft dated October 28, 1971, of an Act on Jurisdictional Immunities of Foreign States ».

78. *Ibid.*

juristes remettent en cause le principe : « Pourquoi faudrait-il accorder des privilèges à l'État ? », demande un participant. L'indulgence vis-à-vis des souverains n'est plus de mise. Cecil Olmstead, de Texaco, se demande si un tel délai ne va pas faciliter les stratégies d'évitement du procès ou des sentences par l'État et lui permettre de dissimuler les actifs qui auraient pu être sujets à exécution. Il est rejoint sur cette position par un confrère qui souligne qu'« il est souhaitable de pouvoir agir rapidement afin qu'un État ne soit pas en mesure de retirer ses actifs ». Un autre avocat rappelle les vertus disciplinaires récentes de l'exécution : « La saisie d'actifs par [un client] dans un dossier chilien a eu des effets bénéfiques, puisque le Chili a maintenant décidé de payer[79]. » Monroe Leigh cherche le compromis et recentre la controverse sur le consentement des États qui, d'eux-mêmes, pourraient lever leur immunité à travers des concessions inscrites dans les clauses du contrat.

L'Association américaine du barreau d'affaires pousse pour étendre le pouvoir d'exécution. Afin d'éviter des « victoires à la Pyrrhus » dans le cadre d'un procès, l'avocat Peter Trooboff considère qu'il faut « autoriser l'exécution et le prélèvement immédiats, à moins qu'ils ne soient suspendus par un recours assorti d'une caution[80] ». Il suggère même de remettre en cause le volet de la loi qui met à l'abri certains actifs monétaires de l'État éminemment stratégiques, ceux des banques centrales, qu'il ne faudrait pas « laisser hors de portée et s'en tirer à si bon compte[81] ».

79. Mémo du 13 Avril 1972. Discussion, Department of State. 2010. To Members of the Advisory Panel on International Law.

80. Peter Trooboff, Committee on transnational judicial procedure on the sovereign immunity legislation. Draft, 8 mars 1976. Report on Sovereign Immunity Legislation of the Committee on Transnational Judicial Procedure Section of International Law, American Bar Association.

81. Leonard Sutton to Harry Leroy Jones, and all committee members. Chairman, Committee on Transnational Judicial Procedure. « Your letter and proposed draft dated October 28, 1971, of an Act on Jurisdictional Immunities of Foreign States, etc. », Washington, 17 décembre 1971.

Une note de 1971 évoque la loi à un stade plus avancé encore et synthétise les retours de plusieurs agences de l'exécutif. La modération en matière d'exécution est déterminée par la peur d'un traitement symétrique des États-Unis à l'étranger : malmener le souverain en justice, sur son cœur régalien, pourrait causer de nombreux dégâts en matière diplomatique, selon le département de la Justice[82]. En 1972, le département d'État incorpore dans l'exposé des motifs du premier brouillon du *Foreign Sovereign Immunities Act* (FSIA) la vigilance du Trésor vis-à-vis de la protection du dollar. Les dépôts des banques publiques étrangères sont intouchables et bénéficient d'une immunité absolue.

La réforme s'efforce, en prenant en compte toutes ces contraintes, de baisser la « barrière d'accès à l'exécution[83] » tout en préservant ce qui est considéré comme « non commercial » en toute circonstance : « Il n'est donc pas question d'exécution (de saisie) sur des ambassades, des navires de guerre ou d'autres biens appartenant à des gouvernements étrangers et utilisés à des fins non commerciales[84]. »

Mark Feldman, qui a été recruté pour construire laborieusement le consensus entre les différentes agences de l'exécutif, se souvient que l'essentiel de son travail consiste alors à tempérer les ardeurs du barreau privé sur l'exécution. Des décennies après les faits, Peter Trooboff me décrira en entretien Mark Feldman comme un « conservateur ».

La législation est conçue au début des années 1970 comme un compromis soigneusement structuré[85] : le FSIA « facilite

82. « Commentaires des quatre "agences", département de la Justice, du bureau du procureur, de la Défense et du Trésor » sur un brouillon du 27 avril 1971, Immunities of Foreign States'. Memorandum de George Aldrich, département d'État, à Richard Baxter. Subject : « Sovereign immunity proposals : where others disagree ». Unclassified, 15 juillet 1971.

83. « A draft bill. Section by section analysis from the secretary of state », William White, OMB to the House of representatives, 16 janvier 1973.

84. *Ibid.*

85. Fredric Alan Weber, « The Foreign Sovereign Immunities Act of 1976 : its origin, meaning and effect », *Yale Studies. World Public Order*, vol. 3, 1976.

et dépolitise les litiges contre les États étrangers et minimise les irritations dans les relations étrangères résultant de ces litiges[86] ». La dépolitisation signifie que le département d'État ne doit plus être une chambre d'examen des litiges ni même une voie de recours des souverains étrangers. Le FSIA offre un forum de justice pour les ressortissants étatsuniens vis-à-vis des souverains étrangers, tout en voulant éviter de transformer les États-Unis en plateforme de saisie internationale qui effraierait le placement des investissements étrangers en dollars. Conscient du rôle des pétrodollars (issus des profits pétroliers) et des eurodollars dans le soutien du système financier étatsuniens, en transitant par ses banques commerciales, le Trésor a cherché à limiter la restriction de l'immunité souveraine sur le volet de l'exécution des actifs d'un État étranger. Selon un observateur de l'époque, Frédéric Weber, le maintien de ces immunités marque une victoire des « entreprises nationales », qui considèrent qu'ouvrir la voie aux saisies peut avoir un effet « inhibiteur » sur l'investissement des États étrangers et le marché américain des capitaux[87].

Les ennemis de l'hégémon qui politisent l'économie

Au printemps 1974, l'inquiétude règne au département d'État, où une note interne mentionne les différents périls menaçant l'hégémonie étatsunienne. Le service de la « planification politique » est préoccupé par les « nouvelles exigences en matière de pouvoir et de participation » des pays dits « en voie de développement »[88]. Peu de temps auparavant,

---

86. Lettre du conseiller juridique du départment du Commerce au directeur de l'OMB, 18 mars 1975.

87. *Ibid.*

88. « The challenge of the developing countries : new demands for power and participation », Developing countries Strategy Paper, Department of State, 23 mai 1975. Note confidentielle adressée par valise diplomatique (« *airgram* ») à tous les postes diplomatiques des États-Unis. Des années après, le diplomate qui dirige le service, Winston Lord, évoque à son propos « un document stratégique majeur ». Winston Lord est un proche conseiller du célèbre Henry Kissinger (Secrétaire d'État de l'administration Nixon et Ford) et qui termine

l'Organisation des pays exportateurs de pétrole (OPEP) a réalisé une démonstration de force en augmentant de façon concertée le prix de l'or noir, puis en décidant d'un embargo et d'une baisse de la production pour sanctionner les alliés d'Israël dans le contexte de la guerre du Kippour. Les matières premières deviennent des armes redoutables pour renégocier les termes de l'échange économique international[89]. Non seulement l'OPEP catalyse les revendications des pays du Sud, mais une jonction va s'opérer entre pays arabes, pays d'Amérique latine et pays africains[90].

Le 1er mai 1974, à l'occasion de la journée internationale des travailleurs en lutte, une coalition de pays « non alignés » proclame à l'Assemblée générale des Nations unies un « Nouvel ordre économique international ». Ce programme d'action collective du « tiers monde » ne vise à rien de moins qu'à renverser la table de l'économie politique internationale[91]. Fondée sur des principes de justice, de soutenabilité et d'égalité entre les États, la plateforme politique du « nouvel ordre » se veut le laboratoire d'une organisation alternative des rapports Nord-Sud, un lieu où s'imagine une « mondialisation socialiste[92] » et qui pourra permettre de prolonger, sur le terrain économique, la conquête des droits politiques. Le droit absolu de nationaliser des pays décolonisés y est

---

sa carrière à la Commission trilatérale en 1993, après avoir été ambassadeur en Chine. Les citations des services diplomatiques qui suivent dans cette section se rapportent à cette note.

89. Les technocrates de l'OPEP pensent explicitement leur organisation en termes politiques et moraux. Le qualificatif de « cartel » est une réduction stigmatisante propre à la culture politique des États-Unis. Voir Michael Franczak, *Global Inequality and American Foreign Policy in the 1970s*, Cornell University Press, Ithaca, 2022.

90. L'Organisation pour l'unité africaine, créée en 1963, réunissait déjà huit pays arabes et trente-quatre pays africains.

91. Robert Mortimer, *The Third World Coalition in International Politics*, Praeger, New York, 1980 ; Vijay Prashad, *The Darker Nations : A People's History of the Third World*, The New Press, New York, 2008.

92. Johanna Bockman, « Socialist globalization against capitalist neocolonialism : the economic ideas behind the new international economic order », *Humanity*, vol. 6, n° 1, 2015.

proclamé. Ce faisant, ces pays refusent l'indemnisation des anciens propriétaires, généralement des multinationales étrangères, et actent la rupture avec les principes juridiques antérieurs, hérités des empires coloniaux et sacralisant les contrats de concession – un principe de droit coutumier partagé par les États-Unis, les anciens empires européens, le Canada et l'Australie. D'autant qu'avec la convergence des luttes liées aux matières premières entre pays du Sud et pays arabes exportateurs de pétrole, le Nouvel ordre économique international joint le geste à la parole. Les besoins en matières premières (pas seulement de pétrole) rendent les États-Unis dépendants et « vulnérables[93] ». Aux yeux de ces derniers, la contrainte que représente l'augmentation potentielle du coût des matières premières se double d'un affront fait au modèle « occidental » de gestion des affaires économiques mondiales, dont ils se veulent le leader.

Dès juin 1971, la CIA s'était inquiétée de la montée du nationalisme économique dans les pays en développement[94]. Au cours des années suivantes, les Nations unies ont été le théâtre d'une rhétorique anti-impérialiste de plus en plus assumée. Les États-Unis sont systématiquement pris pour « cible », « point de mire naturel d'une grande partie des attaques intellectuelles et du lobbying politique des pays faiblement développés », expliquent les services des Affaires étrangères. En tant que « propagateurs de l'individualisme, de la libre entreprise et du consumérisme excessif », ils sont considérés comme opposés aux « théories de la solidarité collective et de la responsabilité gouvernementale qui sous-tendent de nombreuses demandes du tiers monde »[95].

Le département d'État prend très au sérieux les « demandes de redistribution massive de la richesse et du pouvoir au

93. Ces liens sont « dictés » par des « besoins actuels en pétrole importé » estimés à « près 40 % des besoins de consommation » des États-Unis.

94. Ethan B. Kapstein, *Exporting Capitalism. Private Enterprise and US Foreign Policy*, Harvard University Press, Cambridge, 2022.

95. « The challenge of the developing countries… », *loc. cit.*

niveau mondial » qui font proliférer les « associations de producteurs », pour la bauxite, le phosphate, le cuivre, l'étain, le café et les bananes, pour la production des minerais de fer et de mercure, et « peut-être bientôt pour les bois tropicaux, le caoutchouc naturel, le nickel, le tungstène, le cobalt, le columbium, le tantale, le poivre et la quinine »[96].

Dans un subtil dosage diplomatique, les services veillent à ne pas rompre le dialogue avec le Sud global en dépassant le traditionnel mépris affiché devant des aspirations qui leur paraissent néanmoins extravagantes. De fait, selon eux, l'« absentéisme intellectuel » et la « passivité » de la voix diplomatique des États-Unis sont des pièges : « [Cela] laisse à d'autres une influence dominante dans la formation de la culture politique mondiale contemporaine. » La planification politique du département d'État croit au pouvoir des mots : « Certains diront qu'il ne s'agit là que de rhétorique, mais la terminologie des porte-parole des non-alignés exerce déjà une influence disproportionnée sur les concepts de justice et d'ordre qui prévalent dans les réunions internationales. » En réaction, il convient d'imposer à ces pays la grammaire du modèle de développement étatsunien, celle de la croissance nécessaire et du besoin d'investissement étranger. Le but est de briser « l'union qui fait la force » de ces pays. Tout en maintenant à court terme des liens amicaux avec les principaux fournisseurs (Iran, Arabie Saoudite, Venezuela, Nigeria), il s'agit de court-circuiter l'organisation collective et d'« encourager l'accélération de la production de pétrole dans les pays non membres de l'OPEP ».

Selon le département d'État, la menace vient surtout de la façon de « politiser » systématiquement « la gestion du commerce mondial »[97]. Les penseurs néolibéraux, qui défendent la nécessité d'une souveraineté relative afin de

96. *Ibid.*
97. *Ibid.*

contenir le pouvoir de la démocratie sociale ne pouvaient voir le Nouvel ordre économique international autrement que comme un « monstre hantant leurs cauchemars », comme l'explique l'historien Quinn Slobodian : « un jacobinisme, un syndicalisme et un égalitarisme à l'échelle du monde, dédaigneux à l'égard des institutions de la propriété privée »[98]. Monstrueux car mélangeant – et faisant même de cette confusion un impératif – la politique et l'économie, le domaine du commerce et le domaine du public, et donc refusant l'épure « formelle » de la propriété privée, juridiquement garantie, qu'exige le modèle du capitalisme libéral et de l'accumulation privée défendu par les États-Unis.

En prônant l'encastrement de l'économie dans le politique, les pays du nouvel ordre perturbent l'agenda transnational poursuivi par l'administration étatsunienne. Le recours systémique à l'État dans les transactions économiques menace de rééquilibrer les relations économiques mondiales en faveur des États du Sud, qui sont les « hôtes » des capitaux étatsuniens. Le département d'État craint que « l'expansion des économies dirigées par l'État dans une grande partie du monde non communiste » puisse « restreindre la liberté traditionnelle dont jouissent les entreprises américaines à l'étranger ». Surtout, ces pays ont tous un « parti pris » en faveur de l'État, « universellement » considéré comme la « clé de l'intérêt général » et « l'égalisateur essentiel dans les relations avec les entreprises étrangères ». Autre faute, énonce la note : « Le profit est considéré comme de mauvais goût, voire immoral, la propriété privée – au moins pour les industries clés – comme anachronique, et le système du marché "libre" comme une fiction commode de l'entreprise qui a besoin d'un contrôle collectif et "démocratique". »

Le pouvoir exécutif dit accompagner les multinationales dans cette aventure mondiale : « Face aux actions

98. Quinn Slobodian, *Globalists, op. cit.*

d'autres gouvernements cherchant à politiser les transactions économiques, nous sommes intervenus essentiellement pour faire contrepoids [...], préserver et renforcer les forces du marché. » En s'érigeant en grand architecte de la financiarisation mondialisée[99], l'État fédéral étatsunien cherche à créer des débouchés pour les multinationales et les financiers du pays. L'enjeu est de faciliter l'investissement à l'étranger et de garantir sa profitabilité pour l'économie américaine[100]. Mais cette mondialisation du capital souffre de nombreuses « incertitudes politiques » vis-à-vis des pays cibles où il s'investit : les diplomates se plaignent de la « renégociation permanente des relations d'investissement en faveur des pays d'accueil du tiers monde », d'un « contrôle gouvernemental croissant », des réglementations nationales excessives, des « politiques de prix » et, surtout, le spectre des expropriations plane en permanence sur les industries extractives. Sur un autre front, les règles du jeu de la mondialisation que les États-Unis veulent à l'époque mettre en place – les « institutions centrales de l'ordre économique international actuel (l'Accord général sur les tarifs douaniers et le commerce, le Fonds monétaire international) – sont vivement contestées par les pays du Sud en tant qu'« instruments des États industriels », des instances néocoloniales et « anachroniques ».

Pour les partisans de cette nouvelle mondialisation du capital, il faut défendre des valeurs menacées : le « libéralisme politique et le capitalisme industriel », la « propriété » et, au sein de l'administration des États-Unis, « adhérer à la doctrine selon laquelle la vie et les biens de leurs citoyens à l'étranger doivent être protégés ». Les États-Unis ne se sentent pas seuls face au reste du monde. Une nouvelle cartographie des amis et des ennemis, alignée sur le trila-

---

99. Leo Panitch et Martijn Konings (dir.), *American Empire and the Political Economy of Global Finance*, *op. cit.*

100. La note du département d'État chiffre les revenus qui découlent de ces investissements à « 5 % du total des bénéfices des entreprises américaines ».

téralisme issu des positions d'Henry Kissinger, se dessine au sein du département d'État. D'un côté, les « grandes puissances, URSS et Chine », qui « partagent les idées du nouvel ordre sur l'organisation et la planification économiques », sont « plus compatibles avec les perspectives des dirigeants du tiers monde [et] trop heureux d'encourager des attaques contre les États-Unis » et, de l'autre, les alliés de l'Europe de l'Ouest, bien qu'ils soient jugés trop timides et conciliants avec les pays pauvres, ainsi que le Japon. Dans ce contexte, le maintien durable de l'hégémonie des États-Unis n'est possible que grâce au réglage fin de la diplomatie avec les pays postcoloniaux : diviser le bloc des non-alignés en « exacerbant les contradictions au sein de la coalition » et en enrôlant les « puissances moyennes », afin d'enrayer le pouvoir collectif de veto par la « force du nombre » qui pourrait se constituer dans les instances multilatérales telles que le FMI, le G20 ou la conférence sur le droit de la mer[101]. Le département d'État reconnaît que la formulation de l'intérêt général est l'objet d'une incertitude et d'une lutte au sein de la société politique américaine : « La définition de nos "intérêts nationaux" sur les questions économiques clés entre le Nord et le Sud est toutefois difficile à cerner. Il est généralement admis qu'un climat d'investissement libre pour les entreprises américaines dans les pays étrangers est dans l'intérêt des États-Unis et devrait être un objectif important de la politique étrangère. Mais cela suppose qu'il existe des avantages économiques significatifs pour les entreprises américaines ou des avantages politiques pour la nation dans son ensemble. Pourtant, de nombreux groupes de

101. L'unité est une énigme pour les services du département d'État : comment expliquer que des pays si « disparates en termes de taille, de population, d'expérience historique et de culture [...] dotés de structures économiques et de régimes politiques de plus en plus différenciés » fassent « preuve d'un degré étonnant de solidarité politique et d'uniformité idéologique dans leur critique du libéralisme politique, du capitalisme industriel et de la répartition internationale actuelle du pouvoir ».

travailleurs affirment que les investissements américains à l'étranger privent les Américains d'emplois, en particulier d'emplois ouvriers. Ces mêmes groupes ne reconnaissent pas les bénéfices qui pourraient découler des investissements étrangers aux États-Unis en raison de la méfiance qui règne à l'égard des entreprises étrangères opérant sur notre territoire. » Il faut acclimater la société à ces priorités stratégiques.

Face aux politiques de sanctions ciblées et discrétionnaires vis-à-vis des États qui s'attaqueraient à la propriété privée, le département d'État défend un dosage entre « fermeté » et « amitié » dans les relations économiques internationales qui passe par des modèles juridiques qui feront référence. Ainsi conçue, l'hégémonie intellectuelle et politique devra s'imposer en obtenant le consentement des États étrangers. Ceux-ci doivent être convaincus qu'elle leur sera profitable, et que l'obtention d'investissements ne se fera qu'au prix de leur conformation au droit de référence. Lorsque les intérêts des multinationales américaines feront face à des souverains hostiles ou au refus de se soumettre au « règne des contrats », il conviendra d'imposer ce modèle par le droit.

Au moment d'évoquer ses années au département d'État, où il construit la réforme législative sur l'immunité souveraine, Mark Feldman est plus cru : selon lui, les « pays en voie de développement n'acceptent pas le règlement impartial des différends en matière d'investissement »[102], ne veulent pas « avoir à rendre de comptes à la communauté internationale » sur ces questions, et sont des territoires où prospèrent les idéologies « populistes »[103], les pratiques, institutions et cultures juridiques « permissives » tout en

102. « À l'époque, seule une poignée de pays en voie de développement acceptent le mécanisme de résolution des différends par le mécanisme d'arbitrage d'investissement ». Voir Mark B. Feldman, « Expert witness report and opinion », *in* Re : Mezerhane *v.* Republica Bolivariana de Venezuela, Case No. 1:11-cv-23983-MGC (S.D. Florida 2013).

103. *Ibid.*

excès politique[104]. Il décrit les tactiques déployées par la diplomatie pour enrayer ces représentations alternatives de l'ordre international et de son droit : « Les avocats du département d'État ont travaillé d'arrache-pied pour protéger les intérêts américains dans ces négociations, notamment le principe de la responsabilité de l'État de verser une juste compensation pour les biens expropriés. En fin de compte, les États-Unis et les pays qui partagent leur point de vue ont voté contre ces résolutions mais n'ont pas pu empêcher leur adoption[105]. »

La promotion par les États-Unis du règlement judiciaire des différends en matière d'investissement international, de la bonne foi dans les négociations et de l'arbitrage impartial heurte profondément les conceptions de la souveraineté partagées par les pays en voie de développement qui rejettent ce « droit international coutumier ». Pour ces derniers, seuls leurs tribunaux nationaux sont compétents pour juger d'une compensation et de la justesse de son montant éventuel[106].

En 1974, presque tous les membres des Nations unies déclarent « l'émergence d'une nouvelle norme de compensation » dans la Déclaration sur l'établissement d'un Nouvel ordre économique international : « Tout État a, et exerce librement, une souveraineté complète et permanente, y compris la possession, l'utilisation et la disposition de toutes ses richesses, ressources naturelles et activités économiques. Dans tous les cas où la question de l'indem-

---

104. Brief of Mark B. Feldman, former State Department Attorney, as *amicus curiae* in support of respondents, n°18-1447 In the Supreme Court of the United States Republic of Hungary, *et al.* Petitioners, *v.* Rosalie Simon *et al.*, Respondents. On Writ of Certiorari to the United States Court of Appeals for the District of Columbia Circuit.

105. Mark B. Feldman, « Expert witness report and opinion », *loc. cit.*

106. Les pays se rapportent à la doctrine Calvo, laquelle considère que le principe d'égalité entre les nations n'est pas un concept réservé à l'Europe : tous les États souverains, libres et indépendants, jouissent du droit à la liberté d'ingérence. Les étrangers ne bénéficient pas de droits et de privilèges supérieurs à ceux accordés aux nationaux.

nisation donne lieu à une controverse, celle-ci doit être réglée selon le droit interne de l'État nationalisateur, et par ses tribunaux[107]. »

L'universalité visée par les défenseurs de la *Rule of Law* ou les diplomates des États-Unis signifie que cette conception alternative du droit international doit être défaite, en affaiblissant les instances qui la défendent, afin d'enrôler chaque État, individuellement, dans le « consensus », local, que les États-Unis s'efforcent d'imposer[108].

Le dépassement de la distinction formelle entre politique et économie, si profondément ancrée dans la pensée et les institutions libérales, figure au cœur du projet de Nouvel ordre économique international. Cet agenda non aligné justifie, y compris par le droit, la réappropriation politique et souveraine de l'économie (sa régulation publique) ainsi que la nationalisation des activités liées aux ressources naturelles locales[109]. Imposer à ces États un rapport dépolitisé au domaine économique et à l'immunité souveraine n'est donc pas dénué de violence. « L'une des évolutions les plus importantes de la *Rule of Law* » consiste, selon les mots de Feldman, à « démystifier l'État en tant qu'être suprême, situé au-dessus des procédures ordinaires de justice et de responsabilité », et à « soumettre » les États souverains aux tribunaux nationaux d'autres États pour régler des litiges avec des parties privées »[110]. Les compa-

---

107. General Assembly Resolution n° 3281, 1974.

108. « Le point de vue adopté par le Mexique, selon lequel, en cas de nationalisation, les intérêts étrangers ne devraient pas avoir droit à un meilleur traitement que les intérêts nationaux, représente sans aucun doute la philosophie dominante des pays importateurs de capitaux. » Voir Wolfgang Friedmann, « The position of underdeveloped countries and the universality of international law », *International Law Bulletin*, vol. 2, n° 5, 1963.

109. À travers la déclaration sur l'instauration d'un Nouvel ordre économique international et la Charte des droits et devoirs économiques des États (toutes deux adoptées par l'Assemblée générale des Nations unies en 1974).

110. Mark Feldman, « The United States Foreign Sovereign Immunities Act of 1976 in perspective : a founder's view », *International & Comparative*

gnies privées transnationales américaines devraient être considérées juridiquement sur un pied d'égalité avec les États étrangers.

Au département d'État, Mark Feldman est rejoint par Monroe Leigh à partir de janvier 1975, appelé par Henry Kissinger. Sa mission, expéditive à l'échelle de l'avancement patient de cet agenda, est de légiférer sur l'immunité souveraine et de déléguer les décisions qui en relèvent au pouvoir judiciaire exclusivement.

L'immunité souveraine ne représente qu'un front parmi d'autres batailles menées par l'administration des États-Unis pour promouvoir le modèle de dépolitisation formelle de l'économie et mieux protéger les capitaux privés à l'étranger. Au département d'État, Feldman s'attèle aussi à diffuser au sein des organisations internationales[111] les protections légales de l'investissement. La promotion de la vision américaine dans les traités bilatéraux et multilatéraux sur l'investissement, comme le développement de l'arbitrage constituent autant d'autres combats diplomatiques « globaux » à mener : « La référence formelle au droit international était très importante pour les entreprises américaines. Cette affirmation dans une déclaration multilatérale a été un succès retentissant pour la diplomatie américaine[112]. »

Si Feldman confie s'être vécu sur le moment comme un opposant à Leigh, il parle à propos de leur relation d'un « syndrome de Stockholm ». Après s'être « battu avec lui avant qu'il n'entre au gouvernement », Feldman s'est progressivement aligné sur les intérêts du barreau

---

Law Quarterly, 35 (2), 1986. Voir aussi Mark B. Feldman, « Foreign Sovereign Immunity in the United States Courts 1976-1986 », *Vanderbilt Law Review*, n° 19, 1986.

111. Feldman représente les États-Unis au Legal Committee de l'OCDE, qui prépare les premières versions des textes de la déclaration sur l'investissement international de 1976.

112. Mark B. Feldman, interviewed by Robin Matthewman, 28 avril 2021, *loc. cit.*

d'affaires. En devenant « bon ami » avec Cecil Olmstead, le premier fondateur du Rule of Law Committee, il dit s'être converti : « Nous avons travaillé ensemble, il m'a conseillé lorsque je travaillais sur la déclaration de l'OCDE sur l'investissement international en 1976. Et c'est là que le lavage de cerveau a commencé à opérer. Et j'ai compris en quoi consistait mon travail au sein du département d'État... J'ai été socialisé. Je viens d'une famille où mon père et mon grand-père étaient socialistes. Vous savez, le vieux monde du socialisme. »

La solution judiciaire fait émerger une division inattendue au sein de l'État fédéral : judiciariser, formaliser les décisions et les sortir du périmètre de l'exécutif, c'est aussi préférer les règles aux sanctions discrétionnaires, un régime au cas par cas, auquel est attaché le Trésor. Les bureaucraties de l'hégémon se disputent quant aux façons de défendre l'intérêt général du pays et aux modes opératoires assurant son ascendant international. La raison légale, au service des multinationales, ne peut s'imposer sans ménager la défense du dollar en tant que monnaie de référence et de New York comme plateforme financière accueillante plutôt qu'exclusivement punitive.

La confection du FSIA révèle les tensions entre plusieurs « visages » de l'économie et de la finance au sein des États-Unis, qui sont deux façons de construire l'hégémonie étatsunienne : d'un côté, la défense d'une place financière new-yorkaise engageante, plateforme mondiale de transactions, au sein de laquelle la Banque centrale joue un rôle majeur ; de l'autre côté, une finance procédurière, faisant de la défense des droits contractuels un principe cardinal. L'opposition structurante est la suivante : la monnaie et la labellisation des transactions en dollar d'un côté ; de l'autre, la défense des intérêts capitalistes américains à l'étranger par le droit et la sanctuarisation de la propriété privée.

Au moment où la loi s'apprête à être définitivement validée, puis signée par le président des États-Unis, le dénouement d'une ancienne affaire cubaine met à l'épreuve ce futur régime de l'immunité souveraine. Le point de vue du gouvernement des États-Unis va devoir être exprimé à la Cour suprême pendant l'été 1975.

Chapitre 3

Le lien défait entre politique et commerce

En septembre 1960, le gouvernement de Fidel Castro décide de nationaliser les cinq entreprises cubaines fabricant et exportant des cigares de La Havane[1]. Après la nationalisation, le gouvernement continue de fabriquer des cigares, de les exporter, sous la même marque, et de les expédier vers les mêmes sociétés importatrices aux États-Unis. Parmi ces dernières, la célèbre Dunhill.

En 1962, après s'être réfugiés aux États-Unis, les anciens propriétaires cubains poursuivent en justice les importateurs, dont Dunhill, au tribunal fédéral du Southern District de New York. Ils souhaitent récupérer les gains liés aux ventes et expéditions de cigares effectuées avant et peu après la nationalisation. Ils affirment que ces sommes d'argent leur reviennent, plutôt qu'à la nouvelle société nationalisée cubaine. En effet, les importateurs, dont Dunhill, se sont bien acquittés de leurs factures, mais auprès de la société nationalisée, y compris pour certaines expéditions antérieures à la nationalisation (que réclament les anciens propriétaires).

Le tribunal de district s'en remet à la doctrine de l'acte d'État et valide la « confiscation » de 1960 par Castro. La société

1. Je m'appuie, pour présenter le cas, sur le syllabus de la Cour suprême et les « faits » résumés par l'administration des États-Unis. Bruno Ristau, Memorandum for the Solicitor General, Re : Alfred Dunhill of London, inc. *v.* Cuba, 9 août 1975.

nationalisée est légitime, selon la cour, à percevoir l'argent des expéditions postérieures à la nationalisation. Pour autant, la cour décide que les anciens propriétaires, les plaignants, sont dans leur droit en réclamant les créances antérieures à la nationalisation – quand bien même les importateurs les ont déjà payées à la société nationalisée.

Ignorer un acte d'État étranger

Dunhill est la seule société dont les sommes payées avant la nationalisation (148 600 dollars), et donc transférées par erreur à l'entreprise nationale cubaine, dépassaient le montant des factures établies pour les expéditions postérieures à celle-ci – qui ne s'élèvent qu'à 93 000 dollars –, et qui sont en revanche bien dues à Cuba. Le tribunal considère que le solde entre 148 000 et 93 000 dollars revient aux anciens propriétaires et exige que Cuba rembourse, en compensation, 55 000 dollars à Dunhill, qui devra à son tour les restituer aux anciens propriétaires. Mais Cuba refuse de rembourser. De la même façon que la nationalisation a été reconnue, les tribunaux des États-Unis n'auraient, selon le gouvernement de Castro, qu'à enregistrer ce refus de paiement comme un acte d'État. L'affaire est portée devant la Cour suprême.

Le dossier est entendu une première fois en décembre 1974 à la Cour suprême, soit près de dix ans après les faits, et une seconde fois en janvier 1976. L'affaire percute le calendrier de la réforme législative sur l'immunité souveraine, quand bien même la défense de Cuba face à Dunhill porte sur l'acte d'État, parce que ce sont bien les modalités dont disposent les souverains pour échapper à la justice qui sont en jeu.

Le département d'État et le département de la Justice sont sur le pont. Il n'est plus concevable, pour le gouvernement, de rester en retrait. Une jurisprudence favorable à Cuba ruinerait les efforts consentis pour réduire le périmètre de l'immunité souveraine. C'est Antonin Scalia, du bureau du procureur général au département de la Justice[2], qui interviendra au nom du gouvernement. Le département d'État, sous la supervision de Monroe Leigh, participe à la rédaction du texte préparatoire. Aux yeux de son équipe, les premiers brouillons de la prise de parole du gouvernement « ignorent » le nouveau sens commun administratif en « partant du principe qu'un acte bénéficie d'une dignité particulière du simple fait qu'un État est impliqué »[3].

Une réorientation qui se veut un nouveau standard pour les autres nations du monde : « Admettre [qu'une annulation de dette] est un "acte d'État" sape nos efforts à l'étranger pour que davantage de nations acceptent la *Rule of Law* internationale qui interdit d'immuniser vis-à-vis d'un examen judiciaire une telle conduite commerciale. » Selon le département d'État, le premier jet n'insisterait pas assez sur la violation du droit international par Cuba, qui s'est « injustement enrichi ».

L'affaire Dunhill donne lieu à une véritable leçon, au sein de l'État fédéral, sur ce qu'il convient dorénavant de savoir, penser et faire en matière de justiciabilité des États étrangers. L'équipe de Leigh a recensé les différents allers-retours entre services en vue de la rédaction de ce mémoire. Soigneusement conservée dans les cartons d'archives, une note reconstitue la chronologie de ces échanges aux allures de trophée administratif pour Monroe Leigh. La note raconte comment le procureur général « remercie » l'assistant de Monroe Leigh pour lui avoir ouvert les yeux[4]. Dirigé par le porte-parole du Rule of Law Committee, le service juridique de Foggy Bottom s'est imposé comme le leader incontesté sur la question.

---

2. Le procureur général des États-Unis est le quatrième plus haut fonctionnaire du ministère de la Justice des États-Unis. Il représente le gouvernement fédéral dans les affaires portées devant la Cour suprême des États-Unis.

3. Memorandum from Michael Sandler to Mr. Monroe Leigh. Subject : SG Office's Draft of Dunhill Brief, October 24, 1975.

4. Les discussions transitent par les assistants. Côté département d'État, il s'agit de Michael Sandler, alors assistant spécial du conseiller juridique au département d'État (1975-1977). Il est une figure du cabinet Steptoe & Johnson (1972-1975 ; 1977-1979), aux côtés de Cecil Olmstead et Monroe Leigh donc, du Rule of Law Committee.

Donner raison à Cuba consacrerait la « résurrection de la doctrine de la souveraineté absolue », selon une note du département de la Justice[5]. Les règles du droit international n'inclinent plus au relativisme des perspectives (occidentales ou non) mais constituent un socle universel indiscutable, sur lequel les stratégies de l'administration, des plaignants, des juges et des défendeurs peuvent s'adosser. Mieux, la plasticité de la règle vis-à-vis des contextes politiques est désormais l'ennemi, et les « termes utilisés dans le domaine des relations internationales » sont à proscrire[6].

Pendant l'été 1975, la conduite à adopter devant la Cour suprême est stabilisée. Les services doivent cependant désormais justifier une telle intervention coordonnée de l'exécutif – alignant tout l'appareil d'État – devant la plus haute cour de justice des États-Unis, et ce alors même que la réforme en cours d'élaboration vise précisément à un retrait de l'exécutif vis-à-vis des affaires judiciaires. Dans un paradoxe fascinant, le mémoire affirme ainsi que « la séparation des pouvoirs n'est PAS une doctrine absolue ! », et qu'il peut être nécessaire pour le pouvoir exécutif, quand la situation l'exige, de faire irruption au tribunal[7] : « [La Constitution] impose à ses différents pouvoirs la séparation mais aussi l'interdépendance, l'autonomie et la réciprocité. »

La refonte de la cartographie des pouvoirs à travers l'immunité souveraine a ainsi une dimension « constitutionnelle ». Monroe Leigh considère qu'à travers le cas Dunhill, c'est la suprématie mondiale des États-Unis qui est en jeu : « Compte tenu de la participation croissante des gouvernements étrangers au commerce ordinaire, une décision qui ferme la porte des tribunaux américains aux litiges commerciaux des souverains

---

5. Memorandum for the Solicitor General. Assistant Attorney General Civil Division. United States Department of Justice Washington, Re : Alfred Dunhill of London, inc. *v.* Cuba, *et al.*, n°73-1288. 9/8/1975

6. *Ibid.*

7. Memorandum de Gordon Baldwin to Mike Sandler. Subject : State Department Position in the Dunhill Case. Department of State, The Legal Adviser. July 25, 1975.

entraînera des bouleversements considérables aux États-Unis. Elle affaiblira également notre position à l'étranger et retardera la tendance actuelle du droit international à établir une distinction entre le rôle gouvernemental et le rôle commercial des États[8]. »

La « modernité » contre le réalisme de l'économie politique

Le gouvernement suit attentivement les audiences de la Cour suprême[9]. Devant les juges, le fidèle avocat de Cuba, Victor Rabinowitz fait éclater de rire toute l'assemblée. Il se dit « fatigué de cette affaire », dont les faits remontent à plus de dix ans. Surtout, l'enjeu serait avant tout théorique : « Toute cette discussion, bien qu'elle porte sur des questions de droit très intéressantes, se terminera avec la somme de zéro pour Dunhill[10]. » Les actifs monétaires de Cuba sont, depuis 1963, gelés dans un fonds du département du Trésor, et les chances pour la compagnie de cigares de percevoir le moindre centime restent minces. Au vu des nombreuses autres plaintes de créanciers émises contre Cuba, l'État semble insolvable[11].

Le procès rejoue le grand partage entre public et privé dans le commerce international. Rabinowitz conteste les fondements de la doctrine « restrictive » de l'immunité, censée incarner la figure « moderne »[12] du droit international, et qui considère que le manteau de protection du souverain

8. Monroe Leigh to Solicitor General October 10, 1975

9. Memorandum from Michael Bradfield to Thomas Gadsden. February 17, 1976. Subject : Re-argument of Alfred-Dunhill *v.* Republic of Cuba. « Mr. Friedman concluded with more sweeping statements as to the nature of international commercial transactions, "as a commercial lawyer" ».

10. Toutes les citations qui suivent, de Rabinowitz et de Scalia notamment, sont extraites de Alfred Dunhill Of London, Inc. *v.* Cuba. (n.d.). Oyez.

11. La demande de Dunhill représenterait des « centimes » en comparaison des autres condamnations dont fait l'objet Cuba (au total près de 1 799 000 000 de dollars) selon l'avocat.

12. Bruno Latour, *Nous n'avons jamais été modernes. Essai d'anthropologie symétrique*, La Découverte, Paris, 2006.

doit être rangé au vestiaire dès lors que l'État s'immisce dans les affaires commerciales. Les parois entre économie et politique, commerce et souveraineté, seraient désormais étanches et inscrites dans l'ordre des choses. L'avocat considère que « la dichotomie entre le commercial, l'entreprise et le gouvernement » qui « structure l'ère dans laquelle nous vivons » est « fausse » : « Il y a en réalité beaucoup d'actes qui sont à la fois commerciaux et hautement politiques. Il suffit de lire les journaux pour constater qu'un grand nombre de nos transactions qui, à première vue, semblent être des transactions commerciales, ont en fait d'énormes implications politiques[13]. [...] La rétention de pétrole par les producteurs du Moyen-Orient, la vente de blé par les États-Unis à l'Union soviétique, la tentative d'embargo mondial sur le cuivre chilien ; tous ces exemples illustrent des transactions commerciales [qui] peuvent parfois être des armes aussi puissantes que les chars et les fusils[14]. » Le caractère normal du mélange entre souveraineté et économie impliquerait de redonner à l'immunité souveraine ses lettres de noblesses.

La Cour suprême doit aussi déterminer si un nombre suffisant de traces d'officialité publique permet d'assimiler le refus de paiement cubain à un véritable acte d'État : un décret, une loi ou un document écrit avec le sceau du souverain ont-ils bien été émis ? La simple « volonté » de ne pas payer, relayée après coup et par la voix de l'avocat de Cuba, est considérée comme un indice trop labile. Selon les plaignants, seules les paroles de Rabinowitz lui-même devant les tribunaux – affirmant qu'il n'y aura pas de remboursement – constitueraient des marques du sceau souverain. Victor Rabinowtiz se montre à nouveau ironique : « Je ne sais pas si je dois être flatté du fait que l'on suggère que j'ai le pouvoir de commettre un acte d'État. [...] Je me sens un peu mal à l'aise de continuer à dire "nous" ici parce que cela peut donner à la Cour l'impression que je suis l'État,

13. Extraits de son argumentation orale.

14. Extraits du mémoire des parties défenderesses, en réponse à l'*amicus curiae*.

mais ce n'est pas le cas[15] ! » L'avocat rappelle au contraire que la décision de ne pas rembourser fait suite à la nationalisation qui elle-même découle d'une loi, d'un règlement et d'un décret.

Antonin Scalia, procureur général adjoint au département de la Justice, représente la voix des États-Unis, exprimée en tant qu'ami de la Cour (*amicus curiae*). Plutôt que d'intervenir explicitement en faveur d'une partie, l'exercice consiste à faire entendre des éléments de politique générale qui seraient mis en jeu par le procès. Scalia dit vouloir « préserver la vitalité juridique d'une doctrine légale [celle de l'immunité restreinte] ». La répudiation de dette cubaine n'aurait rien de politique et serait « simplement une affaire de gros sous » : « Cuba ne s'était pas soucié de la question avant qu'il ne devienne évident qu'il y avait beaucoup d'argent en jeu. » Au nom des États-Unis, Scalia affirme que valider la défense cubaine redonnerait vie à la « vieille » théorie de l'immunité absolue, c'est-à-dire la possibilité pour les souverains, à discrétion et quand les circonstances les arrangent, de rester à l'abri des tribunaux en invoquant un geste politique. Mettre à la portée des pays aux économies dirigées, qu'il appelle les « nations commerçantes-étatiques », un tel instrument détruirait les avancées du droit international et placerait les intérêts des multinationales étatsuniennes « entièrement à la merci des gouvernements étrangers avec lesquels elles traitent » et qui « ne souhaitent pas être tenus pour responsables »[16]. Selon Scalia, le scalpel du droit international doit opérer des coupes fines dans les réalités économico-politiques hybrides et impures : une « ligne [permettant de] définir les limites extérieures du concept d'acte d'État ». Les tribunaux, comme la volonté du pouvoir exécutif d'infuser la jurisprudence de sa volonté réformatrice coproduisent les contours d'une nouvelle substance juridique : l'acte « purement » commercial, un outil mobilisable, détaché du contexte politique, dans les tribunaux.

15. Mélange d'extraits de la première et seconde audience Dunhill.

16. Office of the Solicitor General. Memorandum for the Solicitor General Re : Alfred Dunhill of London, Inc. *v.* Cuba, Washington, 12 septembre 1975.

Lex mercatoria aux sommets de l'État

La Cour suprême juge finalement que Cuba doit restituer cette somme d'argent à Dunhill, afin que la société paie le « vrai » créancier. La répudiation de dette commerciale, assumée par Cuba, constituerait un « enrichissement indu » et une violation du droit international qu'il n'est pas possible d'élever au rang d'acte d'État – la qualité officielle de la décision étant, selon la Cour suprême, insuffisante[17]. Pour le juge Byron White, qui délivre l'opinion majoritaire de la Cour, toute autre jurisprudence accroîtrait le risque de préjudice potentiellement subi par les « hommes d'affaires privés » vis-à-vis d'États qui ne seraient « pas soumis à la *Rule of Law* ». La chappe de protection souveraine se retrouve ainsi amputée du domaine commercial et cintrée pour correspondre à un strict « noyau souverain » – dans le cas français, on dirait régalien. Le risque que de telles affaires touchent les « nerfs nationaux » de la politique étrangère semble désormais négligeable, surtout s'il est rapporté aux avantages pour les entreprises américaines de commercer à armes juridiques égales avec les États étrangers et leurs émanations[18].

Dans un échange interne, l'assistant de Monroe Leigh se réjouit qu'au sein de la Cour suprême les cartes soient définitivement rebattues : la majorité qui avait soutenu l'opinion Sabbatino et consolidé l'acte d'État en 1964 est « fissurée sinon brisée[19] ».

Le divorce entre économie et politique à l'échelle des transactions internationales se naturalise, au moins juridiquement. L'opinion majoritaire de la Cour donne une « impulsion judiciaire » au développement « d'un nouveau droit commer-

17. Le plaidoyer de Scalia considère que la répudiation de Cuba ne remplissait pas les deux conditions préalables requises par la jurisprudence Sabbatino pour constituer un acte d'État : un acte accompli sur le territoire du gouvernement étranger et un acte de nature publique, accompli dans l'exercice de l'autorité gouvernementale.

18. Justice White, page 425 U. S. 704.

19. Gordon Baldwin to Mike Sandler, assistant de Monroe Leigh, Memorandum, Observations on Alfred Dunhill case, 25 mai 1976.

cial, une *lex mercatoria* »[20]. Ce droit transnational en cours d'élaboration se veut le prolongement du rapport économique international dominant, où les États-Unis sont, et veulent se maintenir, au centre.

Les « actes d'État » des pays du Sud global qui entrent en relation commerciale avec l'hégémon ne vont plus de soi, et leur capital d'autorité symbolique, censé être un monopole, pour nommer, classer, statuer, labelliser leurs activités se voit contesté judiciairement sur la scène globale[21]. Le droit étend la domination des États-Unis vis-à-vis d'autres pays sur le terrain de leur capacité à dire le droit et à qualifier leurs propres actes. Parmi ces actes d'État, le traitement réservé à la dette publique des États étrangers est nodal. Au milieu des années 1970, les marchés de l'emprunt souverain, qui servent à financer les déficits de balance commerciale des pays dits « en voie de développement », s'ouvrent à nouveau et placent les États-Unis au cœur des transactions.

La dette publique, ce produit commercial comme un autre

Les versions préliminaires du FSIA ménageaient un espace d'insaisissabilité pour la dette publique et ses transactions, considérées comme relevant du domaine incontestablement public et souverain, plutôt que commercial[22]. Pour leurs emprunts, les États bénéficiaient ainsi d'une immunité absolue, tant vis-à-vis d'un procès que de l'exécution d'une décision de justice[23].

---

20. Louise H. Hayes, « Case comment, Alfred Dunhill of London, Inc. *v.* Republic of Cuba », *Brooklyn Journal of International Law*, vol. 3, n° 1, 1976.

21. Pierre Bourdieu, *Sur l'État. Cours au collège de France (1989-1992)*, Seuil, Paris, 2012.

22. C'est le cas dans les premiers projets de loi déposés devant le Congrès (qui n'ont pas été votés). United States : Draft Legislation on the Jurisdictional Immunities of Foreign States, 12 I.L.M. 118, 120 (Jan. 26, 1973).

23. Georges Delaume, « Public debt and sovereign immunity : some considerations pertinent to S.566 », *American Journal of International Law*, 745, 1973, p. 747-749.

Ce régime d'exception pour la dette était censé contribuer à maintenir New York au rang de première place financière mondiale. De la même façon que tout devait concourir, dans les années 1960, à la captation des réserves étrangères en dollars par la Réserve fédérale, l'attractivité de New York reposait sur le fait de ne pas effrayer les gouvernements débiteurs. De fait, emprunter en dehors de ses frontières peut potentiellement exposer à une autre juridiction et à des actions en justice sur ces actifs[24].

Au début des consultations relatives à cette loi, « les banques faisaient profil bas », explique Feldman. À partir du moment où le texte prend de l'ampleur politique, les griefs se font entendre. La première position du département du Trésor, mis en copie de tous les échanges, est de sortir la dette du périmètre des saisies potentielles, « compte tenu des nombreuses activités des banques étrangères aux États-Unis », sauf si l'immunité d'exécution a été « explicitement » levée – que l'État y a renoncé à travers une clause contractuelle. Cette prudence refléterait les intérêts de certaines banques, auxquelles le Trésor est sensible, comme l'interprète un témoin : « Le Trésor est responsable de la santé du système financier et considère les banques comme ses clients et, dès lors, entretient un lien particulier avec celles-ci. »

Mais le sujet revient régulièrement sur la table. De grands noms de la finance internationale sont introduits dans la boucle. C'est le cas du juriste français Georges Delaume[25], passé par le Fonds monétaire international, la Banque mondiale, et alors en poste à la Banque internationale pour la reconstruction et le développement (BIRD). Membre

---

24. From the Secretary of State to the House of Representatives speaker, « a draft bill », Section by section analysis. 16 janvier 1973.

25. Delaume a travaillé à la Banque mondiale entre 1954 et 1986 dans les domaines suivants : au sein du département juridique en tant qu'avocat (1954-1969) et conseiller principal (1969-1975) ; au bureau du vice-président chargé des questions juridiques en tant que conseiller en politique juridique (1976-1981) et conseiller juridique principal (1981-1985). Enfin, il a travaillé pour le Centre international pour le règlement des différends relatifs aux investissements (CIRDI) en tant que conseiller juridique principal (1985-1986).

de la noblesse d'État internationale, il est aussi l'auteur de nombreux articles sur le statut juridique des dettes publiques et spécialiste de l'arbitrage entre États investisseurs, alors naissant[26]. En avril 1973, son commentaire au Trésor sur le brouillon du département d'État est cinglant. Rapporté aux pratiques de marché, conférer à la dette publique un traitement juridique spécial confine à l'exotisme : « Cette doctrine totalement dépassée reflète des points de vue du XIXe siècle déconnectés des réalités du monde de la finance internationale contemporaine. [...] Je ne vois pas pourquoi il devrait y avoir une différence entre les emprunts privés et les obligations émises par le secteur public. Dans les deux cas, il est clair que l'accord doit contraindre les gouvernements emprunteurs et qu'ils devraient, pour cela, pouvoir être poursuivis devant les tribunaux nationaux[27]. » Au cas où le projet de loi ne serait pas amendé, les États-Unis seraient à la remorque du standard mondial tout en consentant à un « geste gratuit à l'égard des gouvernements étrangers ».

Côté secteur bancaire et financier, les discussions transitent à nouveau par avocats interposés. En avril 1975, un associé du cabinet d'avocats new-yorkais Milbank adresse au département d'État une note truffée de critiques sur le brouillon de loi[28]. L'avocat ne parle pas en son seul nom. Il s'est mis d'accord avec des confrères de Steptoe & Johnson, cabinet accueillant nombre de figures du Rule of Law Committee, ainsi qu'avec un confrère du prestigieux cabinet White and Case. Le texte de loi est jugé « régressif », restreignant « sévèrement » le périmètre de négociation contractuelle entre débiteurs et créanciers – relations pourtant « mutuellement souhaitées entre les États étrangers et

26. Memorandum of Conversation. Participants : Richard Goodman, Department of the Treasury lawyer John A. Boyd. Subject : Sovereign Immunity bill and Anti-Trust Distribution : Mark B. Feldman, Michael D. Sandler. 21 mai 1975.

27. Georges R. Delaume (BIRD, Washington), To Mr. Stephen M. Schwebel, Chairman, ILM Editorial Advisory Committee of The American Society of International Law. Washington, 9 avril 1973.

28. From John A. Boyd to Mr Feldman. Memorandum. Subject : Letter of Mr. Roy C. Haberkern, Jr. concerning Sovereign Immunity, 17 avril 1975.

les institutions financières des États-Unis »[29]. Aucune condition ne doit être imposée ; il faut laisser le champ libre aux désirs contractuels et « intentions mutuelles des parties[30] ».

Dans une note adressée à Mark Feldman, John Riggs[31], du cabinet White and Case, faisant valoir son « expérience de la finance internationale », considère que les « dispositions spéciales » sur la dette publique « ont entraîné une complication inutile et injustifiable » : « Pourquoi de telles règles spéciales pour la "dette publique" devraient-elles exister[32] ? »

Au cœur de ces échanges figure le critère retenu pour attribuer on non l'immunité : la législation maintient l'immunité absolue sur la dette sous réserve qu'elle finance une activité gouvernementale, d'intérêt général, et que cela soit attesté par un juge. Si, en revanche, la dette renvoie à des activités commerciales, le titre d'emprunt doit rebasculer dans le droit commun. C'est ce qu'on appelle le « critère en finalité », par opposition au critère en nature, qui sera retenu dans le FSIA et qui n'examine que le mode opératoire d'une transaction. Seulement, comment les distinguer au sein des dettes publiques, par nature fongibles, une fois l'argent dans les caisses du Trésor ? Confier au juge le soin de qualifier la finalité de l'emprunt obligerait à faire confiance aux classifications élaborées par l'État étranger lui-même.

Stigmatisant aussi ce « critère en finalité », Delaume regrette l'« hypersensibilité diplomatique » qui lui semble gouverner cette prudence. Il estime qu'en l'état la loi « ne sera[it] pas bien

---

29. Roy C. Haberkern, Jr. Milbank, Tweed, Hadley & Mccloy, April 17, 1975. To Mark B. Feldman, Esq. Deputy Legal Adviser Department of State Washington, D.C. Re : Sovereign Immunity Legislation. Roy C. Haberkern, Jr. CC : Richard Goodman. Office of the General Counsel Treasury Department

30. Roy C. Haberkern, Jr. Milbank. Tweed, Hadley & Mccloy, to Mark B. Feldman, *op. cit.*

31. Riggs a passé la majeure partie de son temps dans le bureau de Paris et a été l'un des rares étrangers à siéger au sein du conseil de l'Ordre des avocats de Paris (de 1997 à 2000). Il est un spécialiste de la finance, a représenté un comité de créanciers argentins.

32. Riggs to Mark Feldman. CC : Roy C. Haberkern, Jr., Esq. Richard Goodman, Esq. Office of the General Counsel Treasury Department, April 29, 1975.

accueillie par la communauté financière américaine » et dénote très largement avec la « philosophie générale de la loi, qui est de rendre les souverains étrangers passibles de poursuites pour leur activité commerciale, dont l'une des formes est l'emprunt »[33].

L'intérêt de la place financière new-yorkaise est retourné : la protection des États ne garantirait pas son dynamisme mais affaiblirait la « position des prêteurs américains dans leurs négociations avec les États étrangers[34] ». Mettant la pression, Delaume mentionne que le reste de la planète financière, dont « la pensée juridique transcende les frontières naturelles », n'est pas indifférente à ce qui se joue « sur les côtes américaines ».

Pour Feldman, « les banques avaient des intérêts clivés » : la mobilisation pour la défense des droits du créancier, émanant des avocats proches des milieux financiers tournés vers l'international, ne faisait pas l'unanimité. Dans son arbitrage final, le Trésor fait volte-face et considère que, pour maintenir le rang de New York « et ne pas céder toutes les affaires à Londres, la place concurrente », il faut normaliser la dette. Au moment d'être signé par le président Ford, le 21 octobre 1976, le *Foreign Sovereign Immunities Act* (FSIA) ne contient plus aucune mention de la « dette publique[35] ». Sans couche de protection spéciale, les titres de dette sont renvoyés au droit commun.

L'effet est immédiat. Alors que dans les années qui précèdent la loi, à peine une poignée d'émissions de dette souveraine comportaient des clauses de renonciation à l'immunité contre les poursuites, après 1977, pratiquement tous les nouveaux emprunts en comprennent[36]. La *Rule of Law* a imposé l'idée que l'industrie du droit, du litige et de

33. Georges Delaume, « Public debt and sovereign immunity revisited : some considerations pertinent to H.R. 11315 », *The American Journal of International Law*, vol. 70, n° 3, 1976.

34. *Ibid.*

35. Jurisdiction of U.S. Courts in Suits Against Foreign States : Hearings on H.R. 11315 before the Subcommittee on Administrative Law and Governmental Relations of the House Judiciary Committee, 94th Congress 10-11, 1976.

36. Voir Mark C. Weidemaier, « Sovereign immunity and sovereign debt », *University of North Carolina Legal Studies Research Paper*, 2012.

la collecte de jugements et d'indemnités contre les souverains dans les bureaucraties judiciaires de New York concourrait à la force globale de la place financière.

Aux États-Unis, les voix dissonantes, qui s'opposent à la dépolitisation du régime d'attribution de l'immunité souveraine et défendent son encastrement dans la raison diplomatique, disparaissent peu à peu.

L'« incodifiable » sens des relations internationales

On le voit, le consensus s'est imposé en éliminant des façons de faire et de penser alternatives, qui seront invisibles à la surface de l'histoire refroidie. Il est pourtant un opposant à ce nouvel ordre dont la mémoire des spécialistes du droit international aux États-Unis ont gardé la trace : Michael Cardozo.

Alors qu'en 1976 le Congrès réalise les auditions finalisant le FSIA, Peter Trooboff évoque, au nom de l'American Bar Association, ce spécimen rare : « À ma connaissance, peu de praticiens, de fonctionnaires actuels ou passés de l'administration ou même d'universitaires ont publié des avis s'opposant à l'abandon du rôle du département d'État [en matière d'immunité]. » Il explique avoir pu entendre, à l'occasion d'auditions organisées par le barreau d'affaires, « le professeur Michael Cardozo, porte-parole le plus connu de ce point de vue minoritaire »[37]. En étant le seul à s'opposer au principe même de la réforme et en défendant des « relations économiques entre souverains » enserrées dans le domaine diplomatique et politique, Cardozo incarne un monde en passe de disparaître complètement.

Né à Manhattan, diplômé en droit de Yale, il intègre l'administration fédérale pendant l'entre-deux-guerres[38], alors que le

37. Testimony of Peter D. Trooboff, Attorney, Covington & Hurling, Washington, D.C., and Cochairman, Committee on Transnational Judicial Procedure. American Bar Association, International Law Section. 1976.

38. Il travaille d'abord pour la Securities and Exchange Commission puis pour la Tax Division du Department of Justice de 1940 à 1942.

New Deal bat son plein à Washington[39]. Dans les trois années qui suivent, il s'occupe de mettre en œuvre le plan Marshall, qui vise au redressement économique de l'Europe après la Seconde Guerre mondiale. Sa mission consiste, selon ses mots, à être un « expert dans la manière de dépenser rapidement et efficacement l'argent du gouvernement » : il conçoit les prêts qu'il met en œuvre au nom du gouvernement comme « une dette sans grever le reste du monde »[40]. Cardozo entre au département d'État comme assistant du conseiller juridique.

Dès les premières esquisses de la loi, il réagit à une note qui circule dans le petit monde des spécialistes des relations entre souveraineté et droit international[41]. Il annonce la couleur : « Je n'aime pas passer un vieux disque rayé, mais c'est à peu près tout ce que je peux faire[42]. » Il a déjà couché sur papier sa position pour étriller « un projet de loi inutile », qui doit son succès avant tout à une « campagne » d'avocats « dont les clients avaient des créances importantes sur des gouvernements étrangers » et qui ont été « bouleversés par les quelques écarts du département d'État vis-à-vis de la nouvelle doctrine restrictive » sur l'immunité souveraine[43]. Cardozo veut maintenir l'attribution de l'immunité dans le giron du « politique »[44]. Dès 1954, il considérait que la séparation des actes dits de nature privé et commerciaux des actes publics

39. Il est le neveu d'un célèbre juge de la Cour suprême, Benjamin Cardozo, considéré comme l'un des précurseurs de l'école du réalisme juridique. Voir Edmund Ursin, « Holmes, Cardozo, and the legal realists : early incarnations of legal pragmatism and enterprise liability », *San Diego Law Review*, n° 537, 2013 ; « Michael H. Cardozo 4th, 86, Professor and Lawyer Active in Government Service », *New York Times*, 22 octobre 1996.

40. « Oral history interview with Michael H. Cardozo, Washington, D.C., by Richard D. Mc Kinzie », Harry S. Truman, Library, 29 mai 1975.

41. Rédigée sous l'égide de Harry Le Roy Jones et intitulée The Jurisdictional Immunities of *Foreign States Act* of 1971.

42. Michael H. Cardozo, Washington, D. C. à Harry LeRoy Jones, Esq. Chairman, Committee on Transnational Judicial Procedure 1310 34th Street, N.W. Washington, 8 décembre 1971.

43. Michael H. Cardozo, « Note on sovereign immunity », *Virginia Journal of International Law*, vol. 17, n° 3, 1977, p. 491-494.

44. *Ibid.*

reposait sur des « critères intenables »[45]. Limiter le pouvoir du département d'État à juger de ce partage des eaux revenait à abdiquer le rôle de l'exécutif.

Le règlement de l'affaire du navire *Bahia de Nipe*, opposant Cuba à des sociétés étatsuniennes, est son cas d'école fétiche. Le 8 août 1961, ce bateau à vapeur quitte Cuba avec une cargaison de 5 000 sacs de sucre pour un port de l'Union soviétique. Ce navire appartenait à une entreprise privée cubaine, mais a été saisi par le gouvernement cubain dans le cadre de son programme de nationalisations[46]. Alors que le bateau est en haute mer, à environ 500 kilomètres à l'est des Bermudes, le capitaine et dix membres de l'équipage le détournent et informent les garde-côtes qu'ils ont l'intention d'entrer aux États-Unis et d'y demander l'asile. À peine arrivé à Lynnhaven, un port de l'État de Virginie, sous escorte américaine, des sociétés américaines spoliées par les nationalisation cubaines déposent des réclamations sur le navire et la cargaison. Le gouvernement cubain réclame l'immunité. Le département d'État l'accorde et la suggère aux tribunaux du district fédéral de l'est de la Virginie. Le navire est libéré, promptement.

Un fonctionnaire du département d'État, assistant à l'époque à un séminaire de Monroe Leigh et évoluant encore à l'extérieur de l'État, évoque l'affaire *Bahia de Nipe* comme « contrariant tout le monde » : « Dans cette affaire, les activités étaient clairement commerciales, mais nous [le département d'État] avons accordé une sorte d'immunité souveraine grossière et maladroite[47]. » Autant d'offuscations surjouées, selon Cardozo, pour une décision légitime car

45. Michael H. Cardozo, « Sovereign immunity : the plaintiff deserves a day in court », *Harvard Law Review*, vol. 67, n° 4, 1954.

46. Cuba l'exploitait depuis *via* la Consignataria Mambisas, Division de Lineas De Navegacion Mambisas, Flota Del Estado Cubano, et en réclame donc la propriété.

47. From Murray J. Belman to Leonard C. Meeker. « Subject : some thoughts on sovereign immunity. Department of State ». The Legal Adviser, 25 avril 1966.

découlant d'une évaluation politique de l'état des relations internationales entre les États-Unis et la puissance souveraine en cause, ici Cuba[48].

Dans une formule amusante, Cardozo estime que le soufflé de cette polémique serait retombé beaucoup plus vite si « les juges et avocats avaient pris la peine de lire les journaux au moment de l'arrivée aux États-Unis du vaisseau en question[49] ». Si le juge est censé s'abstraire du contexte politique, le département d'État a pour mission de s'en nourrir : les services ont « été, à juste titre, influencés par le fait que, deux jours avant que le *Bahia de Nipe* n'arrive dans les eaux territoriales de Virginie, le gouvernement cubain avait libéré un avion d'Eastern Air Lines [une compagnie étatsunienne] qui avait été détourné et acheminé à Cuba en juillet ». Répondant à la loi sociale et politique de la réciprocité diplomatique, « les États-Unis ont [...] libéré un navire cubain emmené en Floride par des Cubains anticastristes »[50]. Veiller à la bonne entente entre les nations et ne pas prendre le risque qu'un tribunal ne « trouble la paix » qu'elles partagent ferait pleinement parti des attributions administratives jalousement gardées du département d'État[51].

« Dans un monde international où les relations amicales évoluent sur une "très fine couche de glace" », l'« expérience des relations internationales », dont se prévaut Cardozo, s'accompagne d'un sens des « circonstances » dans l'application du droit : « Les juges doivent, sans poser de questions, tenir compte de ce que [le gouvernement] dit. Il est dans l'intérêt national que le gouvernement des États-Unis s'exprime "d'une seule voix" dans ces affaires et la vigueur

48. Michael H. Cardozo, « Sovereign immunity : the plaintiff deserves a day in court », *loc. cit.*

49. Cardozo cite la communication du Secretary of State, datée du 20 août 1961 à l'Attorney General.

50. Department of State Bulletin, n° 45, 407-08, 1961.

51. On pourrait dire de la juridiction au sens sociologique. Voir Andrew Abbott, *The System of Professions : An Essay on the Division of Expert Labor*, The University of Chicago Press, Chicago, 1988.

d'une règle de droit particulière dépend de l'action de l'exécutif[52]. » Cardozo considère que cette capacité à jauger des situations internationales n'est pas « codifiable ». Dès lors, un droit international, y compris dans le domaine économique, ne saurait s'abstraire des relations entre États. Un manifeste désespéré contre le lobby de la *Rule of Law*.

Pour le fonctionnaire du département d'État, il revient au « souverain hôte », ici les États-Unis, de suspendre volontairement sa souveraineté juridique, d'y renoncer, afin d'accueillir un « souverain ami » auquel on « reconnaît l'indépendance ». C'est sur la base du critère ami/ennemi que doivent se prendre les décisions d'attribution d'immunité souveraine[53].

Cette philosophie politique est à mille lieues de ce qui se joue au mitan des années 1970 dans le champ du pouvoir étatsunien, où se mêlent professionnels du droit, de la finance et bureaucrates de haut niveau. L'air du temps est au contraire à la judiciarisation des relations économiques mondiales et à leur désencastrement vis-à-vis du politique. Le département d'État refuserait désormais de faire de « l'immunité souveraine une "monnaie d'échange" potentielle dans la conduite des relations extérieures[54] ». Et, de fait, le FSIA a pour but de « lier » définitivement les mains du département en matière de litige commercial[55]. Mais

52. Michael H. Cardozo, « The proposed legislation on the jurisdictional immunities of foreign States », *International Lawyer* (ABA), vol. 8, n° 3, 1974, p. 442-445.

53. Jean-Claude Monod, *Penser l'ennemi, affronter l'exception. Réflexions critiques sur la pensée de Carl Schmitt*, La Découverte, Paris, 2016.

54. Peter Trooboff, Committee on Transnational Judicial Procedure on the Sovereign Immunity Legislation. Draft, 8 mars 1976. Report, American Bar Association.

55. Trooboff, en écho à Cardozo, considère précisément que le département d'État n'est pas assez contraint et « lié » [*bound*] par la Tate Letter, et « accorde l'immunité dans des affaires impliquant des transactions incontestablement commerciales ». Testimony of Peter D. Trooboff, Attorney, Covington & Hurling, Washington, D.C., and Co-chairman, Committee on Transnational Judicial Procedure, American Bar Association, International Law Section, 1976.

Cardozo ne se fait pas à l'idée de faire codifier ces décisions et dit « préférer faire confiance au jugement, à l'intégrité et à la force de caractère des êtres humains, qu'il s'agisse d'officiers gouvernementaux, de fonctionnaires, de bureaucrates ou de quoi que ce soit d'autre », mais pas des juges, pour porter ce « fardeau »[56].

Ni politique ni fonctionnaire pour des « disputes à sept chiffres »

Pourtant, son entourage s'efforce de le convaincre. En 1972, Richard Baxter, professeur et avocat qui vient d'intégrer le département d'État, lui répète ses arguments en faveur de la loi. Il reconnaît qu'un accord international sur l'immunité négocié entre États serait préférable dans l'absolu, mais, en son absence, des règles fixes établies par les États-Unis dans un code stable et interprétées par un juge impartial restent préférables à l'arbitraire d'un « bureaucrate », capable de refuser un procès dans des disputes où les montants d'argent en jeu sont parfois « à sept chiffres » : « Un jour, j'ai dû présenter le cas d'un plaignant à un conseiller juridique adjoint. La demande d'immunité a été rejetée. Mais j'ai pensé qu'il était étrange que cet homme assis à son bureau ait une voix décisive pour déterminer si une demande à sept chiffres devait être entendue ou non par les tribunaux. De telles questions ne devraient pas être tranchées sur la base de la décision d'un fonctionnaire. Vous et moi savons à quel point il serait exaspérant de se heurter à un bureaucrate qui dirait : "J'aimerais que nous puissions vous aider à rejeter la demande d'immunité, mais je suis sûr que vous comprendrez à quel point nos relations avec la Baltoslavie [pays de l'Est imaginaire] sont délicates en ce moment." » Seule une « procédure régulière », judiciarisée et sortie des griffes de

56. Richard B. Baxter au Professor Michael H. Cardozo, 4 janvier 1972. Baxter vient de remplacer le conseiller juridique adjoint au département d'État.

l'exécutif, autorisera « la plus grande objectivité et le plus grand sens de la justice »[57].

Ainsi Cardozo se retrouve seul à « faire tourner son disque rayé ». Les vainqueurs de l'histoire « ont dépolitisé » l'immunité souveraine. Si Monroe Leigh, le passeur du FSIA dans la dernière ligne droite, reconnaît une évolution des mentalités au sein de la bureaucratie fédérale, il estime nécessaire de rendre ces transformations irréversibles. Parce que le département d'État est incapable de « résister » à la « pression » des puissances étrangères, il faut « délivrer » l'exécutif de cet irrésistible pouvoir, comme il l'énonce au cours de son audition en 1976 devant le Congrès : « À mon sens, [la] prise en compte de facteurs politiques est, en fait, l'antithèse même de la *Rule of Law* que nous voudrions voir s'établir[58]. » Leigh assume le caractère délibérément antipolitique de la loi[59], seule façon d'instaurer le règne des contrats. Peu après le passage du FSIA, il retournera officier chez Steptoe & Johnson, où il retrouvera son compagnon Cecil Olmstead, porte-parole du Rule of Law Committee[60].

Les initiateurs de la loi au sein de l'appareil public deviendront ses interprètes et « maîtres du code[61] » en tant que conseils pour des entreprises privés. Œuvrer à cette réforme aura constitué pour eux un capital de prestige, qui a rejailli sur leur carrière ultérieure dans le privé. C'est ce que Mark Feldman, fonctionnaire devenu avocat du barreau d'affaires, explique : « De tous les dossiers sur lesquels j'ai travaillé au sein du gouvernement, c'est celui qui m'a donné le plus de

---

57. *Ibid.*

58. Audition de Monroe Leigh, « Jurisdiction of U.S. Courts in suits against Foreign States », Hearings on H.R. 11315 Before the Subcommittee on Admin. Law and Government Relations of the House Committee on the Judiciary, 94 Congress, 2nd Session, 1976.

59. Dominique Linhardt et Fabian Muniesa. « Tenir lieu de politique. Le paradoxe des "politiques d'économisation" », *Politix*, vol. 95, n° 3, 2011, p. 7-21.

60. Benjamin Ederingto, « In Memoriam : Monroe Leigh (1919-2001) », *Virginia Journal of International Law*, vol. 43, n° 1, 2002, p. 589.

61. Katharina Pistor, *Le Code du capital*, *op. cit.*

visibilité[62]. » Il veillera jalousement sur ce corpus de règles. Il se fera, surtout, le seul interprète autorisé de son esprit et de sa genèse face aux États ou agences semi-publiques qui voudraient se placer sous sa protection en minimisant son champ d'application[63]. La loi va en effet engendrer un énorme volume d'affaires en raison de son ampleur et de sa complexité. Les ambiguïtés et marges d'interprétation laissées à l'appréciation des tribunaux seront une source de business pour les avocats spécialisés[64].

Avec la dispute souveraine, ce sont de nouvelles perspectives d'accumulation, dans le public comme dans le privé, qui s'ouvrent pour les marchands du droit. La loi fait passer la prise en charge des litiges commerciaux, côté défendeur ou plaignant, à l'échelle industrielle. Lors d'une discussion avec des avocats du célèbre cabinet Shearman & Sterling, un ancien banquier new-yorkais me raconte qu'au moment du vote du FSIA, « les *partners* des cabinets d'avocats savaient que cela leur rapporterait beaucoup d'argent. Ils sont allés boire du champagne ce soir-là : “Nous allons être riches” ». Avec ce dispositif, les avocats qui travaillent pour les banques prêteuses à l'étranger peuvent rédiger un « avis sur la force exécutoire » du contrat d'emprunt, qui facilite la commercialisation des titres et donne des gages de sécurité juridique aux investissements, c'est-à-dire des voies de recours en cas d'annulation. Les prêts aux États du Sud global et aux grandes entreprises publiques étrangères sont désormais non seulement juteux financièrement (dotés de taux d'intérêt élevés) mais représentent aussi un risque mesuré, parce que les crédits bénéficient d'une forme

62. Mark B. Feldman, Interviewed by Robin Matthewman, 28 avril 2021, The Association for Diplomatic Studies and Training Foreign Affairs. Oral History Project, Copyright 2022 ADST.

63. Mark B. Feldman, « Expert witness report and opinion », *loc. cit.*

64. Feldman parle en 2021 d'une ou deux affaires par an traitées par la Cour suprême dans le cadre de cette loi. Interviewed by Robin Matthewman, 28 avril 2021, The Association for Diplomatic Studies and Training Foreign Affairs. Oral History Project.

d'assurance – en cas de litige, le procès à New York est possible.

La *judiciarisation* de l'immunité représente donc une assurance contre le risque politique lié au pouvoir étatsunien. Ironie de l'histoire, « contrairement aux attentes des rédacteurs, les tribunaux demandent fréquemment au procureur général l'avis du pouvoir exécutif sur des questions de droit et de politique », concède Mark Feldman[65]. Plus de trente ans après le passage de la loi, le « facteur politique » s'invite encore massivement dans la prise de décision des juges. Le souci des relations internationales n'a pas disparu mais est intériorisé, médié et retraduit par les tribunaux. Il s'incarne dans l'importance que revêt une série de critères pour les juges : le taux de croissance économique par habitant, le taux d'exportation des États-Unis vers le pays incriminé, le fait que ce dernier soit ou non un allié, membre ou non de l'OCDE, que le plaignant ait la nationalité américaine, mais dépend aussi de l'inclination idéologique des juges[66]. Une plainte déposée dans les tribunaux étatsuniens contre le cartel des pays exportateurs de pétrole à la fin des 1970 illustre cette difficulté des tribunaux à faire complètement abstraction des affaires étrangères.

L'OPEP à la barre

En mai 1975, le département du Trésor transmet au département d'État un article du *Washington Post*. Le titre évoque la possibilité de « faire comparaître à la barre l'Organisation des pays exportateurs de pétrole[67] ». Et si « cette idée qui

65. Mark B. Feldman, « Foreign sovereign immunity in the United States courts… », *loc. cit.*

66. Adam Chilton et Christopher Whytock, « Foreign sovereign immunity and comparative institutional competence », *University of Pennsylvania Law Review*, vol. 163, n° 2, 2015, p. 411-486.

67. « Bringing OPEC to the Bar », *The Washington Post*, 20 mai 1975. Voir aussi Spencer Weber Waller, « Suing OPEC », *University of Pittsburgh Law Review*, vol. 64, n° 105, 2002.

semblait farfelue et irréalisable » pouvait désormais être « prise au sérieux ? », s'interroge le journaliste. Avec le FSIA, un obstacle à la judiciarisation des « cartels pétroliers conspirant en vue de fixer les prix du pétrole » est levé.

Depuis la décision choc du président Nixon en 1971 de suspendre sa convertibilité en or, le dollar est dévalué. Dans son bureau du Trésor, devant quelques collègues et économistes de renom[68], le directeur du département John Connally justifie la décision unilatérale de décrochage du dollar, qui rend caducs les accords de coopération monétaire internationale scellés à Bretton Woods en ces termes : « Les étrangers sont là pour nous baiser. Nous les baiserons d'abord[69]. » Les monnaies du monde entier se mettent à flotter librement et la dévaluation du dollar se traduit par des pertes en valeur massives pour les investisseurs étrangers qui détiennent des avoirs libellés en monnaie étatsunienne. Les pays exportateurs de pétrole réunis au sein de l'OPEP décident alors d'augmenter unilatéralement de 70 % le prix du baril de brut et décrètent un embargo sur les livraisons aux États-Unis. Présentée par ces pays comme une sanction faisant suite au soutien des États-Unis à Israël dans la guerre du Kippour, cette décision est aussi largement guidée par le désir de « conserver leurs marges » sur des contrats en dollars[70].

Le choc pétrolier est aussi un véritable choc politique. Aux États-Unis – bien qu'en 1973 le pays produise les deux tiers de sa consommation de pétrole –, de longues files d'attente se forment devant les stations-service. Tout est en ordre pour faire des pays de l'OPEP des ennemis publics. L'organisation incarne aux yeux de l'opinion américaine un cartel international cupide et rapace qui exploite les citoyens étatsuniens au mépris de la tradition de concurrence sur le marché[71]. Le procès

68. Dont Paul Volcker, alors sous-secrétaire chargé des affaires monétaires.

69. « The reincarnation of John Connally », *The International Economy*, 2021.

70. Vincent Gayon, *Épistémocratie*, *op. cit.*

71. Incarnée depuis plus d'une centaine d'années par le *Sherman Act* qui stipule : « Tout contrat, combinaison sous forme de trust ou autre, ou conspira-

sous le régime de l'antitrust – qui s'efforce de lutter contre les politiques de fixation de prix « collusoires » ou de restriction des échanges –, couplé à l'immunité souveraine réglée par les tribunaux, constitue une arme de dissuasion redoutable contre les nationalisations, comme l'explique l'ancien sous-secrétaire d'État aux affaires politiques, Eugene V. Rostow[72].

Au plus fort de la crise énergétique et de la frustration du public face au pouvoir économique et politique des États arabes, un procès est intenté par l'Association internationale des machinistes (IAM) et des travailleurs de l'aérospatiale en 1978, un syndicat réputé pour ses positions libérales sur le plan économique. La plainte, déposée devant le tribunal de district central de Californie, allègue que la fixation des prix par le cartel pétrolier viole ouvertement les lois antitrust des États-Unis. Le syndicat plaignant, loin d'être seul dans ce procès, quoique soutenu par des membres du Congrès, est débouté à deux reprises. D'abord en vertu de l'immunité souveraine, les activités de l'OPEP étant jugées « non commerciales », puis conformément à la doctrine de l'acte d'État, où le droit souverain de réguler les matières premières est réaffirmé[73].

Pourquoi ne pas avoir déployé toute la puissance judiciaire des États-Unis ? Mettons de côté la première explication donnée par le juge de district, Andrew Hauk, qui estime que l'OPEP, étant une organisation internationale et non un souverain, ne relève ni de la juridiction fédérale ni du champ d'application de la loi sur l'immunité. En revanche, les justifications qu'il va donner rompent avec le travail patiemment balisé sur la doctrine de l'immunité souveraine. Après avoir appelé à la barre des experts en économie pétrolière, le juge Hauk établit que les opérations de l'OPEP ne constituent pas des « activités commerciales ». Ce jugement

---

tion, visant à restreindre les échanges ou le commerce entre les différents États, ou avec les nations étrangères, est par la présente déclaré illégal. »

72. « Bringing OPEC to the Bar », *The Washington Post*, *loc. cit.*

73. International Assocciation of Machinists v. OPEC, 477 F. Supp. 553 (C.D. Cal. 1979).

paraît contre-intuitif, comme le relèvent les commentateurs à l'époque[74]. Le bon sens commanderait spontanément de considérer comme une activité commerciale la fixation du prix de vente d'une marchandise sur le marché mondial, en grande partie à des acheteurs privés, ainsi que la régulation des ressources pétrolières en vue de maximiser le profit à long terme. Au contraire, le juge estime que le prix ne fait que découler de la politique, souveraine, déterminant les termes et les conditions d'extraction d'une ressource naturelle de premier ordre : le pétrole brut. La décision surprend néanmoins puisque le droit américain fait généralement de la restriction de l'offre, en vue de réaliser un profit monopolistique, une technique commerciale ordinaire… Mais les embargos pétroliers peuvent être aussi conduits à des fins militaires et géopolitiques, nuançant l'idée de maximisation du profit.

Ceci étant, la distinction « brute » entre domaine commercial et gouvernemental ignorerait l'importance de l'activité pour l'économie nationale et la façon dont elle est assimilée à l'intérêt général : en l'espèce, la cartellisation du pétrole est une pièce centrale de la politique étrangère des membres de l'OPEP. Les lois antitrust se dévoilent dans ce cadre comme une perspective située, idéologique et nationale parmi d'autres quant à la bonne organisation d'une économie. Surtout, le juge s'en réfère à l'intention du législateur sur l'immunité souveraine de s'assurer que les conflits politiques majeurs entre nations se déroulent dans l'arène diplomatique plutôt que devant les tribunaux de l'un ou l'autre pays. En réalité, bien que les méandres de ce jugement apparaissent fragiles au regard des critères de différenciation de la loi (entre commercial et souverain), le juge fait preuve d'un grand sens des affaires diplomatiques, considérant qu'il faut « tenir nos tribunaux à l'écart des domaines qui touchent de très près les nerfs sensibles des pays étrangers[75] ».

74. Lawrence Crocker, « Sovereign immunity and the suit against OPEC », *Case Western Reserve Journal of International Law*, vol. 12, n° 1, 1980.

75. IAM v. OPEC, 477 F. Supp. at 567.

Pour comprendre cette décision, il suffit de réfléchir en termes contrefactuels, comme l'explique une juriste commentant l'affaire : « Que se serait-il passé si le plaignant étatsunien avait gagné le procès ? Le tribunal aurait alors adressé une injonction à la Libye, à l'Arabie saoudite, au Venezuela et aux dix autres États, leur interdisant de conspirer pour fixer les prix. [Cette injonction ne serait applicable que] si les États-Unis étaient disposés à faire pleinement usage de leur puissance militaire, en supposant qu'une guerre nucléaire n'intervienne pas pour rendre tout ce dossier purement théorique. Dire qu'une action en justice contre les membres de l'OPEP s'immisce dans un domaine sensible de la politique étrangère est un chef-d'œuvre d'euphémisme[76]. » Le gouvernement des États-Unis s'est abstenu d'intervenir, sous la forme d'*amicus curiae*, dans le tribunal de district.

D'autant que Nixon et le secrétaire d'État Henry Kissinger avaient conclu dès 1973 un accord secret avec l'Arabie saoudite pour que le commerce du pétrole se fasse exclusivement en dollars américains, faisant bénéficier le Trésor, et l'hégémon monétaire, de la manne précieuse des pétrodollars, qui transitent *via* les bons du Trésor et les banques des États-Unis. Une nouvelle fois, le respect cohérent du droit des contrats et de la séparation formelle entre le commercial et le politique s'efface devant l'affirmation d'un intérêt national supérieur.

Est-ce à dire que les découpages du droit sont artificiels, de pures fictions opportunistes, des murailles de papier qui se déchirent au gré des décisions arbitraires du souverain hégémonique ? Les lignes de fracture de la raison d'État américaine n'en sont pas moins réorganisées. La diplomatie du département d'État, convertie à la *Rule of Law*, s'écarte des transactions commerciales transnationales ordinaires. Les alternatives portées par le Nouvel ordre économique

76. Lawrence Crocker, « Sovereign immunity and the suit against OPEC », *loc. cit.*

international ne sont respectées que lorsque les intérêts de l'hégémon sont matériellement menacés ; mieux, elles sont redigérées dans la machine à liquidité du dollar. Enfin, le domaine de ce qui est appréhendé comme commercial pour les autres pays s'est quant à lui étendu et vient contraindre leur autonomie politique.

Le droit international de l'*American Business*

La loi sur l'immunité sécurise les investisseurs étatsuniens en les mettant à l'abri de la raison politique du département d'État et de son sens des relations étrangères : ils ont désormais la garantie d'être entendus par la justice en cas de litige avec un État étranger. L'exécutif se lie les mains diplomatiques et se met des bouchons de cire dans les oreilles, empêchant ses services d'être à l'écoute des États étrangers avec lesquels les entreprises étatsuniennes commercent ou auxquels les financiers du pays prêtent. Quant aux États étrangers, ils se retrouvent dépourvus de ce recours et s'exposent au risque de poursuites.

En 1978, deux ans après les États-Unis, le Royaume-Uni légifère à son tour sur l'immunité des États étrangers *via* le *State Immunity Act.* Mark Feldman, l'avocat-fonctionnaire du département d'État, considère que si « la théorie restrictive de l'immunité souveraine étrangère est largement acceptée », c'est que « la réalité économique ne laisse pas d'alternative »[77]. Mais il en convient immédiatement : cette réalité est située et n'est représentative que de « l'Occident » non communiste, qui cherche à imposer son modèle dans des zones du monde où le politique se pratique encore « à l'excès » et persiste à se mêler à l'économique. Le champ politique des années 1970 aux États-Unis s'aligne sur ces nouveaux fondamentaux du droit international : « À l'époque, le droit international et la *Rule of Law* en général

77. Mark Feldman, « The *United States Foreign Sovereign Immunities Act* of 1976 in perspective », *loc. cit.*

étaient des valeurs soutenues par l'ensemble de l'échiquier politique américain, par les milieux d'affaires, à droite, pour protéger les investissements étrangers et, à gauche, par les défenseurs des droits de l'homme et de la paix. Les exceptions étaient les nationalistes et les protectionnistes qui défendaient les droits des États[78]. »

La flèche de la « modernité » semble tracée : l'attribution politique de l'immunité devient obsolète et archaïque. Le paradoxe étant que ce modèle recouvre, au sein de l'État dominant, une alliance entre la bureaucratie des affaires étrangères et le capitalisme transnational étatsunien. Et ce à tel point que, dans les années 1970, tout un pan de la littérature académique débat autour de l'idée que ce sont les compagnies multinationales qui font la politique étrangère[79].

Les publics sociaux très privés de la souveraineté des États-Unis

Monroe Leigh l'affirme, cette loi rendra enfin au « citoyen » ses droits face à un État étranger en rompant avec l'« incertitude commerciale » et en neutralisant le risque qu'une « dispute judiciaire ordinaire ne soit pas artificiellement élevée au rang de problème diplomatique par l'intervention du gouvernement auprès du département d'État »[80].

La fabrique d'un droit du commerce international est indissociable du souci domestique de donner réparation aux hommes d'affaires étatsuniens, présentés comme des victimes. Face aux expropriations non compensées effectuées par des gouvernements étrangers considérés comme « populistes », le régime de la *Rule of Law* assujettit les souverains étran-

78. Mark B. Feldman, Interviewed by Robin Matthewman, *loc. cit.*

79. Robert Gilpin, *U.S. Power and the Multinational Corporation : The Political Economy of Foreign Direct Investment*, Basic Books, New York, 1975 ; Ethan B. Kapstein, *Exporting Capitalism. Private Enterprise and US Foreign Policy*, *op. cit.*

80. Audition de Monroe Leigh, *op. cit.*

gers mais n'épargne pas non plus le souverain « hôte », l'hégémon étatsunien, qui se doit lui aussi de sanctuariser l'investissement privé et de le mettre à l'abri des considérations diplomatiques, dans un compartiment judiciaire dédié. Domestiquer la souveraineté étrangère, c'est judiciariser les choix des gouvernements étrangers lorsqu'ils font incursion dans le domaine du commerce (privé) et distordent sa réalité « pure » construite par les opérations du droit. Mais c'est aussi domestiquer celui qui domestique, en renforçant la division du travail entre exécutif et judiciaire et en donnant l'ascendant au second.

Le FSIA est enfin une réaction aux sursauts souverains des pays non alignés et à leurs projets de « planification keynésienne au niveau mondial[81] ». Dans cette « confrontation brutale des imaginaires économiques mondiaux », le code sur l'immunité répond à « l'extension du principe de démocratie au niveau international avec la création des Nations unies dans l'immédiat après-guerre » qui, d'après les néolibéraux, constituait une « menace » pour le capitalisme mondial « plus grave encore que le communisme ou la résurgence du protectionnisme occidental »[82]. Ainsi, l'économiste néolibéral Jan Tumlir, surnommé le philosophe des accords libre-échangistes du GATT, s'en prenait au « sophisme de la souveraineté » en tant que « pouvoir illimité et omnipotence virtuelle ». La solution qu'il envisageait pour endiguer cette poussée démocratique dans le domaine des transactions économiques internationales consistait précisément à recourir au pouvoir judiciaire : « Les tribunaux sont l'organisme qui peut faire en sorte que les règles convenues au niveau international, le droit économique mondial, prennent le pas sur les décisions législatives[83]. » La légalisation des relations écono-

81. Quinn Slobodian, *Globalists*, *op. cit.*, p. 223.

82. Selon l'économiste autrichien Gottfried Haberler, qui avait quitté son poste à Harvard pour rejoindre l'American Enterprise Institute, cité par Quinn Slobodian dans *ibid.*, p. 221.

83. Jan Tumlir, « Need for an open multilateral trading system », *The World Economy*, vol. 6, n° 4, 1983, p. 407. Cité dans *ibid.*, p. 254.

miques internationales, qui sépare formellement le politique, réduit au régalien, et le commercial, strictement assimilé au domaine de l'accumulation et de la propriété privées, constitue l'un de ces remèdes.

La défense des intérêts des créanciers et des compagnies multinationales étatsuniennes par la loi, soutenue, façonnée et préservée par les pouvoirs publics, écarte du paysage le recours à la force physique – la « diplomatie de la canonnière », avec laquelle les États puissants pouvaient exiger le remboursement de dettes impayées.

Le balisage, affaire après affaire, de la jurisprudence concourt à l'oubli de cette genèse : ce sont la guerre froide et le combat idéologique des États-Unis qui motivent ces découpes chirurgicales et juridiques. Le caractère relatif et situé du droit international, sacralisant la propriété privée des exportateurs de capitaux et investisseurs à l'étranger, s'amenuise. Un corpus de règles s'impose comme universel, et les traces géopolitiques originelles – un combat prenant racines dans l'Ouest exportateur de capitaux contre l'émergence d'alternatives socialistes, communistes et tiers-mondistes – s'effacent[84]. La « force du droit[85] » est de permettre d'exercer le pouvoir économique et financier sur le mode de la technicité d'un code. Les jugements fondés sur le FSIA se veulent une application stricte du texte, en l'interprétant, au gré des affaires, au plus près de sa supposée essence – le texte rien que le texte – et en s'extirpant des contextes sociaux. L'élaboration de la loi, laborieuse et controversée, à l'intersection de la finance, du barreau d'affaires et de la diplomatie convertie à la *Rule of Law* sont évacuées du récit dominant.

Affaire après affaire, le droit international prend de la substance et gagne en autonomie, en suspectant systématique-

84. Brigitte Gaïti, « Les incertitudes des origines. Mai 58 et la Ve République », *Politix*, vol. 12, n° 47, 1999, p. 27-62.

85. Pierre Bourdieu, « La force du droit. Éléments pour une sociologie du champ juridique », *Actes de la recherche en sciences sociales*, vol. 64, n° 1, 1986, p. 3-19.

ment la présentation de soi des souverains (les classifications et les justifications qu'ils prêtent à leurs actions) et en introduisant des outils d'interprétation et d'évaluation ayant pour principe de refuser les critères « en finalité » comme la prise en compte du « contexte ». Les juges étatsuniens officient comme « des maçons qui démolissent et reconstruisent sans cesse ces cloisons criblées de trous » entre territoires de la souveraineté et du commerce privé[86]. Cette ligne qui sépare l'État de l'économie est « une limite tracée depuis l'intérieur des mécanismes institutionnels et des réseaux de pouvoir de la régulation financière », limite par laquelle « un certain ordre social et politique est maintenu »[87].

En forçant la souveraineté des États étrangers à s'ajuster, le FSIA transforme aussi le mode d'exercice de l'hégémonie : l'action et la décision politiques (du département d'État) au gré de la « courtoisie » internationale et du contexte politique – en décidant qui est ami, immunisé, et ennemi, justiciable – sont surannées. C'est désormais un code, déconnecté de l'appréciation des finalités affichées par les puissances souveraines, qui s'impose.

Les voix de la *Rule of Law* soutiennent un ordre juridique des investisseurs qui aspire à une finance protégée légalement. Il s'agit d'étendre et de rendre hégémoniques les droits, protections et moyens d'agir des investisseurs. Cette raison du créancier, qui cherche à inscrire la protection de sa propriété privée et de son placement au sommet des priorités de politiques publiques – qui « constitutionnalise » le droit de l'investisseur[88] » – heurte un autre impératif d'intérêt général : la vocation des États-Unis à être une terre d'accueil

86. Marcela Iacub, *Par le trou de la serrure. Une histoire de la pudeur publique, XIXe-XXIe siècle*, Fayard, Paris, 2008.

87. Timothy Mitchell, « The limits of the State : beyond statist approaches and their critics », *American Political Science Review*, 85 (1), 1991, p. 77-96 ; Nathan Coombs et Matthias Thiemann, « Recentering central banks : theorizing state-economy boundaries as central bank effects », *Economy and Society*, 2022, p. 1-24.

88. Pierre Dardot, « Souveraineté de l'État et constitutionnalisme de marché », *in* Thomas Boccon-Gibod, Éric Fabri, Martine Kaluszynski et Odile

du commerce et de la finance internationale et qui souhaite, pour cela, sanctuariser des points stratégiques – les réserves étrangères en dollars déposées à la Banque centrale, la New York Federal Reserve Bank.

Si le consensus pour rendre les États étrangers justiciables est bien avancé, reste à déterminer jusqu'à quel point le patrimoine public des États condamnés pourra effectivement être saisi. De fait, les actifs de l'État étranger, insaisissables en leur pays, sont exposés et à la merci des créanciers cherchant le recouvrement au-delà des frontières nationales. L'exécution, qui ouvre potentiellement la chasse aux actifs, constitue un point de tension central de ces deux raisons d'État.

Initialement, l'administration pose des limites au pouvoir des plaignants. La position modérée est exprimée par le directeur du département de la Justice, un personnage clé du FSIA, qui rappelle que l'idée de la réforme est d'éviter de transformer les États-Unis en « petite Cour internationale de réclamation des créances ». Si l'accès aux tribunaux n'est pas réservé aux citoyens des États-Unis, il n'est pas « ouvert à tous les participants[89] » et se limite aux plaignants capables de prouver que leurs causes privées ont un lien substantiel avec les États-Unis. Il s'agit de borner les saisies possibles aux actifs connectés au commerce en cause dans l'affaire et de protéger ce qui paraît relever du « noyau souverain » – les ambassades et le militaire par peur de la réciprocité[90]. Ces compromis vont craquer alors que la financiarisation des économies du monde s'accélère dans les années 1970 et colonise peu à peu le mode de fonctionnement des États.

Tourneux (dir.), *Souveraineté et néolibéralisme*, Le Bord de l'eau, Lormont, 2023.

89. Testimony of Bruno Ristau, Chief, Foreign Litigation Section, Civil Division, Department of Justice. 1976 Hearings before the Subcommittee on Administrative Law and Governmental Relations of the Committee on the Judiciary House of Representatives, 94th Congress, 2nd session.

90. Statement of honorable Charles Brower, Legal Adviser, Department of State. Hearings FSIA, 7 juin 1973.

Le volume de prêts à l'étranger des banques étatsuniennes explose à la même période[91]. Si ces prêts sont sources de profit, ils exposent aussi les banques à la vulnérabilité des pays dans lesquels cet argent est placé.

91. « Alors qu'entre 1900 et 1913, le volume des émissions étrangères émises à Wall Street représentait un sixième du volume de la City de Londres, entre 1919 et 1929, les émissions étrangères ont constitué près de 20 % de toutes les émissions new-yorkaises, et la majorité d'entre elles étaient des titres d'États étrangers. À la suite de la Première Guerre mondiale, New York est devenu un marché mondial de capitaux de premier plan. » Voir Mark Weidemaier, « Sovereign immunity and sovereign debt », *loc. cit.*

Partie II

Le droit construit la dette en champ de bataille

Au cours des années 1970, la défense de la place financière new-yorkaise comme la protection des intérêts financiers étatsuniens à l'étranger forment de véritables objectifs de politique publique. Dans les années qui suivent, l'industrie financière devient ainsi le principal secteur de l'économie des États-Unis et New York le centre du monde financier[1].

Mais les investissements à l'étranger des banques étatsuniennes, inquiètes de la baisse de la rentabilité de leurs placements nationaux, se révèlent excessivement abondants et risqués. Alors que les faillites souveraines s'enchaînent comme des dominos dans les années 1980, le pouvoir exécutif veille à ce qu'aucune possibilité « architecturale », solidaire et véritablement internationale visant à coordonner ces défauts souverains – généralement portée par les pays du Sud global – n'émerge face à la juridiction hégémonique de Wall Street. Au cours de ces crises de la dette, le corpus de règles de droit transnational, progressivement stabilisé pendant les années 1970 aux États-Unis, devient opérationnel. Le gouvernement fédéral prend régulièrement position pour que les litiges, qui mettent aux prises des banques prêteuses avec des États du Sud global proches du défaut de paiement, soient gérés au cas par cas et par des dispositifs de marché.

1. Greta R. Krippner, « The financialization of the American economy », *Socio-Economic Review*, vol. 3, n° 2, 2005, p. 173-208.

Chapitre 4

New York, la cité des contrats

« La souveraineté est démodée[1]. » Ainsi démarre un article de 1995 intitulé « Le client souverain ». Son auteur n'est autre que l'avocat new-yorkais Lee Buchheit, unanimement reconnu dans le petit monde des dettes souveraines comme le « philosophe-roi des avocats ». Le *Financial Times*, journal de référence des milieux d'affaires, a consacré un panégyrique à ce « vétéran de la crise sur la ligne de front de la dette souveraine » : au cours de sa carrière, depuis les années 1980, il a représenté quasiment tous les États ayant fait banqueroute[2].

Ses nombreux écrits et sa pratique ont marqué ce secteur d'activité, situé à la lisière entre droit et finance[3]. Un confrère

---

1. Lee C. Buchheit, « The sovereign client », *Journal of International Affairs*, vol. 48, n° 2, 1995. Sauf mention contraire, les citations de Buchheit qui suivent sont extraits de cet article.

2. Bien qu'il ne plaide jamais et n'assure pas la défense des États au cours des procès. Parmi ses clients, on compte le Mexique, le Guatemala et les Philippines dans les années 1980, l'Équateur, le Pérou, la Russie dans les années 1990, l'Irak, l'Uruguay et Bélize dans les années 2000. Depuis 2010, il a conseillé des pays « pathologiquement endettés » : la Jamaïque, l'Argentine et la Grèce. Voir Robin Wigglesworth, « Lee Buchheit : the crisis veteran on the sovereign debt frontline. The lawyer for nearly every country that has gone bankrupt since 1980s », *Financial Times Alphaville*, 2 juillet 2019.

3. Le terme « philosophe-roi » est du *New York Times*. Adam Lerrick, conseiller du Trésor américain, a déclaré un jour que « tout le monde dans ce domaine est un disciple de Buchheit – qu'il le veuille ou non » (Robin Wigglesworth, « Lee Buchheit », *loc. cit.*).

dit de lui qu'« il est le domaine[4] ». Buchheit accompagne et conseille les États au moment de rédiger leurs contrats, quand tout va bien, mais aussi quand tout va mal et qu'il faut en renégocier les termes avec les créanciers – restructurer la dette. Au cœur de la tourmente grecque, en 2011, il fut considéré comme l'un des ingénieurs de la solution trouvée à l'époque, qui modifia les contrats d'emprunt et engagements initiaux tout en évitant un long procès.

Selon le célèbre avocat new-yorkais, les États qui dédaigneraient recourir à ses services, ou à ceux prodigués par des confrères, « au motif que cela serait s'abaisser », sont une minorité dans les années 1990. Pareille posture correspondrait à « une notion de souveraineté peut-être familière à Louis XIV, mais à très peu de gens après lui ». Désormais, « le coût potentiel pour un pays de ne pas obtenir l'assistance professionnelle nécessaire pour intégrer les marchés de capitaux internationaux l'emporte de loin sur les blessures qui pourraient être infligées à une certaine notion métaphysique de la souveraineté ». Les consultants juridiques externes peuvent être engagés pour expertiser des questions financières (construire des accords de prêt, préparer des émissions d'obligations, des programmes de privatisation, des renégociations de dettes, etc.), procurer une assistance en matière d'ingénierie (projets d'infrastructure et autres projets de construction), élaborer des politiques économiques et même fournir des conseils pour rédiger une loi (régissant les marchés financiers nationaux, par exemple).

Avec l'affaissement des aides publiques, depuis le milieu des années 1970, les banques des États-Unis sont devenues centrales dans le prêt aux pays en voie de développement[5]. Les

4. Il s'agit de Mitu Gulati, professeur de droit à l'université Duke et collaborateur fréquent de Buchheit : « Tout a commencé et s'est terminé avec lui pendant plus de trois décennies. » *Idem.*

5. Alors que « le recours aux capitaux publics a été le moyen de reconstituer le crédit international après la guerre et a symbolisé l'engagement spectaculaire des États-Unis en faveur d'une Europe reconstruite », au milieu des années 1970, on assiste à l'érosion des financements publics internationaux (dont « l'octroi de crédits et de subventions à long terme » par les États) et à l'essor du financement privé, principalement par les banques commerciales étatsuniennes, pour financer

mastodontes de la banque privée officient comme des entrepôts et véhicules de transit des pétrodollars, qu'ils font fructifier à l'étranger, en les recyclant sous forme de prêts aux pays du Sud global[6]. La Citibank, fondée à New York en 1812, incarne ce modèle. La maison a fait du prêt international, surtout en Amérique latine, sa marque de fabrique[7]. Si les États souverains du Sud global représentent des cibles d'investissement juteux – les banques et les financiers, en leur prêtant, bénéficient de taux d'intérêt élevés (qui matérialisent le risque encouru) –, ce sont aussi des « clients » pour les avocats. Pour obtenir ces prêts, ils sont en effet contraints de devenir des émetteurs de dette sophistiqués et, pour cela, de s'enticher d'avocats-conseils qui contribuent à augmenter leurs performances en ingénierie contractuelle. Lee Buchheit est là pour les aider à intégrer le club des « clients » de la finance new-yorkaise.

S'adressant tout particulièrement aux « pays les moins avancés » économiquement, il reconnaît que les « honoraires » de ces « consultants de classe mondiale » sont élevés[8]. Le jeu en vaut la chandelle pour les États qui n'auraient pas ces savoir-faire en interne. Les avocats new-yorkais recrutés comblent un

---

les déficits de la balance des paiements. Les pays en voie de développement doivent composer avec « le lent abandon du FMI au profit des marchés des eurodevises en tant que principal instrument de financement ». La « composante publique des mouvements nets de capitaux à long terme des États-Unis est tombée d'environ 65 % du total au cours de la période 1947-1951 à environ 45 % du total au cours de la période 1962-1966, avant de remonter à environ 50 % au cours de la période 1967-1971 » (Randall Germain, *The International Organization of Credit, op. cit*).

6. Washington et Wall Street ont lutté ensemble contre les propositions européennes en faveur d'une « tuyauterie » coopérative et équitable dédiée à ces fonds en dollars, et encouragé les placements dans les bons du Trésor états-unien – ce qui réduisait le stress de l'État fédéral sur sa balance des paiements (Vincent Gayon, *Épistémocratie, op. cit.*).

7. Auparavant connue sous les noms de City Bank of New York et First National City Bank of New York, elle fait partie de Citigroup, l'un des plus grands groupes au monde. En mars 2007, Citibank était la plus grande banque des États-Unis.

8. Lee Buchheit évoque alors « 300 dollars de l'heure comme une bonne affaire à New York ou Londres, mais pas à Ruritania [pays imaginaire lambda], où le revenu annuel par habitant peut être inférieur à 1 000 dollars ».

déficit de légitimité[9] : il s'agit parfois d'« acheter un nom », une réputation, « obtenir une crédibilité instantanée » et éviter de « commettre des erreurs », ce qui, sur l'ensemble du « deal », permet de faire des économies – difficiles à quantifier.

Domestiquer le souverain : l'avocat new-yorkais en Pygmalion

À partir des années 1980, faire appel à un avocat devient un passage obligé pour l'État qui souhaite lever des fonds sur les marchés de capitaux dominants (New York et Londres). Wall Street a des usages, auxquels l'avocat new-yorkais initie le souverain étranger en Pygmalion. Le métier de Buchheit comporte une dimension pédagogique : il faut aider à dépasser les « différences interculturelles », flagrantes dans « les styles de négociation et les attentes des entreprises ». L'avocat s'efforce de traduire dans la grammaire des financiers les aspirations du pays qui accepte ses conseils. L'art des négociations s'apprend *via* un coaching en situation : « les nuances du langage corporel, le vocabulaire acceptable, la disposition des sièges et les divertissements appropriés après les heures de travail ; éviter d'offenser involontairement la contrepartie en raison de modèles de comportement influencés par la culture, sont des questions sur lesquelles le consultant étranger peut être en mesure d'offrir des conseils en coulisses ».

Enfin, l'avocat-conseil assure servir de paravent si une stratégie financière passe mal dans l'opinion publique domestique, bien que l'avocat conseille de maintenir les apparences d'une décision maîtrisée[10], au cas où une affaire « suscite[rait] des critiques à caractère politique » : « l'opposition [pourrait] dépeindre la situation comme allant du néocolonialisme à

9. La hiérarchie financière internationale entre États se manifeste dans le recours (et le besoin associé ou non) à des consultants extérieurs. En effet, « tous les gouvernements n'ont pas besoin de faire appel à des conseillers extérieurs » ni « besoin de combler des lacunes » (*idem*).

10. Yannick Barthe et Bigitte Gaïti, « Figures de la décision », *Politix*, vol. 82, n° 2, 2008.

la démonstration du peu de considération du gouvernement pour les professionnels formés localement, en passant par l'aveu de lacunes professionnelles des fonctionnaires du gouvernement ». Il s'agit d'éduquer les gouvernements, de les émanciper en les invitant à mettre à distance le court-termisme qui fait agir de façon « apparemment illogique, si les limites de la logique se réduisent à des considérations financières ou juridiques orthodoxes ».

Buchheit m'explique en entretien qu'il se demande souvent qui est son véritable client : « Votre client est-il le ministre des Finances ou le gouverneur de la banque centrale qui vous a engagé et son administration ? S'agit-il plutôt du pays dans son ensemble, tel qu'il existe aujourd'hui, ou bien du pays tel qu'il existera à l'avenir ? » Il conçoit sa mission comme une incitation à dépasser l'électoralisme au profit de l'intérêt général, trop souvent dévoyé ou mal incarné : « Si vous permettez simplement aux autorités de maximiser leurs gains actuels en matière de litiges au détriment de l'administration et des générations futures, vous leur rendez un très mauvais service[11]. »

La pédagogie économique[12] de l'avocat consiste donc parfois à dissuader les gouvernants de s'enfoncer dans le litige ou de s'acharner dans la défense agressive de leurs intérêts, au détriment de la réputation de l'État-emprunteur à long terme et de sa « socialisation » heureuse à la globalisation financière.

À propos de Buchheit, le *Financial Times* précise : « un peu de ju-jitsu juridique peut aider, mais la douleur de l'austérité est presque inéluctable[13] ». Un ancien confrère de Buchheit raconte à quel point il est délicat de sensibiliser les gouvernants à la raison de la finance globale, c'est-à-dire aux intérêts du public social particulier que constituent les créanciers étrangers face aux désirs de la population domestique qui, de surcroît, a pour elle le droit de vote : « La tension est très claire, en

11. Sauf mention contraire, les citations qui suivent de Lee Buchheit sont extraites d'un entretien conduit auprès de lui en 2024.

12. Vincent Gayon et Benjamin Lemoine, « Pédagogie économique », *Genèses*, n° 4, 2013, p. 2-7.

13. Robin Wigglesworth, « Lee Buchheit », *loc. cit.*

particulier dans les pays démocratiques – et il faut trouver un équilibre – entre les personnes qui veulent récupérer leur argent et ne votent pas et les personnes qui paient des impôts pour rembourser cette dette et votent. Lorsque vous êtes politicien, le choix se fait intuitivement contre les créanciers étrangers, n'est-ce pas ? Pourquoi devriez-vous payer ? Il faut donc développer un raisonnement rationnel et faire comprendre que "oui, vous pouvez vous débarrasser des créanciers étrangers, mais vous aurez besoin d'eux, y compris pour satisfaire vos électeurs ensuite". Pour trouver cet équilibre, savoir quels types de problèmes se posent et comment les aborder, il y a un langage que nous parlons, parce qu'il nous est plus familier. »

En réalité, les États plongés dans la mondialisation financière arbitrent sans cesse en faveur de cette classe sociale créancière et, en retour, contractent le reste de leurs dépenses publiques et sociales domestiques[14]. Le *Financial Times* n'hésite pas à vanter le charisme de Lee Buchheit : sa voix « éloquente, sonore et majestueuse » est comparée à celle de l'acteur Morgan Freeman[15]. Il serait un « avocat-homme d'État[16] » (« *lawyer stateseman* »), un professionnel qui se dédie, par les métiers du droit, à la chose publique et à l'intérêt général. Exclusivement depuis le secteur privé, dans le cas Buchheit, où le déploiement du savoir-faire contractuel est assimilé à une « politique publique » : « En pratique,

14. Comme indiqué précédemment, le défaut et la suspension de paiement unilatérale vis-à-vis des créances financières sont devenus des stratégies minoritaires.

15. Robin Wigglesworth, « Lee Buchheit », *loc. cit.*

16. Généralement, cette figure renvoie à des allers et retours entre sphères publique et privée, comme ce fut le cas de Monroe Leigh. Lee C. Buchheit développe sa vision de l'avocat au service de l'intérêt général lors de la conférence « The Ideal of the "Lawyer-Statesman" in Modern Legal Practice : a 40 Year Perspective », The Business and Finance Law Program, GW law, George Washington University, 13 septembre 2018. Dans l'idéal, ce type d'avocat associe la « sagesse délibérative d'un bon homme d'État à une formation en droit », et un souci pour « l'ordre juridique dans son ensemble » (Katherine Kruse, « Lawyers in character and lawyers in role », *Nevada Law Journal*, vol. 10, n° 2, article 5, 2010).

Buchheit a été un fonctionnaire pendant la majeure partie de sa carrière, même si c'était pour différents pays. Ce faisant, il a contribué à la naissance d'un domaine florissant, celui des politiques de droit public. »

À partir de la matière souveraine brute, les cabinets d'avocats new-yorkais, à l'instar de Cleary Gottlieb[17] qui compte Lee Buchheit comme associé, façonnent un client respectable de la finance, tout en faisant prospérer leur profession. Cleary Gottlieb est un groupe prestigieux classé parmi les « entreprises à chaussures blanches » (*white-shoe firm*), expression désignant les cabinets d'avocats (ou d'audit) de premier plan officiant à Wall Street, qui renvoie au style vestimentaire de l'élite diplômée des universités éminemment sélectives de l'Ivy League[18]. Cleary a été l'un des premiers cabinets à fidéliser sa clientèle d'États étrangers, non seulement grâce à son caractère international, rare à l'époque[19], mais aussi et surtout parce que le cabinet n'est pas assimilé à une grande banque commerciale des États-Unis. Cette indépendance séduit les États.

Le cabinet qui a conseillé l'État quand tout allait bien, au moment de l'emprunt, répond aussi présent quand la crise s'annonce et que les termes du prêt et du contrat initial doivent être restructurés[20], comme me le confie Buchheit : « Si l'on considère les États-Unis, et en particulier l'environnement juridique de New York en 1982, pratiquement tous les grands cabinets étaient ce que nous appelions "une firme maison" d'une grande banque commerciale ou d'une banque d'investissement : Sullivan & Cromwell pour Goldman Sachs, Shearman & Sterling pour CitiBank, Cravath pour

17. Le siège de Cleary Gottlieb Steen & Hamilton LLP (ou Cleary Gottlieb), se trouve à New York. Le cabinet emploie plus de 1 200 avocats dans le monde.

18. L'expression vient de « *white bucks* », désignant des chaussures en daim (ou en nubuck), généralement dotées d'une semelle rouge, longtemps populaires parmi les étudiants des universités de l'Ivy League.

19. « En 1976, quand j'ai rejoint le cabinet, je dirais que 70 % des activités de Cleary étaient internationales, alors qu'un grand cabinet newyorkais comme Cravath ne comptait que 5 % de clients internationaux. »

20. Généralement, un autre département prend en charge le dossier si le différend s'envenime jusqu'au procès.

Chemical Bank, etc. Lorsque la crise de la dette souveraine a éclaté dans les années 1980, Cleary avait un peu travaillé pour la plupart de ces banques, mais n'était la banque attitrée d'aucune d'elles. Cela explique pourquoi Cleary a obtenu la plus grande partie du travail sur la dette souveraine. »

Un point d'entrée dans l'économie nationale

Un autre avocat new-yorkais, qui a aussi passé une grande partie de sa carrière chez Cleary à travailler sur la dette, explique que l'organisation avait fait le pari de poursuivre l'activité de renégociation de la dette et de « s['y] tailler la part du lion ». Pour l'industrie juridique, la rentabilité de cette profession – en dehors des honoraires des avocats – tient à ce qu'elle stabilise les relations avec le souverain. « Le travail sur la dette souveraine n'est que la partie immergée de l'iceberg », affirme Buchheit. Il offre un point d'entrée dans l'économie nationale et l'accès à de nombreux autres mandats.

Être le conseiller privé du Prince procure aussi une carte de visite inestimable : « Nous avons réalisé – et nous n'étions alors qu'un tout petit groupe à le faire – que cela pouvait avoir d'énormes conséquences. Ce n'est pas le travail souverain en lui-même qui a été le plus important. C'est plutôt le fait d'être le cabinet d'avocats du gouvernement qui vous permettait d'entrer dans les institutions du secteur public. Aucun conseiller général d'une compagnie pétrolière publique ne pouvait se tromper en engageant les avocats auxquels le gouvernement avait lui-même fait appel. »

Aider un État et une économie en difficulté, c'est s'assurer des opportunités lorsque la situation s'améliore. Le conseiller souverain d'une émission ou d'une restructuration de dette « passe physiquement le témoin » aux collègues du cabinet spécialisés dans d'autres domaines, comme « les fusions et acquisitions et les produits dérivés » : « Ces pays se sont remis de leur crise financière et ont continué. J'avais l'habitude de plaisanter en disant qu'une fois passé la crise de la dette, ils rencontraient des avocats de Cleary qui étaient agréables et leur souriaient, au lieu de gens comme moi, qui sont là pour donner des coups de pied aux cadavres des vieux morts [États en faillite]. Un pourcentage extraordinaire des mandats du cabinet d'avocats trouve sa source dans la représentation souveraine. »

Les crises se sont multipliées pendant les années 1980, en particulier en Amérique latine, le terrain de jeu préféré des banques étatsuniennes. Comme l'explique la juriste Katharina Pistor, « quand l'insolvabilité guette », tous les engagements, traités, protections, clauses de droit applicables, problèmes juridiques qui semblaient indolores et presque invisibles au moment de la rédaction du contrat de dette, tant que les obligations étaient respectées et les factures payées à échéance, « remontent à la surface » et deviennent cruciaux quand ce n'est plus le cas[21]. « Lorsque l'entité au centre de ce réseau de créances et de promesses prend du retard, il est temps de décider qui reçoit combien et dans quel ordre ; la question est : qui va être payé en premier ? », poursuit Pistor[22].

La hiérarchisation des créanciers, le sacrifice auquel ils devront consentir comme l'ordre de leur remboursement éventuel, deviennent problématiques. Dans le cas des États souverains insolvables, le statut entre en jeu : certains créanciers dits « officiels » – une catégorie qui inclut les États (pour leurs prêts bilatéraux) et les organisations multilatérales (le FMI, la Banque mondiale, etc.) – bénéficient d'un degré de protection et de priorité plus élevé, une « séniorité » dans le jargon, au grand dam de créanciers privés.

Malgré cette asymétrie, les propriétaires d'obligations souveraines, en détenant un contrat financier, détiennent un pouvoir sur le débiteur. Ils peuvent intenter une action

21. La matérialité du titre de créance – la façon dont il est agencé, dont certaines références juridiques y sont inscrites (clauses de renonciation à l'immunité souveraine, clauses de droit applicable) – détermine en partie la solidité de la promesse de remboursement.

22. Katharina Pistor, *The Code of Capital, op. cit.*, p. 16.

en justice en cas de défaillance ou déclencher une clause d'accélération (et obtenir le remboursement anticipé). Bref, par rapport à d'autres bénéficiaires d'obligations d'État informelles (sociales, par exemple)[23], ils bénéficient d'un avantage comparatif : les « modules juridiques », les contrats, les documents qui matérialisent les droits de propriété constituent un engagement plus difficile à rompre, sacralisent le remboursement, et peuvent faire l'objet d'un recours judiciaire. Les restructurations de dettes souveraines mettent précisément à l'épreuve le degré de priorité et de sacrifice éventuellement consenti par les différents créanciers.

Les statuts des créanciers impliquent différentes arènes de traitement quand le débiteur souverain n'est pas en capacité, ou refuse de rembourser sa dette, conformément aux termes initiaux du contrat. Les procédures qui réévaluent les promesses contractuelles initiales sont tantôt marchandes – une offre d'échange de l'ancien titre contre un nouveau, doté de propriétés nouvelles sur la maturité (l'échéance) et les coupons d'intérêts payables à échéances régulières –, tantôt institutionnelles – à travers les programmes d'assistance du FMI, ou la négociation entre créanciers officiels et débiteurs souverains au sein du Club de Paris, animée par la direction du Trésor, qui se tient dans les locaux du ministère des Finances français.

Ces espaces de renégociation des dettes (officielles et privées) sont indirectement articulés : un programme du FMI ou les concessions obtenues pendant les séances musclées du Club de Paris donnent aux États la marge d'action nécessaire à un réexamen à la baisse des promesses faites aux acteurs privés. Mieux, le club de créanciers officiels incite, sinon oblige, à

23. Les bénéficiaires d'engagements de dépenses sociales de l'État n'accèdent pas au statut de « créanciers ». Ils ne détiennent qu'une « promesse politique » de paiements futurs, une parole sur laquelle il est possible de revenir à tout moment par une simple réforme (comme celle des retraites), sans que cet événement soit considéré comme un « défaut souverain ». Voir Benjamin Lemoine, *L'Ordre de la dette. Les infortunes de l'État et la prospérité du marché*, La Découverte, Paris, 2016.

s'y tenir. Le FMI et le Club de Paris exigent que les termes consentis *via* leurs accords fixent un seuil d'acceptabilité : selon la doctrine dite de la « comparabilité de traitement », les créanciers privés ne peuvent pas obtenir une meilleure offre. L'État doit solliciter auprès d'eux des concessions au moins aussi importantes.

Mais rien ne va de soi et des luttes s'engagent entre créanciers publics et privés pour partager le fardeau et déterminer la préséance. Un problème de coordination se manifeste : des banques ou détenteurs de titres participent aux accords de renégociation, quand d'autres s'y refusent, entravent les tractations et menacent de faire valoir leurs droits jusqu'au bout. La question de l'architecture, publique ou privée, *ad hoc* ou systémique, contractuelle ou institutionnelle, qui encadre ces intrigues, est aussi posée.

Empêcher l'émergence d'un club des endettés

Un travail institutionnel et politique constant entretient le pouvoir global des États-Unis en endiguant les projets contestataires ou rivaux. La création et le maintien de New York en centre financier mondial auraient été impossibles sans étouffer dans l'œuf toute tentative de rééquilibrer, en faveur des pays les plus pauvres, les systèmes internationaux en matière de droit et de finance. Les demandes de solutions architecturales au surendettement chronique restent lettre morte. Les faillites sont traitées au cas par cas et chaque État dit « en voie de développement » doit négocier l'allègement ou le rééchelonnement de sa dette avec ses créanciers[24]. La domination passe par le maintien de ces conditions qui perpétuent les asymétries : des États atomisés, isolés, qui ne peuvent se soustraire à leurs responsabilités et ne blâmer que

24. Benjamin Lemoine et Quentin Deforge, « The Global South debt revolution that wasn't. UNCTAD from technocractic activism to technical assistance », *in* Pierre Penet et Juan Flores (dir.), *Sovereign Debt Diplomacies. Rethinking Sovereign Debt from Colonial Empires to Hegemony*, Oxford University Press, Oxford, 2021.

leur propre déficit de gestion, à l'origine de leurs « positions moralement méritées[25] ».

Cette façon de construire le problème de la dette et sa solution a été vivement critiquée pendant les années 1970. Le Nouvel ordre économique international (NOEI) avait prolongé sur le terrain de la dette son projet d'égalisation des relations entre pays du Nord, créanciers, et pays du Sud, débiteurs. Économistes, juristes et représentants du tiers monde cherchaient à promouvoir un traitement systémique et architectural des soucis d'insolvabilité des États dits « en voie de développement ».

Les solutions à l'endettement avancées par les pays du Sud global, et tout particulièrement du « groupe des 77 » (G77)[26] à l'ONU, se sont inspirées des travaux de la CNUCED, dont le premier secrétaire général, Raúl Prebisch, occupe ce poste de 1964 à 1969[27]. Les analyses de cet économiste argentin alors bien connu des milieux universitaires et politiques démontraient comment, sur le long terme, le prix des matières primaires diminuait par rapport au prix des produits manufacturés, ce qui entraînait une détérioration des termes de l'échange entre les pays en développement et les pays développés. Les « bénéfices du progrès technique » étant « répartis de manière inégale entre le centre et la périphérie »,

25. Les États doivent assumer seuls les conséquences de leurs échecs comme un ménage ou un consommateur surendetté se retrouve isolé face à son fardeau. Voir Marion Fourcade et Kieran Healy, « Seeing like a market », *Socio-Economic Review*, vol. 15, n° 1, 2017.

26. Initialement composé en 1964 de 77 pays membres aux Nations unies (pour la plupart des pays nouvellement indépendants), le G77 s'est élargi en 2014 à 133 pays en développement, ce qui en fait l'organisation intergouvernementale la plus importante des pays du Sud traitant des questions liées au développement. Le Brésil, l'Inde et l'Afrique du Sud en sont membres. La Chine participe au G77, mais n'en fait pas partie. Voir Raphaël Orange-Leroy, « Les limites de la périphérie. L'action des pays en développement dans les négociations économiques internationales des années 1950 à 1970 et son interprétation structuraliste », *Siècles* [En ligne], 54, 2023.

27. La Conférence des Nations unies sur le commerce et le développement (CNUCED) est un organe subsidiaire de l'Assemblée générale des Nations unies créé en 1964.

certains pays sont enfermés dans le rôle de territoires d'extraction de matières premières nécessaires à la production des marchandises, et donc des richesses, ailleurs[28].

Ces recherches constituent un soutien scientifique indéniable à la cause des pays du Sud global. S'appuyant sur l'approche structurelle de Prebisch, le Nouvel ordre économique international fait de l'incapacité des pays à rembourser leurs dettes, comme de leur vulnérabilité financière en général, un effet du déséquilibre structurel entre le Nord et le Sud dans le commerce international ; asymétrie dont il ne serait possible de s'affranchir qu'en rééquilibrant, par des accords politiques, les termes de l'échange. À défaut, les déséquilibres commerciaux ne cesseront de se traduire pour les pays en développement par des réserves monétaires et des budgets déficitaires, bref par des besoins incessants de financements extérieurs (et potentiellement des crises de surendettement à répétition).

Les concepts de Prebisch – « déficit commercial », « déficit d'épargne », « déséquilibre extérieur persistant et vulnérabilité »[29] – étaient étroitement articulés : le commerce international, les politiques monétaires et les flux internationaux de capitaux appartenaient au même « cadre politique organique »[30]. Prebisch listait les solutions coopératives pour combler le déficit commercial, structurellement produit, des pays du Sud : « accords internationaux sur les produits de base, préférences tarifaires pour les exportations de produits manufacturés du tiers monde, meilleur accès au marché pour les produits primaires, expansion du commerce à l'intérieur

28. John Toye et Richard Toye, *The UN and Global Political Economy. Trade, Finance, and Development*, Indiana University Press, Bloomington et Indianapolis, 2004.

29. Le déficit d'épargne est la différence entre les besoins d'investissement croissants et l'épargne intérieure des pays en développement. La vulnérabilité extérieure fait référence aux changements soudains dans les performances et les signaux économiques tels que les taux d'intérêt, qui peuvent fragiliser les pays en développement.

30. David Pollock, « Raul Prebisch as a theorician », *in Raul Prebisch. Thinker and Builder*, CNUCED, New York, 1989, p. 26.

du tiers monde, nouvelles initiatives commerciales avec les pays du bloc soviétique et nouveaux mécanismes de financement pour compenser les déficits d'exportation imprévus[31] ». Ces perspectives étaient trop radicales pour les pays dits du « groupe B », l'envers du G77, classification onusienne qui rassemble les pays riches et avancés, soit trente et un pays occidentaux.

En 1964, dans un rapport confidentiel adressé au secrétaire général des Nations unies, Prebisch se dit cependant « optimiste quant aux perspectives de la nouvelle organisation ». L'« alliance politique » du tiers monde, *via* le groupe des 77, « pourrait, pensait-il, exercer une réelle pression dans la poursuite des intérêts de ses membres dans les années à venir »[32].

Lors de la préparation de la conférence à Lima de 1971, un mécanisme structurel de restructuration de la dette est discuté pour la première fois, mais rapidement rejeté par les pays développés du groupe B[33]. L'idée n'est cependant pas complètement abandonnée. Avec la crise pétrolière de 1973 et la détérioration de la situation de la dette des pays dits en voie de développement, les appels à des remèdes internationaux refont rapidement surface. Surtout, les Suds avancent qu'il ne faut pas regarder exclusivement du côté du débiteur, mais aussi du côté des prêteurs et créanciers[34]. Sans traiter le problème à la racine – les inégalités structurelles entre pays développés et pays en développement –, les crises reviendront épisodiquement en différents pays du monde. Enfin, l'idée est défendue que la dette étant un problème structurel, des espaces internationaux équilibrés pour discuter des possibilités

31. Edgar Dosman, *The Life and Times of Raúl Prebisch, 1901-1986*, McGill-Queen's Press, Montréal, 2008, p. 396.

32. David Pollock, « Raul Prebisch as a theorician », *loc. cit.*, p. 26.

33. Alexis Rieffel, *Restructuring, Sovereign Debt. The Case for Ad Hoc Machinery*, Brookings Institution Press, Washington, 2003.

34. Il a été suggéré « qu'un examen des différentes formes de flux de capitaux disponibles pour les pays en développement constituerait une composante utile de tout examen du service de la dette des pays » (archives de la CNUCED, Commerce et développement, n° 280-8, « Groupe *ad hoc* d'experts de la dette », 11 avril 1974).

d'allègement comme des moyens de limiter les inégalités sont nécessaires.

En 1973, une résolution adoptée par la CNUCED crée un groupe d'experts sur les problèmes d'endettement des pays en développement, qui se réunit à plusieurs reprises à Genève entre 1974 et 1978. Un agent du département d'État étatsunien assiste à la première salve de consultations. Il rapporte à Washington que les délégués des pays du Sud global demandent « des lignes directrices pour l'allègement de la dette et un nouveau cadre institutionnel pour leur suivi[35] ». Proposition qui, d'après lui, n'a suscité que « peu de dialogue » avec les pays développés[36].

Washington affiche spontanément une forme de mépris et de condescendance. Les représentants des pays riches plaisantent en traduisant l'acronyme UNCTAD [CNUCED en anglais] « *Under No Circumstances Take Any Decisions* », « Ne prendre aucune décision en aucune circonstance ». Le secrétaire d'État adjoint des États-Unis ironise : « Qui se soucie de la CNUCED ? Ce qui se passe à l'ONU n'a pas la moindre importance[37]. » Mais, en coulisses, il s'agit de surveiller étroitement ce qui se dit dans ces arènes. « Dans les années McCarthy, la Commission économique pour l'Amérique latine – ancienne organisation dirigée par Prebisch et qui a servi de modèle pour concevoir la CNUCED – a fait l'objet d'un examen minutieux de la part du FBI et de la CIA, qui jugeaient l'orga-

35. *Ibid.* « Guidelines for debt relief and a new institutional framework for monitoring such guidelines », Base de données de la diplomatie américaine, Wikileaks. câble envoyé par la délégation américaine à Genève au secrétaire d'État américain à Washington DC, 13-05-1974.

36. Câble de la délégation américaine à Genève au secrétaire d'État américain à Washington DC, 13 mai 1974. Tous les câbles mentionnés ici proviennent de la bibliothèque publique de la diplomatie américaine de WikiLeaks, <https://wikileaks.org/plusd/about>. Désormais, nous ne mentionnerons que la date.

37. Propos de Thomas Mann lorsqu'il a reçu un câble demandant si les États-Unis devaient soutenir Prebisch en tant que nouveau secrétaire général de la CNUCED (interview de Ray Sternfeld, département d'État américain, réalisée par Edgar Dosman [*The Life and Times of Raúl Prebisch*, *op. cit.*, p. 396]).

nisation subversive[38]. » En 1949, l'opposition des États-Unis s'élève contre la nomination de Raul Prebisch à la tête du FMI en raison de soupçons politiques : « bien que personne ne puisse prétendre que Prebisch soit procommuniste, c'était un Latino-Américain qui utilisait des termes tels que "noyau" et "périphérie" et n'était donc pas forcément "sûr"[39] ».

Si la diplomatie d'Henry Kissinger consiste à repositionner les États-Unis dans la bataille des idées internationales, les messages (parfois signés du secrétaire d'État lui-même) montrent une opposition véhémente à tout mécanisme de restructuration ou toute explication structurelle des crises de la dette. En 1975, le département d'État écrit à la délégation des États-Unis à Genève : « pour le gouvernement des États-Unis, l'allègement de la dette est la moins souhaitable de toutes les approches aux problèmes de financement[40] ». Les diplomates font part de leur intention de s'opposer, au nom des États-Unis, à une proposition d'allègement de la dette présentée par le groupe des 77, ou de programme de rééchelonnement généralisé. Ce refus de principe s'étendait à toute initiative susceptible de jeter les bases d'un cadre systémique pour restructurer les dettes, y compris une conférence internationale telle que demandée en 1975 par les pays du G77 : « Les États-Unis ne sont pas favorables à une conférence internationale sur la dette. Nous craignons qu'elle ne se concentre presque entièrement sur l'allègement de la dette en tant que méthode de soutien de la balance des paiements[41]. »

Le département d'État promeut une approche au cas par cas. Les causes de la dette et ses solutions seraient traitées dans

38. Eric Helleiner, *Forgotten Foundations of Bretton Woods. International Development and the Making of the Postwar Order*, Cornell University Press, Ithaca, 2014.

39. Edgar Dosman, *The Life and Times of Raúl Prebisch*, *op. cit.*, p. 234.

40. Câble du secrétaire d'État américain à Washington DC à la mission américaine auprès de l'OCDE à Paris, 15 octobre 1975.

41. Câble du secrétaire d'État américain à Washington DC à la délégation américaine à Genève, 31 octobre 1975.

un compartiment spécifique, réduites à des facteurs nationaux, et déconnectées d'autres problèmes, comme le déséquilibre des échanges économiques et commerciaux entre nations. Un câble de 1975, envoyé par le délégué des États-Unis à Genève, déporte de façon lapidaire le blâme, depuis les modes peu régulés d'allocation des capitaux par les créanciers vers la mauvaise gestion domestique des finances publiques : « Selon nous, les mécanismes visant à améliorer l'accès aux marchés de capitaux privés des pays en développement et à faible revenu devraient être considérés comme une question totalement différente des problèmes liés au service de la dette[42]. »

C'est dans ce contexte précis que la notion de crédibilité financière est introduite[43]. La diplomatie étatsunienne joue pleinement cette carte, y voyant un facteur de division. « La peur de certains pays que la conférence échoue » et que leur participation à cette dernière n'entache leur crédibilité auprès des pays créanciers pourrait briser l'unité de façade du G77 : « Certains pays les moins avancés ont des doutes sur cette question, craignant qu'un échec de la conférence n'ait des effets négatifs sur leur crédibilité vis-à-vis des marchés financiers internationaux. Malgré les intérêts divergents des pays les moins avancés sur cette question, leur désir de maintenir publiquement l'unité du "tiers monde" tend à favoriser une position commune[44]. »

Dans un câble de 1975, les diplomates étatsuniens affirment qu'« un allègement généralisé de la dette pourrait entraîner des difficultés pour les pays qui espèrent actuellement construire un crédibilité suffisante pour emprunter sur le marché des capitaux privés[45] ». La valeur accordée au crédit individuel de chaque État – l'estimation, par les

42. *Ibid.*

43. *Creditworthiness* signifie la valeur accordée au crédit des États par la communauté financière internationale, mal rendue par « solvabilité » en français.

44. Câble du secrétaire d'État américain à Washington DC aux missions américaines dans vingt-cinq pays, 28 février 1975.

45. Câble du secrétaire d'État américain à Washington DC aux missions américaines dans vingt-cinq pays, 28 février 1975.

créanciers, de la probabilité qu'un pays honore ou manque à ses obligations – est donc utilisée à l'époque par la diplomatie des pays avancés comme une arme rhétorique et matérielle. De ces politiques de la crédibilité souveraine naît une conception atomisée du rééchelonnement des dettes qui sape les projets de mécanisme solidaire, pensés collectivement.

Aussi, les États-Unis veillent à ce que la dette reste la chasse gardée des institutions de Bretton Woods – le FMI et la Banque mondiale –, sur lesquelles ils exercent une influence considérable et fondent leur hégémonie. Pour cela, il faut « prévenir les tentatives d'élargissement du mandat de la CNUCED » aux sujets monétaires et financiers internationaux[46].

Les tentatives des pays du Sud ont placé le Club de Paris et son institution hôte, le Trésor français, dans une position délicate[47]. Comme l'indique un câble envoyé en urgence et intitulé « Adieu Paris pour le Club de Paris ? », les Français craignent à l'époque que la disparition du Club de Paris ne se traduise par une perte d'influence diplomatique dans les affaires financières internationales[48]. Les diplomates américains s'allient objectivement avec les fonctionnaires français pour tenir la CNUCED à l'écart et consolider l'approche au cas par cas : « Les officiels [français] préfèrent nettement le mécanisme du club des créanciers à d'autres mécanismes internationaux formels comme lieu de rééchelonnement de la dette. [Ils] semblent très ouverts aux idées de renforcement du mécanisme du club. Le moment est venu de travailler

46. Câble de l'ambassade des États-Unis à Paris au secrétaire d'État américain à Washington DC et à d'autres missions américaines à l'étranger, 16 août 1977.

47. Les créanciers du Club de Paris détiennent la majorité des créances officielles bilatérales dans le monde, qui proviennent des crédits commerciaux garantis et accordés pour financer les importations du pays débiteur et des prêts des gouvernements ou de leurs institutions compétentes aux États débiteurs ou entreprises ou agences publiques, comme les aides publiques au développement.

48. Câble de l'ambassade des États-Unis à Paris au secrétaire d'État américain à Washington DC et à d'autres missions américaines, 9 mars 1976.

en étroite collaboration avec les Français pour atteindre cet objectif[49]. »

Seule concession aux pays du G77, un siège a été accordé à la CNUCED en tant qu'« observatrice » aux séances de renégociation des dettes officielles du Club de Paris[50]. Sous l'effet des pressions internationales visant à entraver sa perspective macrostructurelle, à la fin des années 1970, la CNUCED se concentre sur des prestations d'assistance technique aux pays en développement, tant dans leurs négociations avec les créanciers que dans leur gestion de la dette. Les financements que l'organisation reçoit sont principalement dirigés vers le développement d'un logiciel et d'une méthode visant à produire des pays « bien endettés », en les dotant de techniques statistiques et comptables d'enregistrement des opérations financières[51]. Sans alternative collective et institutionnelle, les États se retrouvent seuls face à leurs créanciers : au moment de l'émission, pour convaincre les prêteurs de leur faire confiance, et quand il faut gérer les situations d'insolvabilité qui s'annoncent.

New York bâtit sa confiance

Empêcher l'éclosion d'alternatives internationales au règlement des litiges entre débiteurs souverains et prêteurs est d'autant plus important que le droit étatsunien a construit des protections transnationales pour ses exportateurs de capitaux. Au milieu des années 1970, le profit des dix plus grandes banques étatsuniennes est surtout le fruit d'inves-

49. Câble de l'ambassade des États-Unis à Paris au secrétaire d'État américain à Washington DC, 23-12-1977.

50. Résolution 165 S-IX adoptée en mars 1975. Jusque-là, seuls le FMI et la Banque mondiale avaient régulièrement accès à ces réunions. Voir Enrique Cosio-Pascal, « Paris Club intergovernmental relations in debt restructuring », *in* Barry Herman, José Antonio Ocampo et Shari Spiegel (dir.), *Overcoming Developing Country Debt Crises*, Oxford University Press, Oxford, 2009, p. 266.

51. Les investissements se concentrent sur la mise en place du Debt Management and Financial Analysis System (DMFAS).

tissements à l'étranger[52]. Mais, avides de profits faciles, les banques ont beaucoup prêté, excessivement et sans scrupules face aux risques.

Un interlocuteur m'a raconté en entretien une anecdote que ses collègues seniors de la Chase Manhattan Bank ressassaient dans les années 1980 : après la montée des prix du pétrole provoquée par le blocus de l'OPEP, le surcroît d'épargne des États producteurs avait pu être placé. On avait alors « recyclé », en transférant cette masse d'argent dans les pays émergents demandeurs qui avaient besoin de financements extérieurs, à un taux d'intérêt attractif pour les banques, lié au différentiel de prime de risque par rapport à un État dit « développé ». Surtout, cette épargne a été placée en dollars – les fameux pétrodollars – et a transité par les banques américaines. Bref, la rencontre entre cette demande d'argent, l'offre de prêt et des dispositifs de droit ajustés semblait idyllique.

Du moins *a priori :* « Tout à coup, les pays arabes ont eu tellement d'argent qu'ils ne savaient plus non plus quoi en faire. Ils l'ont mis à la banque. Et les banques [américaines] ont eu tellement d'argent qu'elles ne savaient pas quoi en faire. Que faites-vous si vous avez soudain des milliards de dollars à prêter ? Il faut les prêter à quelqu'un. Il se trouve que les marchés émergents étaient heureux d'emprunter. Et grâce à la loi sur les immunités souveraines étrangères (le *Foreign Sovereign Immunities Act*, FSIA), il existait un cadre juridique pour cela. Ainsi, des milliards de dollars ont été prêtés dans les années 1970, parce que les banques voulaient s'en débarrasser, que les Arabes n'avaient pas d'endroit où les placer et que les marchés émergents, le Mexique, la Pologne, l'Argentine, le Venezuela, etc., tous ces pays voulaient emprunter. Cela a donc très bien fonctionné. Jusqu'à un certain point. »

Cette rencontre d'intérêts heureuse ou, au choix, déraisonnable prend fin avec le « choc Volcker ». En effet, dans une perspective monétariste, le président de la Réserve fédérale,

52. Leonard Seabrooke, *US Power in International Finance. The Victory of Dividends*, Palgrave, Londres, 2001.

ancien sous-secrétaire du Trésor de Richard Nixon bénéficiant d'une solide réputation de rigueur, a décidé de resserrer les taux d'intérêt afin de juguler l'inflation[53]. Cette thérapie de choc met un terme à la rencontre entre l'offre massive de prêts des banques étatsuniennes tournées vers l'international – générée par des contraintes de rendement intensifiées face à la concurrence de nouveaux intermédiaires non bancaires[54] – et les besoins de financements extérieurs des pays en voie de développement. La plupart des prêts étant consentis à taux variable – arrimés aux valeurs des marchés des pays créanciers, principalement des États-Unis –, l'augmentation des taux se propage rapidement dans le monde.

En Amérique latine, la charge d'intérêts du service de la dette extérieure augmente rapidement jusqu'à devenir insoutenable : ces paiements aux créanciers absorbent parfois plus d'un tiers des recettes d'exportations de biens et de services. Plusieurs États sont contraints de restructurer leurs dettes. Les investissements des banques étatsuniennes sont menacés. On bascule vite de l'euphorie des pétrodollars à la crainte que les banques étatsuniennes ne soient exposées : accepter des pertes, dans le cadre de défauts « dominos » pourrait provoquer des faillites nationales en chaîne, déstabilisant l'intégralité du système financier[55].

Rétrospectivement, Paul Volcker considère que l'augmentation des taux d'intérêt n'a fait que précipiter un dénouement inéluctable : les prêts des banques du secteur privé s'accumulaient, sans régulation ni précaution. La course au profit en Amérique latine avait peu de limites, et la Fed

53. Les taux directeurs de la FED sont passés d'environ 10 % au départ à 14,8 % en moyenne de janvier 1980 à juin 1982 (avec un pic à plus de 19 % à la mi-1981). La Fed maintient une politique restrictive pendant près de trois ans, ce qui entraîne des taux réels élevés pour tous les débiteurs en dollars, qu'ils soient américains ou étrangers. (Michael Dooley *et al.*, « An analysis of external debt positions of eight developing countries through 1990 », *Journal of Development Economics*, vol. 21, Issue n°2, 1983).

54. Leonard Seabrooke, *US Power in International Finance*, *op. cit.*

55. Un « *run* » des banques qui, doutant de leur exposition aux autres, exigent un remboursement immédiat.

de New York, débordée, ne supervisait pas l'exposition des banques à l'étranger. Il raconte que, sous sa présidence, « [on] avait l'habitude de rencontrer les grandes banques de la ville de New York, une fois par an, au cours d'un déjeuner. Je me suis dit que nous allions rencontrer la Citibank. J'ai voulu préparer la réunion et ai demandé leurs rapports d'examen [les bilans et l'exposition à l'étranger]. Mes collaborateurs m'ont répondu : "Des rapports d'examens ? Nous ne parlons pas de ces choses lors des déjeuners." On me les a apportés et je n'arrivai pas à saisir. Ça ne collait pas. Je connaissais à peu près la taille de la Citibank. Les chiffres ne correspondaient pas à ce que je savais. J'ai découvert que le rapport ne portait que sur les opérations nationales et que c'est tout ce que la Fed de New York avait examiné. À ce moment-là, la Citibank était au moins pour 30 % ou 40 % internationalisée. Et nous, on ne s'intéressait qu'aux opérations nationales ? »[56].

La crise de la dette du début des années 1980 donne naissance à de nombreux litiges : certains vont jusqu'au procès et mettent à l'épreuve le cadre de l'immunité souveraine comme la fermeté du droit new-yorkais. Bien que censé ne plus intervenir pour influencer les décisions de justice depuis le FSIA, le gouvernement utilise de façon parcimonieuse quelques cartouches pour influencer les jugements et veiller à la « bonne » casuistique du droit de la place financière new-yorkaise.

En 1981, le Costa Rica restructure sa dette dans le cadre d'un accord avec le FMI, avec le soutien des États-Unis. En raison de l'urgence économique nationale et en accord avec son gouvernement, sa banque centrale bloque le marché des changes : concrètement, cette décision rend impossibles les paiements dus par certaines banques du pays (entièrement détenues par le gouvernement) à des banques des États-Unis.

---

56. *Federal Reserve Board Oral History Project. Interview with Paul A. Volcker*, entretiens avec David Skidmore *et al.*, Federal Reserve Board, Washington/New York, 2008, p. 161-162. Cité dans Jérôme Sgard, *The Debt Crisis of the 1980s : Law and Political Economy*, Northampton, Edward Elgar, 2023. p. 58.

Allied, à la tête d'un consortium de trente-neuf banques créancières, se porte devant les tribunaux de New York pour contester un défaut de paiement sans le consentement du syndicat bancaire. À l'époque, les crédits prenaient la forme de prêts dits « syndiqués », concédés en groupe[57]. En 1983, le juge du New York Southern District, Thomas Griesa, écarte la défense en immunité souveraine. Le paiement des contrats de dette est considéré comme un acte commercial produit en dehors des États-Unis, mais y ayant un « effet direct ». Le juge reconnaît un acte d'État, non pas dans l'absence de paiement du service de la dette, mais dans la décision de la Banque centrale de restreindre les changes. À ses yeux, cette décision relève « clairement de l'exercice d'une fonction gouvernementale », prise en « réponse à une crise économique nationale » et « destinée à servir un but public, plutôt que commercial »[58]. Le juge souhaite ainsi perturber le moins possible les relations internationales entre les États-Unis et le Costa Rica. D'autant qu'entre-temps, trente-huit banques ont consenti à un accord de rééchelonnement à l'amiable avec le Costa Rica.

Une seule refuse et maintient sa réclamation : Fidelity Union Trust Company of New Jersey. Au nom de cette unique banque, un recours en appel est introduit par le syndicat Allied. Le premier avis du tribunal d'appel, non définitif[59], confirme la décision du juge de district, Griesa. Le tribunal prend en compte la dimension coopérative de la restructuration, qui se déroule sous les meilleurs auspices : les premiers versements sont effectués et une seule banque se tient en dehors des négociations ; au vu des efforts consentis

57. Les banques prêteuses sont regroupées dans un consortium et hiérarchisées en « cheffe de file », banques « secondes », etc.

58. U.S. District Court for the Southern District of New York, Allied Bank International *v.* Banco Credito Agricola, 566 F. Supp. 1440, 8 juillet 1983, p. 1443.

59. Les « *slip opinions* » déposés initialement par les tribunaux ont un caractère provisoire. U.S. Court of Appeals – Second Circuit, Allied Bank International *v.* Banco Credito Agricola de Cartago, slip opinion, 23 avril 1984.

par le Costa Rica « en bonne foi » et en bonne entente avec le gouvernement des États-Unis, la notion même de défaut ne saurait être retenue. Donner raison à la banque plaignante nuirait au processus en cours.

Cette décision, qui peut paraître raisonnable, provoque « une onde de choc dans la communauté bancaire des États-Unis[60] ». Une vaste campagne de lobbying en faveur d'un réexamen de cette position est conduite conjointement par la banque créancière, la presse économique et des organisations de la place financière, telles que le Conseil national du commerce extérieur, la Chambre de compensation de New York, et le Rule of Law Committee, sous la houlette du cabinet Steptoe & Johnson et de figures bien connues du département d'État, désormais revenues officier dans le barreau privé : Monroe Leigh et Cecil J. Olmstead[61]. Cette décision encouragerait les répudiations unilatérales de dettes souveraines tout en méconnaissant la protection juridique effective des créanciers sous l'empire du droit new-yorkais. Le *Financial Times* titre sur l'insécurité du droit étatsunien – « La loi new-yorkaise n'est pas sécurisée pour les contrats de prêt » – et s'égosille : « C'est monstrueux, c'est un scandale, c'est du jamais-vu ! Désormais, plus personne de sensé ne mentionnera la loi de New York et New York comme lieu de litige dans un contrat de prêt[62]. »

L'administration Reagan dépose un mémoire en *amicus curiae* (signé par la Fed, le Trésor, les départements d'État et de la Justice) contestant l'application par le juge de

60. Robert S. Rendell, « The *Allied Bank* case and its aftermath », *The International Lawyer*, vol. 20, n° 3, 1986, p. 823.

61. Les compagnies qui composent le Rule of Law Committee sont alors Atlantic Richfield Co, Bank of America, Bechtel Group, Inc, Bethlehem Steel Corp, Caterpillar Tractor Co, Chase Manhattan Bank, Chevron Corp, Exxon Corp, General Electric Co, Gulf Oil Corp et Texaco, Inc.

62. « New York Law unsafe for loan agreement », *Financial Times*, 24 mai 1984, Londres. Cité dans Caroline Lequesne-Roth, « L'évolution du régime contractuel de défaut des États débiteurs européens », thèse de doctorat en droit, Université libre de Bruxelles, université de Toulon, présentée et soutenue le 2 décembre 2015.

la doctrine de l'acte d'État. L'argument avancé, dit de « politique publique », vise à cloisonner plusieurs types de dettes : d'une part, les dettes officielles du secteur public du Costa Rica, vis-à-vis desquelles le gouvernement des États-Unis est en effet bien engagé à renégocier ; d'autre part, les dettes du secteur privé, domaine dans lequel le gouvernement ne veut surtout pas s'ingérer et que les créanciers ne devraient pas avoir à restructurer contre leur gré. Le recours judiciaire est un droit dont ils ne devraient en aucun cas être privés.

Les plaignants ont souhaité que la cour d'appel revienne sur l'approche du tribunal inférieur qui avait mis en balance le contexte – l'état d'urgence, le cas de force majeure et le besoin du Costa Rica de bloquer les transactions de change par la Banque centrale – avec les engagements contractuels du pays, ces « obligations inconditionnelles de remboursement », comme les dénomme le Rule of Law Committee dans son brief[63]. Les grandes banques évoquent la mise en péril « du cadre juridique de base régissant des dizaines de milliards de dollars de crédits accordés en dollars américains et payables dans la ville de New York[64] ».

Ces mobilisations interdisent la prise en compte du contexte dans la jurisprudence pour ne faire entendre que la règle de droit, celle du contrat, et sa force autonome.

---

63. « L'impossibilité d'exécution résultant de mesures de contrôle des changes n'exonère pas le débiteur de son obligation de paiement ». Le document est rédigé en association avec le National Foreign Trade Council, une société new-yorkaise à but non lucratif qui s'occupe de commerce international (et dont les 570 entreprises membres représentent plus de 70 % des exportations américaines et plus de 70 % de l'investissement privé étranger direct des États-Unis). Brief of the Rule of Law Committee and the National Trade Council as *amicus curiae*, p. 14, n° 8, Allied II 757 F.2d 516 (2nd Circ. 1985) (n° 83-7714).

64. Les membres de ce lobby financier sont : The Bank of New York, The Chase Manhattan Bank, N.A., Citibank, N.A., Chemical Bank, Morgan Guaranty Trust Co. of New York, Manufacturers Hanover Trust Co., Irving Trust Co., Bankers Trust Co., Marine Midland Bank, N.A., United States Trust Co. of New York, National Westminster Bank USA, and European American Bank and Trust Co. Brief for N.Y.C.H.A. as *amicus curiae*, Allied Bank, 757 F.2d 516 (2d Cir. 1985).

Emboîtant le pas de la campagne d'opinion menée autour de la banque Fidelity, la cour d'appel renverse le jugement du tribunal de district. Loin d'être blâmée pour défaut de coopération, la banque récalcitrante voit sa stratégie de poursuite en justice légitimée : l'affaire suscite un sursaut collectif. La finance new-yorkaise, avec le soutien de Washington, défend la sacralité des contrats et le besoin d'une loi ferme[65]. Le seul cadre acceptable, en cas d'insolvabilité de certains États, consiste à séparer nettement les modes de traitement de la dette « officielle », détenue par des créanciers publics – qui fera l'objet de solutions *ad hoc*, au cas par cas – et la dette détenue par des créanciers privés (des banques étatsuniennes), qui ne doit souffrir d'aucune entrave politique et laisser les prêteurs défendre leurs droits. Les arguments relatifs à la souveraineté étrangère, à la bonne entente entre nations, ou même au déroulé de la négociation entre créanciers officiels sont rejetés, tout comme une approche « holistique » de la dette qui coordonnerait tous les créanciers, qu'ils soient privés ou officiels[66].

Défendre les contrats financiers, leur cité d'accueil, la place financière new-yorkaise et sa juridiction exemplaire, devient une politique publique majeure du gouvernement fédéral, comme l'énonce le juge en appel : « Les États-Unis ont intérêt à maintenir le statut de New York comme l'un des principaux centres commerciaux du monde [et] la chambre de compensation internationale pour les dollars américains. » Pour cela, il faut que « les créanciers puissent supposer que, sauf circonstances extraordinaires, leurs droits seront déterminés conformément aux principes reconnus du droit des contrats »[67]. Une autre affaire, cette fois-ci en Argentine, barrera défini-

65. James T. Gathii, « The sanctity of sovereign loan contracts and its origins in enforcement litigation », *The George Washington International Law Review*, vol. 38, n° 25, 2006.

66. Caroline Lequesne-Roth, « L'évolution du régime contractuel de défaut des États débiteurs européens », *op. cit.*

67. U.S. Court of Appeals. Second Circuit, Allied Bank International *v.* Banco Credito Agricola, 757 F.2d 516, 18 mars 1985, p. 521.

tivement la route aux défenses souveraines mettant l'accent sur le contexte économique et social pour justifier de leurs renoncements contractuels.

La fin du contexte comme justification souveraine

Au début des années 1980, les marchés de capitaux internationaux n'acceptent pas le peso dans les transactions internationales des entreprises privées et publiques argentines. Pour payer ses dettes extérieures, l'Argentine pompe dans ses réserves en devises – en dollars et dans d'autres monnaies. Pour remédier à l'épuisement de ces stocks et se protéger des risques de spéculation, le gouvernement argentin met en place un programme d'assurance généralisée contre le risque de change[68]. L'État argentin « dérisque[69] » les emprunteurs domestiques (par exemple, les entreprises) et leur fournit lui-même des dollars US à un taux de change fixe, afin que ceux-ci règlent leurs dettes libellées en dollars, en échange d'un montant prédéterminé de pesos.

Cependant, dès 1982, l'Argentine manque de fonds pour couvrir les contrats du programme. En urgence, le gouvernement crée un instrument spécifique pour reporter le remboursement ces dettes : il émet des Bonods – Registered Bonds Denominated in United States Dollars – soit des emprunts obligataires libellés en dollars US payables dans certains lieux spécifiés dans les contrats, à la guise du créancier. Le détenteur du titre peut dès lors recourir aux services d'une banque domiciliée dans les places financières de New York, Francfort, Londres ou Zurich.

68. Le risque de change correspond à l'éventualité pour une entreprise d'être impactée par une variation du taux de change entre sa devise locale et la devise utilisée au cours d'une opération avec un pays étranger. Les cours de change sont déterminés de gré à gré, souvent en fonction d'éléments complexes à anticiper comme les différentiels de taux d'intérêt, les échanges commerciaux, ou même la stabilité politique d'un pays, ce qui les rend très volatils.

69. Daniela Gabor, « The (European) derisking state », *SocArXiv*, Center for Open Science, 2023.

Quand, en mai 1986, les Bonods doivent être remboursés, l'Argentine ne dispose toujours pas de suffisamment de fonds en dollars. Par décret présidentiel, le délai de remboursement des Bonods est unilatéralement prolongé, sans le consentement des propriétaires, auxquels on propose des instruments de substitution afin de rééchelonner ces engagements[70]. Mais deux sociétés panaméennes, Weltover et Springdale Enterprises, ainsi qu'une société bancaire suisse, Bank Cantrade, A.G. refusent cet échange et intentent une action en justice devant le tribunal du district sud de New York. Elles veulent contraindre l'Argentine à honorer ses obligations et réclament le remboursement intégral, selon les termes initiaux du contrat. La Banque centrale d'Argentine est, selon eux, en défaut de paiement.

En 1992, l'affaire monte à la Cour suprême. L'avocat de l'Argentine, Richard Davis, est un ancien fonctionnaire du département du Trésor des États-Unis[71]. C'est lui qui conduit les négociations (au succès discutable) avec les banques au moment de la restructuration de dizaines de milliards de dollars de Bonods. La Cour se demande si les opérations de soutien au marché des changes domestiques de la banque centrale sont de nature commerciale ou régalienne ? L'Argentine affirme que les transactions relatives à ces instruments de crédit remplissent des fonctions spécifiquement souveraines de gestion de la politique monétaire (« la fonction première de la banque centrale ») : « l'émission de monnaie, la régulation des marchés des changes, la détermination de la manière dont les devises doivent être allouées, l'établissement des taux et des politiques de change, et la fourniture à la République de conseils dans ces domaines ».

---

70. Avi Lew, « Republic of Argentina *v.* Weltover, Inc. Interpreting the *Foreign Sovereign Immunity Act's* commercial activity exception to jurisdictional immunity », *Fordham International Law Journal*, n° 17, 1993, p. 726.

71. De 1977 à 1981, il a notamment supervisé l'Office of Foreign Assets Control et géré la représentation du département du Trésor dans les domaines de l'application des lois.

Sarcastique, le juge Antonin Scalia demande en quoi un Bonod se différencie d'un Bond, titre obligataire classique, si ce n'est par l'acronyme qui évoque l'invention d'un « nouveau mot », sorti d'un chapeau[72]. Les audiences à la Cour suprême remettent sur l'établi judiciaire les critères décisifs de la loi sur l'immunité souveraine : doit-on fonder l'identification d'un acte – souverain ou commercial –, sur la nature de la transaction ou sur sa finalité ? L'avocat de l'Argentine veut démontrer que la Banque centrale n'a pas agi comme un acteur du marché parmi d'autres mais a exercé une fonction désintéressée de régulation et structuré un marché d'échange de devises « pour les autres » acteurs, en l'occurrence, pour les entreprises privées argentines. Une activité qu'aucun acteur privé n'est en mesure de faire, et qui relève donc d'une « nature souveraine ».

Pourtant, « si l'on gratte derrière la surface du Bonod », estiment plusieurs juges de la Cour suprême, la démarche commerciale du programme – le soutien des pouvoirs publics aux entreprises nationales – transparaît : « L'objectif ultime était de financer les échanges commerciaux avec l'étranger dans le cadre des relations commerciales entre l'Argentine et d'autres parties du monde. » Le support, indirect, apporté par la puissance publique à des acteurs privés peut-il être requalifié en acte marchand ? « Faire en sorte que le peso vaille quelque chose », « garantir » sa valeur, ce à quoi Scalia résume l'action de la Banque centrale, rend possibles des activités marchandes et commerciales, même si d'autres entités que l'État souverain en profitent.

Le juge Scalia coupe court à ces arguties et rapatrie l'évaluation du cas sur le terrain plus familier des critères décisifs du FSIA. Il conviendrait d'analyser la nature de l'instrument utilisé plutôt que la finalité, affichée par le gouvernement argentin, de l'opération. Le juge de la Cour suprême rappelle

72. Les propos entre guillemets sont extraits des transcriptions des audiences devant la Cour suprême. *Republic of Argentina v. Weltover, Inc*, Oyez, <www.oyez.org/cases/1991/91-763>.

la lettre du code sur l'immunité : « Vous décrivez la raison pour laquelle la Banque centrale l'a fait. Mais la loi [FSIA] dit explicitement que le caractère de l'activité, commerciale ou non, ne sera pas déterminé en référence à son objectif. Il me semble que vous avez ici un instrument commercial et nous ne nous soucions pas de l'objectif pour lequel il a été émis. »

La focale est mise sur la qualité de l'opération, sur son *modus operandi*, et la décision de justice évacue les interrogations sur le contexte institutionnel, la conjoncture, l'architecture des politiques économiques et leurs buts. Mais, à en croire l'avocat de l'Argentine, ce serait une erreur d'appliquer mécaniquement ce critère – qui ne retient que la nature de la transaction – et de juger les affaires « de façon abstraite », « formaliste », en restant aveugle aux circonstances politiques. Il existerait des « zones grises », que la loi ne peut trancher de manière drastique. Selon Richard Davis, « examiner la nature d'une activité spécifique est une enquête dont le début et la fin ne se limitent pas » à décrire que la Cour est en présence « d'une dette et que toute dette est par nature commerciale ».

D'un côté, l'avocat du souverain plaide pour l'enquête, la mise en relation de plusieurs facteurs et, de l'autre, le juge dit « appliquer » une règle et un cadre rigide[73]. La prise en charge judiciaire des transactions impliquant un État et les outils aiguisés pour bloquer la défense en souveraineté visent à s'extraire du social et du politique pour ne juger, sur

73. Pascale Cornut St-Pierre a étudié, dans le cas de la jurisprudence sur des produits financiers « dérivés », dans les années 1980 et 1990, le lien entre mise en finance du droit et abstraction des jugements vis-à-vis du contexte social et du degré de sophistication et de connaissance variables des parties, inégales, en présence au cours d'une transaction. La décontextualisation invisibilise les asymétries et en atténue la violence. Elle souligne le contraste entre cette propension et la configuration socioéconomique et juridique du New Deal, où un « faisceau de droits » articulait le droit de propriété à des responsabilités et un sens des devoirs sociaux. Voir Pascale Cornut St-Pierre, *La Fabrique juridique des swaps. Quand le droit organise la financiarisation du monde*, Presses de Sciences Po, Paris, 2019.

la base de critères autonomes, que des entités commerciales reliées entre elles par la poursuite du profit – les prétentions au désintéressement de la puissance publique, sur la base de justifications en finalité, sont d'emblée évacuées.

Ce n'est pas tant que les « maîtres du code » – avocats et juges – ne se soucient guère, en soi, du contexte. Tout se passe comme si la consolidation du corps de règles sur l'immunité permettait définitivement d'égaliser les conditions du commerce entre acteurs privés des États-Unis et acteurs publics étrangers, afin de construire des codes dont la force tient à leur émancipation du cadre institutionnel. De même, si le gouvernement fédéral des États-Unis continue d'intervenir dans les tribunaux pour donner son avis, en veillant à ne pas brûler ses cartouches, l'argument d'autorité politique – le simple fait de brandir l'étendard souverain – n'a aucune garantie d'être entendu et reconnu.

La décision du juge Scalia, prise à l'unanimité, reconnaît que le FSIA présente une certaine ambiguïté quant à la définition de l'exception commerciale. Mais la jurisprudence – dont l'affaire Dunhill – ne laisse plus de place au doute. L'objectif affiché d'une transaction, son « pourquoi », son « but lucratif » ou non importe peu au regard de la consistance et de la nature de la transaction – le « comment », résume Scalia. En ayant recours à un instrument marchand pour ses supports d'endettement, l'Argentine, aux yeux de la cour, n'a pas agi « en régulateur d'un marché », mais bien « à la manière d'un acteur privé au sein de celui-ci ». Dès lors, les actions de l'État sont dans ce cas précis bien « commerciales au sens du FSIA ». Les spécialistes du droit sont invités à se méfier des justifications souveraines revenant par la fenêtre pour échapper à la justiciabilité. Pour Scalia, « le contexte n'est en fait qu'un nom de code pour désigner la finalité ». Si les juges continuent d'examiner celles-ci, « la restriction de l'immunité souveraine s'en trouve totalement oblitérée, car chaque souverain trouvera en fin de compte un objectif public pour justifier ses actes, quels qu'ils soient ».

L'utilisation par les banques centrales des instruments des marchés financiers ouvre la brèche de leur justiciabilité : ces institutions souveraines en majesté pourraient devoir rendre des comptes aux plaignants privés et détenteurs de capitaux. L'acte d'État revendiqué, auto-institué, y compris traces matérielles à l'appui (contrairement au cas de Dunhill) ne fait plus loi à l'étranger : il peut faire l'objet de contestations privées, qui ont des chances d'être validées par de hautes juridictions. Les États qui s'endettent avec des outils de marché doivent donc assumer leurs engagements contractuels à la façon d'un acteur privé qui a renoncé à ses pouvoirs idiosyncrasiques.

L'affaire Weltover a contribué, non seulement à consolider la force du droit financier contre la souveraineté, mais aussi à étendre la portée territoriale de la juridiction de New York, le périmètre d'éligibilité des affaires, au-delà de sa stricte zone géographique. La jurisprudence retient un standard relâché et flexible pour décider de ce qui relève de l'espace des affaires étatsunien.

Pour être capables de juger sur des dossiers, les tribunaux se donnaient comme critère de n'examiner que des cas ayant des « effets substantiels et prévisibles » sur la juridiction new-yorkaise. Dès lors, Weltover ouvre un précédent extraterritorial. Il s'agit de traiter de dettes émises sur le territoire argentin par un plaignant non ressortissant des États-Unis (des sociétés domiciliées au Panama et en Suisse), sans autre lien que « d'avoir reçu, sur des comptes new-yorkais, le paiement des coupons d'intérêt des Bonods » dit la cour. Un « effet direct » pour le moins indirect. Le mémoire déposé par les États-Unis en tant qu'*amicus curiae* insiste sur l'importance « cardinale de la localisation » des obligations légales de rembourser une dette et rappelle la fréquence de la « désignation expresse de New York » comme forum commercial privilégié, précisément parce que la juridiction offre un abri[74].

74. Brief of the government of the United States, cité dans Georges R. Delaume, « United States : Supreme Court opinion in Republic of Argentina

New York est perçu, et doit continuer à l'être, comme la capitale des contrats du monde des affaires.

La décision Weltover fait baisser d'un cran l'exigence de connexion concrète à New York. Elle vient aussi conjurer la crainte d'un risque systémique pour les banques des États-Unis : un jugement favorable aux souverains étrangers est de nature à entraîner la dégradation des bilans des banques commerciales, toutes engagées dans des prêts à haut rendement, car à haut risque. Le jugement Weltover prend le relais d'un changement de la loi de l'État de New York, introduit en 1984. Afin de renforcer la prééminence mondiale de Wall Street, et pour se rapprocher du standard londonien, la loi pour les transactions financières avait été réaménagée : il devenait possible de stipuler la loi new-yorkaise comme applicable au contrat, sans condition de lien physique entre la transaction elle-même et la juridiction de New York[75].

Comme le résume Shaina Potts, « étant donné que de nombreux financiers internationaux opèrent à partir de la ville de New York, le territoire juridico-économique des États-Unis a été étendu à la plupart des transactions relatives à la dette souveraine du tiers monde[76] ». Le souci politique pour les intérêts de la place financière new-yorkaise, en tant qu'entrepôt et carrefour global de référence, est internalisé par les tribunaux à différents niveaux : du district à la Cour suprême, en passant par les cours d'appel.

La jurisprudence du FSIA est néanmoins à deux vitesses. L'exception commerciale à l'immunité souveraine et la clause d'« effet direct » sur la juridiction new-yorkaise ont été largement reconnues par les tribunaux dans des affaires impliquant des grandes entreprises, des banques ou de grands groupes privés des États-Unis vis-à-vis de contrats

---

v. Weltover INC (US Foreign Sovereign Immunities Act ; Commercial Activity of Bond Issuance) », *International Legal Materials*, vol. 31, n° 5, 1992, p. 1220-1229.

75. Section 5-1401 de la General Obligations Law (GOL) de New York.

76. Shaina Potts, *Displaced Sovereignty*, *op. cit.*, p. 139.

commerciaux[77]. Les parties les plus sophistiquées, ayant accès à des cabinets d'avocats de renom, ont pu tirer le meilleur avantage de cette législation. Mais dès lors que les plaignants étaient des particuliers, victimes de délits dans le cadre de leur travail, ils ont été déboutés et l'immunité souveraine a été accordée. Le cadre laisse des marges d'appréciation et les critères de justice s'avèrent rigides avec les faibles et flexibles avec les puissants[78] : ainsi les tribunaux se sont-ils montrés très réticents à protéger les droits de travailleurs individuels face à des compagnies ou à des États étrangers.

L'affaire la plus célèbre à ce titre fait suite à la plainte d'un citoyen des États-Unis, Scott Nelson. Employé dans un hôpital saoudien et, blessé sur son lieu de travail, il voulait alerter sur les conditions d'exercice de son métier. Avant de pouvoir porter plainte devant les tribunaux des États-Unis, il a cependant été détenu, torturé puis relâché par le régime saoudien. Si le tribunal a reconnu son recrutement contractuel comme un acte commercial (sa plainte contre le souverain étranger peut être entendue dans les tribunaux des États-Unis), sa détention et sa torture ont été requalifiées en actes d'État, strictement régaliens. La Cour suprême, en 1993, accorde l'immunité souveraine à l'Arabie Saoudite, ce qui est interprété comme un revirement important de sa jurisprudence[79].

De fait, les tribunaux intériorisent la légitimité de certaines orientations économiques : juger de tels cas et assumer de faire jurisprudence reviendrait à s'immiscer dans la réglementation du travail des États et économies étrangers, en défense de citoyens américains. Une ingérence

---

77. Maryam Jamshidi, « The political economy of Foreign Sovereign Immunity », *loc. cit.*

78. Katharina Pistor, « A legal theory of finance », *Journal of Comparative Economics*, vol. 41, n° 2, 2013.

79. Danny Hoek, « Foreign Sovereign Immunity and Saudi Arabia *v.* Nelson : a practical guide », *Hastings International & Comparative Law Review*, vol. 15, n° 3, 1995.

qui pourrait dissuader d'entrer en commerce avec les États-Unis. La justice et l'ambition de la *Rule of Law* s'arrêtent aux portes de la régulation de l'économie et des droits sociaux.

Chapitre 5

Le far west des dettes du Sud

Au milieu des années 1980, les réponses apportées aux crises de la dette en Amérique latine permettent de minimiser les risques de poursuites judiciaires. Elles mettent aux prises le FMI, les banques, principalement étatsuniennes, et les États débiteurs. Le secrétaire du Trésor étatsunien, Nicholas Brady, orchestre un plan transformant des prêts bancaires défaillants en titres obligataires cessibles, gagés sur les bons du Trésor de l'Oncle Sam. Ces titres, plus attractifs, liquides, considérés comme sécurisés par la garantie sous-jacente offerte par les États-Unis, s'échangent de main en main et donnent naissance, pour les États dits « émergents », à un marché secondaire. À tout moment, un titre d'emprunt obligataire au bord du défaut peut être revendu à bas prix et racheté par des fonds procéduriers, dits « vautours », prêts à tout pour faire payer les États récalcitrants.

Les traders qui investissent à profit dans les États émergents et échappent aux radars de la régulation gagnent le surnom de « cowboys » sur un marché digne du far west[1]. Paradoxalement, les solutions institutionnelles trouvées à la crise de la dette latino-américaine – un marché obligataire profond, liquide, permettant de nombreux échanges de titres – fragilisent à

1. « Cowboys catch the 7.33 », *Economist*, 27 mars 1993 ; Richard Voorhees, « Taming the Wild West », *Latinfinance*, vol. 9, n° 33, 1991, cité dans Ross P. Buckley, « The regulation of the emerging markets », *Loan market, law and policy in international business 47-110, University of New South Wales Law Research Series*, Research Paper n° 17-40.

moyen terme les États en les exposant aux poursuites d'investisseurs chevronnés et sans scrupule.

Banques et États, la fin du destin commun

Dans les années 1980, lorsque le défaut souverain s'annonçait, les banques avaient intérêt à se coordonner pour trouver un arrangement et éviter de tout perdre. La matérialité des crédits octroyés incitait à l'action collective. Les prêts avaient une maturité longue et les banques créancières, afin de récupérer leur mise tout en bénéficiant de taux d'intérêt rémunérateurs, tiraient profit de la prospérité économique des pays auxquels elles accordaient leurs avances. Enfin, les banques étaient réticentes à mener une action judiciaire ou à agir en recouvrement, car cela impliquait de conserver des crédits défaillants (« non performants ») dans leurs portefeuilles et bilans, le temps du litige[2]. En cas de crise, les réunions de banques créancières avaient lieu sous les auspices du « club de Londres », le terme club désignant en fait autant de comités informels et *ad hoc*, dénués de statut juridique[3].

Les renégociations des termes des contrats étaient balisées par le rôle informel d'intermédiaire joué par le FMI. La restructuration était conditionnée à la signature d'un programme d'ajustement structurel avec le Fonds que l'État débiteur s'engageait à respecter. Dix ans après avoir perdu, après la décision de Nixon, son rôle d'agence internationale d'administration des taux de change dans le cadre des accords de coopération monétaire internationale de Bretton Woods, le FMI retrouve, avec les défauts souverains, un

2. Anselme Imbert, « Les fonds vautours, classe particulière d'investisseurs ? », *Techniques financières et développement*, vol. 2, n° 119, 2015.

3. Le « club de Londres » fait référence aux comités consultatifs de banques (Bank Advisory Committees). Il s'agit en réalité de clubs, au pluriel, qui constituent autant de lieux de négociations, sous l'égide informelle d'un groupe d'une vingtaine de grandes banques internationales. Voir Alfred Mudge, « Sovereign debt restructure : a perspective of counsel to agent banks, bank advisory groups and servicing banks », *Columbia Journal of Transnational Law*, n° 23, 1984, p. 59-74.

rôle de « maître de cérémonie[4] ». Le voilà arbitre du destin commun entre banques commerciales et États défaillants, obligés de s'entendre *a minima*.

Figure centrale de la noblesse d'État financière française et internationale, Jacques de Larosière[5], directeur général du FMI à l'époque, témoigne de la centralité réinventée de l'organisation multilatérale : « Il a fallu régler la crise de la dette en Amérique latine en saisissant le taureau par les cornes, en demandant aux banques internationales qui avaient beaucoup prêté au Mexique, à l'Argentine, au Brésil et au Chili, de participer à des actions de traitement collectif. La solution a consisté à mettre autour de la table les débiteurs et les créanciers, et à faire comprendre aux créanciers qu'il fallait qu'ils donnent du temps aux débiteurs, parce que seul le temps vous permet de vous remettre sur pied. Et que, non seulement il fallait qu'ils donnent des moratoires, des délais de grâce, mais qu'il fallait en plus qu'ils apportent de nouveaux crédits pour permettre à ces pays de passer le cap difficile des premières années[6]. »

Obtenir des banques des concessions sur les termes initiaux du contrat, leur faire « penser à l'avenir » et les forcer à « avoir une vue dynamique de restauration de ces pays » ne va pas de soi, Jacques de Larosière en témoigne. L'épreuve du feu intervient avec le stress sur la dette du Mexique en 1982. La discussion est « rugueuse », et les banques sont « furieuses », car le haut fonctionnaire international leur demande de prêter à nouveau, de « l'argent frais » pour faciliter la restructuration : « Je leur disais : "Si vous ne voulez pas, c'est très simple, ça va vous coûter zéro, au lieu des 5 milliards que je vous demande. Vous allez être très contents, mais tout votre stock de dettes va être perdu. Moi je vous le préserve." Et le stock

4. C'est en ces termes que Lee Buchheit me parle, en entretien, de Jacques de Larosière, président du FMI de 1978 à 1987.

5. Central dans les espaces financiers internationaux des années 1980, il a notamment été ancien directeur du Trésor français et en charge du Club de Paris.

6. Entretien avec l'auteur, Paris, 2019.

de dettes, c'était beaucoup plus, environ 50 milliards. Je leur dis : "Moi, je ne suis pas banquier, mais *a priori* je ne trouve pas ça génial." [...] Nous, on va aider le Mexique à mettre en place un programme de redressement crédible, mais c'est vous qui allez mettre de l'argent frais, parce que c'est vous qui avez prêté quand vous aviez envie de gagner de l'argent, en prêtant avec des taux d'intérêt qui vous étaient favorables. »

Mark Walker, avocat historique du cabinet Cleary Gottlieb, confirme le rôle « déterminant » de Jacques de Larosière dans l'installation de ce cadre d'intervention conditionnée à des concessions côté États mais aussi côté créanciers. Le soulagement financier de l'institution, qui apporte des liquidités, ne sera possible que si les créanciers privés daignent revoir leur promesse de remboursement à la baisse : « En 1982, une grande partie des premières négociations et discussions avec le comité des créanciers du Mexique s'est déroulée à Washington, dans son bureau. Il a dit : "Le FMI ne fournira pas de fonds, à moins que le Mexique n'ait une masse critique de créanciers qui acceptent l'accord proposé." Cela a mis beaucoup de pression sur les créanciers parce que, sans le programme du FMI, le Mexique allait se retrouver en défaut de paiement. Et le Mexique n'a jamais manqué un seul paiement. C'était une innovation importante. »

Lee Buchheit parle de « l'établissement d'un modèle », que les successeurs de Jacques de Larosière ont « répliqué dans les douzaines de pays qui ont suivi ». Le FMI fait prendre conscience de l'interdépendance entre créanciers, États, et organisations multilatérales. Le message est clair : « Si quelqu'un ne fait pas ce que le FMI lui dit, tout s'effondre. Le programme d'assistance du fonds n'est pas mis en œuvre et vous allez [les banques] perdre tout votre argent. » L'idée est d'inciter à partager le fardeau des restructurations entre créanciers officiels et bancaires. L'avocat compare l'art de la coordination de Jacques de Larosière à celui d'un dresseur de fauves : « Je le décris comme le type qui, au cirque, dans la cage du lion, fait claquer le fouet et dit à ce lion [les banques et les États] : "Tu vas sauter dans ce cerceau." »

Loin d'une domination de l'autorité internationale sur la finance privée, il s'agit plutôt d'un jeu d'équilibre, dans lequel le FMI joue l'instance de validation des scénarios et réformes économiques présentés par les pays, « courtier » des concessions réciproques entre banques et États et « prêteur en dernier ressort »[7].

Conscient de la nature disruptive du dispositif, Jacques de Larosière crée un canal officieux de discussion à trois bandes entre l'État mexicain, le comité des banques commerciales et le Fonds. Il obtient que le gouvernement mexicain partage avec les économistes des banques concernées la teneur de la négociation avec le FMI, censée rester secrète, « afin de donner aux banquiers un peu de satisfaction intellectuelle » sur la qualité du programme de rétablissement des comptes du pays. L'ajustement structurel imposé au Mexique est une thérapie de choc pour la population. Il s'ensuit « une forte récession, des pertes d'emplois, une chute du pouvoir d'achat, la privatisation de centaines d'entreprises publiques et une plus forte concentration de la richesse et du patrimoine aux mains de quelques grands groupes industriels et financiers mexicains et étrangers[8] ».

Le Trésor ne se risque pas à soutenir publiquement cette initiative, qui outrepasse le mandat dévolu au Fonds, mais son silence vaut approbation. D'après Lee Buchheit, il est néanmoins « le centre de gravité » et s'efforce de « protéger le secteur bancaire américain tout en maintenant les pays endettés à flot ».

Pendant cette décennie 1980, le taux de participation aux accords de restructuration avoisinait les 95 %. Cette intrication entre pouvoirs publics et privés dans la négociation, supervisée informellement par le FMI, est la clé du

---

7. Jérôme Sgard, « From a multilateral broker to the national judge : the law and governance of sovereign debt restructuring, 1980–2015 », *in* Nicolas Delalande & Nicolas Barreyre (dir.) *A World of Public Debts : A Political History*, 427-452, Palgrave, 2020.

8. Éric Toussaint, *Banque mondiale. Une histoire critique*, Syllepse, Paris, 2022.

succès[9]. Après la signature d'un « accord de principe » qui fixe les termes de la nouvelle offre entre les banques du comité consultatif et les représentants du gouvernement, les autres banques n'ont plus qu'à acquiescer : pour finaliser une restructuration, l'unanimité était requise. Cependant, près de 30 % des restructurations orchestrées par le club de Londres s'accompagnaient de litiges à répétition qui retardaient les accords de plusieurs mois[10]. Mais, à tout le moins, l'État pouvait identifier rapidement ses créanciers grâce à la technique du prêt syndiqué, et communiquer aisément avec ces derniers, chaque mois, parfois chaque semaine. Jim Kerr, l'avocat représentant les intérêts des banques Citibank et Morgan Guaranty à l'étranger explique que le passage devant les tribunaux était une option de dernier ressort. Au terme de nombreux allers et retours, les banques modéraient leurs exigences, veillaient à ménager une voie de sortie et se disaient : « Si nous n'écoutons que nos intérêts, cela finira par créer des problèmes plus tard : faisons un accord qui peut mettre le pays sur une base économique durable. »

Ces pourparlers ne sont pas désintéressés ; la perspective de conclure d'autres affaires avec les pays endettés, qui représentent un gisement de débouchés potentiels – et de maintenir avec eux une relation décente – influe sur les comportements des banques. Le compromis sur la dette s'inscrit dans l'entrelacs d'autres relations financières et commerciales entre l'État endetté et les banques prêteuses – par exemple, le placement, aux États-Unis, de l'argent des retraites par capitalisation et des fonds de pension. Comme me l'explique le représentant d'une association de créanciers, les banques « sont toujours préoccupées par l'obtention des affaires souveraines : qu'il s'agisse des privatisations ou d'autres affaires non litigieuses ».

9. Michael Chamberlin, « Some private sector views on country debt restructurings », UN Workshop on Debt, Finance and Emerging Issues in Financial Integration, Londres, 6-7 mars 2007. Draft, 3 juillet 2007.

10. Voir Christoph Trebesch, Michael G. Papaioannou et Udaibir S. Das, « Sovereign debt restructurings 1950-2010 : Literature survey, data, and stylized facts », *IMF Working Paper*, FMI, Washington, 1er août 2012.

Un marché de l'occasion périlleux

On parle, à propos des années 1980, de « décennie perdue ». Crises et faillites souveraines s'enchaînent et les traitements *ad hoc* n'y font rien. Les États-Unis restent opposés à toute solution structurelle et supranationale qui subordonnerait les pouvoirs des tribunaux new-yorkais.

Si l'administration fédérale incitait au rééchelonnement des dettes, les pertes sèches, qui se traduisaient par une réduction du principal dû, sont longtemps restées taboues[11]. Cependant, en 1989, le secrétaire du Trésor étatsunien Nicholas Brady propose aux États de se placer, au cas par cas, sous l'égide d'un plan d'allègement de la dette. Cette concession, que les « banques détestaient » pourtant, était devenue inévitable aux yeux de l'administration des États-Unis : les plans d'austérité étaient contestés et alimentaient le « populisme », comme le diagnostiquaient alors les responsables du plan Brady[12]. Dans leur compte rendu présentant le plan, les auteurs estiment que « la réduction négociée de la dette pourrait être une munition politique utile pour la réforme de la politique économique[13] ». Dit brutalement : les facilités accordées sur la dette doivent fournir aux dirigeants des pays un levier pour rendre acceptables par leurs populations les efforts budgétaires et sociaux exigés par le programme d'ajustement structurel du Fonds.

Lors de la conférence qu'il donne en mars 1989, le secrétaire du Trésor des États-Unis, Nicholas Brady, loue les États en voie de développement participant à l'opération pour « leur engagement en faveur de réformes macroéconomiques et structurelles essentielles », qui incluent la privatisation de pans entiers de l'économie, de l'industrie et des marchés de capitaux, la libéra-

---

11. Pour le secrétaire au Trésor James Baker comme pour le président de la Fed, Paul Volcker. Voir Ngaire Woods, *The Globalizers. The IMF, the World Bank, and Their Borrowers*, Cornell University Press, Ithaca, 2018.

12. D'après le compte rendu de la conférence Brady, c'est la principale raison du revirement de la politique étatsunienne. Voir Edward R. Fried et Philip H. Trezise, « Third world debt : phase three begins », *The Brookings Review*, vol. 7, n° 4, 1989, p. 24-31.

13. *Ibid.*

lisation du commerce et la réduction des déficits publics[14]. Les banques commerciales saluent le tournant vers l'économie de marché pris par les pays en voie de développement. Sans trop nuire aux bilans des banques, le plan d'allègement partiel de la dette évite le défaut complet, légitime les gouvernements nationaux dans la conduite de l'austérité, tout en maintenant ces États dans le besoin, de nouveaux emprunts auprès du secteur privé… Les Brady deals constituent des « allégements néolibéraux[15] », sans affranchir les États de l'ordre de la dette, mais en maintenant, sous une forme renouvelée, leurs liens de dépendance avec les acteurs et instruments de la finance globale, principalement le secteur bancaire des États-Unis. Dans le contexte de la fin de la Guerre froide et après avoir contré les offensives du Nouvel ordre économique international, l'opération Brady, coproduite par les sphères publiques et privées étatsuniennes, marque le triomphe de l'arrangement de marché.

Véritable ingénierie d'État, le plan approfondit et consolide une structure bourgeonnante : le marché secondaire, dit aussi « de l'occasion », des dettes des pays du Sud global. La dette est reprofilée et convertie en titres obligataires, garantis par la signature financière incontestable du Trésor des États-Unis[16]. En prêtant sa crédibilité à ces titres, le Trésor augmente leur qualité de crédit et rassure les potentiels détenteurs, qui peuvent les revendre aisément. Contrairement aux prêts bancaires, les obligations se négocient, s'échangent et circulent de main en main.

Le premier accord « test » du plan Brady est signé en février 1990 avec le Mexique, le plus gros débiteur. Le

14. Edward R. Fried et Philip H. Trezise (dir.), *Third World Debt, the Next Phase : Report of a Conference Held in Washington*, 10 mars 1989, Brookings Institution Press. p. 70-71. Cité dans Shaina Potts, « Deep finance : sovereign debt crises and the secondary market "fix" », *Economy and Society*, vol. 46, n° 3-4, p. 459.

15. Shaina Potts, « Deep finance », *loc. cit.*

16. Soit le principal de l'emprunt bancaire était réduit et doté d'intérêts variables élevés, soit il était maintenu, mais accompagné de coupons d'intérêts plus faibles (en dessous du taux de marché).

gouvernement mexicain, bon élève en matière d'ajustement structurel, bénéficie du soutien prononcé du gouvernement des États-Unis. Quand les négociations s'enlisent à New York, Brady réunit à Washington des représentants de la Fed, l'équipe du gouvernement mexicain et les trois principales banques créancières – Citibank, Bank of America et Swiss Bank Corporation. Après ce premier « test », seize autres accords Brady ont été mis en œuvre, en majorité, avec des pays du continent latino-américain[17].

Les capitaux affluent à nouveau au Sud. Le moment Brady est considéré comme le début de « l'ère moderne » du trading des obligations souveraines des pays en voie de développement. Les arrangements publics-privés font circuler des supports de placements attrayants, qui font l'objet de nouvelles transactions marchandes et de spéculations. De nombreuses banques ont vite revendu leurs titres Brady. Déjà se profilait la catégorie des investisseurs dans les « dettes en détresse », spécialisés dans le rachat de créances souveraines au bord du défaut et donc à bas prix. Investir dans la crise, l'anticiper et en faire un support d'accumulation devient un métier.

Du « tiers monde » aux « marchés émergents »

L'expression de « marchés émergents » est employée pour la première fois au début des années 1980 par Antoine Van Agtmael, ancien de la banque Bankers Trust, et à l'époque directeur adjoint d'une filiale de la Banque mondiale dont les activités portent spécifiquement sur le secteur privé. En janvier 1981, devant un parterre d'investisseurs réunis dans les locaux de la banque Salomon Brothers à New York, il propose la création d'un fonds d'investissement pour les pays en voie de développement, arguant de l'essor des marchés

17. L'Argentine, la Bolivie, le Brésil, le Costa Rica, la République dominicaine, l'Équateur, le Mexique, le Panama, le Pérou, l'Uruguay et le Venezuela. Les six autres pays étaient la Bulgarie, la Côte d'Ivoire, la Jordanie, le Nigeria, les Philippines, la Pologne et le Vietnam. Voir Alexis Rieffel, *Restructuring Sovereign Debt*, *op. cit.*

financiers, des places boursières et des profits potentiels. Si de nombreux gestionnaires de fonds se montrent intéressés, un banquier de JP Morgan relève que l'appellation « Fonds d'investissement du tiers monde » ne suscite pas l'enthousiasme, figurant « l'extrême pauvreté, les produits de mauvaise qualité et le désespoir »[18]. Après un week-end de réflexion, Van Agtmael revient avec un « slogan marketing » : la notion de « marchés émergents », qui suggère « le progrès, l'élévation et le dynamisme[19] ». Mais les crédits accordés à ces pays, désormais dits « émergents », ne sont dotés d'une véritable infrastructure de marché – primaire puis secondaire, profonde et liquide – qu'une dizaine d'années plus tard, avec l'intervention étatsunienne du plan et des obligations Brady. De 1989 à 1995, le marché secondaire de la dette des pays en voie de développement augmente de 4 000 %[20].

En 1990 est créée l'Emerging Market Trading Association (EMTA), une association de traders de dette souveraine spécialisée dans les pays émergents. Michael Chamberlin, son directeur, décrit la décennie postérieure aux Brady Bonds comme celle « du progrès » : une « lueur dans la nuit », une « nouvelle ère pour la finance des marchés émergents », mettant un terme à des années « perdues »[21]. En 1989, alors qu'il travaille pour le cabinet d'avocats Shearman & Sterling, il est membre du comité bancaire qui prend part à la négociation Brady du Mexique. Selon lui, le plan est plus « productif » qu'un simple

18. Robert Chaouad, « Émergence. Genèse et circulation d'une notion devenue catégorie d'analyse », *Revue internationale et stratégique*, vol. 103, n° 3, 2016, p. 55-66.

19. « Coining a phrase : Emerging markets », *in The First Six Decades. Leading the way in private sector development, a history*, International Finance Corporation, World bank Group, 1er janvier 2016.

20. Pour atteindre plus de 2,7 trillions de dollars en 1995. Emerging Markets Trading Association (EMTA), Annual Report, 1995. Avant les Brady Bonds, le marché secondaire frémissait déjà. Voir Ross P. Buckley, « Emerging markets debt : an analysis of the secondary market », *International Banking. Finance and Economic Law Series*, Kluwer Law International, 1999.

21. Chamberlin est directeur exécutif de l'EMTA depuis 1994. Michael Chamberlain, « The Brady plan. A decade of progress », 31 janvier 2000, EMTA Website Archives.

« rééchelonnement de dette », parce qu'il ne se contente pas de poser un pansement sur les bilans bancaires, mais épouse « une approche orientée vers le marché pour les sauvetages souverains », et met fin à « la fatigue de la dette mondiale » en introduisant des « instruments négociables et attractifs »[22]. L'investissement dans les économies et États émergents passe, dit-il, du stade « artisanal » à la « grande industrie mondiale ». Les banques continuent d'être les premiers souscripteurs de ces obligations, mais officient comme des grossistes et des revendeurs – « *sell-side* » – de ces titres aux clients finaux – le « *buy-side* », investisseurs institutionnels, fonds de pension, et fonds spéculatifs (hedge funds).

La structure de la dette souveraine devient plus diffuse : là où une douzaine de grandes banques et une centaine d'autres, plus petites, détenaient un prêt souverain à la suite d'une opération syndiquée, dans le monde obligataire, un seul titre peut être détenu par des centaines de milliers de créanciers, qui peuvent à tout moment le remettre en vente[23].

Cela ouvre la voie à des joueurs opportunistes qui, contrairement à certaines banques durablement installées, semblent avoir peu d'égards pour l'économie du pays dans laquelle ils investissent et moins de scrupules à s'engager dans des stratégies individualistes, court-termistes et jusqu'au-boutistes dans la défense de leurs droits.

L'échéance moyenne des titres passe de 5 à 10 ans pour un prêt bancaire à une fourchette comprise entre 20 et 30 ans en moyenne pour une obligation (la durée du prêt pouvant s'étaler sur 50 ans). En réalité, la plupart des investisseurs détiennent ce titre beaucoup moins longtemps ; leurs calculs et anticipations prennent en compte quelques années tout au plus. Des organisations que rien ne relie aux souverains peuvent prendre possession des obligations qui sont cotées

22. *Idem.*

23. Ce marché, entre les années 1930 et la fin des années 1980, est qualifié de « dormant » par Mark Weidemaier, par exemple (« Sovereign immunity and sovereign debt », *loc. cit.*).

en permanence. Les fonds spéculatifs prennent leur essor et développent des stratégies agressives, qui consistent à investir, profiter de la forte rémunération du titre puis à s'en débarrasser lorsque le risque de défaut est trop élevé et que le rendement baisse ; ou, au contraire, à racheter le titre à vil prix, au moment précis où l'État est mal en point, où tout le monde cherche à s'en débarrasser, à le revendre quand la cote remonte ; à moins de chercher à se faire repayer l'intégralité *via* une procédure judiciaire, une option que l'on suivra en détail dans les pages qui suivent.

Dès 1995, le département de la Justice s'inquiète des nouveaux points de vulnérabilité ouverts du côté des États : « L'augmentation spectaculaire du nombre d'acheteurs sur le marché secondaire crée un climat où les débiteurs souverains ne peuvent plus espérer partager une communauté d'intérêts avec leurs créanciers[24]. » D'autant que le marché de l'investissement dans les émergents est peu régulé : les prêts, y compris les obligations Brady, échappent aux lois sur les valeurs mobilières. À la fin des années 1980, les États « investis[25] » avaient fait remonter aux autorités étatsuniennes des délits d'initiés et d'autres pratiques déloyales des traders. En mai 1993, un trader de la banque Citicorp a été accusé d'utiliser des informations privilégiées : informé de la teneur des négociations relatives à la restructuration de la dette du Panama, il vend ses obligations de l'État avant une chute importante de leur prix. Plus généralement, les grandes banques se servent, dans leur trading (achat/vente), des informations qu'elles obtiennent grâce leur proximité à l'État[26]. Les départements chargés de la restructu-

24. À l'occasion d'un litige opposant la Banque centrale du Brésil à un créancier privé des États-Unis. « Statement of interest of the United States of America in opposition to the first amended complaint », U.S. District Court for the Southern District of New York, CIBS Bank and Trust Co (Cayman) Ltd. *v.* Banco Central do Brazil, 886 F. Supp. 1105, 9 mai 1995.

25. Michel Feher, *Le Temps des investis. Essai sur la nouvelle question sociale*, La Découverte, Paris, 2017.

26. Des traders interrogés expliquent que, malgré le déni des établissements, Bankers Trust, Chase Manhattan Bank, Manufacturers Hanover and Morgan Guaranty se servaient des informations sur le rééchelonnement de la dette.

ration communiquent avec les traders en obligations, en dépit de la « muraille de Chine » supposée les séparer. Un négociant intrépide pouvait ainsi crâner : « La culture du marché consiste à ignorer les comptables, les avocats et les règles[27]. »

On parle à l'époque d'un « marché marqué par la culture du far west », de traders se comportant comme des « cowboys », qui « n'aiment pas les figures d'autorité et choisissent invariablement de partir au soleil couchant plutôt que de rester en ville et de s'installer » : « celui qui était le plus rapide et qui disposait des meilleures informations gagnait ». Un dirigeant de la branche « émergente » d'une grande banque new-yorkaise évoque un marché qui ne correspond pas aux canons « professionnels », dépourvu de « documentation standard, de code de conduite, de calculs mathématiques, de transparence sur les volumes mais comportant beaucoup de collusion » : « C'était un marché où il était juste question de prix. Au moment, pour une banque, de vendre ses titres obligataires, au lieu d'avoir une véritable concurrence, vous aviez en réalité trois banques qui s'associaient et disaient : "Essayons de s'accorder pour tomber sur le même prix." Cela arrive tout le temps, mais ce n'est pas autorisé. »

À la fin de l'année 1991, après plusieurs audits, la Fed de New York lance un avertissement sévère : « Soit le marché met sa maison en ordre, soit des régulateurs extérieurs le feront[28]. » Nick Rohatyn, chargé de développer l'activité « émergents » chez JP Morgan[29] instrumentalisera la peur

---

Voir Ross Buckley, « The transformative potential of a secondary market : emerging markets debt trading from 1983 to 1989 », *Fordham International Law Journal*, vol. 21, n° 4, 1997.

27. Entretien avec YY, négociateur principal de la dette des pays les moins avancés (PMA) à New York, avril 1993. Voir Ross P. Buckley, « The regulation of the emerging markets », *loc. cit.*

28. Voir Ross P. Buckley, « The role of potential of self-regulatory organizations : the Emerging Markets Traders Association from 1990 to 2000 », *Stanford Journal of Law Business & Finance*, vol. 6, 2000, p. 135.

29. Il passa près de dix-neuf ans, dont cinq en tant que membre du comité exécutif de la banque JP Morgan. De parents français – son père avait été ambassadeur américain à Paris avant de travailler pour la banque Lazard –, Nick parle couramment français pendant l'entretien qu'il m'accorde. Après avoir travaillé au Japon, il explique avoir voulu rentrer aux États-Unis suite

du régulateur pour forcer les « cowboys » à s'entendre dans le montage d'une association, qui prendra elle-même en charge l'édiction de règles et de standards[30]. De cette (fausse) frayeur est née l'EMTA, que Rohatyn contribue à créer et qui se veut une organisation d'autorégulation du marché – *self regulatory organization*. Cela n'allait pas de soi, car les acteurs du marché étaient très attachés à une « culture de l'autonomie » et réticents à toute autorité, y compris la forme douce et non contraignante de l'EMTA.

Les cowboys disciplinent les États

Société à but non lucratif dont le siège se trouve à New York, l'EMTA réunit de la documentation (contrats types, annonces d'émissions obligataires, analyses de risque) et aspire, de meetings en forums, à mettre en forme l'intérêt général de la finance étatsunienne spécialisée dans les marchés émergents. De même que, dans les années 1980, le marché du prêt aux États était dominé par les établissements bancaires, les membres fondateurs de ce club se recrutent essentiellement au sein des banques commerciales tournées vers l'international. Une filiale de JP Morgan, Morgan Guaranty, a fourni à l'association son président fondateur, Nicolas Rohatyn, et ses bureaux.

Cependant, à mesure que les volumes de dette négociée sur le marché de l'occasion augmentent, le secteur bancaire compose avec les banques d'investissement et les fonds spéculatifs. L'arrivée en 1994 de Michael Chamberlin, ancien associé du cabinet d'avocats Shearman & Sterling, est un signal d'autonomisation relative de l'organisation vis-à-vis des banques comme de l'intégration du compartiment « acheteur » à cette voix des marchés[31]. L'association

aux « *Morgan mexico bonds* » ou *Aztec bonds* » qui, en 1987, deux ans avant le plan, avaient préfiguré les *Brady bonds*.

30. Michael Chamberlin, « EMTA 1994-98 : the golden age of EM Debt Trading ? », EMTA archives and website.

31. Entre 1994 et 2021, 5 directeurs propres à ce segment de la finance (ce qui le porte à 7 membres sur 24) intègrent son conseil d'administration.

s'efforce de représenter l'ensemble de la chaîne du trading et des pratiques d'achat/vente[32]. L'hétérogénéité nouvelle du marché et de l'EMTA va de pair avec de nouvelles pratiques : à l'irresponsabilité juridique du trader « cowboy » succède l'agressivité des hedge funds, mercenaires privés de l'investissement et du droit qui, avides de performances, se soucient peu des relations à long terme avec les États dont ils détiennent le « papier ». En cas d'insolvabilité de l'État, la dispersion des détenteurs d'obligations augmente le coût de coordination. Les réunions du club de Londres et des banquiers ne sont plus à l'ordre du jour, et les stratégies agressives et procédurières bousculent l'ordre des relations établies entre banques et États.

Pour que les marchés obligataires continuent d'être « une source stable de financement à moyen et long termes », comme l'explique Chamberlin, les États doivent redoubler de vigilance, car au moment où la « confiance s'effrite », les « exigences de vote à l'unanimité dans les contrats obligataires, les droits d'exécution individuels comme les objectifs différents des investisseurs rendent les dettes plus difficiles à renégocier »[33]. Cette structure de marché anonyme et dispersée, est comprise comme un ordre contraignant les États, s'ils ne veulent pas que le coût de leur financement devienne prohibitif, à ajuster leur comportement au « bruit » et aux signaux de marché émis par les investisseurs. Selon Chamberlin, « les détenteurs d'obligations réagissent à juste titre aux politiques économiques et aux événements politiques qui affectent un pays débiteur » ; en retour, « le débiteur se doit d'être sensible et de guetter ces réactions », de voir quelles sont les « politiques jugées judicieuses et récompensées et quelles autres découragées » : « Il est naturel que le baromètre

32. Un changement de nom vient symboliquement couronner cette évolution : il ne s'agit plus simplement de l'Association des négociateurs des marchés émergents, mais de l'Association de la négociation en marchés émergents : Emerging Markets Traders Association devient Emerging Market Trading Association.

33. Michael Chamberlain, « The Brady plan. A decade of progress », *loc. cit.* Les citations de Chamberlain qui suivent sont extraites de cet article.

du sentiment du marché exerce une influence permanente sur l'orientation des futures politiques gouvernementales. » Ce marché est donc censé s'autoréguler de façon « efficiente » et les États être gouvernés par la « discipline de marché qui contribuera à prévenir les crises financières » futures. De tels dispositifs pourraient même, dans l'imaginaire politique de Chamberlin, se substituer aux interventions publiques, y compris aux plans d'ajustement structuraux du FMI. Il serait donc malvenu que les créanciers officiels et multilatéraux demandent des sacrifices au secteur privé dans une logique de « partage du fardeau », car cela relâcherait la bride du côté des emprunteurs, en rendant la restructuration trop facile : une source d'« aléa moral ». Pire, les politiques du FMI exigeant une comparabilité de traitement – forçant des pertes du secteur privé équivalentes aux créanciers officiels – seraient des repoussoirs à l'investissement et évinceraient les capitaux potentiellement destinés aux pays dans le besoin. Il faudrait accepter « l'infortune » de la perspective des crises financières, car « elles font partie de la vie des marchés émergents », et éviter d'entacher les acquis du plan Brady : « Le maintien de la stabilité dans les marchés émergents nécessitera une dose régulière de discipline de marché, ainsi que le soutien du secteur public. »

En réalité, un avertissement est adressé aux pays emprunteurs : ceux qui ne « font pas preuve de cet engagement seront probablement les premiers à perdre l'accès aux marchés des capitaux et à devenir de plus en plus dépendants de l'aide du secteur public ». Les représentants des cowboys, organisés en association, attendent des pouvoirs publics le renflouement inconditionnel du secteur privé en cas de crise et l'amélioration des infrastructures de marché dans l'intérêt général financier des Suds. Pour les États emprunteurs, il s'agit d'un lent chemin de croix vers la modernité et la responsabilité : « Si les marchés de capitaux du secteur privé sont appelés à devenir la principale source de fonds pour financer la croissance et le développement [...], chaque pays débiteur devra assumer une plus grande responsabilité pour sa croissance et son développement en développant davantage ses propres marchés de capitaux internes et en attirant davantage d'investissements directs étrangers. »

On sait que le pouvoir des marchés financiers opère de façon indirecte et impersonnelle, sous la forme d'une relation sociale : « S'ils agissent sur l'action des individus, ce n'est pas en leur prescrivant des actes par le moyen d'ordres explicitement formulés, mais en modifiant les conditions dans lesquelles les individus prennent "librement" leurs décisions[34]. » L'infrastructure matérielle du marché secondaire de la dette des pays émergents constitue le pouvoir « anonyme[35] » et impersonnel capable de réguler les comportements des États. La façon dont les organisations multilatérales (FMI ou Troïka dans le cas de la Grèce) imposent l'austérité en conditionnant leurs aides à des plans d'austérité – ce qu'on appelait l'ordre politique du consensus de Washington[36] – trouve un prolongement dans le marché des dettes souveraines, coconstruit par les pouvoirs publics des États-Unis, censé financer désormais le développement et qui s'apparente à un « consensus de Wall Street »[37].

34. Thomas Angeletti et Aurélien Berlan, « Les êtres collectifs en question », *Tracés*, n° 29, 2015, p. 7-22.

35. Catherine Colliot-Thélène, « Des pouvoirs impersonnels ? », *Tracés*, n° 29, 2015, p. 25-38.

36. Yves Dezalay et Bryant Garth, « Le "*Washington consensus*". Les ruses de la raison impérialiste », *Actes de la recherche en sciences sociales*, vol. 121-122, mars 1998.

37. J'adapte aux années 1990 et 2000 le concept de Daniela Gabor pour décrire la configuration contemporaine de financement du développement : « Le consensus de Wall Street est un effort élaboré pour réorganiser les interventions de développement autour de partenariats avec la finance mondiale » (Daniela Gabor, « The Wall Street consensus », *Development and Change*, vol. 52, n° 3, 2021, p. 429-459).

Chapitre 6

Les pirates du droit et de la finance

Admettant son incapacité à assurer intégralement le service de sa dette extérieure, le gouvernement du Pérou entame, à partir de 1983, des négociations avec un comité de banques commerciales, qui échouent. Le pays accumule les arriérés de paiement à l'égard des organisations internationales (FMI, Banque mondiale), d'États et de créanciers privés étrangers[1]. En octobre 1995, le gouvernement autoritaire d'Alberto Fujimori annonce se placer sous l'égide du plan Brady : plus de 90 % des créanciers acceptent d'échanger les anciens titres bancaires contre de nouvelles obligations, avec une décote de 50 % par rapport à la valeur d'origine[2]. Près de quatre mois plus tard, alors que ces titres se déprécient, certains créanciers préférant s'en débarrasser, le hedge fund Elliott Associates rachète des obligations du Pérou d'une valeur initiale de 20,7 millions de dollars à deux banques internationales – ING Banks et Swiss Bank Corporation – pour 11,4 millions de dollars.

Elliott intente à New York une action en justice contre le Pérou, exigeant le paiement intégral de l'obligation, des

1. Le gouvernement du président Alan García aurait été « ostracisé par les institutions financières internationales » après qu'il eut annoncé, en 1986, limiter les paiements du service de la dette à 10 % des recettes d'exportation. (« Peru agrees Brady debt reduction plan », UPI Archives, 28 octobre1995).

2. L'accord portait sur une dette d'une valeur nominale de 4,4 milliards de dollars, soit la quasi-totalité de la dette extérieure du Pérou (incluant des débiteurs publics et privés).

intérêts courus, et des frais de justice. Obtenant et déployant des ordonnances de saisies tous azimuts, le hedge fund parvient à bloquer les paiements internationaux du Pérou destinés aux créanciers qui ont souscrit à son offre de restructuration. En juin 2000, le Pérou consent à un règlement à l'amiable pour un montant de 58,45 millions de dollars. Une plus-value de 400 % rapportée au coût d'achat des obligations en défaut...

L'opération de piraterie souveraine s'est déroulée sur fond de justifications de politique publique[3]. Le tribunal d'appel a débouté l'État du Pérou, donnant la priorité à la protection des investisseurs et du centre financier de New York. Le Pérou a ainsi servi de « mise à l'épreuve d'une nouvelle technologie », qu'un ancien banquier décrit comme une recette de cuisine : « Tout d'abord, emparez-vous de la dette d'un pays en défaut de paiement à des prix défiant toute concurrence. Deuxièmement, attendez que les autres investisseurs acceptent les termes de la restructuration proposée par le pays, conditions qui entraînent généralement une perte de valeur importante. Enfin, exigez que le pays débiteur rembourse intégralement la dette, toujours en défaut, au fonds détenteur en menaçant de recourir au procès, voire en poursuivant en justice afin d'obtenir gain de cause. En général, le résultat final conduit à des profits exorbitants. L'idée est assez simple : laissez les autres investisseurs essuyer de lourdes pertes afin de pouvoir être remboursé intégralement, et les bénéfices sont parfois faciles à obtenir. Prenez le cas du Vietnam : il s'est retiré sans combattre en 1997, ne voulant pas être soumis à l'humiliation d'un procès[4]. »

Les difficultés rencontrées par le Pérou constituent le premier succès d'Elliott Management (et de ses filiales Elliott Associates ou NML Capital), dirigé par l'homme d'affaires et milliardaire new-yorkais Paul Singer, l'investisseur « le plus

3. Mitu Gulati et Kenneth Klee, « Sovereign piracy », *The Business Lawyer*, n° 56, 2000, p. 635.

4. Gregory Makoff, *Default. The Landmark Court Battle over Argentina's $100 Billion Debt Restructuring*, Georgetown University Press, Washington, 2024, p. 100.

redouté au monde », et l'un des plus importants donateurs du Parti républicain[5].

Le vautour et la finance ordinaire

Singer, fils de pharmacien, a grandi dans le Bronx et dans le New Jersey. Il obtient un diplôme de psychologie à l'université de Rochester en 1966 et un diplôme de droit à Harvard trois ans plus tard. Après avoir perdu, en tant que trader, la mise de son père, il aurait développé une obsession pour la gestion du risque[6]. Quand il fonde Elliott Management en 1977, c'est pour s'émanciper de la condition, trop sage à ses yeux, de trader qui achète des actions en attendant patiemment que leur valeur augmente. Son business, plus interventionniste, commence dans les années 1980 par le rachat à bas prix de dettes d'entreprises privées incapables de faire face à leurs échéances. Pour être rentable, cette stratégie exige de la patience, un capital important, l'utilisation méthodique du système juridique, et un long parcours devant les tribunaux où les créanciers se battent pour être remboursés en premier.

Singer a décrit son approche comme « une lutte de plusieurs années pour affirmer que "nos obligations sont prioritaires par rapport aux vôtres"[7] ». Une tactique de longue haleine qui commence en se « tenant en dehors » (*hold out*) des accords de restructuration lors d'une procédure de banqueroute – en espérant obtenir de meilleurs termes – et en bataillant par tous les moyens légaux à disposition[8]. Les banques qualifient cette

---

5. Dès les années 1990, il se lance dans le *sovereign distressed-debt* avec des opérations contre le Panama et le Pérou. Auprès des tribunaux londoniens, il obtient un jugement favorable contre la Zambie en 2007.

6. Sheelah Kolhatkar, « Paul Singer, doomsday investor », *The New Yorker*, 20 août 2018.

7. *Ibid.*

8. Le terme « *holdout* » évoque aussi le fait de « ne pas suivre la manière généralement acceptée de faire quelque chose ». Le *Longman Dictionary of Contemporary English* donne la définition suivante : « Créancier (personne ou organisme à qui l'on doit de l'argent) qui refuse le plan officiel de réorganisation d'une entreprise en faillite. »

pratique de « resquillage » ou de « parasitage » (*free riding*). De fait, les gains espérés par ceux qui refusent les négociations résultent des sacrifices et pertes consentis par les banques qui prennent part aux accords.

Le litige avec le Pérou fait émerger au grand jour l'activité d'investissement dans les dettes souveraines en détresse. Statuant en 1998 sur l'affaire, le juge Robert Sweet, du tribunal du district sud de New York, brosse un portrait fleuve de l'avocat-financier et homme-clé de l'affaire : Jay Newman[9], qui deviendra le stratège en souverains pour le fonds Elliott, tout en bénéficiant de la surface médiatique et politique de la structure créée par Singer[10]. La reconstitution du parcours de Newman par le juge vise à démontrer que le rachat de dettes souveraines au bord de la faillite a été effectué dans l'intention délibérée et explicite d'en tirer profit par l'usage du droit et des tribunaux. Prouver un tel dessein permet de débouter la requête en paiement du créancier, conformément à la défense dite « Champerty » – le rachat de créance dans l'intention de poursuivre étant alors interdit en droit new-yorkais. À ce propos, Michael Chamberlin, le patron de l'EMTA ironise sur « une loi plus ou moins moyenâgeuse qui interdit l'achat d'une créance “avec l'intention et dans le but” d'intenter une action en justice[11] ».

Adjoint au maire de New York John Lindsay de 1966 à 1969 – qui appartient alors à l'aile gauche du Parti républicain –, Sweet travaille pour le cabinet d'avocats d'affaires Skadden, Arps, Slate, Meagher and Flom, avant d'être nommé juge au tribunal du district sud par le président Jimmy Carter

9. Elliott Associates, LP *v.* Republic of Peru. U.S. District Court for the Southern District of New York - 12 F. Supp. 2d 328 (S.D.N.Y. 1998) 6 août 1998. Il a été aidé en amont par l'avocat Mark Cymrot, conseil du Pérou, qui a reconstitué le cycle d'achat et fait déposer des professionnels des banques internationales auprès desquelles Elliott avait acheté les prêts en souffrance, ainsi qu'un responsable de JP Morgan chargé de l'administration des prêts au Pérou.

10. Véritable « star » du milieu, il écrit aussi régulièrement pour le *Financial Times*. Il est l'une des seules personnes à m'avoir répondu négativement pour un entretien.

11. « EMTA files two amicus briefs », *Emta Bulletin*, 2e trim., n° 2, 1999.

en 1978. Sur le plan des mœurs politiques, ses jugements sont à tout le moins contrastés. Si, en 1992, il s'est opposé à une loi interdisant la mendicité sur la voie publique (une violation inconstitutionnelle de la liberté d'expression), il a rejeté en 2003 une action en justice qui visait à tenir la société McDonald's pour responsable de l'obésité et de la mauvaise santé des adolescents, arguant qu'il n'appartenait pas à la loi de protéger les personnes « contre leurs propres excès »[12].

Mais il faut avouer que le juge Sweet dénote : « La plupart ont une aversion immédiate pour les États en défaut [...] ; les premiers mots sortis de la bouche de nombreux juges [sont] : "Eh bien, pourquoi ne payez-vous pas vos dettes ?" », explique Gregory Makoff[13]. Bien décidé à en découdre avec le business des fonds vautours, Robert Sweet préfère lui citer dans son délibéré la philosophe française Simone Weil évoquant le rôle stabilisateur de l'annulation des dettes dans l'histoire longue de l'ordre social[14].

Les éléments à charge, repris par le juge, sont : la carrière de Jay Newman, « les CV des personnes réunies pour le projet » d'investir dans la dette du Pérou, « la stratégie d'investissement d'Elliott » qui, avant « de conclure des transactions », attend le dénouement d'une autre affaire, notamment la clarification par le tribunal d'appel des risques judiciaires pour l'État souverain[15]. Une équipe spécialisée dans la dette souveraine des États émergents, constituée d'analystes et de gestionnaires de portefeuilles, s'est formée autour de Jay

12. Joseph P. Fried, « Robert W. Sweet, mayor's deputy turned federal judge, is dead at 96 », *The New York Times*, 25 mars 2019.

13. Gregory Makoff, *Default*, *op. cit.* p. 61

14. « Le paiement des dettes est nécessaire à l'ordre social. Le non-paiement des dettes est tout aussi nécessaire à l'ordre social. Entre ces deux nécessités contradictoires, l'humanité oscille depuis des siècles avec une belle inconscience. » Dans un texte de 1937 intitulé « Quelques méditations sur l'économie », Simone Weil consacre un passage à ce sujet (« éloge de la banqueroute ») et cite notamment Proudhon sur la propriété.

15. Elliott Associates, LP *v.* Republic of Peru. U.S. District Court for the Southern District of New York - 12 F. Supp. 2d 328 (S.D.N.Y. 1998), 6 août 1998.

Newman, celui-ci apportant son expertise et ses recommandations à Elliott qui, auparavant, agissait exclusivement sur les entreprises débitrices en faillite ou proches de l'être.

La description de Newman par le tribunal met en exergue les connexions entre la finance spécialisée dans les emprunts en détresse et la finance new-yorkaise la plus *mainstream*. Avocat de formation, Jay Newman fait ses armes à partir de 1983 au sein de la célèbre banque Lehman Brothers, pendant la crise de la dette latino-américaine, où il développe peu à peu son savoir-faire. En 1987, il en devient le directeur général, en charge de développer les activités de négociation et d'investissement concernant le tiers monde. Il entre ensuite chez Morgan Stanley avant de créer une petite « boutique » d'investissement[16].

Loin de s'opposer au reste du monde financier ou de représenter une pathologie, l'activité des fonds contribue, sur un terrain supplémentaire, à l'accumulation : la base de clients est souvent commune entre banques commerciales, banques d'investissement et fonds spéculatifs. L'investissement dans les dettes en faillites et la stratégie de poursuite constituent en quelque sorte une excroissance du monde de la banque et de la finance : en permettant des rendements exponentiels sur certains segments « de niche », l'activité de Newman complète la gamme des placements possibles et augmente la performance d'un portefeuille de gestion[17].

Dans son réquisitoire, le juge retrace de façon clinique les liens entre Newman et un autre « vautour » précurseur, Michael Straus, qui expérimente alors la poursuite des souverains à profit. Il s'agit de démontrer que l'opération contre le Pérou est la suite logique d'une entreprise rationnelle et intentionnelle d'exploitation des vulnérabilités judiciaires des

16. Les boutiques, courantes dans la banque d'investissement ou la gestion pour autrui, sont de petites entreprises fournissant des services spécialisés (par secteur d'activité, type de contrat bancaire, taille des actifs).

17. Horacio Ortiz, « Hedge funds and the limits of market efficiency as a regulatory concept », *in* Bob Jessop, Brigitte Young et Christoph Scherrer (dir.), *Financial Cultures and Crisis Dynamics*, Routledge, Londres, 2014.

États et qu'à aucun moment le fonds n'a envisagé d'autres voies de sortie au litige (la revente du titre ou des accords sincères avec l'État) : « En 1993, Newman quitte Morgan Stanley pour créer Percheron Fund, un fonds d'investissement *offshore* axé sur la dette des marchés émergents. Toujours en 1993, il sollicite des investisseurs pour Water Street Bank & Trust Limited, un autre fonds (aux caractéristiques similaires). À la même époque, Newman présente les investisseurs de Water Street à Michael Straus, qu'il avait rencontré pour la première fois en 1992 ou 1993, lorsque Straus représentait la Banque de Gestion Privée (SIB) dans son procès pour recouvrer la dette souveraine de la république du Paraguay. Newman connaissait Straus en raison de son travail d'avocat auprès de clients impliqués dans des procès relatifs à la dette souveraine, Straus ayant joué un rôle dans au moins treize autres procès relatifs à la dette contre des États souverains aux États-Unis. Straus (déjà accusé dans d'autres affaires de Champerty) a aidé Newman à solliciter des investisseurs pour Water Street. Newman et Straus ont conseillé Water Street sur ses achats de dette souveraine de la Pologne, de l'Équateur, de la Côte d'Ivoire, du Panama et du Congo. Water Street a ensuite intenté des actions en justice contre chacun de ces États souverains en vue d'obtenir le paiement intégral de la dette achetée par Water Street. »

Paul Singer, dont Newman est le porte-flingue, poussé dans ses retranchements par l'avocat du Pérou, l'admet brutalement devant le tribunal de première instance. À aucun moment il n'y a eu d'alternative : « Le Pérou devait soit nous payer intégralement, soit être poursuivi en justice[18]. »

Au cours du procès, justifiant son rachat comme un acte pragmatique, Jay Newman déclare que la dette du Pérou lui semblait simplement « un bon investissement en raison des réformes économiques radicales [austérité budgétaire et

18. Michelle Celarier, « When hedge funds hide », *Institutional Investor*, 18 avril 2018.

salariale] mises en œuvre par le président Alberto Fujimori après son élection en novembre 1990, à la suite d'une grave récession qui avait duré six ans ». Surtout, il considérait que l'accord Brady du Pérou, conclu en octobre 1995, représentait une mauvaise affaire : l'échange « sous-évaluait l'encours de la dette péruvienne » et « les grandes banques commerciales créancières qui composaient le comité consultatif bancaire avaient des incitations institutionnelles à accepter les termes de la réduction de la dette qu'elles détenaient, comme le désir d'accorder des prêts supplémentaires à l'État et d'opérer à l'intérieur du pays »[19].

Le rachat ne serait pas mal intentionné mais relèverait d'une pure rationalité financière – selon lui, les banques participant à la restructuration seraient même passées à côté d'informations essentielles, comme la rumeur expliquant que le Pérou procédait au rachat de sa propre dette. Mieux, Newman sous-entend que, grâce à sa tactique d'investissement plus sophistiquée et mieux renseignée, il obtient un deal à un prix juste, tranchant avec la collusion à moyen et long terme qui lie dans un destin et des intérêts communs les banques commerciales et l'État péruvien.

Contestant le jugement hostile de Sweet, le fonds Elliott fait appel et reformule sa plainte sur la base d'arguments de politique publique : autoriser les États à invoquer à peu de frais la loi Champerty nuirait à la place financière new-yorkaise en incitant les emprunteurs souverains à ne plus se sentir redevables lorsqu'ils sont en incapacité de paiement. De nombreuses associations financières témoigneront sous la forme de mémoire en *amicus curiae*, soutenant indirectement la position du fonds[20]. Précisant « qu'elle ne dépose pas très

---

19. U.S. District Court for the Southern District of New York - 12 F. Supp. 2d 328 (S.D.N.Y. 1998) 6 août 1998.

20. C'est le cas des associations The Emerging Markets Trading Association, The Bond Market Association, The Commercial Law League of America, The Loan Syndications Trading Association, mais aussi d'autres opérateurs financiers : Angelo, Gordon Co., The Baupost Group, Contrarian Capital, Franklin Mutual Advisers et Van Eck Associates Corporation.

souvent de tels mémoires parce qu'ils sont coûteux, prennent du temps et sont controversés », l'association new-yorkaise EMTA témoigne à son tour, vu « l'importance des questions soulevées pour les marchés émergents » : elle « exhorte le tribunal d'appel à minimiser la portée et l'effet de la décision du tribunal de district sur le marché secondaire en statuant que l'exception de Champerty devrait être étroitement limitée et n'être validée qu'en exigeant une preuve claire et convaincante d'un "méfait" substantiel, ainsi que de l'intention exclusive ou principale de poursuivre en justice[21] ».

En appel, le tribunal renverse la décision du juge Sweet et alloue à Elliott une indemnité de 52 millions de dollars[22]. Le montant correspond au principal impayé, auquel s'ajoutent les intérêts passés, ainsi que les « intérêts sur les intérêts », c'est-à-dire la valeur actualisée du temps de réinvestissement perdu : pendant le laps de temps où ces paiements n'ont pas été effectués, ils auraient pu générer de l'argent en étant placés.

Encore fallait-il que le gouvernement du Pérou paie, car le « ping-pong juridique peut durer des décennies[23] ». C'est en partance pour le Japon en septembre 2001 – accusé d'homicide, il fuit la justice[24] – et alors qu'Elliott met l'État péruvien sous pression en empêchant ses transactions *via* des ordonnances de saisie, que le président Fujimori honore son paiement[25]. Le journaliste d'investigation britannique Greg Palast évoque une fuite en avion empêchée par Singer,

21. « Emerging markets show signs of life », *Bulletin de l'EMTA*, 2e trim. 1999.

22. La dette totale calculée au 30 septembre 2000 s'élevait à 57,5 millions de dollars. À ce montant s'ajoutaient 9 millions de dollars de frais de justice. L'accord de règlement final prévoyait le paiement d'un montant total de 58,45 millions de dollars.

23. Greg Palast, *Vultures' Picnic. In Pursuit of Petroleum Pigs, Power Pirates, and High-Finance Carnivores*, Dutton, 2011.

24. En mars 2003, à la demande du gouvernement péruvien, Interpol émet une notice rouge contre Fujimori pour meurtre, kidnapping et crime contre l'humanité (deux massacres perpétrés par un escadron de la mort au début des années 1990). En 2009, Fujimori est condamné à vingt-cinq ans de prison, dont il purgera les deux tiers.

25. Le fonds obtient des ordonnances de saisie qui empêchent le Pérou d'assurer le service après-vente de ses obligations étrangères dans trois banques

qui retient le transporteur au sol : « Le repo-man [agent de recouvrement] milliardaire a frappé et s'est emparé de l'équivalent péruvien d'Air Force One. L'avocat américain du Pérou, stupéfait, m'a dit que le président avait ordonné au Trésor péruvien de payer tout ce que Singer demandait (58 millions de dollars). Le fugitif Fujimori a pu ôter les sabots des roues de son véhicule, a filé au Japon et renoncé à sa citoyenneté dans le pays dont il était le président. » Le fonds exploite des circonstances politiques extraordinaires, qu'il contribue lui-même à créer, et s'immisce dans d'étroites brèches pour forcer au paiement. Optimisé, le rapport au droit devient une ressource permettant de mener à bien des opérations financières.

Business plan et économie morale du vautour

Devant un parterre d'étudiants d'une université new-yorkaise, Newman se présente comme un « avocat accidentel », sans vocation, qui a découvert le « monde des affaires » par le droit des transactions fiscales[26]. Au début des années 1980, chez Lehman Brothers, où il achète et vend des prêts aux pays en développement, « à une époque où les pays du monde entier ne remboursaient pas leurs dettes et où de nombreuses banques s'étranglaient avec ces prêts », raconte-t-il, on lui demande d'étudier la possibilité de « développer un marché actif » et de « lancer l'entreprise » : « J'ai consulté, et je suis revenu après avoir rédigé un business plan [...] C'est là encore que le droit entre en jeu. Je me suis rendu compte que la plupart des gens ne lisaient pas les contrats de prêts obligataires et qu'ils ne pensaient pas à la possibilité de les faire respecter, même lorsque les finances d'un pays étaient solides et en voie d'amélioration. »

---

des États-Unis et deux chambres de compensation internationales, dont Euroclear.

26. « Former hedge fund manager Jay Newman LLM '81 reinvents himself as a novelist », *Law News*, New York University, 19 janvier 2023.

S'adossant à cette expérience, Newman travaille une vingtaine d'années pour le grand fonds spéculatif détenu par Singer, Elliott Management. Le métier de la poursuite souveraine, s'il est resté une niche, a fait des émules et encouragé des percées dans la jurisprudence. Les affaires liées à la dette souveraine peuvent être très rentables, surtout combinées à d'autres opérations plus classiques.

En 2023, dans un quartier bobo de New York, Roger[27], la cinquantaine passée, me reçoit dans son salon, en short et en tee-shirt. Il est le directeur exécutif d'un fonds qualifié de vautour par la presse et des publications académiques. Tandis que je lui demande où travaillent ses employés, imaginant naïvement une bureaucratie officiant avec lui, j'apprends que cette maison, qui donne sur un petit jardin et où j'ai été joyeusement accueilli par son chien, est son principal lieu de travail : « La société X a un bureau à Manhattan, mais je travaille surtout ici. C'est mon principal espace de travail. Mes partenaires sont tous virtuels : l'un d'entre eux est sur la côte Ouest, d'autres au Brésil ou en Angleterre, et je n'ai donc pas vraiment besoin d'un bureau conventionnel. »

Comme Newman, il a fait ses armes au cœur de la finance *mainstream*. Dans les années 1980, il travaille comme avocat pour l'un des plus grands cabinets des États-Unis et rejoint l'équipe dédiée aux marchés émergents au sein d'un grand groupe bancaire. Il s'occupe tout particulièrement des transactions en Amérique latine. Il côtoie alors des stars de l'investissement dans la dette en détresse et dit jouer le rôle de *consigliere*, en gérant les « opérations et situations spéciales ». Très vite, du fait de son « esprit d'indépendance » et d'« entreprise », il n'est pas l'aise dans la salle des marchés à laquelle sa banque employeuse souhaiterait qu'il s'intègre. En s'associant à un ami, il crée son propre fonds à la fin des années 1990. C'est dans ce cadre qu'il achète de la dette de

27. Le prénom a été modifié. De même, ni les pays ni les grandes banques pour lesquelles il a travaillé ne sont nommés. Les propos entre guillemets sont ceux de Roger.

pays africains, et entame des poursuites, qui s'étalent sur de nombreuses années. Si certaines affaires ont été conclues, d'autres sont toujours en cours – la créance et le dossier les plus anciens, ouverts vingt-deux ans plus tôt, ne sont toujours pas réglés.

En réalité, l'univers bancaire et ses clients ne sont jamais loin : « Vous opérez en tant que partie indépendante et vous vous associez occasionnellement avec les grands établissements, généralement pour des raisons financières, même si vous n'opérez pas en leur sein. » Il explique avoir son « noyau d'investisseurs » depuis une vingtaine d'années, et ne pas faire appel à des « fonds plus importants » sauf en de rares occasions, parce qu'il s'efforce de limiter ses « transactions à des montants relativement modestes, de l'ordre de 10 millions d'euros ». L'un de ses clients fidèles et investisseurs principaux est propriétaire d'un autre fonds spécialisé dans la poursuite souveraine. Il dit que tous ses investisseurs sont des particuliers fortunés qui « croient en ce que vous faites, et si vous avez du succès ils mettent au pot ».

Il cultive cette stabilité, une certaine modestie dans les volumes, et refuse la pression de clients impersonnels et angoissés, désireux de surperformer : « Nous avons travaillé occasionnellement avec des hedge funds, mais je ne veux pas y recourir si je n'en ai pas besoin, ou alors il faut vraiment m'y forcer. Car c'est trop compliqué. Les gens avec qui je travaille sont des amis autant que des investisseurs. Ils me connaissent, savent nos succès, et si les choses ne marchent pas, ils ne seront pas trop contrariés parce qu'ils savent qu'ils auront tout de même tiré leur épingle du jeu. Si vous amenez une nouvelle personne dans le fonds, et que l'affaire dure finalement huit ans au lieu de cinq, au cours de la sixième année, les gens se mettent à hurler ! D'ailleurs, la personne du fonds avec qui vous traitiez a sûrement quitté ce fonds, et vous devez travailler avec une autre, et le remplaçant peut être un vrai trou du cul. J'en ai fait l'expérience et le type a fini par faire une dépression nerveuse, mais pas avant d'avoir failli m'en faire faire une. »

Un désaccord interpersonnel va souvent de pair avec un désalignement des intérêts financiers. Le client avec qui il n'y a pas de liens personnels, travaillant pour un hedge fund mû par des objectifs de rendement qui le dépassent, voudra toujours un meilleur arrangement et peut « faire capoter un accord » sur le point d'être conclu.

La technique au cœur du business model est simple, basique : acheter à bas prix, attendre pour revendre mieux et/ou poursuivre. Étant donné que certaines affaires peuvent durer longtemps, le portefeuille doit être varié : « Il faut de la diversité et viser beaucoup de choses différentes, et ne pas se focaliser exclusivement sur la dette et les activités souveraines. Il vous faut suffisamment de types de créances avec des durées variables – certaines réclamations, en Amérique latine, correspondent plutôt à des fenêtres de trois à cinq ans, par exemple. La plus courte affaire que j'aie jamais faite est de trois ans. Il n'y a rien que je fasse qui, d'une manière générale, soit plus rapide que cela. Parce que vous avez affaire à des litiges. »

Acheter à prix bas est tout un art : il faut savoir estimer à quel point le prix consenti par les marchés est sous-évalué, mais aussi les chances de succès d'une stratégie judiciaire et individuelle. Avant de faire son marché, il faut donc connaître les avantages et inconvénients des juridictions, et vérifier lesquelles sont inscrites dans le contrat d'emprunt. Les chances de recouvrement sont indexées sur le champ des possibles mais aussi sur le contexte politique.

Comme le raconte un autre gestionnaire de portefeuille spécialisé dans le rachat de créances souveraines : « Notre fonds est remarquablement doué pour consacrer beaucoup de temps et d'efforts à la compréhension du document obligataire que vous achetez : “Quels sont les droits dont nous disposons ? Contiennent-ils une clause de renonciation à la juridiction ? C'est une bonne chose. Quelle est la loi applicable ? Où pouvons-nous intenter un procès ? Tous ces éléments sont très importants pour décider si vous allez acheter la dette. Il y a aussi la durée potentielle de l'affaire. Pouvons-nous parvenir à un règlement et, si nous y parvenons, ces personnes peuvent-elles nous payer en espèces ? Ils nous donnent des obligations : pouvons-nous compter sur leur remboursement ? Ou les vendre sur le marché ? Il s'agit donc d'une équation complexe pour décider d'entrer dans ce jeu. »

Roger rappelle ainsi la stricte légalité, sinon le banal caractère marchand de ses rachats face à la curiosité que peut soulever l'obtention d'un titre d'emprunt à si bas prix : « Des journalistes avaient insinué qu'il y avait quelque chose de fâcheux dans notre achat de la dette du pays X. Ils avaient trouvé un clown, que je ne connaissais pas, qui a dit dans l'article : "Eh bien, il est évident qu'il y a eu corruption. La créance a été achetée pour 30 cents sur le dollar alors qu'elle valait 30 millions, et il l'a achetée pour 3." J'ai répondu : "Eh bien, oui, parce que la créance est impayée depuis 10 ans, et parce qu'il y a un marché pour cela, notre fonds a payé le prix du marché, 16 cents sur le dollar, avec des coupons d'intérêts gratuits." Ce type ne connaissait rien à rien, que ce soit aux marchés émergents ou à la façon dont ces créances sont négociées[28]. »

À chaque fois, il s'agit donc bien de calculer le rapport entre le coût d'achat et les bénéfices potentiels d'une poursuite, et de faire valoir ses droits. La ténacité et les compétences hybrides en droit et en finance distinguent le fonds de Roger d'autres acteurs auxquels il rachète les créances déchues. Roger a bien conscience que l'on dénigre son activité, souvent sans la connaître dans le détail. Aujourd'hui, il dit se mettre progressivement en retrait, et essaie de réduire le nombre de dossiers qu'il accepte – raison pour laquelle, certainement, il me parle aussi librement.

---

28. L'expression « cents (pour centimes) sur le dollar » fait référence à un pourcentage du prix ou de la valeur d'origine d'un actif financier. Par exemple, si quelqu'un achète une dette d'une autre partie pour seulement 10 cents sur le dollar, cela signifie qu'il paie 10 % de la valeur nominale de la dette. De même, si quelqu'un vend un actif pour 50 cents, il ne reçoit que la moitié de sa valeur initiale. Cela aide à calculer le pourcentage de profit ou de perte dans une transaction.

La justification morale fait partie intégrante de son travail, puisqu'il s'agit de défendre – devant des tribunaux, mais aussi auprès de l'opinion publique – la légitimité d'un remboursement et d'un droit financier face à des États souvent en difficulté devant leurs propres populations. À la rationalité marchande s'ajoute donc une dimension morale, qui n'est pas un simple effet de manche. Refusant d'être les méchants de l'histoire, les fonds revendiquent non seulement d'être dans leur bon droit, mais surtout de jouer un rôle économique et politique salutaire.

Roger critique le rôle des plus hautes instances, notamment des cours suprêmes de différentes juridictions comme étant le lieu de décisions « politisées ». Mais il déplore aussi les arsenaux réglementaires tels que les lois protégeant l'immunité souveraine au niveau national : « Quand les pays ne sont plus susceptibles d'être poursuivis en justice, ne courent plus le risque de voir les réclamations privées exécutées, cela signifie que les investissements qu'ils obtiennent sont, par nature, corrompus. » Barrer la route aux droits des créanciers transnationaux, empêcher l'émergence d'un marché judiciaire, c'est favoriser un régime national de passe-droit : « Sans les fonds vautours, vous laissez la place aux corrompus, dont les investisseurs de Chine et d'Israël. »

De la vertu du rapace

Roger considère que ses choix d'affaires sont vertueux : à ses yeux, il n'y a rien de déshonorant à investir dans la dette en détresse d'un État, certes récalcitrant à payer, mais qui « regorge d'argent et d'actifs pour le rembourser » – comme certains pays d'Afrique centrale, avec lesquels il est en procès et dont il estime que la « richesse minérale équivaut à trois fois la quantité de pétrole de l'Arabie Saoudite ». Mieux, il considère que ses actions en justice permettent de « mettre en lumière » la corruption qui gangrène ces États : « L'argent ne manque pas et des milliards de dollars ont été volés [dans ce pays d'Afrique centrale] au cours des quinze dernières années. » Il affirme être animé par le devoir moral de respecter ses clients – « des gens vis-à-vis desquels [il a] des obligations[29] » –, de protéger jusqu'au bout leurs intérêts et, à ce titre, d'être endurant.

Il sait qu'il navigue en eaux troubles : dévoiler l'illégalité ou l'illégitimité des paiements dont des créanciers concurrents bénéficient, pour en tirer avantage soi-même, expose à des représailles. Il s'estime heureux d'être encore en vie. En testant la solidité des liens de confiance entre l'État, l'économie nationale et la communauté d'affaires internationale, il pense œuvrer pour l'intérêt général : « J'ai toujours aimé, dans tous les investissements où je suis impliqué, imposer la *Rule of Law*. Non pas l'imposer, mais en renforcer l'effectivité : si vous voulez avoir une véritable économie, à moins que vous ne préfériez être redevable à des parties corrompues, alors vous devez honorer vos obligations et vos engagements, dans lesquels vous avez expressément dit : "Nous allons appliquer le droit étatsunien ou suisse ou l'arbitrage de la Cour commerciale internationale", et accepter d'être liés par les décisions de ces juridictions. »

Il considère d'ailleurs que le battage médiatique autour des vautours a empêché cette fonction vertueuse de produire tous ses effets : « L'épanchement de l'opinion mondiale autour des vautours était, à mes yeux, malavisé. Si l'on empêche un créancier privé, qui a agi de bonne foi, construit quelque chose, investi de l'argent, conclu un contrat – qu'il est tenu d'honorer en vertu du droit international – de faire valoir ses droits, alors tous ceux qui envisageraient de se lancer dans l'aventure penseront que c'est tout simplement trop compliqué. »

Roger affirme doser sa poursuite : par exemple, concernant un pays « très pauvre, et étant donné les circonstances

---

29. « C'est juste une question de responsabilité professionnelle. J'ai pris l'argent de quelqu'un. J'ai l'obligation de faire de mon mieux pour essayer de leur rendre au moins leur argent, en espérant qu'il y ait un peu d'argent dans leur poche pour l'effort consenti. C'est tout. »

dans le pays », il me dit ne plus s'attaquer à « ses actifs de base, mais simplement saisir quelques propriétés localisées aux États-Unis ».

La *Rule of Law* des vautours veut ses lettres de noblesse, comme en témoigne un journaliste spécialisé dans la finance : « Ayant passé de nombreuses années à couvrir les fonds vautours, je peux attester que presque tous les acteurs de ce monde se considèrent comme étant du côté de la vérité et de la justice[30]. » De tels soubassements moraux sont aussi revendiqués par Jay Newman qui, dans une formule ambivalente, dit ainsi : « J'ai énormément bénéficié de la *Rule of Law* et je n'hésite pas à l'invoquer[31]. »

À titre d'exemple, le fonds FG Hemisphere Associates (FG), enregistré au Delaware, État américain connu pour sa fiscalité avantageuse, spécialisé dans le rachat et le recouvrement de créances, est entré en litige pour différentes affaires avec la République démocratique du Congo. Il a entrepris de se défaire du stigmate du vautour et de la mauvaise presse associée. Son directeur général, Peter Grossman, a publié une lettre ouverte pour défendre ses actions[32]. Il y affirme que les rachats des créances par son fonds (et la possibilité même de ces rachats) sont « hautement bénéfiques » pour l'économie et le peuple congolais, parce que les « investisseurs évoluant dans des environnements à haut risque comme la RDC ont besoin de savoir qu'il existe un marché pour leurs réclamations contractuelles si les choses ne marchent pas ». En menant une enquête détaillée sur les transactions commerciales du pays, le fonds apporte de la « transparence » et peut jeter la lumière « sur la façon dont certains pays utilisent leurs ressources naturelles ». À en croire Grossman, les « bénéficiaires ultimes sont les Congolais, car la transparence que

30. Felix Salmon, « The richest people on the planet are criminals », *Wealth Simple Magazine*, 20 avril 2022.

31. *Ibid.*

32. Peter Grossman, Managing Director, FG Hemisphere Assocs., LLC, FG Hemisphere Associates Responds to Inaccurate and Misleading Media Reports (2 décembre 2011), <www.fgcap.net/statement.html>.

cet effort engendre contribue à garantir que leurs ressources naturelles sont utilisées à leur profit plutôt que pour quelques personnes au sommet ». Mieux, « savoir que ce marché [de la procédure] existe et qu'il est possible d'obtenir au moins quelque chose des plaintes, dans le pire des cas, réduit les risques associés à ces investissements [et] la réduction du risque diminue, pour le pays, le coût d'emprunt[33] ».

Les fonds d'investissement spécialisés dans la dette en détresse auraient donc pour première vertu de faciliter les procédures de faillite d'entreprises privées, en les accélérant et en prenant part à la réorganisation qui s'ensuit[34]. Les « intérêts » des investisseurs rachetant les créances déchues et ceux de l'entreprise privée en détresse seraient alignés. Mais les choses se complexifient pour les dettes souveraines. Les créanciers ne peuvent pas contrôler directement la manière dont un État utilise ses ressources[35]. Mais, précisément, les stratégies déployées par les vautours visent à jeter la lumière sur les usages – « corrompus », « irresponsables » – de l'argent public, ou les tentatives de remboursement d'autres créanciers (privés ou sociaux) qui détournent l'État de leurs propres intérêts et plaintes.

Au-delà de la représentation péjorative des fonds vautours, l'investissement dans de la dette dont la valeur d'échange est dégradée (par les agences de notation), ainsi que la possibilité des poursuites sont comprises comme des garde-fous contre le comportement lâche des États, dissuadés de recourir à la

---

33. *Ibid.*

34. « Les investisseurs dans les entreprises en difficulté utilisent les procédures de faillite pour rendre les restructurations plus efficaces afin de tirer profit de l'entreprise en activité après la réorganisation. L'intérêt du fonds procédurier est aligné sur celui de l'entreprise » (John Muse-Fisher, « Starving the vultures : NML Capital *v.* Republic of Argentina and solutions to the problem of distressed-debt funds », *California Law Review*, vol. 102, n° 6, 2014, p. 1671-1725). Voir aussi, Elizabeth Broomfield, « Subduing the vultures : assessing government caps on recovery in sovereign debt litigation », *Columbia Business Law Review*, n° 2, 2010.

35. Surtout, le fait qu'une grande partie de la dépense publique et sociale d'un État ne soit pas orientée vers le profit empêche l'alignement intégral des intérêts étatiques avec ceux des investisseurs financiers, procéduriers ou non.

facilité de la restructuration[36]. Surtout, le marché de l'occasion, respectueux des droits des créanciers, serait une source abondante en capitaux. Comme pour les entreprises, l'existence d'un marché secondaire et d'une classe d'investisseurs spécialisés dans le rachat de titres en détresse pourvoirait de la liquidité : la présence de cette clientèle favoriserait la désirabilité et la circulation du titre, dont on peut se débarrasser en cas de crise.

Michael Chamberlin, de l'EMTA, refuse l'opposition manichéenne entre des créanciers légitimes, paisibles et non procéduriers, et des créanciers rapaces, illégitimes et amoraux qui utiliseraient sans vergogne la justice à des fins de profit. D'après lui, l'antinomie ne saurait résulter que d'un point de vue externe au marché (celui des éditorialistes ou des professionnels de la politique), ou renvoyer aux critiques émises par des créanciers concurrents, au service de leurs propres positions. Au contraire, l'existence d'organisations procédurières augmenterait les leviers de négociation des créanciers coopératifs. Mais, selon Chamberlin, ces effets n'auraient pas été immédiatement perçus par les acteurs de l'époque : « Ceux qui veulent négocier n'aiment pas ceux qui intentent des poursuites. Le fait que quelqu'un intente une action en justice a probablement, à certains égards, aidé ceux qui voulaient négocier, car cela a rendu le souverain plus enclin à faire des concessions. Mais, au début des années 2000, on avait l'impression que les plaignants essayaient d'ôter le pain de la bouche de ceux qui essayaient de négocier. C'est en tout cas ainsi que le souverain décrivait la situation. Ou c'est ce qu'auraient dit Gillian Tett[37] ou Martin Wolf [éditorialistes au *Financial Times*] qui sont très traditionalistes et antivautours, voire anticapitalistes. Mais le fait est que toutes ces choses se produisent en même temps. Cela fait partie du marché. »

---

36. Paul M. Goldschmid, « More phoenix than vulture : the case for distressed investor presence in the bankruptcy reorganization process », *Columbia Business Law Review*, 2005, p. 191, p. 192-193 et p. 200.

37. Anthropologue de formation, Gillian Tett est présidente du comité éditorial et rédactrice en chef du *Financial Times*.

Les écrits de Gillian Tett dans la presse visent justement à déseuphémiser le langage crypté et technicisé de la finance. Tett parle des « manœuvres linguistiques qui font partie du jeu moderne de la restructuration des entreprises », et font du vocable « vautour » un tabou, le « *v-word* » : « Cette semaine, des financiers aux dents acérées se sont rassemblés dans un élégant hôtel londonien pour discuter des entreprises les plus malades d'Europe. Il fut un temps – disons, il y a dix ans – où l'on aurait pu appeler ces financiers des vautours. L'essentiel de leur travail consiste à scanner le paysage économique à la recherche d'entités en difficulté, puis à les restructurer pour en tirer un profit substantiel. Aujourd'hui, le mot "vautour" est tabou. Lorsque le Crédit suisse a organisé la conférence de cette semaine sur les dettes en difficulté, il l'a poliment décrite comme un événement sur les "situations spéciales" [...]. Bien entendu, aucune de ces subtilités verbales ne protégera les employés de la douleur de l'effondrement de l'entreprise si – ou quand – le cycle du crédit se retourne. La restructuration est brutale, quel que soit le nom qu'on lui donne. Mais c'est une vérité intemporelle que la détresse d'un investisseur est le profit d'un autre. Il suffit de demander aux vautours à l'allure élégante – pardon, aux investisseurs alternatifs[38]. »

Pour Lee Buchheit, le terme de vautour « a une signification technique » propre à l'industrie financière[39]. Parmi les créanciers privés, il distingue les investisseurs institutionnels (« *real money people* »), qui achètent une obligation souveraine au moment de son émission [au prix originel, à la valeur nominale] et « la paient 100 cents pour un dollar ». Il identifie ensuite « la communauté qui investit sur la dette en détresse » qui n'achète que d'occasion, quand le pays est en difficulté et que le prix baisse. Selon lui, ils raisonnent ainsi : « Quel est le prix de l'obligation, la valeur de marché,

38. Gillian Tett, « Verbal niceties from the vultures », *Financial Times*, 29 septembre 2006.

39. Les propos cités entre guillemets sont extraits d'un entretien d'avril 2023.

et quelle sera la valeur de recouvrement probable après la restructuration ? Si cette dernière est plus élevée que la première, c'est un bon achat. » Enfin, « sous-espèce de ce groupe des achats en détresse », il y aurait les vautours.

Si « un véritable investisseur en détresse attend avec impatience les termes de la restructuration », un vautour se « fiche de la restructuration : quand bien même elle serait de 99 cents pour un dollar, il en voudrait toujours 100 » : « Les vrais vautours agissent avec malice et prévoyance. Ils n'achètent pas avec l'intention de participer à une restructuration, mais avec l'intention et l'espoir que ce sera le cas de tous les autres créanciers et qu'ils pourront obtenir un règlement préférentiel par le biais d'un litige. Telle est ma définition des vautours. Ils ne partagent pas l'objectif commun des autres créanciers qui est d'obtenir une restructuration de la dette aussi rapide et ordonnée que possible, qui produise la valeur de recouvrement la plus élevée pour les créanciers. Le véritable vautour ne se soucie pas de cela. Il veut simplement obtenir un recouvrement préférentiel. »

Cette définition réactualise, dans le cadre du marché obligataire, l'idée d'une communauté de destin entre créancier et débiteur. Qualifier les fonds de « vautours » peut relever d'un jugement moral, externaliste, comme dans le cas des comptes rendus journalistiques, mais aussi internaliste, enrôlé dans les procès, en défense des États souverains ou pour étayer les décisions des juges, notamment à travers l'activation de la clause Champerty au profit du débiteur – du moins tant que celle-ci était disponible. En 2004, le législateur new-yorkais amenda ses dispositions et annula cette défense pour tout litige d'une valeur supérieure à 500 000 dollars[40].

40. Loi du 17 août 2004 de l'État de New York. La « Champerty Defence » a été codifiée à la section 489 de la New York Judiciary Law.

Petite galerie de créanciers

Plusieurs types de créanciers peuvent essayer de faire « bande à part » au cours d'une restructuration de dette souveraine. Chaque groupe de *holdout* comprend des *leaders* et des suiveurs, qui attendent patiemment que le créancier le plus agressif obtienne des avancées dont ils pourront bénéficier.

Le vocabulaire est fleuri en la matière. Certains interviewés évoquent des « *piggybackers* » – de « *piggybacking* » (littéralement « ferroutage » ou « portage ») – pour désigner ceux qui, tels des passagers clandestins parmi les passagers clandestins, se greffent au groupe des vautours les plus offensifs. On nomme aussi ironiquement des « *kumbaya*[41] » – terme emprunté à un chant classique des feux de camp (*Come by here*) – ceux qui attendent paisiblement les profits sans participer aux raids les plus risqués entrepris par d'autres, sans rien faire sinon en appeler à Dieu. Si la victoire des créanciers passe par le recours aux tribunaux, ou parfois par la simple menace d'un procès, la « récompense » financière de ces stratégies, la collecte concrète de l'argent, ne s'obtient qu'au terme d'un accord avec le fonds procédurier, un *deal*, un *settlement*, bref un consentement de l'État à payer.

Dans le nuancier des investisseurs spécialisés dans les souverains émergents, certains hedge funds affirment leurs différences vis-à-vis des fonds procéduriers les plus agressifs et retors. Lorsque je rencontre Hans Humes de Greylock Capital à New York, il s'inquiète, par anticipation, du cadrage de mon enquête et m'interrompt : « Je suis plutôt du genre à restructurer ! » Un de ses collègues me le confirme, avec une pointe d'ironie. Il n'est pas non plus question de perdre de l'argent ou de ne pas en gagner : « Vous savez, nous sommes connus comme les gentils restructurateurs, c'est un oxymore. – *C'est ironique ?* – Oui, parce que nous

41. L'étymologie du mot est « *Come by here* » venant des descendants d'esclaves des îles de Caroline du Sud et de Géorgie et signifiant « viens par ici », en s'adressant à Dieu pour lui demander de contempler la misère du monde et de nous en sauver.

voulons récupérer notre argent, mais nous le faisons de manière amicale. Nous ne sommes pas odieux. Il y a des fonds qui n'hésitent pas à poursuivre tout le monde. Mais ce n'est pas notre approche. »

L'image controversée de l'investissement vautour peut se porter comme un stigmate, selon Hans Humes : « C'est un problème. Les grands investisseurs seront plus sensibles aux risques liés aux gros titres des journaux. L'attention des médias peut être très défavorable aux créanciers[42]. » Les gestionnaires de portefeuille de sa société Greylock confessent que, de toute façon, ils n'ont pas les ressources pour s'autoriser l'approche d'Elliott : agressive, endurante, mondiale, et qui fait de la poursuite judiciaire un véritable métier. Les gérants de Greylock soulignent l'aspect artisanal de leur investissement dans les pays émergents, disent se fier à leur intuition ou à l'analyse qualitative de scénario, proches de la théorie des jeux : ils « suivent la presse locale et nouent des contacts avec des personnes basées dans le pays où il est envisagé d'investir, ou des personnes qui connaissent bien la cible » (l'État emprunteur). Le gérant souligne néanmoins que Greylock est fier d'être un fonds « activiste ». Ce profil est considéré comme un « luxe ». La maîtrise des enjeux permettrait au fonds, dans de nombreuses crises, d'« aider le groupe des créanciers dans sa totalité à s'organiser ».

La galerie des créanciers, qui se décline comme autant de divisions (vautours *v.* fonds *distress* ou activistes *v. piggy-backers*, etc.), se retrouve dans les polarités structurant le marché : entre banques commerciales, achetant en gros les titres de dette, nouant des liens serrés avec l'État, et investisseurs spécialisés dans le rachat, parfois accusés d'être des opportunistes à courte vue, disrupteurs des liens stables avec les États. Au contraire, ceux qui veulent donner une vue d'ensemble du marché, et en défendre les intérêts généraux, soulignent l'aspect salvateur des financiers qui convertissent

42. Michelle Celarier, « When hedge funds hide », *loc. cit.*

les crises sociales et politiques en opportunité normalisée de placement. Assumant une vision libérale des cycles de vie marchands des organisations publiques ou privées, Michael Chamberlin explique la fonction de « nettoyage des entités mortes » des vautours : « Le marché est grand et s'adapte à de nombreux points de vue. Il y a de la place... Ce n'est pas tout blanc ou tout noir. Les vautours, les oiseaux, jouent un rôle très utile de nettoyage des animaux morts. Les fonds vautours dans le capitalisme financier font la même chose. Si quelque chose est en train de mourir, ils aident à le nettoyer. C'est ainsi. Il est facile de dire qu'Elliott Management est une mauvaise organisation. En réalité, ils ont joué un rôle très utile. »

Les fonds « vautours », en traquant les souverains et en les menaçant sans cesse de poursuites judiciaires, permettraient que ces derniers « ne se retranchent pas derrière leur souveraineté », selon les mots de Chamberlin. Mais, dans le domaine des transactions financières, la souveraineté est de moins en moins dissimulée, opaque ou invisible : elle tend à être découpée, circonscrite, transparente et saisissable.

Les professionnels de la politique aux États-Unis ont fermé les yeux sur les opérations des créanciers individualistes et tacitement accepté le rôle disciplinaire du contentieux engagé par ces fonds d'investissement privé. En 2007, lorsque le Congrès lui demande pourquoi les États-Unis n'aident pas les pays africains dans leurs tentatives de résistance à ces financiers, le secrétaire au Trésor Henry Paulson déclare : « Je déplore l'action des fonds vautours, et nous utilisons des solutions morales pour aider. Mais les fonds vautours ont la *Rule of Law* de leur côté. Lorsque les États concluent des accords sur la dette, les lois s'appliquent[43]. »

Comment expliquer ce laisser-faire des pouvoirs publics ? Au terme de quel processus s'est-il maintenu, malgré les cris

43. Statement of Henry Paulson, « The state of the international financial system », Hearing before the Committee on Financial Services, US House of Representatives, 110th Congress, 2007, p. 39-40.

d'orfraie des médias et les tentatives de mobilisation de la communauté internationale par plusieurs États passés en quelques dizaines d'années du statut de cibles de l'investissement financier à celui de proies ?

Chapitre 7

Réguler les faillites publiques par les contrats privés

Aux États-Unis, le régime du code des faillites (dit « chapitre 11 »), permet à une entreprise qui le sollicite de se placer sous l'autorité d'un administrateur judiciaire, qui suspend les paiements, organise la restructuration et impose une solution à l'ensemble des contractants.

Il n'existe pas d'équivalent pour réguler les défauts souverains. Aucune autorité ne peut imposer aux différents créanciers un accord sur les renoncements inévitables et éviter les actions non coordonnées, notamment les recours individuels devant des tribunaux. Dépourvus d'une telle protection, les États qui ont emprunté sous l'égide de la loi de New York sont particulièrement « vulnérables », comme l'explique Lee Buchheit : « Un souverain trop endetté et confronté à une obligation venant à échéance n'a que deux choix : payer ou faire face à la possibilité d'un procès le forçant au paiement[1]. » Pour gagner la confiance des investisseurs, les gouvernements du Sud global renoncent à leurs spécificités de souverain – la capacité d'édicter la loi, l'immunité juridique – et tendent à se comporter, comme l'exige la structure de ces marchés, à la façon d'une entité commerciale parmi d'autres. Mais, en l'état actuel de l'architecture juridique internationale, ces États acceptent d'être moins que des entités commerciales.

1. Lee Buchheit, « Sovereign debt restructurings : the legal context », Bank for International Settlements, paper n° 72, 2013.

Au début des années 2000, tandis que des temps sombres se profilent pour la dette des États émergents, la difficulté à réunir les détenteurs de titres obligataires autour d'une table a été identifiée comme un problème dans les plus hautes sphères de la technocratie financière internationale. En 2001, Anne Krueger, directrice générale adjointe du FMI depuis peu, fait travailler ses équipes sur la conception d'un tribunal international des faillites souveraines calqué sur le modèle régissant celles des entreprises aux États-Unis. Elle relève un déficit de régulation dans l'architecture financière internationale, un « trou béant » à combler : « Nous manquons d'incitations pour aider les pays dont la dette n'est pas soutenable à s'en sortir rapidement et de manière ordonnée. À l'heure actuelle, le seul mécanisme disponible nécessite que la communauté internationale renfloue les créanciers privés[2]. »

Le retrait du « pompier » américain

C'est bien ce renflouement des États en crise par l'argent public qui pose problème à l'administration des États-Unis qui domine les institutions des Bretton Woods, dont le FMI. L'arrivée au pouvoir de George W. Bush en 2001 installe une administration du Trésor qui veut rompre avec la reconduction automatique des politiques d'assistance financière des pays en souffrance budgétaire – telles qu'elles avaient pu se stabiliser pendant les années 1990 sous l'administration démocrate de Bill Clinton. L'aide financière déboursée se traduisait par l'augmentation de la subvention budgétaire des États-Unis, premier actionnaire du FMI. Un important lobbying des conservateurs[3] dénonce l'« aléa moral » de telles

2. Anne O. Krueger, « A new approach to sovereign debt restructuring », FMI, Washington, 26 novembre 2001.

3. Makoff décrit par exemple comment les « conservateurs, menés par Allan Meltzer, professeur à Carnegie Mellon, ont déploré les plans de sauvetage de plus de 10 milliards de dollars que le Mexique, la Thaïlande, l'Indonésie, la Corée du Sud et la Russie avaient reçus sous l'administration Clinton » (Gregory Makoff, *Default*, *op. cit.*).

politiques de renflouement : le contribuable ne doit plus payer pour l'irresponsabilité budgétaire des États ou les prêts excessifs des banques, autant de comportements encouragés par le filet de sauvetage, garanti en dernier ressort, du Fonds. L'administration Bush veut un changement de cap[4].

Le département du Trésor est dirigé à l'époque par Paul O'Neill, considéré comme un libre-penseur disruptif. Selon les mots de Brad Setser[5], alors jeune économiste au Trésor, O'Neill est « ouvert à de nouvelles approches des vieux problèmes » et « frustré vis-à-vis des sauvetages de l'Argentine et de la Turquie [...], peu disposé à s'incliner devant les traders de Wall Street qui travaillaient devant leurs écrans d'ordinateur verts, ni devant le reste de l'administration Bush [...]. Il a surpris le monde entier, et ses propres équipes, en appelant à une nouvelle loi internationale sur les faillites souveraines[6] ».

L'idée de protéger les États des litiges en cas de banqueroute était dans les cartons de l'institution, mais n'avait pas trouvé d'« espace politique » pour susciter un grand débat public international[7]. La crise en Argentine, dont l'État est au bord du défaut sur sa dette extérieure, constitue la première mise à l'épreuve de cette nouvelle doctrine. Car les traders de Wall Street, mais aussi les avocats du barreau d'affaires, protestent avec véhémence contre cette proposition.

---

4. Randal Quarles, « Herding cats : collective-action clauses in sovereign debt. The genesis of the project to change market practice in 2001 through 2003 », *Law & Contemporary Problems*, vol. 73, n° 4, 2010.

5. De 1997 à 2001, il est au bureau de la politique monétaire et financière internationale, puis directeur par intérim du Bureau du Trésor américain. Pendant ces années, il a beaucoup travaillé sur la réforme de l'architecture financière internationale, les restructurations de la dette souveraine et la politique des États-Unis à l'égard du FMI.

6. Brad Setser, « The political economy of the SDRM », Task Force on Debt Restructuring and Sovereign Bankruptcy, Initiative for Policy Dialogue Working Paper Series, septembre 2008.

7. À la fin des années 1990, les dirigeants du FMI, Michel Camdessus et Stanley Fischer, avaient suggéré de réinterpréter les statuts du FMI de façon à accorder une protection contre les litiges aux États. Aussi, l'économiste Jeffrey Sachs avait fait sensation en 1995 en plaidant publiquement en faveur d'un régime international de faillite.

Un premier projet est présenté en novembre 2001 lors d'un dîner à Washington, devant un parterre d'économistes[8]. En faisant explicitement référence au cadre étatsunien régissant les faillites d'entreprises, le fameux « Chapter 11 », il s'agissait de transformer le FMI en mandataire judiciaire chargé d'ordonner la restructuration et ce, à la demande d'un État en difficulté. Ce mécanisme institutionnel, qui éliminerait le risque de créanciers non coopératifs, porte un nom : le *Sovereign Debt Restructuring Mechanism* (SDRM)[9].

Pendant l'été, la pression monte du côté argentin. En août 2001, Randal Quarles est le représentant au FMI des États-Unis, plus particulièrement du Trésor[10]. C'est le personnage clé sur ces questions. Déjà présent au sein de l'administration de Bush père, il est décrit par un banquier comme un « républicain bon teint[11] ». Diplômé de Yale, il commence sa carrière comme associé de Davis Polk & Wardwell, un cabinet d'avocats de Wall Street, où il se spécialise dans le droit et les institutions financières. Il me raconte « [qu']il était clair que l'Argentine, pour ne pas faire faillite, avait besoin d'un programme d'assistance ». Cependant, les pressions internes sont fortes pour faire de l'Argentine un cobaye illustrant la rupture avec les politiques d'assistance automatique : « La position intellectuelle des personnes qui étaient arrivées

8. Le 26 novembre, au « National Economists' Club ». Il faut aussi noter, à la même période, le poids de la campagne menée par des ONG (Eurodad, ONE, Jubilé) ainsi que les programmes multilatéraux pour un allègement massif de la dette des pays à faible revenu très endettés.

9. On parle aussi d'approche réglementaire, légale, ou statutaire, par opposition à une approche de marché ou contractuelle.

10. Avocat de formation, il a occupé d'août 2001 à octobre 2006 plusieurs postes dans le domaine de la politique financière au sein de l'administration de George W. Bush, avant d'être nommé sous-secrétaire au Trésor pour les finances nationales. Il a été le premier vice-président de la Fed pour la supervision de 2017 à 2021. Il est aujourd'hui investisseur en capital-risque.

11. Anna Gelpern et Mitu Gulati, « Public symbol in private contract : a case study », *Washington University Law Review*, vol. 84, n° 7, 2006, p. 1627-1715. Quarles a servi dans la première administration Bush en tant qu'assistant spécial du secrétaire au Trésor pour la législation bancaire et en tant que secrétaire adjoint au Trésor pour la politique des institutions financières, avant de regagner le cabinet d'avocats Davis Polk & Wardwell en janvier 1993.

au Trésor, dont j'étais, considérait que les renflouements chroniques du FMI – et du G7 – avaient résolu les urgences du moment tout en aggravant, à chaque intervention, le problème systémique. Chaque nouveau programme renforçait l'idée que "si le pays ne peut pas rembourser, les créanciers officiels (le FMI et les États riches et créanciers) trouveront un moyen de l'y aider". »

Faute d'avoir trouvé le moyen de dépasser ce qu'elle considère comme un pis-aller, l'équipe du Trésor Bush approuve pendant l'été 2001, à son arrivée au pouvoir, un programme d'assistance pour l'Argentine. Non sans amertume, et en se répétant : « Plus jamais ça ! », comme l'explique Quarles : « Nous nous sommes sentis obligés, si l'on peut dire, d'approuver un tel programme, alors que nous, les États-Unis, aurions voulu promouvoir un monde où il n'y aurait pas de tels renflouements par le secteur public. Mais, comme nous ne disposions pas encore d'un cadre, nous avons dit : "Nous ne voulons pas nous retrouver dans la même situation. Nous devons donc travailler à l'élaboration d'un cadre global plus large, et satisfaisant, pour la restructuration de la dette souveraine afin d'avoir plus d'options quand nous serons confrontés à ce genre de situation." »

Le Trésor travaille tout l'automne sur ce dossier et, en décembre, finit par déclarer à l'Argentine que « l'aide du mois d'août était la dernière et [qu']il n'y aura plus de programme du FMI pour vous[12] ». L'annonce entraîne un mouvement de marché et précipite le défaut de paiement de l'Argentine.

Mais ce changement de paradigme ne se fait pas sans heurts et est vivement contesté par le département d'État, encore attaché aux politiques d'assistance ainsi qu'à une lecture politique, et non strictement financière, des relations économiques internationales[13]. Les fonctionnaires en charge du suivi de l'Amérique latine parlent d'une « maison Argentine

12. Extraits d'entretien avec Randal Quarles.

13. Voir Barry Herman, « Unfinished business in the international dialogue on debt », *Revista CEPAL*, CEPAL, décembre 2003.

en feu » et rappellent que le FMI et le département du Trésor sont perçus dans la région « comme des pompiers qui se perdent en futilités alors que la fumée devient de plus en plus difficile à ignorer et que les étincelles menacent de se répandre aux habitations voisines[14] ». Le diplomate conclut en rappelant qu'il est essentiel de ne pas laisser le président argentin, Eduardo Duhalde, « dans le vague », d'œuvrer à ce que « les Argentins sachent qu'une aide réelle est possible, en récompense d'un sacrifice et d'efforts authentiques de leur part », et que les marchés internationaux comprennent que « le G7 est totalement mobilisé et n'est pas simplement sur le bas-côté à observer la nature suivre son cours ».

Selon Brad Setser, il y a bien à l'époque, au plus haut niveau du Trésor, l'idée que « les États-Unis sont trop impliqués et qu'il faut laisser le marché régler les problèmes d'endettement ». Ce refus de « socialiser » les « mauvaises décisions des États », selon les termes du secrétaire au Trésor étatsunien[15], mais aussi les pertes des banques et des investisseurs pris dans la tourmente argentine entérine un désengagement libéral de l'État fédéral, un « laisser faillir » visant à sanctionner l'ensemble des comportements déraisonnables[16]. Le projet de duplication, pour les États, du modèle de faillite privée est un « substitut » à ces politiques de renflouement. Un mécanisme de restructuration des dettes souveraines, censé hiérarchiser les créanciers, offrirait une solution institutionnelle, confirmant le retrait progressif des États-Unis et garantissant l'obéissance au marché, tout en ménageant pour l'Argentine une sortie de crise honorable. En somme, une

14. Extraits d'une note du département d'État en juin 2002. Archive personnelle confiée à l'auteur par un ancien diplomate.

15. O'Neill a déclaré à la commission bancaire du Sénat : « Nous avons besoin d'un accord sur le droit international des faillites afin de pouvoir travailler avec les gouvernements qui doivent passer par une réorganisation en vertu du chapitre 11, au lieu de socialiser le coût de [leurs] mauvaises décisions » (cité dans Deepak Gopinath, « The debt-crisis crisis », *Institutional Investor Magazine*, 31 juillet 2002).

16. Eric Helleiner, « The strange story of Bush and the Argentine debt crisis », *Third World Quarterly*, vol. 26, n° 6, 2005.

« faillite juste, la moins déshonorante pour le débiteur et la moins préjudiciable pour le créancier[17] ».

Quand le gouvernement étatsunien confie un mandat à Anne Krueger, il ne s'agit en aucun cas de faciliter la tâche aux États. Le mécanisme « statutaire », le SDRM, est avant tout disciplinaire. Selon l'économiste Barry Eichengreen, le problème pour les autorités de l'époque est « de trouver le bon équilibre pour faire en sorte que les restructurations ne soient ni trop dures et ni trop faciles[18] ». Le parcours d'Anne Krueger la rend par ailleurs peu suspecte de vouloir réformer radicalement l'architecture financière internationale en régulant, par les puissances publiques internationales, les marchés de capitaux. Nommée par le président Bush, cette professeure d'économie à Stanford a été directrice de recherche à l'Institut Hoover, un *think tank* composé d'anciens fonctionnaires de l'administration Reagan et d'intellectuels défenseurs de l'économie de marché et adeptes du *Public Choice*, qui analyse les institutions collectives, et notamment les bureaucraties, à l'aune de la micro-économie. Au cours des années 1980, en tant qu'économiste en chef de la Banque mondiale, elle avait joué un rôle clé dans le virage de l'organisation vers le libre-échange, la privatisation et la déréglementation[19].

Atténuer les effets délétères d'une faillite devait avant tout être l'occasion, sans provoquer de crise systémique, de diminuer les aides aux États en difficulté, se souvient John Taylor, haut fonctionnaire au Trésor étatsunien chargé

17. Sean Hagan, responsable du département juridique du FMI, artisan et défenseur du SDRM, cite en exergue ces mots d'Adam Smith, dans *La Richesse des nations* : « Lorsqu'il devient nécessaire pour un État de se déclarer en faillite, de la même manière que lorsqu'il devient nécessaire pour un individu de le faire, une faillite juste, ouverte et assumée est toujours la mesure qui est à la fois la moins déshonorante pour le débiteur et la moins préjudiciable pour le créancier. » (Sean Hagan, « Designing a legal framework to restructure sovereign debt », *Georgetown Journal of International Law*, vol. 36, n° 2, 2005, p. 299-402.)

18. Barry Eichengreen, « Restructuring sovereign debt », *Journal of Economic Perspectives*, vol. 17, n° 4, 2003.

19. Sarah Babb, *Behind the Development Banks. Washington Politics, World Poverty and the Wealth of Nations*, The University of Chicago Press, Chicago, 2009.

des relations internationales, qui joua un rôle crucial dans le dénouement du débat qui s'ouvre à l'époque : « Le vrai objectif était de trouver un moyen pour que, si un pays est dépassé par sa dette, il n'ait pas à passer par un défaut ou un renflouement chaotique. Une alternative consistait à déterminer s'il y avait un moyen de restructurer de manière organisée, comme les entreprises le font tout le temps[20]. »

L'institution-juge pressentie – le FMI est dans tous les esprits – sortirait renforcée d'un tel projet dans ses politiques d'aide conditionnelle : la restructuration ne serait facilitée qu'en échange d'un plan d'ajustement structurel. Il s'agit de forcer les acteurs, privés et publics, à se plier à la loi punitive du marché : « Qui perd paye[21]. » Tout en transformant les « agents souverains » en « sujets économiques de droit commun », « juridiquement normalisés », le FMI leur évite « le choc de la faillite » et, plutôt que de les « soustraire à leurs responsabilités économiques »[22], les sanctionne pour leurs manquements dont ils doivent désormais assumer seuls, sans perfusion financière publique, les conséquences.

Le projet de SDRM modifie le rôle international du FMI : de budgétaire – le filet de sauvetage financier est restreint –, il devient judiciaire. Krueger perçoit les risques liés à la dispersion des créanciers et note le contraste entre les crises « généralement ordonnées des années 1980 » et les nouvelles structures des marchés émergents, où les créanciers « sont de plus en plus nombreux, anonymes et difficiles à coordonner »[23] : une situation où tous les coups sont possibles et permis.

20. Entretien avec l'auteur à l'université de Stanford, États-Unis, en juin 2016.

21. Frédéric Lordon et Pepita Ould-Ahmed, « "Qui perd paye..." Le droit européen des aides d'État comme morale punitive », *Critique internationale*, n° 33, 2006.

22. *Idem*, « Généalogie du sujet économique. La "morale du marché" entre contrainte de paiement, responsabilité et sanction », rapport pour la Caisse des dépôts et consignations (CDC), Paris, 2003.

23. Anne O. Krueger, « A new approach to sovereign debt restructuring », FMI, Washington, 2002.

L'architecture qu'elle élabore avec ses équipes proposait que les pays puissent, avec l'accord du FMI, déclarer des moratoires de paiement et imposer des contrôles de capitaux, tout en négociant les conditions de restructuration directement avec ses créanciers. Le simple constat, par le FMI, que la dette d'un pays est insoutenable permettrait à ce dernier de recourir au dispositif. Juge omnipotent des faillites, le Fonds déciderait de l'ampleur de la décote que les détenteurs d'obligations devraient subir.

Mark Sobel, qui siège à l'époque au conseil d'administration du FMI en tant que haut fonctionnaire américain, se souvient qu'à partir du moment où Paul O'Neill a quitté le département du Trésor, le chantier est rapidement tombé à l'eau : « Un nouveau secrétaire du Trésor, John Snow, est arrivé et a dit : "Il n'est pas question de faire le SDRM ! C'est comme si nous abandonnions la souveraineté des États-Unis. Nous devrions faire du FMI le responsable du code mondial de la faillite ? Pas question !" »

Surtout, puisqu'il s'agissait d'éviter les poursuites judiciaires privées pendant la séquence supervisée au niveau supranational, les tribunaux domestiques, dont les tribunaux new-yorkais, se verraient supplantés, sinon subordonnés. Cela reviendrait à renoncer à un pilier de l'hégémonie : la force globale du droit contractuel étatsunien. Sans surprise, le « barreau newyorkais de la dette souveraine » – les avocats, juges et professeurs spécialisés dans les transactions financières – se montre très réticent : « La plupart des cabinets qui représentaient habituellement les créanciers ne pensaient pas qu'un nouveau régime de faillite était nécessaire. Aucun des principaux cabinets new-yorkais représentant les débiteurs ne s'est prononcé en sa faveur. Les contrats sont rédigés par les avocats dans des cabinets privés à New York. Les traités, tels que les amendements aux statuts du FMI, sont quant à eux rédigés à Washington[24]. » La culture juridique de Washington, des traités et de la coopération multilaté-

24. Brad Setser, « The political economy of the SDRM », *loc. cit.*

rale, s'incline face aux savoir-faire contractuels du barreau d'affaires new-yorkais.

D'ailleurs, le soutien dont bénéficie la proposition au sein du conseil d'administration du FMI doit beaucoup aux délégations des pays de l'Union européenne qui ne problématisent pas le SDRM en termes de perte de souveraineté et sont plus accoutumées aux formats juridiques supranationaux[25].

Les craintes et les « fondamentaux » des marchés

L'hostilité vient tout particulièrement des banques et des investisseurs, qui se font entendre par l'administration Bush. Plus étonnant, les États traditionnellement aidés par le FMI émettent de fortes réticences : ils perçoivent le SDRM soit comme une ingérence supplémentaire, soit comme un abandon – le mécanisme étant justifié aux États-Unis par une diminution des renflouements[26]. L'État argentin lui-même, parce qu'il est en train de rompre ses liens de dépendance avec le FMI, s'oppose à un mécanisme suprasouverain, *a fortiori* piloté par l'institution de Bretton Woods, comme l'explique Roberto Lavagna, ministre de l'Économie et des Finances argentin après le défaut de 2001 : « Les banques étaient contre parce qu'elles voulaient retenir le pouvoir. [...] Et les pays, presque tous les pays en voie de développement aussi, et nous aussi, parce que cela impliquait que le Fonds monétaire allait fixer la politique économique[27]. »

Ces blocages et critiques amènent l'équipe d'Anne Krueger à revoir ses premières esquisses du projet. Quatre mois

---

25. Les Français, les Suisses ou les Allemands ne vivent pas, comme les États-Unis, le SDRM comme le renoncement à une forme de puissance, puisque toutes les obligations internationales sont désormais régies par le droit new-yorkais, le droit anglais et, dans une moindre mesure, le droit japonais. Voir Sean Hagan, « Designing a legal framework to restructure sovereign debt », *loc. cit.*

26. Anna Gelpern et Mitu Gulati, « Public symbol in private contract », *loc. cit.*

27. Entretien de l'auteur avec Roberto Lavagna, Buenos Aires, novembre 2016.

plus tard, le 1er avril 2002, lors d'une conférence de l'Institute for International Finance (IIF), Anne Krueger présente une version amendée du SDRM, dans laquelle le FMI ne joue plus le rôle de mandataire judiciaire. Au-delà de l'analyse de soutenabilité de la dette des États en difficulté, le FMI, selon ce nouveau script, serait un simple coordonnateur, assurant les conditions nécessaires à un accord de restructuration, en particulier en ce qui concerne la procédure de vote des créanciers.

Même atténuée, la mise à l'agenda d'une telle réforme fait l'effet d'une « bombe à fragmentation[28] » sur la place financière new-yorkaise. Or, dès le départ, le secrétaire du Trésor Paul O'Neill a en parallèle mobilisé John Taylor, très critique vis-à-vis d'un mécanisme juridique supranational, pour travailler sur une solution contractuelle, déjà expérimentée localement sur les marchés obligataires : les clauses d'action collective (CAC). Ces clauses inscrivent dans les contrats d'emprunt souverain l'impossibilité de réclamations par une minorité de blocage à partir du moment où l'accord de restructuration a été approuvé par un certain pourcentage des créanciers – ici 75 %[29]. La stratégie des fonds vautours qui vise à ralentir par une procédure judiciaire, sinon à empêcher tout paiement aux autres créanciers avant qu'eux-mêmes ne soient satisfaits, serait tuée dans l'œuf.

En « encourageant une approche par le marché qui éviterait un défaut sans avoir besoin de l'intervention du FMI ou du G7[30] », Taylor met à disposition une alternative au projet d'Anne Krueger. Au cours des mois durant lesquels les deux propositions sont discutées publiquement, en particulier par les *think tanks* de Washington, les banques, les

---

28. Alan Beattie, « Bankruptcy plan leaves IMF to fill in the detail », *Financial Times*, 29 novembre 2001 (cité dans Sean Hagan, « Designing a legal framework to restructure sovereign debt », *loc. cit.*).

29. L'offre d'échange lancée par un émetteur pour tenter de restructurer sa dette requiert le consentement d'un maximum de détenteurs, car ceux qui la refusent conservent leur droit légal d'exiger le remboursement intégral (« au pair », à la valeur nominale des obligations initiales) et peuvent perturber le processus de restructuration.

30. Randal Quarles, « Herding cats », *loc. cit.*

investisseurs, certains États, et les associations de créanciers – dont l'EMTA – font part de leurs peurs vis-à-vis du SDRM. Randal Quarles du Trésor écrit avoir été immédiatement « sceptique vis-à-vis de la politisation des décisions qu'un tel tribunal » engendrerait[31]. Comme il le confie en entretien, se fiant à son expérience et à sa formation d'avocat, il doute surtout de la faisabilité d'un tel dispositif, exigeant le vote d'un traité international : « politiquement, nous ne pourrions certainement pas en temps voulu, et presque certainement jamais… être en mesure d'obtenir un traité établissant un SDRM[32] ». Selon lui, le mécanisme supranational serait « une abdication de souveraineté que les États-Unis n'accepteraient jamais »[33]. L'alternative des clauses d'action collective est présentée comme une façon de tendre vers le même objectif d'ordonnancement des faillites, mais en demeurant « en interne », dans le cadre marchand et contractuel. Insistant sur sa « socialisation » à cette ingénierie légale et financière, due à son expérience dans un cabinet d'avocats d'affaires, Quarles compare les CAC aux inventions rédactionnelles intégrées dans les contrats de produits dérivés. L'idée est de dupliquer ces sophistications du système juridico-financier privé dans les contrats souverains et publics : « L'une des principales activités du cabinet d'avocats pour lequel je travaillais avait consisté, un siècle plus tôt, à restructurer les chemins de fer lorsqu'ils devenaient insolvables aux États-Unis, ce qui était fréquent. Tout cela se faisait par le biais de contrats privés. Les contrats ferroviaires contenaient des dispositions telles que : "Voici ce qui se passera si le chemin de fer ne peut pas payer ses dettes." » Plutôt que de passer par la loi, un fastidieux processus de négociations multilatérales, il suffirait d'« inscrire » la régulation dans le contrat et de « changer les pratiques du marché »[34].

31. *Ibid.*
32. Entretien de l'auteur avec Randal Quarles, 2023.
33. *Ibid.*
34. *Ibid.*

Ces désaccords suscitent d'importantes tensions entre John Taylor, entouré de Quarles, et Anne Krueger. Paul O'Neill avait délibérément laissé ouvertes les deux options – SDRM ou CAC – et demandé aux équipes de travailler sur ces deux chantiers pointant pourtant vers des horizons inconciliables.

En réalité, les représentants du Trésor se font l'écho, au sein de l'administration, de la déferlante de critiques émanant des financiers privés. Les gestionnaires de portefeuille expriment leur « malaise » vis-à-vis d'un mécanisme institutionnel qui « compromet les contrats » et qui, surtout, serait « piloté par le FMI, contrôlé par le G7, et exposé à ses oscillations politiques »[35]. Le SDRM signerait le retour du discrétionnaire face à des pratiques financières qui s'étaient peu à peu autogérées. On craint essentiellement un déséquilibre en faveur des États emprunteurs et au détriment des droits de propriété des détenteurs de titres financiers.

Le gouvernement mexicain de Vincente Fox, proche du président Bush – et qu'Hugo Chávez avait traité de « toutou de l'empire » –, soucieux de la valeur du crédit de l'État, se mobilise aux côtés d'autres États emprunteurs. En 2002, dans une lettre adressée à Paul O'Neill, le secrétaire aux Finances et au Crédit public de 2000 à 2006, Francisco Gil Díaz, s'oppose à l'immixtion des pouvoirs publics dans les pratiques de marché de dette souveraine, estimant « qu'elles favorisent les exigences de justice sociale des groupes populistes auprès de leur gouvernement domestique », car ces fractions sociales s'imaginent bénéficier d'un droit de tirage lié « aux nouvelles facilités du Fonds »[36]. La garantie d'un défaut de paiement dans de bonnes conditions désinciterait les gouvernements à stabiliser des niveaux d'endettement raisonnables. Pire, la mise en place d'un SDRM pourrait entraîner « une diminution de la liquidité du marché et une augmentation des coûts

35. Paroles de financiers citées sous couvert d'anonymat par Anna Gelpern et Mitu Gulati, « Public symbol in private contract », *loc. cit.*

36. Témoignage de Francisco Gil Díaz et lettre adressée à Paul O'Neill. Archive personnelle, non datée, mais probablement envoyée entre janvier et mars 2002.

d'emprunts qui précipiteraient les crises et "mettraient à genoux" un État, y compris un pays sain et bien géré[37] ». Niant l'existence de « créanciers voyous », Gil Díaz conclut son réquisitoire en réaffirmant la capacité des marchés de dettes à s'autoréguler : « Il est temps que les pouvoirs publics laissent les marchés fonctionner seuls, en évitant d'y interférer et de donner une chance à la reprise des flux de capitaux dans les économies de marché émergentes[38]. »

Ralliant à sa cause de représentant de pays émergent des fractions de la finance internationale – « avec le Mexique en tête, quelques pays émergents, l'IIF, des grandes banques internationales et la participation de Bill Rhodes de Citibank » – afin de convaincre « les membres du G7 des inconvénients » et du « caractère inopérant [...] de leur proposition de tribunal », Gil Díaz dit avoir prêché dans le désert. Il présente ses arguments aux réunions du G20, s'entretenant « sans succès, avec tous les ministres des Finances » et partage ses vues « en vain » avec le secrétaire O'Neill[39]. Pourtant, le SDRM est mort-né.

Pendant l'été 2002, tandis que ces options internationales sont sur la table, des créanciers se tiennent prêts à des poursuites. Michael Straus et son acolyte Jay Newman, du fonds spéculatif new-yorkais Elliott Associates, font partie du comité de détenteurs de dette argentine, au nom de Red Mountain Finance, une société d'investissement qu'ils ont fondée en 1996. La presse spécialisée évoque une « menace crédible pour Buenos Aires[40] ». La « paire » se défend dans l'article d'être un « *spoiler* » de restructuration, accuse les pouvoirs publics internationaux de faire d'eux un bouc émissaire et, en lançant un tel débat sur les modalités légitimes de faillite souveraine, de détourner l'attention de

37. *Ibid.*

38. *Ibid.*

39. « Un Tribunal para Quiebras Soberanas » (document non publié et non daté envoyé par Gil Díaz à l'auteur, probablement rédigé entre janvier et mars 2002. Nous traduisons de l'espagnol.

40. Deepak Gopinath, « The debt-crisis crisis », *loc. cit.*

l'incurie managériale des États souverains. À l'époque, des analystes suggèrent que « les obligations de l'Argentine, qui se négocient à 20 cents pour un dollar, sont encore trop chères pour se prêter au jeu des vautours ».

L'Institute for International Finance (IIF), par la voix de son vice-président, William Rhodes, de Citigroup, adhère au plan alternatif du Trésor (porté par John Taylor et Randal Quarles) d'introduire des clauses d'action collective : « Il y a beaucoup plus de volonté et d'enthousiasme au sujet d'un arrangement négocié entre les secteurs public et privé, fondé sur des changements contractuels, que vis-à-vis d'un tout nouveau régime de faillite. » L'EMTA, la Bond Market Association et l'Emerging Markets Creditors Association, qui représente plus volontiers les clients finaux (acheteurs de dette du *buy-side*), et d'autres lobbies de l'industrie financière publient une déclaration commune en faveur d'une « utilisation plus large des clauses d'action collective dans les contrats d'obligations souveraines ». L'idée est de soutenir « l'approche la plus efficace basée sur le marché ».

Le projet de SDRM tourne court. Durant une conférence qui réunit début avril 2002 les acteurs de la place financière, John Taylor met fin aux tergiversations[41]. O'Neill, principal soutien de Krueger (et du SDRM), est lui-même renvoyé en décembre 2002 en raison de désaccords fréquents avec la présidence Bush. Son remplaçant, John Snow, enthousiasme davantage les marchés de capitaux[42].

Le Mexique est le premier grand pays à émettre des obligations souveraines incluant les clauses d'action collective, deux mois à peine après l'éviction de Paul O'Neill du Trésor[43]. Il

41. John B. Taylor, « Sovereign debt restructuring : a US perspective », discours donné à la conférence « Sovereign debt workouts : hopes and hazards ? », Institute for International Economics, Washington, 2 avril 2002.

42. Strom Thacker, « The high politics of IMF lending », *World Politics*, vol. 52, n° 1, 1999, p. 38-75.

43. Si les CAC sont utilisées tout au long du XXe siècle, il s'agit d'une innovation pour le droit new-yorkais. Voir Mark C. Weidemaier et Mitu Gulati, « A people's history of collective action clauses », *Virginia Journal of International Law*, n° 54, 2014, p. 1-95.

a fallu surmonter les réticences, côté émetteur, vis-à-vis d'un produit inconnu du marché : Gil Díaz lui-même était au départ opposé à tout changement. L'innovation risquait de se traduire par un surcoût, puisque ces clauses sont perçues d'emblée comme un mauvais présage, indiquant que l'hypothèse du défaut est théoriquement envisagée, à l'opposé de la promesse de sécurité absolue tant recherchée par les investisseurs financiers qui jaugent de la valeur du crédit.

L'inquiétude du gouvernement mexicain de l'époque, rapidement levée, correspond à celle d'un bon élève de la finance globale, « bien géré[44] », et se voulant une image renversée de l'Argentine parmi les économies émergentes[45]. John Taylor cherchait un pays candidat capable d'assumer cette innovation. Agustín Carstens, économiste formé à l'université de Chicago, administrateur mexicain au FMI puis vice-ministre de l'Économie et des Finances, se charge de confectionner ces titres, avec l'aide du cabinet d'avocats Cleary Gottlieb. Il incarne la montée en puissance des économistes néolibéraux dans l'administration d'État mexicaine à partir des années 1980. Passé par l'Instituto tecnológico de México, reconnu internationalement comme un « bastion des idées néolibérales et l'un des gisements les plus importants de technocrates gouvernementaux », ce « Chicago boy » préconise l'autonomie des banques centrales, les privatisations, la flexibilisation du marché du travail ou encore la déréglementation des flux de capitaux.

Pour John Taylor, comme il me le raconte en entretien, l'essentiel était qu'un pays prenne ce risque et crée un précédent sur les marchés de la finance globale ; que le titre

---

44. Terme employé dans la lettre de Francisco Gil Díaz à Paul O'Neill, *loc. cit.*

45. Au-delà de l'image, la figure du bon élève renvoie à des facteurs structurels comme le rôle central que le gouvernement mexicain accorde aux économistes formés dans les universités étatsuniennes, et l'avènement d'une science économique d'État convertie au tournant néolibéral. Voir Sarah Babb, *Managing Mexico. Economists from Nationalism to Neoliberalism*, Princeton University Press, Princeton, 2001.

devienne un standard, un objet liquide et désirable : « Nous devions convaincre le secteur privé, d'autres gouvernements et les marchés émergents. C'était très difficile et semblait même perdu d'avance… Nous passions tout notre temps à rencontrer des gens, à communiquer, à les exhorter à agir. Et il est apparu finalement que la seule chose qui fonctionnerait serait qu'un pays émette de la dette avec ces clauses d'action collective. Il fallait que quelqu'un se jette à l'eau et fasse le premier pas. »

L'émission par le Mexique de dette dotée de clauses d'actions collective est un succès[46]. Néanmoins, les titres émis avant l'adoption de cette nouvelle protection continuent de circuler, ouvrant des possibilités de poursuites judiciaires par des créanciers constitués en minorité de blocage. En prenant position contre la mise en place d'un SDRM et en plaidant pour les CAC, le Mexique permet aux États-Unis de clore le débat. Carstens gravit par la suite tous les échelons de la noblesse financière internationale[47]. Quant à la question des restructurations de dettes publiques, elle disparaît de l'agenda de la gouvernance économique internationale. Le tribunal supranational est enterré.

L'EMTA est le réceptacle des critiques des marchés. Vu avec des yeux d'investisseurs des marchés émergents, et notamment du président de l'association, rien ne va dans les débats institutionnels de l'époque : « Qu'est-ce qui doit être changé ? Je dois préciser que je suis un partisan tardif et quelque peu frileux des clauses d'action collective. En fait, je suis sceptique quant à la nécessité de changer quoi que ce soit. Bien que je sois juriste (et ni médecin ni architecte), je pense que la première loi de la médecine devrait s'appliquer également à l'architecture financière : "D'abord, ne pas nuire." Le moment est venu de se concentrer sur la manière

46. Anna Gelpern et Mitu Gulati, « The wonder-clause », *Journal of Comparative Economics*, vol. 41, n° 2, 2013, p. 367-385.

47. Il est nommé directeur adjoint du FMI en juin 2003, gouverneur de la Banque centrale du Mexique en 2010, puis directeur de la Banque des règlements internationaux, plus vieille institution financière internationale, en 2017.

d'attirer de nouveaux flux de capitaux, et non de pousser à des changements majeurs ou de mener des expériences visant simplement à inhiber ceux [les prêteurs] qui n'ont pas encore fui[48]. »

D'après Michael Chamberlin, le rôle des institutions politiques devrait se limiter à blâmer les débiteurs indisciplinés, et veiller à ne pas entraver les flux d'investissement nécessaires aux pays émergents – la volonté de ces derniers étant, dans ce script, alignée sur les besoins des investisseurs. Les craintes vis-à-vis du « danger » que représenteraient les créanciers « voyous », *free riders* et procéduriers, seraient largement « surjouées ».

Pour Chamberlin, parlant au nom du marché dans son ensemble, la « philosophie élémentaire du secteur privé consiste à dire “moins, c'est plus”, en ce sens que seuls de petits changements dans la documentation obligataire existante seraient nécessaires pour améliorer le processus de restructuration des obligations, et que des changements plus importants risqueraient de faire plus de mal que de bien[49] ». Sont dans le viseur les remises en question de l'État « dérisqueur » et la diminution envisagée des politiques de renflouement, auxquelles devraient se substituer l'amélioration de l'architecture des faillites souveraines.

Pour l'industrie financière, rien ne saurait remplacer le filet de sécurité géant mis en place par les pouvoirs publics, et encore moins des efforts plus importants du secteur privé. C'est d'ailleurs le retrait budgétaire des États-Unis qui aurait, de façon regrettable selon lui, donné du carburant aux projets architecturaux plus contraignants pour les créanciers privés : « La plupart des acteurs du secteur privé estiment que le fait d'éviter les “renflouements” ne doit pas être un objectif politique important en soi. Dans certaines circonstances, ces

48. Michael M. Chamberlin, « Sovereign debt contracts : what do we need to change ? », IIF Conference, « Can we break the crisis cycle for emerging markets ? », Londres, 17 octobre 2002.

49. Michael M. Chamberlin, « Some private sector views on country debt restructurings », *loc. cit.*

leviers sont nécessaires et souhaitables dans l'intérêt public, indépendamment de tout effet négatif éventuel[50]. »

Analysant le « mystère » de l'absence de mécanisme statutaire comme le SDRM, le politiste Eric Helleiner repère plusieurs tentatives avortées au cours de l'histoire, depuis la première proposition par le Mexique à la conférence panaméricaine de Montevideo, en 1933. Selon lui, la clé du mystère réside dans un problème classique d'action collective : certains États refusent de soutenir un tel mécanisme, alors même qu'ils pourraient en bénéficier à long terme, parce qu'ils risqueraient d'endommager leur crédibilité financière et de payer plus cher leurs emprunts. Comme pendant les années 1970, à l'époque des projets de la CNUCED, les États émergents succomberaient au syndrome du « passager clandestin » : ne souhaitant pas assumer le coût individuel, ils accepteraient néanmoins le gain collectif éventuel d'un changement de structure juridique[51]. De fait, les États du Sud global ont des positionnements ambigus, s'opposant parfois de façon véhémente à une telle solution.

Mais les appareils États sont en réalité fragmentés. Forts de leur hégémonie domestique[52], les départements du Trésor et des Banques centrales se veulent les gardiens de la crédibilité et de l'attractivité financière de l'économie nationale et se font les porte-parole, sur la scène internationale, de « l'État comme un tout », des « intérêts nationaux » réifiés[53]. Ces segments de l'appareil bureaucratique, en interaction étroite avec les milieux financiers, avec lesquels ils socialisent et partagent une proximité idéologique et pratique, imposent l'idée qu'un

50. *Ibid.*

51. Eric Helleiner, « The mystery of the missing sovereign debt restructuring mechanism », *Contributions to Political Economy*, n° 27, 2008, p. 91-113.

52. Ces asymétries nationales entre segments bureaucratiques sont reproduites internationalement. Voir Vincent Gayon, « Homologie et conductivité internationales. L'État social aux prises avec l'OCDE, l'UE et les gouvernements », *Critique internationale*, n° 59, 2013, p. 47-67.

53. Saskia Sassen, « Territoire, autorité, droits : nouveaux assemblages », *in* Alain Caillé et Stéphane Dufoix (dir.), *Le Tournant global des sciences sociales*, La Découverte, Paris, 2013, p. 203-204.

mécanisme supranational est plus une source de périls que de progrès et de sécurité[54].

Le non-aboutissement du SDRM expose structurellement certains États au risque juridique des fonds agressifs. Pour autant, le maintien de ces failles est considéré comme la garantie de la liquidité financière, une corne d'abondance pour les États émergents. L'action des fonds « vautours » qui, en défendant leurs droits par la poursuite judiciaire, puniraient tout comportement opportuniste des débiteurs, attirerait les liquidités et serait un facteur d'ordre[55].

Le « laisser-faire » des marchés dans la gestion des faillites renforce l'idée que les États, « comme n'importe quelle autre organisation », doivent jouer de façon conséquente les règles du jeu marchand, c'est-à-dire en accepter les bénéfices comme les maléfices, hors de tout abri supranational ou propre au pouvoir souverain.

En faisant du pouvoir laissé aux marchés financiers une arme stratégique d'intérêt général, les fractions financières des États émergents coproduisent les marges de manœuvre et les pouvoirs de l'investissement privé transnational. Le shopping juridique auquel s'adonnent les fonds spécialisés ne saurait exister sans l'environnement institutionnel qui les rend possibles : la défense publique-privée de l'ordre de marché.

---

54. Albert O. Hirschman, *Deux Siècles de rhétorique réactionnaire*, Fayard, Paris, 1991.

55. Jill E. Fisch et Caroline M. Gentile, « Vultures or vanguards ? The role of litigation in sovereign debt restructuring conference on sovereign debt restructuring : the view from the legal academy », *Emory Law Journal*, n° 53, 2004, p. 1043-1114.

Partie III

L'offensive des vautours : une chasse mondiale aux actifs souverains

La saga du défaut argentin révèle l'envol des vautours et l'offensive tous azimuts pour faire exécuter une décision de justice favorable. La loi sur l'immunité souveraine est à nouveau mise à l'épreuve. Les commentateurs parlent de ce litige comme le « Superbowl du défaut et du contentieux souverains » : non seulement « il y avait autant d'acteurs et de stratégies dans le litige argentin que sur un terrain de football américain »[1], mais c'était aussi le plus vaste champ de bataille sur la dette souveraine : la grande finale. Au-delà du strict cas de l'Argentine, cette dispute ouvre de nouvelles perspectives à l'ensemble du champ de la poursuite des souverains. Les créanciers entreprennent de déstabiliser jusqu'au « noyau dur » de la souveraineté : les banques centrales.

Sous la présidence de Carlos Menem (1989-1999), l'Argentine a massivement recours aux marchés financiers. L'« enfant chéri » de la globalisation financière est alors considéré comme un modèle d'orthodoxie économique et budgétaire parmi les pays émergents. Selon le directeur de l'institution du FMI de l'époque, le haut fonctionnaire du Trésor français Michel Camdessus, l'expérience argentine représente « une histoire à raconter au monde, qui porte sur l'importance de la discipline budgétaire, de l'ajustement structurel et d'une politique

1. Voir James Glassman, « Argentina Litigation (NY) (continued) », compte rendu de débats dans un forum de l'EMTA, *EMTA Bulletin*, n° 1, 2013.

monétaire rigoureusement maintenue[2] ». Camdessus fait l'éloge de la parité 1 peso = 1 dollar, maintenue au prix du chômage et de l'effondrement de l'économie domestique[3].

Toujours est-il qu'à l'époque les prêts abondent depuis Wall Street et se révèlent très lucratifs pour les grandes maisons bancaires étatsuniennes : les commissions glanées lors de la mise en marché des obligations argentines génèrent près d'un milliard de dollars entre 1991 et 2001[4]. À la fin des années 1990, la banque JP Morgan, leader en la matière, moque les cassandres annonçant la faillite et titre un rapport : « Dynamique de la dette argentine : beaucoup de bruit pour pas grand-chose[5] ».

Au milieu de cette euphorie, l'État argentin émet une série d'emprunts dont les caractéristiques seront au cœur de la tourmente à venir. Dans ces contrats, la République se « soumet irrévocablement à la juridiction de tout tribunal fédéral ou d'État de New York siégeant dans l'arrondissement de Manhattan » et « renonce » à son immunité de juridiction et d'exécution, soit « à toute objection aux procédures connexes ». Cette dette, explique la juriste Caroline Kleiner, était « triplement étrangère » : par la devise utilisée, la loi applicable et les juridictions désignées – ce qui, à l'époque n'avait rien d'original[6]. La lune de miel entre Washington, Wall Street et Buenos Aires dure jusqu'en mai 1999, alors même que les frémissements de la crise sont déjà là. Le conseil d'administration du FMI déclare à l'époque que

---

2. Transcription de la conférence de presse du 1er octobre 1998, cité dans Paul Blustein, *And the Money Kept Rolling In (and Out) : Wall Street, the IMF, and the Bankrupting of Argentina*, Public Affairs, New York, 2005.

3. Cette politique monétaire dite du « *currency board* » mise en place en 1991 a sapé la position concurrentielle des exportateurs argentins, réduit les recettes d'exportation et épuisé les réserves de change dont le pays avait besoin pour assurer le service de ses dettes libellées en dollars.

4. Paul Blustein, *And the Money Kept Rolling In (and Out)*, *op. cit.*, p. 15.

5. Cité dans *ibid.*

6. Caroline Kleiner, « Les affaires relatives à la dette souveraine argentine. Un contentieux collectif et transnational en quête de règles et de tribunal », *Annuaire français de droit international*, vol. 61, n° 1, 2015, p. 751-783.

« l'Argentine doit être félicitée pour ses politiques prudentes [...] ; sa saine gestion macroéconomique, le renforcement du système bancaire et les autres réformes structurelles menées ces dernières années [qui] ont eu des effets bénéfiques sur la confiance[7] ».

Pourtant, la croissance économique s'effondre, le taux de chômage grimpe en flèche, passant de 14 % à plus de 25 % entre 1999 et 2001, l'investissement décline et la pauvreté explose. Le FMI passe rapidement aux plans d'austérité – qui imposent rigueur budgétaire, hausse des impôts et taxes, réduction des dépenses fédérales en faveur des provinces, gel des dépenses pluriannuelles à tous les niveaux du gouvernement, démantèlement du système public de sécurité sociale et libéralisation des secteurs des télécommunications. Une recette de moins en moins tolérée par la population. Surtout, à la suite de la crise asiatique de 1997 et au défaut de la Russie en 1998, les investisseurs internationaux ont perdu leur appétit pour les obligations des États émergents et font payer cher tout refinancement. Le gouvernement argentin, pourtant ultralibéral, ne peut pas compter sur la solidarité des détenteurs de capitaux domestiques : le ministère de l'Économie estime à 120 milliards de dollars les fonds des Argentins déposés sur des comptes bancaires à l'étranger et dans des paradis fiscaux[8].

Tout bascule le 5 décembre 2001. Sous la pression du gouvernement des États-Unis, le FMI refuse un nouveau prêt d'environ 1,3 milliard à l'Argentine, au motif que celle-ci n'aurait pas respecté le programme de réforme dit « déficit zéro » lancé en juillet ; après lui avoir imposé sept plans d'austérité en trois ans. La crise est inédite. Des centaines de milliers de personnes manifestent sur la place de Mai et, tapant sur des casseroles et des poêles, exigent le paiement des salaires en retard, mais aussi le paiement des pensions,

---

7. Jerome Roos, *Why Not Default ?*, *op. cit.*

8. Luis Bilbao, « Tango de cauchemar en Argentine. Un pas en avant, deux pas en arrière », *Le Monde diplomatique*, juillet 2001.

des allocations chômage, et de l'argent public pour la santé et l'éducation… Défiant l'état de siège, la population se rue sur les commerces pour se procurer de quoi manger, pille des magasins, et saccage des bâtiments gouvernementaux. Le gel des avoirs des épargnants, le 1er décembre, provoque une ruée violente vers les banques.

Après une répression sanglante qui fait trente-deux morts, le président Fernando de la Rúa, qui avait tenté de prolonger le système de son prédécesseur péroniste ultralibéral, Carlos Menem, est poussé à la démission. Le 20 décembre, débordé, il fuit Buenos Aires, théâtre d'émeutes, en hélicoptère et laisse le pays plongé dans le chaos[9]. Le 23 décembre Adolfo Rodríguez, l'un des trois présidents intérimaires de la grande valse du mois, déclare unilatéralement un moratoire temporaire de paiement du principal et des intérêts de plus de 80 milliards de dollars de dette publique extérieure, un des plus grands défauts de paiement souverain de l'histoire. Le 6 janvier 2002, la loi de convertibilité peso/dollar prend fin.

Au moment du défaut, la détention de la dette est on ne peut plus « atomisée ». En 2001, les banques d'investissement de Wall Street, qui avaient fini par appréhender l'imminence de la chute, avaient procédé à une discrète restructuration de la dette, en rééchelonnant ses termes, sous l'égide d'un consortium. L'accord dit du « méga-échange » prévoyait le remplacement de prêts obligataires arrivés à échéance par de nouveaux titres aux maturités plus longues, mais avec des taux d'intérêt plus élevés. En réalité, la structure de détention de la dette est profondément modifiée : les banques, faisant face à des acheteurs méfiants aux États-Unis, revendent ces titres à « des centaines de milliers de petits investisseurs en Italie, en Allemagne, dans le reste de l'Europe et au Japon, qui avaient investi dans des fonds communs de placement fléchés "marchés émergents" à taux d'intérêt élevé par l'intermédiaire

---

9. Clara Augé, « Rêves en morceaux à Buenos Aires », *Le Monde diplomatique*, septembre 2002, p. 4 et p. 5.

de leurs régimes de retraite[10] ». Complexité supplémentaire, la dette est composée de 152 titres obligataires distincts, émis en 14 monnaies et répondant à 8 législations différentes – ce qui, selon le juriste Régis Bismuth, « rend quasiment illusoire la perspective d'un accord global[11] ». Un bel étalage pour le shopping des investisseurs procéduriers.

À deux reprises, les équipes du Trésor argentin obtiennent pourtant le consentement de certains créanciers lors de *road shows*, voyages d'animation commerciale au cours desquels ils présentent leur offre d'échange de dette : en 2005, 76,15 % acceptent d'y participer, réduisant la dette extérieure globale du pays de 193 milliards à 125 milliards de dollars ; en 2010, 92,4 % de créanciers rejoignent la restructuration. Mais, dès 2003, après avoir racheté à bas prix pour 172 millions de dollars de titres argentins, le fonds NML Capital dépose une plainte auprès du tribunal du district sud de New York et entame des procédures afin d'être remboursé à la valeur initiale des emprunts. NML est en réalité une filiale d'Elliott, localisée fiscalement aux îles Caïmans[12].

---

10. Javier Corrales, « The politics of Argentina's meltdown », *World Policy*, vol. 19, n° 3, 2002, p. 35

11. La majorité des obligations se référaient au droit de l'État de New York, mais d'autres prévoyaient l'application du droit suisse, italien, allemand ou encore espagnol. On parle à l'époque de 2 % de la dette publique argentine seulement libellée en monnaie nationale.

12. Parmi les 7,6 % de titres de dette non restructurée en 2010, les fonds NML Capital, Dart, Aurelius et Bracebridge, détiennent 1,6 milliard de dollars de titres, soit 17 % de l'ensemble des *holdouts*. Les autres *holdouts* n'ont pas investi dans l'intention de poursuivre l'État en justice mais, s'estimant lésés, refusent les offres du gouvernement, préfèrent attendre ou revendre leurs titres. On y trouve des retraités, des investisseurs individuels ou institutionnels, comme l'Asociación de Damnificados por la Pesificación y el Default (l'Association des personnes touchées par la pesification – le retour à la monnaie nationale et le défaut de paiement), qui rassemble une cinquantaine d'épargnants privés, ou encore des chambres de commerce et des syndicats d'agriculteurs du Colorado ou de professeurs. Voir Juan José Cruces, *Una república sin buitres. Para bajar el costo de invertir en la Argentina productiva*, Fondo de Cultura económica, Buenos Aires, 2016.

Chapitre 8

Main basse sur le coffre-fort des banques centrales

Il serait plus facile de « braquer illégalement n'importe quelle banque » que d'entreprendre de saisir, avec la règle de droit pour soi, une banque centrale : le FSIA confère une immunité « à l'épreuve des balles[1] » aux réserves qui y sont déposées. Le trait d'humour de cet ancien banquier laisse à penser que les banques centrales sont des forteresses intouchables. Pourtant, depuis la fin des années 1990, et plus intensément à partir des années 2000, des créanciers, pour obtenir leur dû, sont à l'offensive pour forcer les coffres et comptes de ces institutions monétaires centrales du capitalisme financier.

Les banques centrales sont-elles des banques comme les autres ? Si la réponse est positive, elles s'offrent aux créanciers plaignants comme de gigantesques plateformes de saisie des actifs monétaires des États poursuivis. Si l'armure d'immunité des banques centrales se fissurait, ces carrefours monétaires géostratégiques muteraient en points de vulnérabilité majeurs pour les souverains, et en terrains de jeu pour les créanciers[2]. La Federal Reserve de New York est l'entrepôt mondial des réserves des gouvernements à l'étranger.

Pourtant, au terme d'importantes tractations entre le département d'État et le département du Trésor, le FSIA

1. Gregory Makoff, *Default*, *op. cit.*

2. Jeremy Ostrander, « The last bastion of sovereign immunity : a comparative look at immunity from execution of judgments », *Berkeley Journal of International Law*, vol. 22, n° 3, 2004-12.

avait ajouté pour les banques centrales une couche de protection supplémentaire, en spécifiant l'insaisissabilité des actifs, et en insistant sur le fait qu'elles relevaient du « noyau » dur souverain. Une section spécifique établit que les clauses de renonciation à l'immunité souveraine ne sauraient s'appliquer aux actifs d'un État étranger, « s'il s'agit des actifs d'une banque centrale ou d'une autorité monétaire étrangère détenus pour son propre compte[3] ». Mais le marbre de la loi sur l'immunité souveraine semble, à nouveau, une matière molle et malléable, évoluant au gré de la casuistique. Les marges d'appréciation de la loi ouvrent un espace de jeu que les fonds vont exploiter. Il s'agit de briser l'un des derniers bastions d'immunité souveraine et, au cas par cas, de renverser cette présomption d'immunité en démontrant que les fonds ne sont pas utilisés « pour leur propre compte », c'est-à-dire au profit des fonctions « classiques » d'une banque centrale, souverainement « sacrées », mais à des fins commerciales, ordinaires et triviales.

Si les banques centrales sont protégées, les gouvernements, en règle générale, ont souvent renoncé explicitement à leur immunité de juridiction et d'exécution dans leurs contrats d'emprunts. Dès lors, pour faire effraction dans les coffres de la Fed, il faut démontrer que la Banque centrale de la République argentine (la BCRA) n'est autre que l'État lui-même : les fonds et leurs avocats cherchent à prouver que l'autonomie « formellement » affichée et revendiquée des banques centrales est factice et que ces dernières sont, « en réalité », l'autre visage de l'État, son émanation directe agissant sous ses ordres, un alter ego[4]. L'ontologie même des banques centrales est mise à l'épreuve.

---

3. Il s'agit de la S 1611 (b) (1) du titre 28 of the United States Code.

4. Le cadre analytique mobilisé est celui du lever de voile (*veil peircing*), familier au droit des entreprises. Il s'agit de statuer sur le degré d'indépendance, d'autonomie et de responsabilité (juridique, décisionnelle et organisationnelle) des structures économiques par rapport à leurs actionnaires.

Une banque centrale trop étatique

Le 15 décembre 2005, fort d'une reprise économique qui a permis de reconstituer des réserves de change[5], le président argentin Néstor Kirchner – au pouvoir depuis mai 2003 – annonce en grande pompe, devant un parterre d'hommes d'affaires, de partisans et de syndicalistes, le remboursement intégral du FMI. Il accuse les programmes du Fonds monétaire d'être responsables « de l'exclusion, de la pauvreté, du dénuement et de la destruction de [l']appareil de production ». Le versement porte sur près de 9,9 milliards de dollars. « Au revoir et bon débarras ![6] », titre *The Economist*, commentant avec ironie une décision « largement soutenue par l'opinion publique » qui réalise enfin partiellement le vœu de la population qui criait dans les rues, quatre ans auparavant, « *¡ Que se vayan todos !* ».

Pour s'affranchir du FMI, l'État émet à grand bruit deux décrets d'urgence : le premier prévoit que les réserves excédentaires en dollars détenues par la BCRA peuvent « être utilisées pour le paiement des obligations contractées auprès des autorités monétaires internationales » ; le second ordonne au ministère de l'Économie et de la Production de prendre les mesures nécessaires pour rembourser la dette de l'Argentine au FMI à partir des réserves non affectées[7].

Le versement au FMI doit être effectué depuis le compte de la BCRA à la Fed de New York. Loin de mettre le gouvernement argentin à l'abri de la pression financière, ces décrets ouvrent une brèche. Ils objectivent l'idée qu'une fraction des réserves – les excédents – de la BCRA à la Fed sont la

5. En grande partie grâce aux prix élevés de produits de base tels que le soja. L'Argentine a affiché des taux de croissance supérieurs à 9 % au cours des deux dernières années.

6. Plus loin, l'article explique : « En coulisses, le FMI se réjouit sans doute de voir ses principaux engagements latino-américains réduits » (*The Economist*, 19 décembre 2005).

7. Décrets n° 1599/2005 et n° 1601/2005 cités dans la décision du Second Circuit. NML Capital, Ltd. *et al.* *v.* The Republic of Argentina, n° 10-1487 (2d Cir. 2011).

propriété de l'État argentin et non celle, « tenue pour son propre compte », de la banque centrale – le président pouvant décider de leur sort. En « marquant » ainsi une partie de l'argent[8] déposé à la banque centrale, dévolue à un usage et à une destination précis, les décrets rendent possible sa saisie.

Moins de deux semaines après la grand-messe nationale, les avocats des hedge funds NML Capital et Dart demandent une audience d'urgence au juge, selon la procédure « *ex parte* » (dédiée à l'une des parties au litige), sans contradictoire, qui permet d'organiser une stratégie sans que la partie adverse n'en soit informée et ne puisse réagir – en retirant les fonds avant la saisie, par exemple. Les plaignants demandent au tribunal du district sud de New York d'ordonner le blocage d'une partie des fonds détenus par la BCRA, puisque le décret présidentiel en a transféré la propriété à l'État et au gouvernement argentin. Les vautours parlent même d'une « expropriation » des actifs de la BCRA par l'Argentine afin de payer la dette du souverain auprès du FMI.

Estela de Carlotto, porte-parole des Grands-Mères de la place de Mai – un groupe de défense des droits de l'homme en mémoire des disparus de la dictature militaire –, s'était réjouie des décrets brisant les chaînes du pays l'attachant au FMI : « Nous nous sommes libérés d'un monstre qui pesait sur nous. » Un monstre peut en cacher un autre. Ce qui devait amorcer la reprise en main « souveraine » donne lieu à un bras de fer juridique et médiatique à haut potentiel de nuisance.

Une fois la signature du juge obtenue, le 30 décembre 2005, les vautours procèdent au gel temporaire de 105 millions de dollars et aux saisies conservatoires des biens détenus par la BCRA dans huit institutions bancaires, dont la Federal Reserve de New York. Cependant, cette « prise est maigre »[9]. Principe de précaution, l'Argentine, comme la plupart des

8. Viviana A. Zelizer, *La Signification sociale de l'argent*, Seuil, Paris, 2005.

9. Pour reprendre les mots de Gregory Makoff (*Default*, *op. cit.*, p. 72) : l'argent saisi représente 0,38 % des 27 milliards de dollars de réserves de change de l'Argentine, le reste étant transféré en Suisse.

États en défaut de paiement, avait transféré l'essentiel de ses réserves à la Banque des règlements internationaux (BRI) en Suisse, qui bénéficie d'une immunité absolue et inconditionnelle.

Le juge Thomas Griesa, du district sud de New York, refuse d'abord la saisie, invoquant la couche spéciale d'immunité dont bénéficie la Banque centrale argentine – qui n'a pas, contrairement à l'État emprunteur, explicitement levé cette immunité dans un contrat.

Griesa laisse paraître des signes évidents d'agacement : « Nous n'avons pas une République qui agit de façon normale en ce qui concerne ses dettes, [qui] a fait tout ce qui était en son pouvoir pour éviter que les actions en justice ne portent leurs fruits. Il n'y a aucun doute sur le droit de ces plaignants d'obtenir des jugements[10]. » Le juge veut réaliser un coup avec cette affaire, qui pourrait faire jurisprudence et servir à d'autres créanciers privés face à une puissance souveraine[11]. Robert Cohen, l'avocat-conseil de NML Capital & Elliott Management pour le cabinet d'avocats Dechert, n'hésite pas, face au juge et à la partie adverse, à mettre en scène son dévouement à la cause du créancier : « Depuis une douzaine d'années, je représente la société NML ou d'autres affiliées à Elliott dans leurs efforts pour recouvrer des dettes souveraines. Nous n'avons jamais échoué. C'est une bataille longue et difficile [...] qui implique la coopération du tribunal devant lequel l'action est intentée [et] des tribunaux étrangers. Ces jugements durent vingt ans. Nous chercherons des actifs partout où nous pourrons les trouver. Monsieur le juge [...], nous n'avons pas l'idée préconçue que nous avons le droit de saisir quoi que ce soit [...], mais ce que nous vous

10. EM Ltd. *v.* The Republic of Argentina, 720 F. Supp. 2d 273, (S.D.N.Y. 2010).

11. « Il serait souhaitable que cette Cour, avec son expérience dans cette affaire et ses antécédents, rende une sorte de décision formelle sur l'*alter ego* qui pourrait être légitimement utilisée dans une procédure pour un autre État ou pays étranger, de sorte que les plaignants n'aient pas [...] à recommencer, une fois de plus. » (*Ibid.*).

demandons, c'est d'être réceptif lorsque nous vous soumettons des idées[12]. »

Le juge de district se veut le défenseur du petit créancier, parfois sans ressources et passif, qui se terrerait derrière les plaintes de NML et Elliott Management. Sa décision veut ajouter une pierre à l'édifice – qu'il juge « désespéré » – du recouvrement de créance face à un État, conçu comme insaisissable. Il reproche à l'Argentine de ne pas se plier aux décisions d'une justice qu'elle avait promis de respecter au moment d'emprunter, en faisant « tout ce qui est en son pouvoir pour contrecarrer la possibilité du recouvrement qui était implicitement consentie […]. La République est représentée par de très bons avocats, très honorables [et elle] a le droit de soulever toutes les défenses légales. Mais cela illustre – […] malgré toute cette renonciation à l'immunité souveraine […] – que ces poursuites peuvent en fin de compte être illusoires ».

Le juge va jusqu'à « regretter » l'aspect procédural, formaliste, de la loi et de son interprétation – il soupire « mais la loi est la loi » –, qui ne permet pas de valider cette demande d'exécution. Il réaffirme sa sensibilité à leur cause : « Le système judiciaire fédéral devrait envisager un moyen de faire appliquer ces jugements. C'est très difficile et il se peut qu'il n'y ait aucun moyen. Mais en tant que juge fédéral, chargé de ces affaires, je n'aime pas le penser[13]. »

Les fonds Elliott et Dart se pourvoient en appel mais essuient un second refus. Sensible aussi à la cause du créancier impayé et peu enclin à soutenir l'Argentine[14], le juge du

---

12. Il présente son client en niant un achat avec intention de poursuivre : « Une petite partie du portefeuille [d'Elliott] est investie dans la dette souveraine. Certaines d'entre elles ne sont pas en défaut. La majeure partie de la dette argentine achetée par NML l'a été avant le défaut de paiement. Mais il arrive parfois qu'une défaillance se produise » (transcription de l'audition du 9 novembre 2006, SDNY, citée dans Gregory Makoff, *Default*, *op. cit.* p.82).

13. Audience téléphonique tenue par le juge Griesa, le 3 novembre 2006, dans *ibid.* p.80

14. En note de cette décision judiciaire de plusieurs pages, il blâme les antécédents de l'Argentine en matière de défaut souverain et félicite ironique-

tribunal d'appel, lors des audiences, suggère aux plaignants la stratégie « de l'alter ego ».

Les avocats de NML et Elliott management reviennent donc à la charge en septembre 2006, auprès du tribunal de district, en faisant valoir que « le mépris constant de l'Argentine pour l'indépendance de la BCRA avait vicié toute présomption de séparation [entre l'État et la Banque centrale] à laquelle la BCRA avait droit, [la] transformant en “alter ego” de l'Argentine[15] ». La séquence « BCRA II » s'ouvre. Cette fois, les plaignants obtiennent du juge de district une confirmation que la Banque centrale argentine a agi, dans ce cas précis, en tant qu'*alter ego* du gouvernement. Considérant qu'en l'espèce une saisie ne viole pas la section spéciale du FSIA, le juge Thomas Griesa l'autorise.

Dans leur note adressée au juge Griesa en 2010, les avocats des fonds relèvent que « l'Argentine n'a toujours pas versé le moindre centime pour satisfaire à ces jugements » – qui totalisent, avec les intérêts, près de 2 milliards de dollars[16]. Ils se plaignent des moyens « considérables » qu'ils doivent déployer face à un État qui « a mené une campagne acharnée pour protéger ses actifs contre le recouvrement »[17]. Ils qualifient le gouverneur de la banque centrale de « marionnette » de la branche exécutive argentine[18] et exploitent les conflits internes à la vie institutionnelle argentine comme autant de preuves du gouvernement direct, par le pouvoir politique, de la banque centrale. Le renvoi du gouverneur de la BCRA, qui refusait d'appliquer les décisions présidentielles, converti en

ment le pays pour ses « nombreuses contributions au droit de l'insolvabilité étrangère » causée par sa « diplomatie du manquement ».

15. EM Ltd. *et al. v.* Banco central de la República argentina in the United States Court of Appeals for the Second Circuit. Appeal from the United States District Court for the Southern District of New York, Thomas P. Griesa, Judge. Argued, December 10, 2014. Decided August 2015.

16. David W. Rivkin John B. Missing Suzanne M. Grosso Attorneys for Plaintiff EM Ltd. Debevoise & Plimpton LLP & Robert A. Cohen Dennis H. Hranitzky David M. Bigge Attorneys for Plaintiff NML Capital, Ltd. Dechert, LLP, Memorandum of Law in support of plaintiffs, 2010.

17. *Ibid.*

18. *Ibid.*

stigmate de la dépendance, est signalé à la justice : « Le chef de cabinet de la présidente Cristina Fernández de Kirchner a déclaré qu'en Argentine : "C'est le président qui prend les décisions, pas le président de la Banque centrale[19]." »

Les avocats s'immiscent dans la gestion des finances publiques et reprochent au gouvernement d'« accéder aux profits de la banque centrale » et de les utiliser pour « financer les campagnes électorales » et de « maquiller » les comptes publics[20], indices supplémentaires de l'absence de frontière institutionnelle entre les deux entités. Lors d'une audition au Sénat des États-Unis, les plaignants prétendent révéler la « vraie » nature du transfert d'argent : « La mise à sac de la banque centrale a permis [à la présidence] de libérer d'autres fonds pour les consacrer à ses programmes populistes somptueux[21]. » Si la banque centrale était « vraiment » indépendante, elle résisterait aux sirènes « populistes », « dépensières » et « électoralistes » qui guident le pouvoir exécutif et veillerait aux enjeux de long terme – par exemple, la lutte contre l'inflation, qui permet de ne pas « nuire aux investisseurs » et évite de « mettre en péril la santé économique et fiscale du pays à long terme », « ce dont l'Argentine aurait tout particulièrement besoin »[22].

Pour les fonds, la BCRA est un anti-modèle : « l'une des banques centrales les plus faibles et les moins indépendantes du monde [...] si profondément politisée et manipulée qu'on

19. Les avocats racontent que Martin Redrado, le gouverneur de la banque centrale, a été renvoyé en urgence, alors qu'il « résistait à une demande de transfert d'argent » (« Argentina banker resists ouster », *Wall Street Journal*, 7 janvier 2010). Voir Martin Redrado, *Sin Reservas. Un Limite Al Poder absoluto*, Planeta, Tapa Blanda, 2010.

20. Sont citées en référence : « The Central Bank (BCRA) aids the government with $ 3 billion », *Ámbito financiero*, 6 juillet 2009 et « The BCRA assists the Treasury », *El Cronista*, 18 décembre 2008.

21. « Written submission to the New York State Senate Standing Committee on banks », Hearing on Argentine Bond Default and Its Impact on New York State. Statement written by Paul R. Berger, John B. Missing et Suzanne M. Grosso, Debevoise & Plimpton LLP, 23 avril 2010.

22. Memorandum of Law in support of plaintiffs, *op. cit.*

ne peut pas compter sur elle pour jouer le rôle de gouvernail économique[23] ».

Les avocats présentent le jugement de Griesa en leur faveur comme une décision historique : « Il faudra un certain temps aux marchés financiers pour assimiler l'importance d'un tel avis[24]. » Alors que l'Argentine s'apprête à procéder à une nouvelle offre de restructuration de sa dette souveraine (qui réunira en 2010 près de 93 % des créanciers), les plaignants réitèrent leurs attaques contre « le style "Bonnie and Clyde" de l'Argentine et de ses dirigeants[25] ».

L'affaire est portée une seconde fois en appel à la requête de l'Argentine. Le gouvernement fédéral des États-Unis dépose un mémoire en *amicus curiae* pour s'opposer à cette interprétation judiciaire. Si le juge d'appel suit cette recommandation, il dit désapprouver l'attitude du gouvernement argentin qui, selon lui, cherche une fois de plus à éviter de rembourser ses dettes[26]. Retraçant l'historique de l'institution, le juge indique non sans ironie que la BCRA est bien indépendante « sur le papier » et, passant en revue le circuit décisionnel, confirme l'autonomie relative de l'institution[27]. Bien que sollicitée par les plaignants, la Cour suprême ne se prononce pas sur l'affaire.

En soumettant, par cette procédure, les faits et gestes de la banque centrale au contrôle judiciaire, les plaignants s'assurent que l'Argentine ne paye pas de façon discrétionnaire certains créanciers de son choix – ce qui leur « porterait un grave préjudice[28]. »

23. « Written submission to the New York State Senate Standing Committee on Banks », *loc. cit.*

24. *Ibid.*

25. *Ibid.*

26. EM Ltd. *v.* Banco Central de la Republica Argentina, n° 13-3819 (2d Cir. 2015)

27. EM Ltd. *et al. v.* Banco central de la República argentina *et al.* In the United States Court of Appeals for the Second Circuit. Argued, December 10, 2014. Decided August 31, 2015. Before Circuit Judges Cabranes, Wesley and Hall.

28. Robert Cohen, Dechert, LLP, Lettre au juge Griesa, 6 novembre 2012.

Les fonds cherchent à neutraliser les capacités d'action souveraine de l'Argentine au-delà de ses frontières. De fait, les tribunaux étatsuniens autorisent un droit de regard sur la gestion des paiements, des actifs financiers comme sur la hiérarchisation des remboursements ; bref, l'administration partielle des finances publiques d'un État étranger. Ce n'est pas sans rappeler le contrôle financier international impérial de la fin du XIXe siècle : les États endettés se voyaient privés de toute autonomie souveraine dans la collecte de leurs impôts et la gestion de leurs biens publics afin que les créanciers occidentaux soient dûment remboursés en temps et en heure[29].

Un avocat des fonds procéduriers me raconte en entretien comment, sur ces différentes opérations, la coopération indirecte entre plusieurs équipes de grands créanciers offensifs (les fonds Aurelius, The Dart, NML, etc.) qui s'est mise en place a été décisive. L'angle d'attaque de l'*alter ego* a été son « moment, son mouvement tactique », sa séquence.

Amis de la Cour, du dollar et du système de paiement

La Fed a pour habitude de doser ses interventions devant les tribunaux. Elle mobilise néanmoins son équipe d'avocats-conseils pour faire entendre, en son nom propre[30], ce qu'elle conçoit comme un principe d'intérêt général à défendre – la stabilité financière et l'efficience du système de paiement. L'art de l'*amicus* est subtil. La Fed énonce de grands principes et tient à se montrer détachée des parties au litige pour proposer un éclairage.

L'*amicus* déposé devant la cour d'appel critique l'adoption – par le tribunal de district – du critère de l'autonomie ou de l'indépendance formelle entre la banque centrale et l'exécutif

29. Blaise Truong-Loï, « The factories of capital : the rise of international financial control institutions in the "first globalization (1870s-1914)" », working paper, Sciences Po, Paris.

30. « Le cas a été important, dans le sens où la Fed ne va pas au tribunal toutes les deux minutes » (entretien de l'auteur avec un ancien conseiller juridique de la Fed, mai 2023).

pour décider de l'immunité[31]. Un juriste de la Fed de New York banalise en entretien l'interdépendance entre pouvoir exécutif et institution monétaire : « il est très courant et commun que la Fed et le Trésor, bien qu'ayant des métiers différents, se parlent et interagissent ». La seule question valable, sous l'égide du FSIA, est la nature des fonds : sont-ils ou non « détenus pour le compte propre de la banque centrale » ?

Les juristes de la Fed rappellent qu'ils ont pour mission de veiller à la bonne « interprétation » de la loi, afin « de préserver les importantes protections juridiques que le Congrès a conférées aux banques centrales étrangères ». Si « l'incertitude inutile » générée par l'interprétation erronée du tribunal de district « venait à être confirmée, elle inciterait probablement les banques centrales étrangères à retirer les réserves en dollars qu'elles détiennent auprès de la Fed de New York, au détriment des États-Unis et du système financier international ». De même, ils égrènent les tâches éminentes qui incombent à l'institution, dont l'« offre de services bancaires et financiers » à des entités prestigieuses – banques centrales, gouvernements et institutions officielles internationales, telles que le FMI et la Banque mondiale.

Ces fonctions d'entrepôt des réserves internationales, assises sur un socle d'immunité, constituent l'armature de la confiance de la communauté économique internationale (et des « déposants ») dans « la sécurité et la stabilité » du dollar américain. Les grands nombres viennent à l'appui de la défense grandiloquente des institutions gardiennes du dollar : « La Fed de New York a des comptes ouverts au nom de 250 banques centrales et autorités monétaires étrangères dans le monde », soit près de « 50 % des réserves mondiales libellées en dollars américains ». Ces dépôts sont « en grande majorité investis dans des titres du Trésor américain et représentent 30 %

31. « Aux fins de la présente enquête, le degré d'indépendance de la BCRA par rapport à la République n'a pas d'importance » (Brief of amicus curiae of the Federal Reserve Bank of New York [FRBNY]). Thomas C. Baxter, Jr., The Federal Reserve Bank of New York, Statement of interest. On appeal from the United States District Court for the Southern District of New York, 6 avril 2010.

de l'encours de la dette américaine négociable[32] ». Une telle concentration d'actifs des États du monde entier dans une seule institution est une aubaine pour les créanciers procéduriers.

Mais la note redit à quel point les *États-Unis comme un tout* tirent profit de ces fonctions qu'il ne faut pas écorner par une jurisprudence maladroite. La prééminence du dollar en tant que monnaie de référence mondiale n'a rien d'une quête de prestige purement symbolique : socle de la vitalité économique et carburant de la place financière de New York, elle facilite le financement de la dette publique des États-Unis et constitue un atout stratégique pour le développement international des entreprises étatsuniennes, en les allégeant des coûts liés au change. La loi des États-Unis doit rendre possible le placement sans risques, à l'abri des saisies de fonds opportunistes, des grands financiers du monde, publics et privés, en bons du Trésor. Pour finir de convaincre le juge en appel, la Fed compare les droits appliqués aux banques centrales des juridictions et économies concurrentes : en Chine et en Suisse (pour la BRI), principales rivales mentionnées, une « immunité absolue de saisie ou d'exécution[33] » est accordée aux comptes détenus à la banque centrale. Le juge rejette une nouvelle fois le pourvoi des vautours[34].

La nécessité de ces rappels à l'ordre se multiplie face à l'amplification des pouvoirs judiciaires des propriétaires de titres financiers. Les offensives créancières mettent à l'épreuve des conventions tenues pour évidentes : pourquoi les banques centrales seraient-elles « trop souveraines pour être poursuivies » et bénéficieraient-elles d'une protection plus importante que le commun des mortels économiques ?

L'exploitation des tribunaux comme terrains d'accumulation ferait planer la menace d'une « tempête parfaite » sur

32. *Ibid.*

33. Le modèle du Royaume-Uni est aussi mentionné comme accordant l'immunité aux banques centrales, indépendamment des modalités ou objectifs de tenue de compte.

34. Em Ltd. *v.* Banco Cent. De La República Arg., 800 F.3d 78, 94 (2d Cir. 2015).

les infrastructures économiques et monétaires des États-Unis comme du monde entier, comme l'explique un auteur anonyme de la *Harvard Law Review*, peu avant le passage devant la cour d'appel[35]. Le critère de distinction entre activités commerciales, ordinaires, de la Banque centrale et gestes souverains, qui est au cœur du FSIA, poserait de graves problèmes dans les périodes de stress[36].

Bien avant le krach de 2008, Paul Lee, un ancien du département du Trésor, conseiller juridique du groupe bancaire HSBC, expliquait que, en cas de crise, les initiatives des banques centrales les exposaient paradoxalement à des poursuites juridiques : pour sauver le système financier, ces institutions monétaires sortent de leur périmètre habituel, engagent des actions « non conventionnelles » et interviennent massivement à la façon – ainsi qu'en lieu et place – d'acteurs commerciaux, ce qui les expose à la saisie[37]. D'autant que, lorsque l'environnement économique et financier se dégrade, les créanciers cherchent par tous les moyens possibles à recouvrer leurs fonds. Les banques centrales deviennent des cibles toutes désignées pour la finance procédurière. Les percées juridiques affaiblissent l'immunité des banques centrales et minent leur rôle de prêteuses en dernier ressort, de filets de sauvetage d'un système financier exposé à l'effondrement chronique[38].

C'est l'ontologie hybride des banques centrales, le tissu sans coutures entre univers public et privé qui les façonne,

---

35. « Too sovereign to be sued : immunity of central banks in times of financial crisis » (note), *Harvard Law Review*, vol. 124, n° 2, 2010, p. 550-571. Ces notes sont rédigées par des élèves en droit de troisième année. Celle-ci interpelle par son sens du timing.

36. Voir Victorino J. Tejera, « The U.S. law regime of sovereign immunity and the sovereign wealth funds », *University of Miami Business Law Review*, vol. 25, n° 1, 2016.

37. Les banques centrales exercent souvent leurs fonctions souveraines et régulatrices par le biais d'activités d'*open market*. Voir Paul Lee, « Central banks and sovereign immunity », *Columbia Journal of Transnational Law*, vol. 41, n° 2, p. 327-396, 2003.

38. Daniela Gabor, Frédéric Lebaron, Wolfgang Streeck *et al.*, « D'une crise à l'autre. Les nouvelles interdépendances entre l'État et la finance globale », *Critique internationale*, vol. 93, n° 1, 2022, p. 171-193.

le mélange qu'elles opèrent entre des objectifs d'intérêt général et un mode opératoire financiarisé, qui est attaqué[39]. Pour percer les barrières de l'immunité et saisir les banques centrales, les avocats des fonds vautours entreprennent de réifier des frontières entre État (Trésor/pouvoir souverain) et banque centrale. Ils décomposent les parts d'actifs gérées spécifiquement par chacune des institutions. Cette segmentation leur permet de circonscrire le périmètre de ce qui est à la portée de leur collecte. Les offensives des créanciers renvoient à la défense d'un monde avec ses hiérarchies et priorités, où l'impératif de défense des contrats et du règne de la loi ne saurait rencontrer d'obstacle souverain « par principe ».

À travers ses interventions dans les tribunaux, le gouvernement des États-Unis et la défense de l'Argentine invitent paradoxalement à juger – et à faire la distinction entre opérations souveraines et commerciales – sur la base de la « finalité » affichée et des objectifs revendiqués par les institutions publiques, plutôt qu'en se fiant à un critère en « nature ». Contrairement aux conclusions de l'arrêt Weltover, les justifications d'intérêt général pourraient avoir du poids.

Les entreprises de déstabilisation qui ciblent l'immunité des banques centrales sont incessantes et outrepassent le dossier argentin.

39. Cette justification de l'immunité des banques centrales correspond à une situation historique particulière qui fait aujourd'hui de ces institutions les banques-providences du capitalisme financiarisé (Éric Monnet, *La Banque-Providence. Démocratiser les banques centrales et la monnaie*, Seuil, Paris, 2021). À d'autres périodes, c'est au contraire le caractère éminemment privé des banques centrales (détenues par des actionnaires) – plutôt que leur exercice de missions d'intérêt général, ou d'ordre public financier – qui a pu justifier l'immunité et l'insaisissabilité de ses actifs en or.

Paris, 2023

En 2023, j'assiste à la session d'un forum professionnel sur l'arbitrage international – réunissant des avocats, des financiers et des enquêteurs privés –, spécifiquement consacré au recouvrement de créances contre les États. Les discussions s'attardent sur les protections juridiques dont bénéficient les banques centrales du monde. Un avocat se plaint de la « couche supplémentaire d'immunité » dont disposent ces institutions dans les pays les plus développés. Selon lui, abusant de ces avantages, les États font transiter la plupart de leurs paiements par ces institutions, y compris ceux qui relèvent *a priori* d'activités commerciales, afin de les abriter derrière leur « superprotection » et faire échapper ces biens à la saisie. Les juges ne feraient pas l'effort de mettre à l'épreuve la classification « souveraine » ou « commerciale » affichée par les banques centrales elles-mêmes.

Pire, les juges seraient démunis : « La loi est rédigée de façon étrange. En substance, les juges disent : "S'il s'agit de fonctions typiques d'une banque centrale, l'immunité s'applique." Mais qu'est-ce qu'une fonction typique de banque centrale ? Aucun juge ne le sait. Le président de la banque centrale signe une déclaration sous serment au juge disant : "Je jure que le paiement des factures au nom de l'État pour toutes ces dépenses relève des fonctions propres à la banque centrale." Signé : le président de la banque centrale. Puis le juge dit : "Oh oui, il doit dire vrai puisqu'il est le président de la banque centrale." »

Un confrère embraye en démystifiant ce qu'il considère être le discours pontifiant des autorités politiques relatif à l'importance des banques centrales qui justifierait leurs privilèges juridiques. Selon lui, il faut se déprendre de ce postulat de sacralité, et disputer les catégorisations proposées par les États eux-mêmes pour dévoiler le caractère prosaïque, bancaire et commercial, de nombre de leurs transactions : « Il y a ce mythe de la banque centrale qui est au centre du monde : "Elle est tellement cruciale parce qu'elle détient des réserves de devises, vous savez !" Eh bien, vous savez, ce sont surtout des banques ! Alors oui, elles ont des réserves en devises étrangères, mais ce sont avant tout des banques qui opèrent en tant que banques et qui effectuent des transferts bancaires vers d'autres banques. »

Un autre intervenant raconte des anecdotes censées attester l'usage privé (par les gouvernants ou les hauts fonctionnaires) de banques centrales. Ces instrumentalisations se feraient au détriment de leur mission d'intérêt général, qui vient pourtant justifier l'immunité d'exécution : « [Évoquant une affaire relative à des actifs d'or, impliquant des créanciers et un État africain non cité pendant la conférence] : « Il est intéressant de noter que l'épouse du président envoyait aux États-Unis, dans une banque américaine, des fonds provenant du Trésor public de ce pays, par l'intermédiaire de la Banque des États d'Afrique centrale, la Banque de France, afin d'acheter des biens immobiliers. Alors, que faisait la Banque de France dans cette histoire, en donnant son feu vert à l'épouse du président pour détourner de l'argent afin d'acheter des biens immobiliers en son nom propre aux États-Unis ? Est-ce le rôle de la Banque centrale de rassurer les banques américaines qui reçoivent les fonds en ôtant tout soupçon de blanchiment d'argent, par sa simple présence en tant qu'intermédiaire ? La banque centrale, dans ses activités quotidiennes, fonctionne comme une banque. »

Afin d'étendre aux institutions monétaires publiques les cadres du droit commun, les avocats endossent une critique morale de la corruption et du détournement d'argent public. Ils dénoncent l'abus, par les dirigeants, des voiles d'immunité souveraine. Les offensives juridiques sont donc aussi des opérations d'enquête, de connaissance et de décryptage de la machine souveraine. Ce jeu d'attribution des grandeurs et petitesses juridiques des entités – où l'on gratte et écorne la façade de l'intérêt général – est multisitué socialement (dans les tribunaux, dans les conférences, dans le débat public) et vise à chaque fois l'accumulation.

En 2012, NML obtient une grande victoire. L'interprétation d'une clause, proposée par le fonds vautour et reprise par le juge Griesa, infléchit nettement le rapport de forces. La clause dite « *pari passu* » (« sur un pied d'égalité ») inscrite dans le contrat d'emprunt de 1994 stipulerait qu'à chaque remboursement d'un créancier, l'État argentin doit rembourser dans les mêmes proportions l'ensemble des autres créanciers, y compris ceux qui n'auraient pas accepté les offres d'échanges. Fatalement, un tel jugement remet en cause les accords que l'Argentine avait pu négocier auprès de ses créanciers coopératifs, tout particulièrement en 2010[40]. En juillet 2012, le juge enjoint à l'Argentine de payer aux plaignants toutes leurs réclamations en suspens, estimées à 1,33 milliard de dollars, simultanément ou avant même d'effectuer tout paiement d'intérêts. Conformément à ce jugement, l'intégralité des transactions relatives à la négociation est bloquée tant que l'État ne règle pas ses dettes avec les vautours[41]. L'Argentine réclame « une exception d'ordre public » : les fonds vautours font obstruction à la gestion ordonnée des restructurations de dette souveraine[42]. Les juridictions fédérales restent sourdes et bornent leurs jugements à la stricte interprétation des contrats, évacuant le contexte[43].

Aux yeux de beaucoup, ce tournant dans le litige, injustifié en droit, traduisait l'agacement du juge new-yorkais vis-à-vis du comportement intransigeant de l'Argentine. Un représentant de fonds vautour m'en parle comme d'une « passe Ave Maria » qui désigne au football américain un très long lancé du *quaterback* vers l'avant, généralement effectué en désespoir de cause, et ayant très peu de chances de trouver un receveur. Le monde entier de l'expertise juridique s'échauffe

---

40. Elliott Management avait déjà testé cette interprétation dans le cas du Pérou. Declaration of Professor Andreas Lowenfeld at, Elliott Associates., L.P. *v.* Banco de la Nación, 2000 U.S. Dist. Lexis 14169 (S.D.N.Y. 29 septembre 2000).

41. *Pari passu* est compris dans ce contexte comme « paiement proportionnel », alors que son interprétation usuelle concerne les rapports de séniorité des créanciers dans la loi.

42. Voir Régis Bismuth, « L'émergence d'un “ordre public de la dette souveraine” pour et par le contrat d'emprunt souverain ? Quelques réflexions inspirées par une actualité très mouvementée », *Annuaire français de droit international*, 2012, p. 489.

43. « À New York, une obligation est un contrat. Le différend est une “simple question d'interprétation de contrat” », EM Ltd. *v.* Republic of Argentina, 382 F.3d 291, 292 (2d Cir. 2004).

au sujet de cette clause. Ce qui alarme, c'est qu'avec les moyens de saisie dont dispose un fonds comme NML, l'intégralité des centres de paiement en contact avec l'Argentine puisse être perturbée : les banques commerciales mais aussi, à nouveau, les banques centrales et le FMI. Avec ces injonctions *pari passu*, le juge met à la disposition des fonds vautours un nouveau levier. L'administration Obama (alignant les départements d'État, du Trésor et de la Justice) dépose un nouveau mémoire en *amicus curiae* invoquant des motifs de « politique publique vitaux » : le tribunal, en vue d'une nouvelle audience, ne doit pas retenir cette interprétation stricte[44]. Il en va de la « juridiction globale » new-yorkaise[45].

Thomas Baxter, le chef du service juridique de la Fed, rédige un courrier à destination du juge Griesa qui alerte sur les risques d'engorgement des paiements « plus larges », si ses injonctions venaient à s'étendre aux banques intermédiaires de l'Argentine. Il dit l'inquiétude de la Fed quant au périmètre de la décision : « l'application possible est trop large et pourrait avoir des ramifications opérationnelles qui entraveraient le fonctionnement harmonieux et efficace du système de paiement »[46].

La Fed demande que les injonctions du juge s'appliquent strictement à l'Argentine et à « ceux qui agissent de concert avec elle ».

Dernière cartouche tirée dans la bataille contre les banques centrales, un recours à la Cour suprême est visé par les avocats de NML. Au départ, les vautours avaient en ligne de mire un paiement au FMI, considérant que la transaction n'était plus un paiement protégé de banque centrale, mais un versement du gouvernement à des « créanciers concurrents ». L'avocat des vautours explique : « Il n'y a aucune différence, Monsieur

44. Cité dans Régis Bismuth, « L'émergence d'un "ordre public de la dette souveraine" pour et par le contrat d'emprunt souverain ? », *loc. cit.*

45. Mémoire déposé au nom des États-Unis d'Amérique en tant qu'*amicus curiae* à l'appui de la requête de la République d'Argentine en vue d'une nouvelle audition, 28 décembre 2012.

46. Thomas Baxter, au nom de la New York Fed au juge Griesa, 16 novembre 2012, « Delivered by hand. Re : NML Capital, Ltd. y. Republic of Argentina ».

le juge, entre la dette que l'Argentine nous doit et celle qu'elle doit au FMI. Dans les deux cas, ils ont emprunté de l'argent, ce qu'une personne privée peut aussi faire. Nous pensons donc que nous avons correctement saisi les fonds qui appartiennent au gouvernement argentin [et] vous demandons de confirmer la saisie[47]. »

Un responsable du département juridique du FMI, « très préoccupé par le fait que des paiements au Fonds puissent être interceptés et saisis » témoigne : « nous avons parlé au Trésor américain qui a rédigé l'*amicus curiae* ». Le gouvernement des États-Unis intervient pour dissuader la plus haute juridiction de se positionner, à travers ce cas, sur l'immunité des banques centrales[48]. Il précise les contours du « noyau souverain monétaire », considérant que toucher aux réserves de change revient à toucher aux « fonctions monétaires souveraines essentielles des États étrangers », et que se mêler des liens entre Trésor et Banque centrale, constitue une ingérence dans le domaine des « relations extérieures »[49]. De même, la nature exorbitante des créances du FMI vis-à-vis du droit commun est réaffirmée. Il n'y aurait aucune « injustice » à payer de manière préférentielle le FMI, situé au-dessus de la mêlée des créanciers. Il s'agit au contraire de se conformer aux normes internationales et « à la politique de longue date des États-Unis et des autres membres souverains du FMI, qui reconnaissent le statut de créancier privilégié du FMI »[50].

Surtout, le gouvernement martèle que les banques centrales ont la charge de tâches « paradigmatiquement souveraines [et] indivisibles[51] », ce qui rend impossible de distinguer les

47. Transcription des audiences, 12 janvier 2006, SDNY, cité dans Grégory Makoff, *Default*, *op. cit.*

48. Brief for the United States as *amicus curiae*, n° 11-604 in the Supreme Court of the United States. EM Ltd., *et al.*, Petitioners *v.* Republic of Argentina, *et al.* On petition for a writ of certiorari to the United States Court of Appeals for the Second Circuit, mai 2012.

49. *Ibid.*

50. *Ibid.*

51. « Étant donné que les banques centrales remplissent traditionnellement des fonctions monétaires souveraines, telles que le contrôle de la stabilité de

intérêts des banques centrales et l'intérêt propre à l'État. La Cour suprême n'examine pas le cas.

La place financière approuve une série de décisions importantes, fondées sur des motifs d'ordre public[52]. La raison d'État, celle de la place financière, s'exprime depuis les arènes judiciaires. L'avocat Mark Weidemaier, spécialiste des dettes souveraines, salue une décision qui évite de suivre « une pente glissante assez évidente » : les tribunaux n'ont pas « voulu créer un précédent qui pourrait impliquer que les actifs des banques centrales aux États-Unis soient menacés »[53].

Derrière la façade institutionnelle de soutien à l'Argentine, les controverses sont vives. Un ancien haut fonctionnaire du département du Trésor dit qu'il « comptait parmi les plus réticents », notamment « parce que les Argentins sont une véritable plaie ». C'est à chaque fois résigné, avec d'importants scrupules, que l'appareil fédéral étatsunien consent à ces *amicus* qui aident indirectement le pays. En revanche, la solidarité entre les banques centrales, plaçant les États-Unis au centre des flux, prime. La procédure doit céder devant des intérêts « plus grands ».

S'entretenant avec moi, un fonctionnaire du département du Trésor qui suivait les négociations pendant ces années, rappelle l'importance de défendre « l'ordre et la prévisibilité du processus de restructuration de la dette souveraine », sans trop encourager les créanciers passagers clandestins. Surtout, il convient d'éviter que les jugements agacés de Griesa, notamment sur la clause *pari passu*, créent un précédent : « Si le juge avait dit : "J'emmerde l'Argentine", je n'aurais pas eu grand-chose à redire. Mais la décision a été rédigée de manière si large qu'elle était problématique. À l'époque, il y

---

la monnaie d'un pays et la détention de ses réserves, il serait impossible de "séparer l'intérêt de la banque centrale" de celui de l'État qu'elle sert » (*ibid.*).

52. Foreign Sovereign Immunity Second Circuit Issues New Ruling on Central Bank Immunity Under the Foreign Sovereign Immunities Act, 1er septembre 2015.

53. Mark Weidemaier, « Central bank alter-ego theory rejected », *Credit Slips*, 31 août 2015.

avait une énorme augmentation des litiges sur la dette souveraine. Les fonds s'attaquaient à d'autres pays […]. On pouvait argumenter sur le fait que les pays violaient des contrats. Mais les défauts de paiement se produisent depuis des centaines et des centaines d'années, et ils se produiront encore pendant des centaines et des centaines d'années après notre mort. La question est donc de savoir comment parvenir à une solution équitable, à un règlement important et rapide qui aide le pays à se remettre sur pied de manière ordonnée et prévisible. »

La discipline de marché et la sanction judiciaire sont savamment dosées par les autorités politiques : il ne faut pas rendre les restructurations trop faciles, par crainte de renforcer l'aléa moral du côté des débiteurs, sans les rendre pour autant impossibles, pour éviter de faire de New York un lieu d'échanges impraticable.

Mais les organisations de la finance procédurière prônent un ordre politique alternatif à ces compromis politico-financiers.

Après avoir œuvré à composer un droit qui leur convient (qui restreint et technicise le champ de l'immunité), les avocats et financiers cherchent à remodeler l'État qui leur sied : des prestations de justice et de police indépendantes du pouvoir politique central démocratiquement élu, et blindées contre le court-circuit diplomatique, exécutant leurs décisions favorables, confirmant les huissiers qu'ils déploient et légitimant la noblesse de leurs causes. Aucun sanctuaire institutionnel ne doit leur résister.

La loi de la finance et son ordre

« L'infâme pari contre l'Argentine ». C'est sous ce titre que Dennis Hranitzky et Robert Cohen, alors associés au cabinet d'avocats new-yorkais Dechert, posent, en costume cravate, en une de *The American Lawyer*. Le magazine de l'industrie juridique[54] décrit la « symphonie de la chasse aux

54. Michael Goldhaber, « Argentine bond litigation wins global legal award for disputes », *The American Lawyer*, 26 septembre 2016.

actifs », orchestrée par les deux conseils au nom de leur client NML Capital. Cette pièce de musique très spéciale s'étend jusqu'à la citadelle des citadelles de l'immunité souveraine : la BRI qui, au cœur de la juridiction suisse, bénéficie d'une immunité absolue et abrite les actifs des États pourchassés.

The Economist qualifie les assauts des vautours de « *BIScreant* » – combinant l'acronyme de la BIS, Bank for International Settlements, et l'adjectif mécréant. Des fonds, sans piété ni respect vis-à-vis de la confiance dans la monnaie, objectivée par et dans la banque centrale[55], s'attaqueraient au saint des saints. Leur « geste le plus audacieux » étant de reprocher à l'institution d'abuser de son immunité, liée à son statut d'institution multilatérale, pour stocker la quasi-totalité des réserves de l'Argentine[56].

Les citations à comparaître, ou injonctions à révéler les positions de leurs clients, malmènent la courtoisie habituellement observée entre grands financiers. Jim Kerr, avocat pour le cabinet Davis Polk – qui conseille régulièrement de grandes banques et des investisseurs institutionnels en lien avec les pays émergents – se souvient de la manière dont le directeur général de la BRI, Jaime Caruana, avait été interpellé. Ce dernier était convié au Harvard Club pour faire une présentation sur la dette des pays émergents : « Dès qu'il a été annoncé, l'huissier de justice dépêché par NML s'est levé et lui a remis une assignation à produire des documents relatifs à l'Argentine[57]. » Même si cette requête a été annulée par ses avocats, la scène heurte la bienséance qui règne d'ordinaire en ces lieux. Le même sort est réservé à Christian Noyer, haut fonctionnaire français et gouverneur

55. Bruno Théret, « Les trois états de la monnaie. Approche interdisciplinaire du fait monétaire », *Revue économique*, vol. 59, n° 4, 2008, p. 813-841.

56. Les fonds dénoncent un abus de l'immunité de la BIS qui laisse la BCRA y « parquer » 80 % à 90 % de ses réserves étrangères, quand les autres banques centrales y déposent en moyenne 3 % ou 4 %. « Gauchos and gadflies : Creditors' decade-long battle with Argentina shows just how tangled sovereign defaults can be », *The Economist*, 22 octobre 2011.

57. Entretien avec l'auteur, New York, 2017.

de la Banque de France, présent à Washington à l'occasion d'une conférence, ainsi qu'au gouverneur de la Banque suisse, Philipp Hildebrand[58].

La BRI est prise entre le feu des logiques jusqu'au-boutistes, procédurières et légales des fonds vautours et la fidélité à son client, l'État souverain argentin, empêtré dans une restructuration de dette devenue impossible. Elliott Management et NML Capital comptent bien prospérer en « exploitant cette tension[59] ». Si un tribunal suisse avait donné raison aux fonds, la plus haute juridiction helvétique a réagi deux semaines plus tard (une rapidité peu commune) pour confirmer l'immunité de la Banque. Dans leurs manœuvres multinationales, les créanciers vautours utilisent la décision du tribunal new-yorkais – reconnaissant dans la banque centrale argentine un alter ego et avant que cette décision soit désavouée par de plus hautes instances – comme levier pour agir dans des juridictions du monde où les conditions d'exécution sont plus favorables[60].

Hal Scott, un professeur de droit de la Harvard Law School, rejoint en tant qu'expert et témoin les rangs des fonds dans leurs combats tous azimuts[61]. Devant les tribunaux, il mobilise son capital académique : ses trente-cinq ans d'enseignement sur le système financier international et le fait qu'il est « l'auteur d'un ouvrage de référence sur le droit financier international, dont la 17e édition est à paraître en 2010 »[62]. Depuis 2005, il est directeur de la Commission sur la réglementation des marchés des capitaux, dont les rapports portent sur la compétitivité de ces marchés.

58. Gregory Makoff, *Default*, op. cit.

59. « Gauchos and gadflies », *loc. cit.*

60. Michael S. Kim, « Pursuing protected assets of sovereign award debtors », Kobre & Kim LLP, Working Paper Swiss Arbitration, 2 janvier 2016.

61. Hal S. Scott, Brief of *amicus curiae*, Second circuit, In support of Plaintiffs-Appellees, 13 juillet 2010.

62. Anna Gelpern et Hal S. Scott, *International Finance. Transactions, policy and regulation*, Foundation Press, University Casebook series, 2023 (24e éd.).

Hal Scott propose une vision radicalement opposée aux montées en généralité du gouvernement, de la Fed et du FMI relatives au centre financier new-yorkais. À ses oreilles, cet émoi sonne faux – « des arguments sous la forme d'une parade des horreurs peu convaincante » – et dissimule mal le véritable motif de cette mobilisation : un soutien politique, non avouable, pour l'Argentine. Titrant un article « Pleurez pour le gouvernement des États-Unis, pas pour l'Argentine ! », le professeur considère que l'affirmation selon laquelle « la saisie de 105 millions de dollars destinés à être versés au FMI menacerait la valeur du dollar frise le ridicule » : « [Ces fonds] étaient en passe d'être retirés – la question était de savoir qui allait les recevoir, le FMI ou les créanciers privés ? »[63]. La valeur du dollar ne dépendrait pas du lieu de dépôt et de conservation des devises, comme l'affirme le gouvernement des États-Unis, mais plutôt de leur offre et demande globales. Il recentre les paniques sur les banques centrales et la clause *pari passu* autour de la seule et unique Argentine, mauvais débiteur, « une véritable aberration dans le monde du défaut de paiement de la dette souveraine, un *serial defaulter*[64]. »

De même, le défaut souverain serait un phénomène epsilonesque dans l'histoire des vingt dernières années, qui ne concerne que les « pays très pauvres qui ont très peu de dollars en réserves de change étrangères », et ne mériterait donc pas que l'on contrevienne au droit des créanciers. Scott vitupère contre les efforts, implicitement diplomatiques, des États-Unis : il prétend que, bien avant le soutien de l'administration Obama, « l'administration Bush s'était peu à peu rangée du côté de l'Argentine, en refusant de soutenir les créanciers qui attaquaient la restructuration ». Selon lui, il y avait là l'espoir que, grâce à ce soutien, l'Argentine ne « dérive

---

63. Hal S. Scott, « Sovereign debt default : Cry for the United States, not Argentina », Harvard Law school, Critical Legal Issues, *Working paper series*, n° 140, Washington Legal foundation, 2006.

64. Professor Hal S. Scott, Brief of *amicus curiae*, Second circuit, In support of Plaintiffs-Appellees, 13 juillet 2010.

pas vers la gauche de Fidel Castro à Cuba ou d'Hugo Chávez au Venezuela ». Ces interventions « n'ont certainement pas empêché l'Argentine de s'orienter à gauche », mais lui ont surtout permis de « faire un pied de nez aux États-Unis » et laissé venir un danger : « La Chine est maintenant dans le coup, séduisant l'Argentine avec sa stratégie "Sud-Sud", qui vise à construire une coalition de pays coopérants à travers l'Amérique latine et l'Afrique[65]. »

Tête de pont intellectuelle de la fraction de la finance qui prétend avoir le droit pour soi, Scott propose au gouvernement fédéral des États-Unis un script de « fermeté » : « L'Argentine a continué à attirer les investissements étrangers et a évité les sanctions de ses créanciers. Dans ce scénario, pourquoi un pays rembourserait-il sa dette ? Les États-Unis devraient soutenir leurs créanciers devant les tribunaux, restreindre de manière crédible les prêts du FMI, abandonner les clauses d'action collective lâches, s'opposer à l'utilisation de refuges internationaux pour mettre à l'abri les actifs souverains, comme la BRI, refuser aux débiteurs souverains qui ne respectent pas les jugements du G-7 l'accès aux marchés de capitaux, et adopter les réformes globales du FSIA pour renforcer les droits des créanciers, en encourageant les autres pays du G-7 à en faire autant. »

Scott esquisse un programme détaillé de politiques publiques axé sur l'application de la loi de la finance et la défense intégrale des droits d'exécution des créanciers : par exemple, en « donnant plus de mordant aux politiques de sauvetage du FMI et en créant davantage d'obstacles politiques à ses renflouements importants ». C'est la vigueur dans le respect des contrats qui constituera la vitrine de la place financière du monde : New York. Parce que l'industrie financière contribue largement à la croissance et à l'emploi – la politique des grands nombres est à nouveau mobilisée, mais à front renversé – l'État doit tout mettre en œuvre pour sécuriser les financiers privés : « L'absence d'exécution

65. Hal S. Scott, « Sovereign debt default », *loc. cit.*

des jugements nuira à l'émission de dettes étrangères en vertu du droit new-yorkais et à l'attrait du marché américain. Le secteur des services financiers représente une part substantielle du PIB des États-Unis, environ 8 % en 2006, soit plus de 1 000 milliards de dollars. La dette souveraine et, plus généralement, les marchés de capitaux de la dette internationale constituent une part importante de cette industrie. »

Le juridactivisme des créanciers est compris et traduit par une fraction de la classe politique comme une entreprise d'intérêt général, défendant l'investisseur des États-Unis et la liquidité des marchés émergents. Les fonds vautours, qui défendent leurs droits agressivement, ont aussi leurs institutions et bureaucraties privilégiées. Certes, le juge Griesa reconnaissait que « la Réserve fédérale est certainement une institution très importante dans ce pays » et que « ses relations avec les banques centrales d'autres pays sont importantes pour les États-Unis ». Mais il insistait sur le fait qu'à ses yeux d'autres institutions « revêtent aussi de l'importance » : « l'un d'entre eux est le système judiciaire »[66].

La politique des tribunaux de district, zones à défendre des intérêts financiers, qui prend en charge les petits et grands investisseurs lésés, s'oppose ici à la macropolitique des relations interétatiques et des institutions monétaires, prêtes à faire quelques entorses à la radicalité contractuelle et à écraser les intérêts particuliers. L'intérêt général des États-Unis, juge de la finance globale, est pris en tenaille entre la défense d'une finance entrepôt, au sein de laquelle la banque centrale joue un rôle prépondérant, et une finance procédurière, faisant de la défense des droits contractuels un principe cardinal, qui ne connaît pas de citadelles publiques imprenables.

Dans la même veine, l'*amicus* déposé par l'administration Obama en faveur de l'Argentine, qui désavoue le juge Griesa,

---

66. EM Ltd. *v.* Republic of Argentina, 720 F. Supp. 2d 273, 304 (S.D.N.Y. 2010) at 70-71.

a contrarié des parlementaires au Congrès. En 2012, à la demande de Scott Garrett, élu du New Jersey à la Chambre des représentants, un panel de praticiens a examiné les « raisons pour lesquelles l'administration a estimé devoir intervenir, au lieu de laisser l'affaire se dérouler de manière impartiale devant les tribunaux[67] ». Selon Garrett, le pouvoir exécutif, en ne « résistant pas à l'envie d'intervenir contre les investisseurs américains », aurait agi en faveur des « grandes banques » de l'Argentine – pays qui aurait « l'argent nécessaire pour payer la facture » – et au détriment de l'« investisseur américain ». Il s'agit d'un « véritable coup porté à l'État de droit dans ce pays », qui « créé un dangereux précédent » : « La protection des investisseurs est essentielle pour garantir la santé et le bon fonctionnement des marchés financiers. L'administration devrait s'efforcer de protéger les investisseurs, et non de leur nuire[68]. »

L'industrie financière est elle-même divisée à propos de ce litige, à tel point que l'EMTA s'est retrouvée dans l'impossibilité de construire une voix commune : « La diversité des points de vue des membres de l'association sur ce sujet empêche très probablement d'atteindre le consensus nécessaire pour articuler une position[69]. » Commentant l'éditorial du *Financial Times* qui parle d'« implications inquiétantes pour le marché international des obligations souveraines », Chamberlin s'inquiète que de « telles opinions éveillent une

67. « Investor protection : the need to protect investors from the government ». Hearing before the Subcommittee on Capital Markets and Government Sponsored Enterprises. Committee on Financial Services. U.S. house of representatives. One hundred twelfth congress second session, Serial n° 112-135, 7 juin 2012.

68. *Ibid.*

69. « Parmi les membres d'EMTA, certaines entreprises pensent que les créanciers *holdouts* devraient simplement "passer à autre chose", abandonner leur action en justice et accepter les mêmes conditions que les autres créanciers, tandis que d'autres membres pensent, tout aussi fermement, que, par leur action en justice, les créanciers *holdouts* défendent un principe important, qui est dans l'intérêt de tous les créanciers » (Michael Chamberlin, « Argentina and its *pari passu* clause : Introduction », EMTA Website Archives, 18 avril 2012).

nostalgie résiduelle pour l'ancienne proposition de SDRM ». Et de conclure : « Espérons que ce ne soit pas le cas[70]. »

Lors d'une conférence de la même association financière à New York, qui réunit un parterre prestigieux d'avocats et de financiers pour évoquer le litige argentin, alors que le Superbowl bat son plein, l'avocat de la République argentine, Jonathan Blackman, de Cleary Gottlieb, qualifie « avec dédain », de « polémique » une contribution du professeur Scott, publiée quelques jours avant, relate le compte rendu de la session[71]. Blackman s'attaque aux préconisations de Scott, une « liste au père noël pour créanciers éconduits ». Si de telles recommandations étaient adoptées, tous « les efforts de restructuration des États souverains seraient contrariés par une frénésie d'actions en justice ». Pire, cela conduirait au scénario honni par le milieu des avocats financiers dans son ensemble, quel que soit le bord de leur client (créancier privé ou État) : le « soutien accru en faveur d'un mécanisme de restructuration de la dette souveraine ». Soit le retour du SDRM, que Chamberlin compare à l'« Armageddon ».

Quelles que soient leurs nuances, les praticiens de la loi de la finance souveraine se retrouvent solidaires pour ne pas nuire à la « taille du gâteau » du marché émergent. Selon Blackman, une interprétation rationnelle du FSIA conduit à admettre que ce texte de loi « n'a jamais eu pour but de donner aux créanciers les mêmes recours que ceux dont ils disposent à l'encontre des entités commerciales privées ».

Dans la salle, deux représentants des fonds procéduriers font entendre une voix plus catégorique. Voici la transcription de ces échanges, réalisée par le secrétariat de l'EMTA : « Michael Straus pointe le fait que les récentes décisions des

70. *Ibid.*, « Argentina : implications for the marketplace ? », EMTA Website Archives, novembre 2012.

71. « EMTA panel reviews enforcement under the foreign sovereign immunities act », New York, 5 octobre 2006. Sauf mention contraire, les citations entre guillemets qui suivent en sont issues.

tribunaux font pencher trop fortement la balance en faveur des États. Il fait remarquer que des affaires récentes indiquaient qu'il était beaucoup plus facile d'obtenir un jugement contre un État souverain devant les tribunaux américains que de l'exécuter. Plusieurs autres participants ont immédiatement contesté sa caractérisation du FSIA et l'effet des récentes décisions judiciaires.

Jonathan Blackman a fait remarquer que l'équilibre récemment trouvé par plusieurs tribunaux américains dans leur interprétation du FSIA était "tout à fait juste", et que la plupart des créanciers comprenaient la loi. Jim Kerr, de Davis Polk [avocat de Citibank], a fait remarquer qu'il y a plusieurs années, un sous-comité de l'American Bar Association s'était efforcé de renverser le précédent de la Cour suprême dans l'affaire Weltover [sur l'activité des banques centrales], parce qu'il avait le sentiment que les États souverains avaient été "harcelés" par les plaintes déposées contre eux devant les tribunaux américains.

Depuis le public, Jay Newman a demandé s'il ne serait pas judicieux d'abroger tout simplement la loi sur l'immunité des souverains étrangers, étant donné que, selon lui, seul un très petit nombre de débiteurs souverains n'ont pas honoré leurs obligations de paiement. M. Blackman a répondu qu'aucun dirigeant d'entreprise ou législateur responsable ne souhaiterait abroger le FSIA. Des mesures aussi radicales enverraient au monde le signal que les États-Unis ne respectent pas les droits souverains des autres États. »

Les réactions de l'auditoire montrent à quel point les propositions des procéduriers lui semblent excessives. Pour autant, ces fonds occupent bel et bien une place centrale. Jay Newman, unanimement décrit comme l'« architecte » de la poursuite des souverains, provoque l'assemblée en proposant de tout simplement supprimer le FSIA. Pour Jonathan Blackman, c'est bien le SDRM qui est le repoussoir absolu, une idée dont il ne faut jamais réveiller le spectre, au risque de casser le business du conseil et du litige souverain. De fait, un tel mécanisme supranational impliquerait de renoncer à d'importants honoraires et forcerait de nombreux avocats spécialisés dans la défense des souverains à se reconvertir, comme me l'avouait en riant un avocat des fonds procéduriers.

Chapitre 9

Métier : harceleur d'État

Entre 2003 et 2015, les plaignants ont intenté onze actions contre l'État argentin devant les tribunaux de district de New York, obtenant plusieurs jugements favorables pour environ 2,4 milliards de dollars[1]. Si la plupart des démarches en recouvrement sont déboutées, elles produisent néanmoins d'importants effets réputationnels et font progressivement de l'Argentine un paria juridique et financier. Bien que la bataille des banques centrales ait été provisoirement gagnée par l'Argentine, soutenue par les pouvoirs publics internationaux, le conflit se déplace sur le terrain de l'information et des données relatives aux actifs que détiennent, dans le monde entier, les États défaillants faisant l'objet de poursuites. Les victoires obtenues dans cette arène modifient structurellement le pouvoir de la juridiction new-yorkaise.

L'instinct du chasseur

Faire plier le souverain exige des moyens, du temps et de l'audace[2]. Les avocats aux États-Unis recrutent des conseils

1. Voir NML Capital, Ltd, Aurelius Capital Master, Ltd., ACP Master, Ltd., Blue, United States Court of Appeals, Second Circuit. 26 octobre 2012. Laurence Shore et Daniela Paez, « The US second circuit shields sovereign immunity in favour of Argentina's Central Bank », *Public International Law Notes*, Herbert Smith Freehills, 15 septembre 2015.

2. « Une action en justice efficace nécessite un accès au capital, la capacité de gérer les risques d'une action en justice prolongée et les outils permettant

relais dans chacun des pays où leur proie pourrait détenir des actifs saisissables À chaque tentative d'exécution, il faut évidemment obtenir l'accord des tribunaux étrangers et leur éventuelle validation ou levée de la saisie.

NML Capital déploie des ressources considérables : le cabinet Dechert – engagé aux côtés d'autres prestigieux cabinets d'avocats – dispose d'une cellule de crise (« *war room* ») et d'une équipe de vingt-cinq personnes qui scannent le monde à la recherche d'actifs à saisir sur la base du jugement new-yorkais. Un témoin aux États-Unis parle d'une « machine mondiale à chercher et trouver des choses à saisir » et estime que les frais juridiques engagés avoisinent la centaine de milliards de dollars. Parmi les relais européens des fonds, un avocat est mis à pied d'œuvre en Belgique. Spécialisé en droit international privé, en insolvabilité transfrontière, il travaille comme consultant extérieur, sur la base de son titre académique de professeur, dans un cabinet belge de renom, spécialisé dans l'« arbitrage de très haut niveau ». Partie intégrante « de la chaîne d'intervenants » déployée, il explique que « l'argent n'était pas un problème, [et que] les moyens sont colossaux » : « C'était à l'américaine ! Rien n'est laissé au hasard. On avait des *conf' calls*, puis un jour est venue la question : "Pouvez-vous être demain à New York pour une réunion ?" Combien ça coûte, ils s'en foutaient. On était habitués à travailler avec des clients qui avaient beaucoup d'argent, mais là, on pouvait faire tourner le compteur [allusion à la rémunération des avocats facturant les heures consacrées au dossier]. C'étaient vraiment des milliers d'euros qui partaient chaque semaine. Incroyable, mais on a tous compris qu'ils avaient budgété un montant de plusieurs millions qu'ils utilisaient pour cartographier les saisies possibles, faire appel aux intermédiaires, aux experts et mettre la main sur le pognon. »

---

de coordonner les efforts de plusieurs plaignants. » Voir Gregory Makoff et W. Mark C. Weidemaier, « Mass sovereign debt litigation : a computer-assisted analysis of the Argentina bond litigation in the US federal courts 2002-2016 », *UC Davis Law Review*, vol. 56, 2022, p. 1233.

Les avocats qui supervisent la stratégie à New York « challengent » leurs confrères européens, y compris dans leur domaine de spécialité, le droit belge, au point de leur laisser l'impression un peu amère de n'être « que l'exécutant d'une stratégie très sophistiquée », une pièce de ce grand puzzle d'exécution, élaboré au millimètre : « C'est un calcul purement rationnel. Ils ont fait un ratio : ils ont racheté 15 millions quelque chose qui en vaut 150 et sont donc prêts à mettre 7 à 8 millions de budget en plus pour récupérer le maximum. Sachant que, dès que tu récupères un actif, ça va couvrir ta mise de départ. Tu ne vas pas ensuite récupérer seulement 15 millions, tu vas récupérer le double, le triple. Ils suivent ça de très près. »

Elliott Management affirme avoir payé « des dizaines de millions de dollars en frais juridiques » pour poursuivre l'Argentine, lançant plus de 900 tentatives de saisie sur des actifs argentins[3]. De son côté, le souverain doit aussi mobiliser une armada. L'Argentine aurait ainsi déboursé près de 400 millions de dollars pour sa défense, entre les premières plaintes et 2014[4].

À titre d'exemple, afin d'éviter la confiscation de son jet d'État, le président loue et affrète des avions privés pour ses déplacements. De même, pour contrer le gel des comptes argentins dans des banques tierces, les salaires des employés des ambassades transitent par la BIS en Suisse.

Les saisies sont peut-être levées, l'important est de faire du bruit, montrer ses muscles et sa capacité de nuisance. En République du Congo, un petit groupe de créanciers détenant moins de 500 millions de dollars de dettes a réussi à bloquer toutes les exportations pétrolières du pays pendant des années, perturbant une industrie de plusieurs milliards de dollars[5]. Les créanciers identifient les « points sensibles »

---

3. Rana Foroohar, « Last tango in Buenos Aires », *Times Magazine*, 25 août 2014, p. 22.

4. Martín Kanenguiser, « Buitres : el país gastó en abogados unos USD 400 millones », *La Nación*, 2 novembre 2014.

5. Julian Schumacher, Christoph Trebesch et Henrik Enderlein, « Sovereign defaults in court », *loc. cit.*

des États. Si certains choix peuvent surprendre, ils finissent souvent par faire sensation.

Un fameux trois-mâts : l'« humiliation » contre la « dignité souveraine »

A priori, il n'est pas question d'une opération immédiatement rentable sur le plan financier. Disruptive, elle l'est à coup sûr. C'est en tout cas l'action la plus médiatisée des créanciers dans l'affaire argentine : la tentative de saisie, en octobre 2012, dans un port du Ghana, de l'*ARA Libertad*. Soit l'un des plus longs trois-mâts du monde (103 mètres), exploité par la marine argentine et servant régulièrement lors d'exhibitions. Un fleuron national. L'équivalent symbolique, toutes choses égales par ailleurs, du porte-avions *Charles-de-Gaulle*.

Longtemps, les équipes du créancier ont étudié le droit de chacun des pays dans lesquels la frégate fait relâche en Afrique, afin de viser la juridiction la plus favorable à la conduite de l'opération. Le Ghana n'avait pas de loi écrite sur l'immunité et le régime anglais s'appliquait : « Pour le dire simplement, [c'était] un droit qu'on maîtrisait bien, et donc ça a fonctionné », me raconte un avocat ayant pris le relais de l'offensive du fonds NML dans certaines juridictions européennes. La campagne d'exécution contre la frégate vaut de l'or « symbolique », c'est un « actif-trophée », très perturbateur, comme l'explique lors d'une conférence professionnelle un avocat spécialisé : « L'expérience montre que, dans les litiges difficiles et de longue haleine contre des États souverains, si vous vous attaquez à des actifs-trophées, vous faites savoir au souverain que vous êtes vivant et bien vivant, et que vous le poursuivez quoi qu'il en coûte. Et vous êtes vraiment heureux de l'humilier, parfois de manière impitoyable, par ce type de saisies. »

Il poursuit sur la frégate : « Tous les soldats ont été transportés par une force aérienne spécialement affrétée et envoyés à Buenos Aires. Cela a fait les gros titres de la presse pendant plusieurs semaines. Qu'est-ce que NML a retiré de cette affaire ? L'opinion publique ! L'humiliation ! Pas grand-chose de plus. Mais Elliott, qui était derrière NML Capital, a montré à n'importe qui dans le monde, à quiconque qui aidait l'Argentine à échapper à ses créanciers, que le fonds serait heureux d'aller à peu près n'importe où contre les actifs de l'Argentine. »

La saisie parasite l'agenda présidentiel de Cristina Kirchner et se veut un moyen de dissuasion à destination des potentiels partenaires commerciaux du débiteur : toutes les transactions avec le « mauvais payeur » argentin seront bloquées. Le fonds vautour fait monter la pression sur différents flancs. Le message est aussi transmis à l'ensemble des souverains endettés : Elliott ne renonce jamais et, si le fonds vient à racheter votre dette, préférez la négociation ! Il s'agissait de dire : « Voilà l'exemple[6]. » Après soixante-dix-huit jours de saisie conservatoire, une décision du tribunal international de la mer permet de relâcher le navire.

La reprise du vaisseau donne lieu en Argentine à une impressionnante cérémonie réparatrice[7]. Devant la frégate rapatriée à Mar del Plata, sur laquelle les marins ont repris place, Cristina Kirchner prononce un discours devant un pupitre sur lequel est inscrit : « Aujourd'hui, dignité et souveraineté nationale ». Se réjouissant du retour après des jours d'« attaques des fonds vautours », la présidente proclame « que la récupération du navire de guerre symbolise la défense sans restriction des droits de l'Argentine » : « Alors que certains nous demandaient de nous rendre, de payer à ces fonds vautours ce à quoi ils n'ont pas droit, notre gouvernement a fait preuve de respect pour un héritage historique que nous a laissé un homme [Néstor Kirchner] il y a presque dix ans, lorsqu'il nous a dit qu'il n'avait pas l'intention de laisser ses convictions à la porte du palais du gouvernement. [...] Ces fonds vautours sont le produit de la crise mondiale et

6. Entretien avec le même avocat-relais.

7. Erving Goffman, *La Mise en scène de la vie quotidienne*, vol. 2 : *Les Relations en public*, Minuit, Paris, 1996.

de ce que j'ai appelé l'"anarcho-capitalisme" et cette situation ne concerne pas seulement notre pays [allusion aux autorités ghanéennes]. Tous les gouvernements ne résistent pas à la pression et ce sont des choses qui arrivent [...]. Nous sommes un gouvernement habitué à subir des pressions internes, externes, souterraines et planétaires. Nous continuerons à résister aux pressions, car personne n'obtiendra quoi que ce soit de l'Argentine par l'extorsion et la force. » Cristina Kirchner conclut son discours sur la phrase : « Plus que jamais : patrie oui, colonie non ! » La réponse de la présidente argentine amorce une contre-offensive contre les fonds « vautours ». Pour autant, ces derniers n'ont pas mis fin à leurs assauts et ont mené d'autres opérations d'envergure.

L'inspirateur de la stratégie de saisie ciblée sur les nerfs symboliques de la souveraineté serait l'Américain Donald S. Schwarzkopf, « Don », qui a conseillé et représenté Elliott au sein de Dechert, avant de créer son propre fonds. Impossible à joindre dans cette enquête, il aimerait rester discret. Un avocat qui a travaillé avec lui me raconte qu'il « travaillerait depuis son garage », où il a conçu « toutes les idées nouvelles du dossier ». D'après lui, « c'est typique, il a pas de structure » : « C'est l'Américain basique : le type, si vous lui servez pas un steak même dans un restaurant étoilé, il est malade. Il a trente ans d'expérience dans le souverain, il a baroudé partout, il connaît tous les États du monde. Il a été dans des grandes banques et compagnies d'assurances. Il a passé vingt ans chez AIG, il y a très longtemps, à faire du recouvrement de créances. Le mec, il sait faire que ça. C'est le meilleur *asset tracer* [traceur d'actif]. On avait les mêmes idées. On avait le même instinct du chasseur quoi. »

Lorsque je demande si Don a des liens avec les milieux du renseignement, cet avocat me répond que la plupart du temps le matériau de base pour travailler vient de l'information publique, mais qu'il faut savoir chercher et traiter : « Des gens comme lui et moi allons voir des choses que personne ne verra dans ces informations-là. [...] En réalité, c'est juste un type comme vous et moi qui connaît bien la sociologie, la manière dont les dirigeants ont tendance à se comporter en Amérique latine, en Afrique, en Asie, qui maîtrise la culture, car c'est très important de comprendre comment ils détournent l'argent, sous quels noms sont les actifs, comment l'État est organisé : la Russie, c'est pas l'Argentine, qui n'est pas le Congo, qui n'est pas le Vietman, ni les États-Unis. »

Don et la *war room* d'Elliott continuent leur battue. Désormais, des satellites font office de gibier : un système de guidage satellite argentin à New York et, surtout, les contrats de participation financière argentine dans la société de lancement SpaceX, Space Exploration Technologies Corp, en Californie. Comme l'explique un avocat-conseil, c'est moins la valeur monétaire de l'actif que le désastre potentiel pour le pays qui importe : « La valeur monétaire des satellites est limitée, peut-être quelque chose comme 40 millions de dollars américains, alors que les réclamations se comptaient en milliards. Mais si l'Argentine avait manqué le lancement de ce satellite, elle aurait perdu son créneau qui aurait été attribué à un autre pays souverain… Politiquement parlant, pour le régime Kirchner, cela aurait pu être désastreux. Encore une fois, c'est symbolique, mais cela aurait pu conduire à toutes sortes de négociations et aurait permis à NML de conclure le litige avec l'Argentine et de procéder au règlement. Cette opération aurait perturbé les flux financiers que l'Argentine était sur le point de recevoir… ou dont elle avait cruellement besoin de la part des marchés. »

La saisie d'un satellite se prépare des mois durant, en dialoguant avec des personnes ayant longtemps travaillé pour la NASA ou Ariane espace, capables de renseigner sur des questions logistiques très précises : les modalités d'accès aux sites, le déroulement du chargement du satellite, le lieu le plus propice à la saisie, etc.

Un avocat m'explique en entretien qu'il est « arrivé par le petit bout de la lorgnette » dans le milieu des contentieux souverains, avec comme spécialité le recouvrement de créances. Il dit avoir une « formation très généraliste en droit des affaires

Saisir un satellite : mode d'emploi

Un avocat explique : On recrute des consultants extérieurs qui ont travaillé dans l'aérospatial, pour EADS, par exemple. Ils sont évidemment complètement à leur compte, dans une agence d'enquêteurs. L'un a passé vingt ans à l'Agence spatiale européenne, chez un lanceur et le type, il connaît tout : "L'assurance, elle est contractée comme ça." Il ne trahit rien. Il est sorti du truc désormais. Il se contente de raconter son business. Il ne dit pas : "J'ai eu accès au contrat parce que j'ai un copain qui le fait." Il dit : "Statistiquement, dans ce type de contrat, voilà ce qu'on prévoit." Donc, concrètement, est-ce que je saisis le satellite entre le port et l'arrivée à Kourou sur la base spatiale ? Est-ce qu'il y a des flics autour ? Est-ce un convoi exceptionnel ? Est-ce qu'il faut un huissier accrédité ? Est-ce que je peux arrêter le convoi ? Est-ce qu'il vaut mieux que j'aille saisir sur la base ?

Le satellite, la charge utile et le lanceur, c'est les trois éléments importants. Le satellite arrive d'un côté, la charge utile d'un autre, c'est rarement fait au même endroit. Il va falloir mettre la charge utile, très sensible, dans le satellite et ensuite, le satellite, on le met dans le lanceur. Ça fait des étapes : il faut regarder qui est propriétaire des entrepôts dans lesquels on va faire tel et tel truc. Quel est l'intervenant ? On va essayer d'identifier entre les mains de qui il faut qu'on fasse notre saisie.

Et, grâce à des informateurs comme ça, on va étudier les accords qui lient la Russie et la France, pour l'utilisation du spatiodrome en France, à Kourou. Dans ces accords, on voit quel est l'organisme français, l'Agence spatiale européenne ou l'État français qui est officiellement propriétaire de l'entrepôt dans lequel on va faire ci ou ça… Nous, on voit les traités. On va analyser les conventions, qui sont publiques la plupart du temps. Mais on a aussi besoin de gens. Concrètement, en général, on va faire ça vingt-quatre heures avant le lancement, pas avant, parce qu'on a un risque que la charge utile se dégrade. Et ça, si vous n'avez pas un type qui a passé des années là-dedans, vous ne pouvez pas le savoir. Et vous n'allez pas graisser la patte du gardien à l'entrée. Il n'en sait rien lui. Il filtre les entrées et c'est tout…

et en finance ». Il commence par s'occuper de fusions-acquisitions dans un fonds de capital-risque[8], mais refuse de s'installer dans ce domaine. Alors qu'il travaille dans un petit cabinet sur des dossiers de commerce international, dont un contentieux en recouvrement contre un État africain à la suite d'une sentence arbitrale de la Chambre de commerce internationale, il prend goût à la spécialité : « Techniquement, j'ai trouvé ça assez passionnant, parce qu'il y avait du financement, du droit des matières premières, de l'exécution, de la reconnaissance des décisions de justice, des saisies. Mais les saisies en soi, c'est un truc que je n'ai jamais fait à la fac et je m'étais dit : "Si un jour je fais des saisies, ça sera quasiment une humiliation." C'est un truc d'huissier : la procédure judiciaire, je ne voyais absolument pas l'intérêt. Et finalement, avec ce dossier-là, j'ai découvert un monde assez passionnant. »

Pourchasser un État qui résiste au paiement consiste à lui rendre la vie de souverain impossible, à empêcher ses transactions, à nuire à ses liens commerciaux. Pour cela, il suffisait « de savoir ce qui se passait dans le monde », explique Robert Cohen, un des principaux conseils d'Elliott Management aux États-Unis pour le cabinet Dechert, afin de multiplier les points d'attaque. Non sans un certain sens de l'euphémisme, à propos du rôle des traceurs d'actifs dans la chaîne d'exécution, il dit : « Nous avons toujours des gens qui sont curieux, qui lisent les journaux et trouvent des choses pour nous. » Ces campagnes de harcèlement maintiennent aussi la pression sur les tribunaux. En présentant régulièrement aux juges de nouvelles occasions de discuter du dossier, ils renforcent l'impression d'un État récalcitrant, cherchant à fuir ses responsabilités tant financières que juridiques. Les créanciers se posent en victimes et dépeignent l'État en bourreau : « Je ne pense pas qu'il s'agissait d'un actif aussi précieux que le monde a pu le penser, mais saisir la frégate

8. Le capital-risque (*private equity*) consiste à investir au sein d'entreprises non cotées ayant un besoin de trésorerie pour porter un projet ou pour accroître leur développement.

au Ghana a maintenu la pression. Et avec l'attitude défiante [du souverain], le juge a un peu plus d'empathie pour vous, et pense qu'ils sont les méchants de l'histoire. »

Les fonds Aurelius et Blue Angel Capital se sont attaqués à un autre canal sensible de la vie souveraine : les fonds de Sécurité sociale et de retraite de l'Argentine déposés et gérés en partie aux États-Unis. De fait, le système de pensions argentin est hybride : les travailleurs peuvent cotiser à un système par répartition, administré par un organisme public, ou épargner *via* la capitalisation gérée par des banques intermédiaires, Citibank dans ce cas précis, et voir ainsi cette épargne placée en partie à New York. La financiarisation des retraites fait de ces actifs sociaux des cibles de choix pour les vautours.

C'est lorsque le gouvernement argentin envisage, en 2007, un retour à un système socialisé, par répartition, en réunifiant les deux caisses, que les créanciers frappent. Ils obtiennent de faire interdire, par le tribunal du district new-yorkais, les transferts de fonds en dehors du territoire des États-Unis. L'argument est le suivant : la loi de retour à la répartition fait de ces sommes la propriété de l'État – et non plus des intermédiaires financiers. L'État argentin ayant renoncé à son immunité, ces actifs deviennent saisissables. NML Capital se joint aux hedge funds Aurelius et Blue Angel, dépose la même requête et obtient des ordonnances prescrivant le gel et la saisie conservatoire de ces stocks d'argent : près de 200 millions de dollars (40 milliards de pesos). Le débat porte sur le statut juridique des fonds de retraite gérés par l'ANSES (Administración nacional de la Seguridad social) : est-ce une organisation autonome ou une entité dépendante du pouvoir central argentin ? Aurelius fait valoir que l'administration est une « subdivision politique » du gouvernement. L'État « domine les finances de l'Anses et les utilise à sa guise pour obtenir des fonds à des fins autres que les pensions »[9].

---

9. « Citibank : uno de los bancos del canje embargó las cuentas de la Anses », *La Politica on line*, 30 mars 2010.

Donnant raison aux plaignants, le juge Griesa décide que ces fonds sont devenus, avec le retour au régime par répartition, la propriété de l'État mais tout en conservant au moment de la saisie un caractère commercial, leur placement aux États-Unis étant bien lié à « l'espoir d'un profit[10] » – toutes les conditions de l'exception à l'immunité seraient bien réunies.

Le caractère hybride des dispositifs de pensions par capitalisation devient un facteur de risque juridique. Si le tribunal d'appel finit par invalider ces saisies, les choix domestiques de gouvernance de l'État social, ainsi que les prestations de retraite des citoyens argentins sont une fois de plus soumis à l'examen d'un juge étranger et leur bénéfice suspendu à sa décision.

À la pêche aux renseignements : les biens de l'État pris dans les filets

Les plaignants de l'Argentine ont pu s'appuyer sur un levier insolite : la possibilité de s'adosser sur les tribunaux new-yorkais pour identifier et localiser les actifs de l'Argentine qui circulent dans le monde. En 2014, la Cour suprême prend une décision majeure, dans le cadre du litige argentin, mais dont les effets débordent largement ce cas, sur l'étendue du pouvoir d'information du plaignant, la divulgation (« *discovery* »). Aux États-Unis, chaque partie à un procès peut en effet exiger la révélation d'informations, sous la forme de documents ou de dépositions, « susceptibles de faciliter l'établissement de preuves[11] ».

NML a par deux fois demandé au tribunal de district des « assignations à produire » de l'information adressées à la Bank of America et à la branche new-yorkaise de la Banco de la Nación. Objectif : « apprendre comment l'Argentine transférait ses actifs et ses comptes de New York à travers le monde, et identifier avec précision les lieux et le moment où ils pouvaient faire l'objet

---

10. Second Circuit Court of Appeal. Aurelius Capital *v.* Republic of Argentina, 584 F.3d 120, 15 octobre 2009.

11. Federal Rules of civil Procedure Rule 26.

d'une saisie[12] ». Dans la ligne de mire : les banques qui ont servi d'intermédiaires et, dès lors, tous les comptes tenus au nom de l'Argentine. C'est un scan complet de l'activité financière qui pourrait s'amorcer : les dates d'ouverture et de fermeture des comptes, l'état des soldes courants, l'historique des transactions, les registres des transferts électroniques vers et depuis les comptes argentins, les dettes des banques envers l'Argentine et, enfin, les mouvements de vente et de rachat de titres de créance.

On parle de « *fishing expeditions* » : les plaignants vont à la pêche aux informations avec un filet délibérément large. La requête de NML inclut des investigations sur des personnes publiques : le couple présidentiel Cristina Fernández et Néstor Kirchner, ainsi que certains fonctionnaires et responsables politiques[13]. Malgré les recours argentins, le juge Griesa autorise à étendre au monde entier – et non plus strictement au territoire des États-Unis – le champ d'application des ordres de *discovery*. Grâce à cette autorité judiciaire extraterritoriale, la traque globale aux actifs est ouverte – l'Argentine restant *a priori* largement insaisissable sur son territoire et dans ses tribunaux domestiques.

Les bureaucraties judiciaires deviennent des prestataires de documentation et des guichets administratifs que les financiers exploitent[14]. D'autant que des petits créanciers – encouragés par les puissants hedge funds à ne pas céder aux offres argentines – déposent plainte à leur tour et sollicitent les services du tribunal du district sud de New York.

Bien au-delà du contentieux argentin, des porteurs de réclamations, dont le rapport est parfois mince avec les États-Unis, sont incités à y faire juger leurs affaires. New York se mue en chambre de compensation mondiale et en centre d'information

12. Cité dans Caroline Lequesne-Roth, « L'évolution du régime contractuel de défaut des États débiteurs européens », *loc. cit.*

13. « La citation à comparaître de Bank of America inclut les "agences, ministères, instruments, subdivisions politiques [et] employés" de l'Argentine », US Court of Appeals, Second Circuit, EM LTD. *v.* Republic of Argentina, 695 F.3d 201, 20 août 2012, p. 204.

14. Voir Béatrice Hibou, *La Bureaucratisation du monde à l'ère néolibérale*, La Découverte, Paris, 2012.

pour le recouvrement de créances. Les collecteurs y disposent d'un GPS des actifs souverains en circulation. À travers cette décision, le tribunal de district rompt avec les usages du FSIA, qui limitaient la communication de pièces au dossier aux actifs utilisés pour une activité commerciale aux États-Unis. Pourtant, le tribunal d'appel déboute le recours argentin en annulation, estimant que l'immunité souveraine n'a pas été violée, puisqu'il n'est pas question d'exécution à proprement parler, mais simplement d'obtenir des informations en vue d'une saisie éventuelle.

La loi de la finance, rien que la loi

Le 16 juin 2014, la Cour suprême doit trancher[15]. Rapidement, la discussion se concentre sur la validité de la portée extraterritoriale du pouvoir de *discovery*. Jonathan Blackman, l'avocat de l'Argentine, dénonce le blanc-seing offert aux créanciers par le tribunal d'appel : un « examen médico-légal mondial du patrimoine d'un État étranger », qui n'épargne pas « les biens diplomatiques et militaires, liés à la sécurité nationale, de l'actuel et de l'ancien président, situés en dehors des États-Unis » et théoriquement à l'abri de la justice, en vertu du FSIA. Le juge Antonin Scalia semble compatir avec le désir des plaignants de « tenter leur chance » (« *roll the dice* »), en essayant d'obtenir, depuis les États-Unis, des informations disponibles dans d'autres juridictions. Car, *in fine*, il sera du ressort des tribunaux étrangers – les juges prennent l'exemple de la juridiction française – de valider ou non ces saisies, en se prononçant sur leur caractère souverain, et donc insaisissable, ou commercial, saisissable[16].

La défense adoptée par les avocats de l'Argentine, et suivie par le représentant du département d'État, consiste à rappeler les exigences de la courtoisie internationale. Le juge Scalia

15. Justia, US Supreme Court, Republic of Argentina *v.* NML Capital, Ltd., 573 U.S. 134 (2014).

16. Le juge précise qu'il suffirait que les États du monde entier s'inspirent du fonctionnement des États-Unis, où l'on peut explorer ces informations dans chaque État.

s'en amuse et demande pourquoi aucun *amicus curiae* n'a été soumis par un État étranger, alors que c'est l'usage « constant lorsqu'une affaire, selon eux, empiète sur leurs prérogatives ». Déclenchant l'hilarité, il suppose que c'est peut-être « parce que l'Argentine doit de l'argent [à ces pays], comme aux plaignants ». Le mémoire d'*amicus curiae* du gouvernement fédéral des États-Unis dénonce le périmètre de la « divulgation, large et générale, des biens de l'État étranger pourtant présumés immunisés » et le risque d'« atteinte substantielle à la souveraineté de l'État étranger dans un domaine particulièrement sensible » : « Les États-Unis risqueraient de faire l'objet d'un traitement réciproque défavorable de la part des tribunaux étrangers. Plus généralement, [autoriser ce périmètre de la *discovery*] menacerait de nuire aux relations extérieures des États-Unis sur plusieurs fronts[17]. »

Le respect des relations interétatiques fait son retour dans la plus haute juridiction des États-Unis. Mais lorsque le représentant du département de la Justice prend la parole au nom des États-Unis, il est immédiatement rappelé à l'ordre par le juge Scalia, qui interrompt ce qu'il considère être un débordement du politique sur le pouvoir judicaire, l'édiction « de principes » cachés « derrière la loi », « non conforme à l'esprit » et à la lettre du FSIA : « Attendez, attendez, attendez, attendez, attendez, attendez. Je pensais que l'objectif de la loi sur les immunités souveraines étrangères était de nous protéger contre vous, contre le département d'État et le gouvernement qui viennent dire : "Oh, vous savez, dans ce cas, accordez ceci, refusez cela." Je pensais que l'objectif de la loi sur les immunités souveraines étrangères était de nous permettre d'examiner l'affaire et de la trancher sur la base de la loi[18]. »

Dans un rappel à l'esprit de la loi FSIA, qui dépolitise les modes d'attribution de l'immunité souveraine, la Cour

17. Brief for the United States as *amicus curiae*, n° 12-842. In the Supreme Court of the United States. Republic of Argentina, Petitioner *v.* NML Capital, Ltd.

18. Les citations de la Cour suprême sont extraites de Argentina *v.* NML Capital, Ltd. (n.d.). *Oyez*. 21 avril 2014.

suprême donne raison aux fonds vautours, et décide qu'aucune disposition n'immunise un débiteur souverain étranger contre la divulgation, après jugement, d'informations sur ses actifs extraterritoriaux : « Toute défense d'immunité présentée par un souverain étranger devant un tribunal américain doit s'appuyer sur le texte de la loi. » Scalia redit à quel point l'on ne saurait désormais accorder aucune confiance aux catégorisations de son patrimoine proposées par l'État débiteur lui-même – entre biens militaires et diplomatiques, protégés car appartenant au noyau souverain, et biens commerciaux. Assertions souveraines et requêtes créancières seront mises à l'épreuve, examinées et arbitrées sur un plan d'équivalence par les tribunaux (des États-Unis et du monde), sur la base de textes et d'outils leur conférant une légitimité et un degré d'autonomie forts vis-à-vis du pouvoir exécutif. Ce travail sera, en priorité, effectué par les tribunaux de district new-yorkais.

La célèbre juge progressiste de la Cour suprême Ruth Bader Ginsburg qui, pendant l'audience, ne ménage pas les avocats des créanciers, expliquant que leur client ne représente qu'une minorité réfractaire, bloquant la restructuration de la dette argentine, critique l'impérialisme juridique étatsunien niché dans cette opinion majoritaire de la Cour : « En vertu de quelle autorisation un tribunal des États-Unis devient-il “une chambre de compensation” des informations relatives à tous les biens détenus par l'Argentine ? Un tribunal des États-Unis n'a aucune raison de croire qu'en dehors de notre pays il n'y a aucune limite à la saisie des biens d'un souverain étranger pour exécuter un jugement américain à son encontre. »

Au-delà du contentieux argentin, la *discovery* devient un puissant levier pour les financiers du monde entier. Les avocats des fonds étaient conscients des potentiels effets de cette décision. Ils avaient ardemment souhaité que l'affaire soit portée devant la plus haute juridiction pour rendre ces pratiques incontestables, comme l'explique un avocat des vautours : « En parvenant à la Cour suprême, nous aurions carte blanche pour obtenir des informations sur des actifs n'importe où dans le monde. » Conscient d'avoir fait un coup durable et structurel, Robert Cohen, de Dechert, affirme en entretien : « Nous avons vraiment changé la loi. » Un confrère explique que c'est ce volet de l'affaire qui « en fin de compte a eu le plus d'impact, et continuera d'en avoir le plus. La Cour suprême a déclaré qu'il n'y avait pas d'immunité souveraine en matière de divulgation. C'est la décision la plus importante jamais rendue dans le cadre d'un litige sur la dette souveraine. »

D'après cet avocat spécialisé dans les litiges transnationaux, le dispositif de la *discovery* contribue au charme de la juridiction new-yorkaise pour les financiers du monde entier : « Il y a beaucoup de choses que vous ne pouvez faire nulle part ailleurs. Il n'y a pas de limitation géographique ou juridictionnelle sur ce que vous pouvez demander, cela signifie, fondamentalement, que le rôle des tribunaux américains sera celui d'un centre d'échange d'informations, au moins pour la divulgation dans les litiges relatifs à la dette souveraine. Jusqu'à ce qu'ils changent la loi. »

Ce dispositif constitue une source de travail et de profits extraordinaire pour le *business* des avocats new-yorkais spécialisés. Un avocat explique que, pour cette raison précise, il conseille à ses clients du monde entier de « domicilier leurs dossiers » à New York, « que le pays en question ait ou non des actifs ou des relations commerciales aux États-Unis ».

Comme de nombreux pays du Sud global emprunteurs, l'État argentin devient une entité saisissable, de plus en plus transparente et vulnérable. Non seulement la transformation des souverainetés par le droit et la finance affecte les pays périphériques, mais elle redistribue aussi les pouvoirs aux États-Unis. La montée en puissance de la rationalité financière et juridique n'est pas strictement calée sur le format de l'État-nation, et se débranche du pouvoir politique exécutif. Les *amicus* et positions du gouvernement fédéral n'ont pas la garantie d'être suivis par les tribunaux, y compris au plus haut niveau. Plusieurs espaces sociaux concurrents se disputent la représentation légitime de la souveraineté. Si l'attractivité financière de la place new-yorkaise était défendue corps et âme par le gouvernement étatsunien pour sa capacité à y faire transiter l'argent plutôt que d'accueillir des réclamations contractuelles, les pouvoirs de l'ordo-finance tendent à échapper au contrôle de son créateur politique et institutionnel central.

Appliquée aux banques qui font affaire avec l'Argentine, la *discovery* donne accès à une « quantité de données tout simplement stupéfiante, probablement proche du million de transactions », explique un avocat travaillant sur le dossier[19]. Il faut même recruter un spécialiste pour exploiter cette masse de renseignements. L'outil permet de surveiller de façon exhaustive les activités de l'État qui circulent par les canaux bancaires : « C'était tout simplement incroyable. Les banques retraçaient tout ce qui était lié à l'Argentine : “quoi, quand et où”… Franchement, cela comprenait le transfert bancaire que le gouvernement français envoyait à son ambassade à Buenos Aires. Toutes les transactions de ce type ont été capturées, c'était un filet extrêmement large[20]. »

Basé à New York, l'avocat explique que la plupart des banques, répondant à l'injonction, transmettent « une grande feuille de calcul Excel avec la liste de tous les virements mais aussi les relevés de compte : c'est vraiment incroyable, surtout si vous comparez avec ce qui est disponible aujourd'hui dans d'autres pays[21] ! ».

« Follow the money »

Au cours d'un forum professionnel, un confrère raconte que, dans le cadre d'un dossier contre un État africain, la requête en *discovery* permet de tracer les flux d'argent public. Couplant ces informations avec le recrutement d'enquêteurs, à l'occasion d'une réunion de règlement, l'équipe d'avocats fait suivre les officiels de l'État africain en voyage aux États-Unis, pour rencontrer la partie adverse : « Bien sûr, il faut

19. Propos recueillis en 2023 pendant un colloque international sur l'arbitrage.
20. *Ibid.*
21. *Ibid.*

s'assurer que c'est légal dans le pays, mais ce que nous avons fait, c'est qu'un enquêteur [les] a suivis après le meeting, pour voir où ils allaient. Je n'exagère pas : il y avait au moins quinze représentants de l'État assis autour de la table. J'imagine qu'ils n'avaient rien contre le principe d'un voyage à New York. Et puis, un certain nombre d'entre eux sont allés faire du shopping dans des magasins de luxe. Et alors, profitant de la *discovery*, vous assignez les magasins où ils ont fait leurs courses [*rires dans la salle*] et vous découvrez quels achats ils ont fait, quelles cartes de crédit ils ont utilisées. Ensuite, vous pouvez assigner les banques qui ont émis ces cartes de crédit et découvrir de quels comptes provenait l'argent. »

Le créancier peut ainsi retracer le circuit de l'argent et ses usages par les représentants privés de la fonction publique ; un quasi-pouvoir de police ou de douane entre les mains des financiers. D'ailleurs, si les avocats servent avant tout la cause de leurs clients, ils prétendent aussi défendre des causes plus nobles : lever le voile sur la confusion entre argent privé et argent public, la corruption, et œuvrer pour la transparence. Ceci étant, quand on détient des preuves de corruption, le chantage est fréquent.

Un avocat-conseil d'Elliott Management explique : « Au Congo, nous avons pu démontrer la corruption du fils du président Sassou Nguesso[22]. Cela les a amenés à vouloir se débarrasser de nous. C'était suffisant pour qu'ils disent : “Nous allons négocier.” » L'argent public, déboursé pour payer l'indemnité à ces avocats et clients, bien que motivé par la volonté privée d'un agent public de dissimuler une information sensible, ne pose plus problème. Quand « l'affaire

22. Référence à l'affaire Likouala SA, une société écran « mise à la disposition de l'État congolais par Total ». Elliott, qui détenait alors de la dette souveraine congolaise cherchait à obtenir le paiement de sa créance et soupçonnait Likouala SA de permettre au Congo de dissimuler des capitaux. Un règlement secret entre le Congo et le fonds aurait permis à plusieurs acteurs du dossier, comme BNP et Total, de voir les poursuites contre eux abandonnées (« Paradise Papers : Total aurait aidé le Congo à contourner les règles du FMI », *Les Échos*, 10 avril 2018).

se joue en coulisses, avant le procès, dans des règlements à l'amiable confidentiels, les justifications des fonds redresseurs de torts tombent à l'eau [et] il n'est plus question de corruption, mais seulement de récupérer les créances aussi discrètement que possible », explique un journaliste du *Monde*[23].

Certains avocats-chasseurs disent délaisser les actifs « trophées » pour se focaliser sur des saisies « disruptives », dont le pouvoir de nuisance se révélera décisif pour forcer la cible à payer. L'un d'eux raconte : « Certes, il est très agréable, et utile, de voir en une d'un quotidien la saisie d'un bien souverain, comme un avion, mais la question est de savoir quelle saisie aura un impact, et non pas si elle est sexy. Tout dépend donc de l'État auquel vous êtes confrontés, du climat politique et du régime en place : quels sont les problèmes économiques auxquels le pays est confronté à ce moment-là, de quoi l'opinion se préoccupe-t-elle ? »

Au nombre de ces nœuds stratégiques, on compte les chambres de compensation financière. Ces infrastructures privées sont centrales dans le fonctionnement des marchés financiers : leur interface de gestion assure le paiement et la livraison de titres après la négociation (ordres en provenance des sociétés de Bourse, etc.) entre acheteurs et vendeurs des titres – actions, obligations, options. Ainsi, quand l'avocat belge est contacté par NML, ce n'est pas pour les ambassades – « quelques millions sur les comptes, c'est des cacahuètes ». La « *target* », la cible, c'est bien Euroclear, la première chambre de compensation européenne, dont le siège est situé à Bruxelles. La présence d'une telle institution et la circulation des actifs qui s'y déroule font de la Belgique un « eldorado pour ces créanciers » et leurs raids façon « far west » : « Ce qui était hyper important pour eux, ce n'étaient pas nécessairement les avoirs déposés – car sortir l'argent d'Euroclear n'était déjà plus possible à l'époque – mais les flux car, quand un État doit repayer les intérêts sur une

23. Jérémie Baruch, « Elliott Management, le fonds spéculatif qui a fait payer le Congo-Brazzaville », *Le Monde*, 10 avril 2018.

obligation, à tel moment et à telle date, l'argent transite par cette chambre de transmission. Les injonctions visaient à l'interdire de faire son boulot, à paralyser ses activités, en empêchant d'y faire transiter l'argent argentin. »

En enrayant la machine à compensation financière, les fonds mettent l'Argentine en situation de ne plus assurer en intégralité, aux échéances prévues, le service de sa dette et le paiement des intérêts. D'autant que de nombreux contrats comportent une clause d'accélération : si les conditions initiales ne sont pas respectées, le prêteur (et les autres prêteurs si le défaut est avéré) peut exiger le remboursement immédiat de la totalité du solde, en avance sur la maturité finale du titre. « Cela met une pression énorme sur l'État débiteur, un effet bélier, qui va accepter la négociation. » L'opération est pilotée depuis New York, en coordination avec des « détectives privés d'un type très particulier qui, en Floride, suivent les flux monétaires » et sont capables de renseigner à quelle date, voire dans quel créneau horaire, l'Argentine procédera à un paiement qui transitera par Euroclear.

En s'attaquant à cette « forteresse en Belgique », selon l'expression de l'avocat belge, les vautours touchent aussi, comme dans le cas des banques centrales, un nerf des politiques publiques : « Euroclear a une ligne de téléphone directe avec le ministère des Finances et, s'ils veulent un changement de la loi, ils téléphonent, et ils ont un changement de loi. » Faute de disposer d'un centre financier international de premier ordre (comme New York ou Londres), les autorités belges veillent sur leur champion privé national : le jusqu'au-boutisme contractuel des vautours, en bousculant Euroclear, déstabilise un arrangement étatico-financier.

Le métier d'enquêteur

La poursuite de l'État argentin est révélatrice. Mais elle n'est qu'un théâtre d'opérations parmi d'autres d'un business de la poursuite souveraine, avec ses différents métiers du recouvrement de créances, en plein essor, que ce soit dans les domaines de la dette souveraine ou de la sentence arbitrale impayées. Les avocats s'appuient sur des enquêteurs pour convertir des renseignements en preuves, ou préparer le calendrier et la cartographie d'une campagne d'exécution. Loin de Don qui, pour Elliott Management, officie depuis son garage, et même s'il y « a toujours eu des inspecteurs gadgets », pour reprendre l'expression d'un investisseur spécialisé dans le financement de procès par un tiers, le secteur s'est très largement professionnalisé.

Kroll, fondée en 1932 à Chicago, à l'origine spécialisée dans le conseil en investissement, est la société de conseil et de renseignement privée la plus connue, considérée comme l'étalon-or de l'industrie. Elle a pour clients les plus grandes entreprises cotées en Bourse, les cabinets d'avocats, des fortunes privées et d'importants hedge funds. Nombre de mes interlocuteurs y ont fait leurs armes, avant d'opter pour des structures plus petites, proposant du « sur-mesure » à leurs clients financiers.

Ashley Messick travaille dans l'une de ces boutiques, fondée par des professionnels du renseignement et des litiges qui œuvraient auparavant pour le bureau londonien de Kroll. Diplômée en langues orientales et études politiques du Moyen-Orient, elle dit être « tombée » par hasard dans l'industrie de l'investigation, il y a près de quinze ans, à une époque où le métier n'était pas aussi bien connu. Après un passage dans une société étatsunienne où elle travaille pour des gouvernements et cherche à récupérer des actifs détournés, elle rejoint GPW Sovereign Debt Advisors, fondée à Londres, qui sera rachetée par un cabinet de conseil new-yorkais, J.S. Held, souhaitant développer sa pratique mondiale d'enquêtes.

Après avoir passé deux ans chez Kroll, Sebastian Neave fait aussi partie de cette société de conseil. Il considère, comme Ashley, qu'il est arrivé dans ce monde parce qu'ils ont étudié les langues et les relations internationales. Lui a étudié le russe, ce qui avait rendu son profil attractif à Londres, au moment où beaucoup d'affaires concernaient des oligarques russes. Aujourd'hui, ils dirigent tous les deux une dizaine de personnes pour JS Held, principalement à Londres et à Dubaï, dont le travail consiste à récupérer des actifs souverains.

Si, selon Ashley, « il y a vingt ou trente ans, tout était clandestin, de cape et d'épée », l'image d'Épinal des agents de renseignement devenus enquêteurs dans le domaine du recouvrement de créances relèverait de plus en plus du mythe, voire du fantasme. Désormais, place au professionnalisme, à la transparence et des actions légales. Un autre enquêteur témoigne : « Voulez-vous avoir la possibilité de dire à vos amis que vous employez quelqu'un qui a travaillé pour la CIA ? Ou voulez-vous recruter quelqu'un qui sache ce qu'il fait et qui fasse bien le travail ? Dans notre secteur, il y a de très bonnes personnes qui ont travaillé auparavant comme avocats, banquiers, journalistes d'investigation, producteurs de documentaires d'investigation, etc. Mais nous sommes toujours très sceptiques à l'égard des gens qui ont travaillé pour un gouvernement pendant une vingtaine d'années, mais qui se présentent à nous et n'ont en réalité qu'un dixième de notre expérience, de nos connaissances et de notre expertise technique en la matière. »

À ce propos, un investisseur spécialisé dans les dettes à l'agonie ironise : « Certains prétendent être d'anciens membres du Mossad, de la CIA et du MI5. Qui sait qui est qui ? Si ces types sont d'anciens espions ou ont travaillé dans l'intelligence, alors nous avons de gros soucis à nous faire, parce qu'ils sont loin d'être très intelligents. »

Les clients qui font appel aux enquêteurs sont généralement des avocats, qui gèrent un flux constant de litiges, et de plus en plus des hedge funds qui investissent dans des litiges et des affaires que les propriétaires initiaux ne souhaitent plus mener à terme, ou n'en ont plus les moyens – c'est le financement de procès par un tiers. Certains de ces hedge funds font des sociétés d'investigation le « point central de commandement ». Ashley et Sebastian se trouvent, à leur tour, dans la situation de recruter : des avocats spécialisés, eux aussi « de niche », et des sociétés de communication, spécialisées dans les relations publiques. Le travail ne se limite pas à dire

« super, trouvons un actif », confie Ashley, il consiste plutôt à mener une réflexion globale sur la campagne d'exécution : dans quelles juridictions frapper, sous quel délai et à quel coût, etc. Les enquêtes contre les souverains génèrent un peu plus de la moitié du chiffre d'affaires annuel de leur équipe, mais les dossiers peuvent durer longtemps. Plus les montants en jeu dans les affaires sont importants, plus l'argent investi dans l'enquête est conséquent.

« Clouer au sol » les avions est une des spécialités d'Ashley. Comme elle l'explique, « on peut facilement trouver les transpondeurs et numéros des avions, avec les nombreuses bases de données de suivi et l'historique des vols. » Quand, en 2020, l'avion présidentiel de Denis Sassou-Nguesso appartenant à la République du Congo, qui vole clandestinement depuis des mois (voire des années), est vu en train d'atterrir à Bordeaux pour une escale technique et des travaux d'entretien de routine, l'équipe d'enquêteurs est sur le coup pour identifier l'avion et déclencher la confiscation. En effet, Mohsen Hojeij, homme d'affaires libanais dirigeant la société Commisimpex, ancien proche du pouvoir congolais et de Sassou, exige du gouvernement de Brazzaville le règlement de marchés de travaux publics obtenus au Congo entre 1984 et 1986 – qui n'auraient été que partiellement réalisés, selon la partie congolaise.

Le Tribunal arbitral de Paris, sous l'égide de la Chambre de commerce internationale, a condamné en 2013 le gouvernement congolais à payer 223 millions d'euros à Commisimpex[24]. Le transpondeur de l'avion ayant été activé par erreur, le créancier a pu intervenir et ordonner que l'avion, d'une valeur

24. Avec les intérêts liés à la sentence impayée, la dette réclamée par Commisimpex dépasse aujourd'hui 1,3 milliard d'euros. Les indemnités sont souvent assorties de taux d'intérêt élevés : de 3 % à 9 %. À titre d'exemple, une sentence contre le Nigeria, qui représentait 6,6 milliards de dollars en 2017 a atteint en 2020 la valeur astronomique de 9,98 milliards de dollars (et cela continue…). Voir Ashley Messick, « Sovereign awards, untapped yield for the intrepid investor, an investigator's view », *The Hedge Fund journal*, n° 150, septembre 2020.

de 30 millions de dollars, soit longtemps « cloué au sol ». La défense en immunité souveraine du Congo, plaidant un usage diplomatique de l'avion, a été déboutée à plusieurs reprises par les tribunaux français : un vol sans passagers vers le sud de la France pour des travaux de maintenance ne peut être considéré comme un « usage diplomatique ». Le Falcon 7X de Dassault Aviation a été vendu aux enchères pour 7 millions d'euros, au rabais. Ashley s'en félicite : « L'identification et le suivi préalables du bien ont permis une récupération lucrative[25]. »

On peut aussi saisir les avions au moment de leur fabrication : un État poursuivi, la Tanzanie, a commandé au Canada une toute nouvelle flotte, dont deux Boeings qui font « l'objet d'une grande fierté patriotique », raconte Ashley : « Le gouvernement s'apprêtait à organiser une cérémonie pour recevoir les nouveaux avions. Et nous les avons interceptés avant même qu'ils ne sortent de la chaîne de montage. L'affaire étant rendue publique, l'embarras était garanti », et la Tanzanie s'est acquittée d'une sentence arbitrale de 22 millions de dollars. Parfois, la cible n'est pas l'avion mais le carburant : « Un avion est prêt à décoller avec des passagers, mais on annonce que le décollage est impossible parce que le carburant est saisi. La situation est tellement gênante, que le litige est réglé en quelques jours », continue Ashley[26].

Dans une dispute entre la deuxième compagnie pétrolière française, Perenco, et l'Équateur[27], Ashley et Sebastian disent avoir joué sur la volonté du président Guillermo Lasso, récemment élu en mai 2021, de renouer le dialogue avec les États-Unis et le FMI que les gouvernements précédents avaient suspendu. Surtout, l'objectif affiché haut et fort

25. Ashley Messick et Nicolas Richier, « Hard targets : an investigator's perspective on enforcement against States », *Litigation Finance Insider*, 31 août 2021.

26. *Ibid.*

27. Sentence CIRDI de 374 millions de dollars à l'été 2021 en faveur de Perenco.

était d'attirer les investissements étrangers, « c'était sa devise et son objectif clé » : « Nous avons eu carte blanche pour procéder à un balayage global des actifs de l'État en l'espace de quelques mois. Nous avons examiné le paysage politique, car il faut savoir qui est l'adversaire, quels sont les leviers et les points de pression que l'on peut actionner. Alors que le président Lasso était confronté à une pression domestique, nous avons attaqué avec fracas l'élément même qu'il cherchait à promouvoir : la solvabilité de l'Équateur. Avec peu de moyens, nous avons fait beaucoup de bruit. À la fin du mois de juillet 2022, Perenco a mis en demeure les banques intermédiaires pour l'émission des obligations souveraines de l'Équateur au Luxembourg, quelques jours seulement avant le paiement des coupons d'intérêts, ce qui a fait naître le risque que l'Équateur manque à ses obligations. Perenco ne s'est pas contentée d'intenter une action en justice au Luxembourg, elle l'a fait savoir au monde entier. Les médias nationaux et internationaux se sont emparés de la question de la défaillance potentielle de l'Équateur et les observateurs du marché ont spéculé sur la manière dont l'Équateur allait réagir. Dans les jours qui ont suivi, le gouvernement a déclaré publiquement qu'il paierait sa dette et, peu de temps après, il a accepté de payer à Perenco l'intégralité, plus les intérêts[28]. »

Avocats, enquêteurs et investisseurs travaillent ensemble pour faire plier l'État. Dans chaque contexte souverain, il faut découvrir les points sensibles. Lors d'un forum professionnel sur l'arbitrage, un avocat raconte que sa stratégie pour collecter la sentence arbitrale de son client, ConocoPhilipps, face à l'État du Venezuela, consistait à s'en prendre à sa compagnie nationale d'extraction de pétrole, Petróleos de Venezuela SA, PVDSA[29], reconnue comme un alter ego de l'État, donc

28. Extraits de Ashley Messick, « When recovering against a sovereign, know your opponent » (consulté sur le site de JS Held).

29. Un tribunal d'arbitrage du CIRDI a accordé plus de 8,7 milliards de dollars (plus les intérêts) à ConocoPhillips suite à l'expropriation illicite, par le Venezuela, de trois investissements pétroliers réalisés par des filiales néerlandaises de l'entreprise étasunienne ConocoPhillips.

saisissable. Avec l'aide d'une équipe d'enquêteurs, il s'agissait de toucher à un nœud de l'économie du Venezuela : les ports commerciaux.

Sous sa houlette, l'équipe monte une opération dans le port de Bullion Bay à Curaçao, dans les Caraïbes néerlandaises. Dans ce port, « plus profond » que les côtes du Venezuela et autorisant l'accès à de grands pétroliers, le pétrole brut est chargé depuis de petits containers (débarqués de petits bateaux provenant des côtes du Venezuela) dans de grands réservoirs et des tankers destinés à l'Europe et à la Chine. Ce hub portuaire constitue « pour l'État un point central de l'exportation de son pétrole et de ses transactions économiques internationales » : « C'est donc là que nous avons concentré nos énergies. » Ce genre d'informations ne figure pas dans les documents publics : « Il faut que l'enquêteur ait des sources dans le secteur du commerce du pétrole brut, mais il aurait été possible sinon d'utiliser des outils de suivi des navires (*ship tracking*) et d'autres technologies[30]. »

L'identification du point névralgique va de pair avec le repérage en amont du droit local. La loi néerlandaise, qui s'applique aux Caraïbes néerlandaises, leur semble favorable au lancement de la saisie. Le but de l'opération est certes de collecter la « valeur monétaire » des containers de pétrole saisis, substantielle, mais aussi de provoquer un embryon de « crise ».

En effet, le port se vide ; l'activité commerciale et logistique est totalement gelée : « Dans le cadre d'une campagne coordonnée, nous avons obtenu des ordres de saisie conservatoire et avons commencé à le signifier aux capitaines des navires qui entraient dans le port de Curaçao, ainsi qu'à tous les responsables des installations de stockage à terre, sur plusieurs îles. L'impact le plus important était que cela a

30. Le *ship tracking* consiste à identifier des navires commerciaux ou des petites embarcations et à surveiller leurs mouvements en affichant leurs positions en temps réel sur une carte.

complètement arrêté la capacité du Venezuela à exporter du pétrole. Une crise. Si vous regardiez les images satellites des navires, vous observiez qu'à partir du moment où nous avons commencé à signifier les saisies, tous les autres navires sont retournés au Venezuela, et ont été rappelés. J'étais à Curaçao pour coordonner cet effort. Normalement, on y voit des pétroliers alignés à l'extérieur du port de Bullion Bay. Après le lancement des premières saisies, c'était vide. Il n'y avait plus personne. C'est ainsi que nous avons conclu un accord de règlement avec la PVDSA. Le client a reçu une somme d'argent substantielle. Il ne s'agissait pas de dire : "Oui, c'est sexy parce que ça concerne des navires." » L'avocat insiste sur la pertinence du choix de la cible : « Il s'agissait vraiment de viser l'impact économique et commercial. L'objectif était de trouver le point d'étranglement, ou quelque chose qui crée vraiment une pression financière sur l'État. »

Un autre intervenant de la conférence, provoquant des rires dans la salle, lance : « Tu as quand même pris des photos ? » Un autre confrère ajoute : « Je t'imagine en maillot de bain, sur un yacht, en train de coordonner l'opération d'exécution, ça doit être cool... » Ce dernier, après avoir raconté son propre succès dans la saisie d'un « actif trophée », conclut qu'il est possible de « percer une toute petite fissure dans le bouclier ou dans l'armure dans laquelle l'État se croit protégé ».

L'État ne représente pas uniquement un ennemi auquel il faut faire face juridiquement. Il incarne un pouvoir arbitraire, cherchant systématiquement à échapper aux règles, une entité réticente, par nature, à payer ce qu'elle doit. Bien que la plupart de leurs griefs soient faits à des États pauvres, « périphériques », de l'architecture financière internationale, ces avocats n'épargnent pas les États avancés dont ils sont ressortissants. Seules certaines institutions et fractions de pouvoir trouvent grâce à leurs yeux parce qu'elles leur sont plus favorables. Du fait de leur capacité à nier la validité d'une saisie, les juridictions des pays avancés peuvent aussi devenir des adversaires, des institutions dotées d'un pouvoir discrétionnaire et attaché aux diplomaties du débiteur public qu'ils ciblent – ce lien étant susceptible d'influencer les décisions des tribunaux. Les plus hautes instances juridictionnelles sont soupçonnées d'être les plus exposées au mélange de diplomatie et d'économie favorable au souverain pourchassé. Quel que soit leur dénouement, ces offensives augmentent pour les structures publiques, scrutées en permanence, le coût de leur défense en immunité. Un responsable en « relations publiques » explique la nécessité, du côté de l'État, d'adopter une méthode très élaborée pour mettre ses fleurons à l'abri de la guérilla de l'exécution : « Quand on avait travaillé sur la restructuration de la dette libanaise, ukrainienne ou encore la dette de la Zambie, les avocats avaient immédiatement regardé quels sont les biens gouvernementaux à l'étranger, qui ne sont pas protégés par l'immunité soit diplomatique, soit militaire, et qui pourraient potentiellement être saisis par la partie adverse pour faire pression. Il faut toujours se mettre dans la peau de la partie adverse : comment vais-je attaquer ? Pour les actifs du Liban, ils avaient changé la manière dont ils achetaient du fioul, parce qu'il y avait des risques de saisie des cargaisons à l'étranger. »

La décomposition par les financiers-plaignants des entités publiques, leurs investigations sur les usages privés en leur sein, fait redescendre la grandiloquence souveraine au niveau le plus trivial de hauts fonctionnaires utilisant la carte de crédit d'une banque centrale dans un magasin de luxe. Les avocats lézardent la façade de présentation de soi régalienne de la souveraineté : les fonctions monétaires et diplomatiques sont retraduites comme servant uniquement de paravents à des tractations commerciales, souvent d'ordre privé. Cette grille de lecture désenchantée du domaine public – l'identification de canaux de distribution de l'argent, le traçage de sa manipulation privée-publique, le repérage des points d'étranglement de l'État, et la reconstitution des connexions entre agents d'État, flux d'argent et institutions (bancaires et officielles) –, si elle peut, par certains aspects, ressembler à une enquête de sciences sociales, n'est jamais désintéressée. Ces opérations, qui articulent connaissance et action, permettent aux fonds procéduriers de s'imposer (en se faisant connaître par les informations qu'ils détiennent) comme des points de passage obligés de l'extraction d'argent public. Leur imaginaire de l'État est celui d'une « machine à cash », qui distribue des revenus à des groupes sociaux concurrents, devant lesquels il faut s'imposer à tout prix.

Chapitre 10

Résistances internationales à la percée du droit global

Si l'Argentine est progressivement acculée sous les coups de la justice financière globale, qui se déploie de façon tentaculaire, le gouvernement argentin de Cristina Kirchner active ses réseaux diplomatiques et s'efforce de mobiliser les arènes internationales, notamment les Nations unies, afin d'atténuer la pression des créanciers. Le cas argentin est emblématique de la façon dont un État du Sud est capable de jouer la carte de l'international contre les organisations du global – en l'occurrence, le droit des créanciers, adossé aux tribunaux inférieurs, soutenu par des fractions du pouvoir politique (sénateurs, parlementaires aux États-Unis). S'ils critiquent fortement sa sensibilité aux intérêts diplomatiques, les fonds procéduriers expriment en effet des besoins d'État. Ils s'appuient sur des tribunaux locaux, des représentants du Congrès, etc. pour faire reconnaître l'importance de leurs réclamations, les exécuter et chasser leurs proies.

Les pages qui suivent décrivent comment les niveaux nationaux, globaux et internationaux s'articulent et s'entrechoquent. Les « croisades privées[1] » menées au nom de la *Rule of Law* par des avocats financiers se heurtent à des

1. Joseph Gusfield, *Symbolic Crusade. Status Politics and the American Temperance Movement*, University of Illinois Press, Urbana, 1963. Voir Stève Bernardin (dir.), *Croisades privées et problèmes publics. L'héritage sociologique de Joseph Gusfield*, PUR, Rennes, 2022.

limites – en particulier au sein de juridictions qui, à l'instar de la France, sont placées en position de conférer ou non une force exécutoire aux velléités de saisie, en application des décisions du juge new-yorkais. Si l'effet de nuisance désiré par les fonds procéduriers se révèle efficace, et réellement contraignant pour les souverains visés, certaines opérations semant le chaos dans l'économie et les places financières produisent en retour des résistances nationales, réactivent des solidarités internationales et conduisent à des recalibrages de la loi de la finance. Poussé à l'excès, l'assaut contre les souverainetés, qui veut dépolitiser les relations économiques internationales par le droit, déclenche paradoxalement des pare-feu politiques.

Légitimisme ou disruption de marché

Le dénouement du litige argentin avec les fonds procéduriers montre le caractère décisif de l'orientation politique des États débiteurs. Le rapport de chaque État emprunteur et de sa technocratie à la finance globale, comme à son droit, est réversible. Les avocats et créanciers ont d'ailleurs conscience que la pression qu'ils maintiennent ne portera parfois ses fruits qu'à l'occasion d'un changement de gouvernement, de stratégie politique ou de régime. Quand les campagnes d'exécution et le dénigrement public des gouvernements récalcitrants n'aboutissent pas, le salut ne peut venir que du *turnover* électoral. Pour saisir les ressorts de ces revirements, il faut zoomer sur les différentes facettes de l'État argentin à l'épreuve de sa dette litigieuse.

La métaphore du vautour charrie la condamnation de l'avidité, de la manipulation et de l'absence d'empathie. Elle dénote fortement avec les atours sous lesquels la finance, notamment dans le domaine souverain, aime à se présenter : la froide rationalité, la civilité des contrats, et la renégociation de bonne foi entre parties « égales ». Associer un sous-secteur de l'industrie financière à des oiseaux de proie nécrophages, tuant les faibles et les blessés, se gavant de carcasses et de chairs jusqu'à l'hypertrophie, est une puissante opération langagière. Cette retraduction « fait partie intégrante de la position adoptée par l'Argentine dans sa défense juridique et politique contre sa Vénus des temps modernes, NML Capital », résume Sonya Marie Scott[2]. L'adoption de ce vocable correspond à l'évolution du rapport de l'Argentine avec des pratiques, des normes et des acteurs de la finance globale : de la tentative de se raccrocher contre vents et marées aux standards du marché avec Néstor Kirchner à partir de 2003, à la contestation de la finance vautour sous la présidence de Cristina, son épouse, après 2007.

Entre 2005 et 2010, le gouvernement de Néstor Kirchner, péroniste de centre gauche, s'efforce de réaménager sa dette et de faire accepter l'offre d'échanges de titres qu'il propose au plus grand nombre possible de détenteurs d'obligations. L'équipe au pouvoir joue l'« *insider* », traversant certes de grandes turbulences, mais négociant pied à pied avec ses créanciers, conformément à des procédures marchandes régulières. Le secrétaire des Finances de l'époque – l'équivalent d'un directeur du Trésor en France –, Guillermo Nielsen, dont le pedigree n'a rien à envier aux financiers des États-Unis, enchaîne les présentations pour les investisseurs[3]. Flanqué de ses équipes, il entretient sa socialisation à la finance globale au gré des *road shows*, réunions itinérantes : d'abord à Dubaï, puis à Miami, Rome, New York, Boston, Francfort, Zurich, Paris… À plusieurs reprises, Nielsen est invité à parler devant des forums de la place de New York – dont l'EMTA en décembre 2005. En janvier 2005, dans le cadre d'une réunion « civilisée et technique », il rencontre même l'équipe d'Elliott Associates qui a pourtant déjà engagé des poursuites[4]. Après

2. Sonya Marie Scott, « Vultures, debt and desire : the vulture metaphor and Argentina's sovereign debt crisis », *Journal of Cultural Economy*, vol. 12, n° 5, 2019, p. 382-400.

3. Âgé de cinquante et un ans, économiste formé à la prestigieuse Universidad de Buenos Aires (UBA), publique, ainsi qu'à la Boston University, il parle un excellent anglais et a une expérience dans le secteur privé.

4. Mentionné dans Gregory Makoff, *Default, op. cit.*, p. 50.

avoir obtenu un accord avec le FMI à Dubaï en 2004, le gouvernement privilégie les face-à-face avec ses créanciers. Mais ces derniers, frustrés et considérant qu'elle est capable de payer davantage, n'auront de cesse de rappeler l'Argentine aux réquisits de la négociation « de bonne foi » dont l'institution de Bretton Woods serait garante.

Leonardo Madcur, le sous-directeur et gendre de Nielsen, incarne de façon idéaltypique les manières de penser et d'agir durant cette séquence « loyale ». Lorsque je le rencontre à Buenos Aires en 2015, Cristina Kirchner est au pouvoir. Il s'est éloigné de la technocratie et travaille comme gestionnaire de fortunes privées pour de riches familles argentines, dont la famille Walté, qui possède Telecom Argentina, La Caja et d'importants domaines agricoles. Il revendique cette expérience dans le secteur privé comme une qualité dans l'art de gouverner. Compatible avec la gauche modérée comme la droite de gouvernement argentine, il a été rappelé au pouvoir, sous la présidence d'Alberto Fernández, au ministère de l'Économie, et nommé en 2024 représentant de l'Argentine au FMI par le président libéral autoritaire Javier Milei.

Madcur est l'un des artisans de l'offre de restructuration de dette de 2005. Évoquant le souvenir de Néstor Kirchner, il ne tarit pas d'éloges. Un président qui, selon lui, comprenait immédiatement les enjeux des modèles quantitatifs de réduction de la dette souveraine et, surtout, savait à « quel point il ne fallait pas déconner avec le dollar dans ce pays, peut-être parce qu'il les aimait trop [les dollars] ». Le haut fonctionnaire se réfère à la façon dont les Argentins n'accorderaient aucune confiance au peso, en tant que réserve viable de valeur pour placer leur richesse : « Si vous voulez que les Argentins pensent à d'autres monnaies que le dollar, vous devez nous tuer tous, ou tous nous faire subir un lavage de cerveau[5]. »

5. Ariel Wilkis et Mariana Luzzi, *The Dollar. How the US Dollar Became a Popular Currency in Argentina*, University of New Mexico Press, Albuquerque, 2023.

Il se montre très critique à l'égard de Cristina Kirchner qui, en 2011, instaure un contrôle étroit des changes et des capitaux, espérant dé-dollariser l'économie du pays. Pour autant, l'équipe des Finances de l'époque juge impossible de rétablir l'économie nationale sans renégocier les termes de la dette extérieure. Rembourser intégralement cette dernière impliquerait un excédent budgétaire de l'ordre de 7 % du PIB pendant vingt ans, « une folie » socialement insoutenable, dit-il. Ces technocrates n'auront ainsi de cesse de rapporter les engagements vis-à-vis des créanciers financiers aux autres devoirs, sociaux, incombant à l'État : « Toutes les personnes se trouvaient en dessous du seuil de pauvreté. Les prêts hypothécaires n'étaient pas remboursés. Toutes les entreprises étaient en défaut de paiement. Nous avions donc tellement de priorités avant de rembourser la dette. »

Après avoir obtenu l'accord du FMI, ils présentent leur décote : les anciennes obligations seront remplacées par de nouvelles d'une valeur nominale inférieure de 75 %, les taux d'intérêt réduits, et les échéances de remboursement retardées. Le PowerPoint commenté devant les investisseurs pendant les *road shows* met en scène la « nouvelle Argentine » qui se veut une combinaison entre une politique monétaire rigoureuse et une relance budgétaire de l'économie, pour construire les « moteurs de la croissance ». Le futur économique promis aux souscripteurs inclut certes la lutte contre la pauvreté, mais privilégie une politique macroéconomique « saine », des « excédents budgétaires », la « stabilité financière », un « taux de change compétitif » et le « développement de marchés de capitaux domestiques ». Loin d'être de vagues promesses, ces signaux émis auprès des marchés de capitaux renseignent sur l'image de soi que l'État s'efforce de maintenir. Cet affichage, en retour, contraint les façons de gouverner le budget, l'économie et la société.

Sont ensuite exposées les caractéristiques techniques des nouveaux emprunts. Les responsables des finances argentines s'engagent à partager avec les créanciers les fruits de la croissance à venir – en indexant au produit intérieur brut une partie des intérêts de la dette, une idée fortement soutenue par le personnel technique du FMI. Enfin, pour forcer la main aux plus réticents, l'Argentine vote la *Lock Law*[6], une loi de verrouillage qui lie les mains du gouvernement et lui interdit de proposer de meilleures offres, après cet échange – l'opération est à prendre ou à laisser.

Sergio Chodos, également fonctionnaire du ministère des Finances, a conçu et défendu les détails techniques de ce *deal*. Après cette expérience au Trésor, il passe plusieurs années au FMI en tant que représentant de l'Argentine, puis devient en 2011 directeur de la Banque centrale argentine. Familier de la technocratie internationale, il dit « organiser des barbecues » avec les représentants du Trésor français qui dirigent le Club de Paris lorsqu'ils sont en mission à Buenos Aires.

L'expérience de la saga argentine, vécue aux premières loges, l'a marqué. Il a souvent raconté cette histoire, d'autant que, contrairement à Madcur, il reste au sein de l'appareil d'État sous la présidence de Cristina. Dans une présentation intitulée « l'expérience argentine de restructuration de dette[7] », il revient sur ce qu'il nomme une différence de « paradigme » entre l'approche de type « consensus de marché » et la stratégie argentine de l'époque. En effet, à partir de décembre 2005, l'Argentine agit sans l'aide du FMI (qu'elle a remboursé par anticipation), réduit selon lui son « exposition au risque de marché », et assume le rôle renforcé du secteur public dans l'économie, devenu « un créancier net du système financier ». De fait, l'État argentin est contraint de se financer en dehors des marchés de capitaux mondiaux[8].

Un circuit composé d'institutions publiques – dont l'Anses, qui gère les retraites par répartition – se constitue autour du

6. Le 9 février 2005, Law n° 26, 017. Roberto E. Silva, Martín Campbell et Agustina M. Ranieri, « Lessons from the Argentine perspective », *Latin Lawyer*, 26 août 2022.

7. Sergio Chodos, « The argentinean experience on debt restructuring », septembre 2012. PowerPoint qu'il me confie en 2016.

8. Edgardo Torija Zane, « El financiamiento del Estado en Argentina : el presente en perspectiva histórica », *working paper*, juillet 2015.

Trésor et alimente ses caisses. La banque centrale tend à être inféodée au Trésor et une charte organique modifie en 2012 son mandat, intégrant aux côtés de la stabilité monétaire les objectifs de plein-emploi, de développement économique et d'égalité sociale[9]. La résilience du pays, dépendant beaucoup de ses exportations de soja vers la Chine, et sa capacité inédite à ne pas transiger face à la force exécutoire des créanciers procéduriers sont frappantes. Cette résistance contribue à faire de l'Argentine « un cas » à part parmi les États du Sud global.

En 2010, après avoir suspendu provisoirement la *Lock Law*, une seconde offre d'échange de titres voit la participation des créanciers augmenter. Mais la décision controversée du juge Griesa d'activer la clause *pari passu* change la donne en 2012 : en bloquant tout paiement argentin, et en ouvrant la voie à une démultiplication des points d'étranglement par les vautours, elle rend de plus en plus improbable une sortie du litige sans régler ce que ces derniers demandent.

Sur la scène internationale, aux réunions du G-20 notamment – auxquelles il participe en tant que représentant argentin –, Chodos dit avoir vu la perception de l'Argentine par les milieux financiers et technocratiques se dégrader entre 2012 et 2015. D'après lui, l'interprétation de la clause *pari passu* par le juge Griesa en 2012 marque un revirement incompréhensible sur le plan de la logique juridique. Pour expliquer ce glissement, il commence par écarter des causes « idéologiques » ou de style de gouvernement : « la lourdeur et ringardise insupportable de Cristina, bla bla bla, ou le fait que nous aurions trop offensé, dépassé les limites, mal agi et beaucoup d'explications stupides dans ce genre ».

Pour développer son hypothèse, dont il convient qu'elle peut sonner conspirationniste, il imagine une scène d'un film de Quentin Tarantino : « Quelqu'un tue une personne, l'enterre, va joyeusement boire quelques bières et, dans le bar,

9. Pablo Ignacio Chena, « L'ordre monétaire et la dette souveraine en Argentine », *Savoir/Agir*, vol. 35, n° 1, 2016, p. 33-44.

se demande si la personne est bien morte. Pris de doute, il retourne sur le lieu du crime, la déterre, et la mitraille pour être certain qu'elle est morte. » Dans sa parabole, le mort n'est autre que l'Argentine. Et le tueur, la communauté financière internationale.

Selon lui, le modèle de gouvernement macrofinancier alternatif incarné par l'Argentine en 2012 représentait un problème après la crise financière privée et en pleine crise des dettes souveraines. Il rappelle notamment le « réveil brutal », en 2012, de l'IIF, lobby des grandes banques commerciales, des investisseurs institutionnels, et des hedge funds. Il fallait montrer au reste de monde que cette voie n'était pas un exemple à suivre : « Tant que nous n'étions pas une option viable, tout allait bien. Tout le monde considérait évident que nous étions une aberration. Nous étions le type crade de la table. Personne de sensé ne s'aventurerait à imiter ce que nous faisions, nous étions comme les enfants rejetés de Dieu. Tout était à bannir dans notre mode de fonctionnement et notre croissance n'était pas appréciée à sa juste valeur. Puis l'effondrement de 2008, la crise financière mondiale, est arrivé, puis la crise des dettes en Europe du Sud… Soudain, il est apparu que nous aurions pu être un exemple alternatif. Il était donc prioritaire que nous soyons démolis ».

Chodos évoque ainsi le fait qu'en Grèce « les gens se mettaient à trop parler de l'Argentine ». Filant sa métaphore, il ajoute : « Peut-être que nous n'étions pas morts. Alors, vous y retournez et vous vous assurez de les tuer pour qu'il n'y ait pas d'alternative. »

À mesure que s'épuisent les tactiques jouables sur le terrain des codes de la finance globale, la décision du juge Griesa devient un objet politique de premier plan en Argentine, où la vie médiatique et politique est rythmée par les crises de la dette souveraine et du *riesgo politico*. Si, entre 2005 et 2010, les alternatives se construisent « tout contre » l'ordre financier, dans un jeu de démarcation modérée, la séquence qui suit, sous la présidence de Cristina Kirchner marque une rupture de ton : alors que la lutte contre les fonds procéduriers s'enlise, les options de politique macrofinancière se durcissent. C'est à ce moment précis que le terme « vautour » devient un concept public central du litige argentin.

¡Basta buitres! Mobiliser « l'international »

La présidente Cristina Kirchner élève au rang de cause nationale la lutte contre les *fondos buitres* (*via* le slogan « *Basta Buitres !* » [« À bas les vautours ! »]). Les rebondissements du conflit qui oppose la République argentine à NML Capital sont mis en scène comme autant d'affronts à la souveraineté nationale. On dénonce l'architecture financière globale, viciée et profondément dysfonctionnelle[10].

En juillet 2013, avant qu'elle ne soit confirmée par le tribunal d'appel, le FMI, en la personne de Christine Lagarde, annonce déposer un mémo d'*amicus curiae* contre la décision du juge Griesa[11]. Bien que la directrice du Fonds rétropédale rapidement, un intervalle de quelques jours suffit à la presse pour interpréter que le FMI valide la cause de l'Argentine. Les diplomates argentins agrègent une coalition hétéroclite en faveur de leur pays. Les prises de position se multiplient : depuis l'Internationale socialiste[12] jusqu'à Martin Wolf, éditorialiste du *Financial Times*, qui défend l'Argentine au nom du « bon fonctionnement » des marchés financiers – sans à-coups, ni blocage juridique –, en passant par Joseph Stiglitz, prix de la Banque de Suède en sciences économiques en mémoire d'Alfred Nobel[13].

Surtout, l'État argentin s'engage dans une importante initiative diplomatique auprès du Conseil des droits de

10. Martin Guzman et Joseph E. Stiglitz, « How hedge funds held Argentina for ransom », *The New York Times*, 1er avril 2016.

11. « IMF to file brief with US Supreme Court in Argentina case », Reuters, 18 août 2013.

12. « Declaration of the council of the socialist international on Argentina », Mexico, 1er juillet 2014.

13. Martin Wolf, « Defend Argentina from the vultures », *Financial Times*, 24 juin 2014.

l'homme des Nations unies – qui votera, en 2014, une résolution contre les fonds « rapaces » au titre des dommages de leurs activités sur les droits humains[14]. Au printemps 2014, l'Argentine mobilise aussi ses alliés naturels du G77 à l'ONU – qui porte la voix des pays émergents et du Sud global – afin de remettre à l'ordre du jour la réforme de l'architecture financière internationale. Présidant le G77, la Bolivie défend une résolution en faveur d'un mécanisme de restructuration des dettes souveraines. Le responsable de la mission permanente de la République argentine à l'ONU, considère alors que l'ONU, en raison du principe « un pays = une voix », est le forum idéal pour discuter des questions de dettes, sachant qu'au FMI la voix des pays riches et créanciers pèse plus, les votes et la participation aux instances décisionnelles étant pondérés en fonction de la participation financière à l'organisation (la « quote-part »).

Malgré le refus des pays avancés de s'impliquer dans le processus argentin à l'ONU, la proposition est mise au vote à l'assemblée générale. Entre-temps, elle a été édulcorée : l'idée d'un tribunal des faillites a été remplacée par des « principes » de *soft governance*. Le texte, intitulé « Basic principles on sovereign debt restructuring processes », est finalement adopté en septembre 2014 : cent trente-quatre pays se prononcent en sa faveur ; les six pays qui s'y opposent ne sont autres que les États-Unis, le Japon, l'Allemagne, Israël, le Royaume-Uni et le Canada. Les autres États-membres de l'UE s'abstiennent : « une façon polie de dire non », selon un fonctionnaire du ministère des Affaires étrangères français. Le souvenir de la crise grecque est encore vif, rappelle un fonctionnaire de la Commission européenne : « Quelle serait la réaction des marchés, en particulier quand il s'agit d'États-membres de l'Union européenne, qui ont des taux d'endettement élevés

---

14. « Effets de la dette extérieure et des obligations financières internationales connexes des États sur le plein exercice de tous les droits de l'homme, en particulier des droits économiques, sociaux et culturels : activités des fonds rapaces ». Résolution adoptée par le Conseil des droits de l'homme, 27/30, Vingt-septième session, Assemblée générale, Nations unies, 3 octobre 2014.

en ce moment ? Ce que nous ne voulons certainement pas, ce sont des *spreads* [écarts de taux] qui monteraient au plafond, comme en 2011. »

Aux yeux du diplomate argentin qui a porté ce texte, le vote illustre l'inégalité des États centraux et périphériques en termes de représentativité dans les institutions internationales : « Parmi les 11 pays qui ont voté contre la résolution, 6 représentent 7 à 11 % des voix aux Nations unies et 50 % des voix au FMI. Les 134 qui ont voté en faveur représentent plus de 50 % à l'ONU et 15 à 20 % au FMI. » Un diplomate français interprète cette résolution comme une énième occasion de brandir l'étendard des Suds contre les pays du Nord : « On est ici dans les séquelles de la décolonisation. Sur la dette, il y a des pays comme Cuba, ou des pays de l'alliance bolivarienne, qui disent : "Les dettes c'est une ignominie, il faut toutes les annuler immédiatement !", des choses qu'on entendrait dans la bouche des ONG les plus radicales. Il y a un problème de crédibilité de l'ONU sur les questions macroéconomiques. »

Le clivage Nord/Sud se révèle au contraire largement brouillé. Le groupe « G77 + Chine » n'a pas la cohérence affichée. Dès avril 2015, seules quelques dizaines de représentants, majoritairement des pays latino-américains, assistent à une seconde réunion du comité spécial. Les désaccords, nombreux, sont rendus publics.

Si le Brésil soutient l'initiative, soulignant l'importance du cadre démocratique que représente l'ONU, le représentant du Mexique préfère exprimer sa confiance dans le travail lancé par le FMI, les pays centraux de l'architecture financière internationale et les lobbys de créanciers sur une « nouvelle interprétation des clauses d'action collective », qui répondrait aux désagréments posés par l'interprétation de la clause *pari passu*[15]. Il rappelle que « tout travail cherchant à renforcer l'architecture financière internationale nécessite

15. Débats sur la résolution des Nations unies sur la restructuration de la dette, septembre 2014 (Assemblée générale, 68e session, 107e séance plénière,

le soutien et la participation totale de tous les acteurs des marchés, en particulier les émetteurs de titres, les investisseurs et les autorités financières » afin « d'aboutir à un consensus total ». Par la voix de son délégué, la Russie, qui a d'abord manifesté un soutien timide à l'Argentine, exprime ses doutes sur « l'approche statutaire », de type tribunal international des faillites, pour renégocier les dettes. Le représentant de la Chine, alors en passe de devenir le premier créancier du monde, regrette l'absence des pays à hauts revenus et de « l'expertise forte du FMI en la matière » et rappelle l'importance de l'« esprit de démocratie » et du « consensus » devant présider au « processus intergouvernemental de négociation ».

Une telle hétérogénéité au sein du G77 traduit la labilité des frontières entre « pays à faible revenus », « pays émergents » et « pays avancés »[16]. Certains gouvernements, soucieux de leur crédibilité financière, préfèrent ne pas s'afficher aux côtés de l'Argentine et, pour certains, jouer les bons élèves de la finance internationale. La remise en cause des standards du droit new-yorkais, implicite dans la proposition argentine, pourrait aussi être interprétée comme un signe de relâchement vis-à-vis de leurs engagements à tenir le service de leur dette. L'utilisation de l'espace onusien comme chambre d'amplification des voix critiques de l'ordre financier global, un moyen de « faire nombre[17] » et de réactiver l'héritage du nouvel ordre économique international, est loin de faire l'unanimité.

---

mardi 9 septembre 2014, New York, Official Records). Les citations des délégations qui suivent sont extraites des comptes rendus de ces débats.

16. Plusieurs institutions, publiques ou privées, tiennent leurs listes et classifications – la Banque mondiale, le FMI, Goldman Sachs, des groupes d'experts (Boston Consulting Group, Standards and Poor's) – qui mêlent de grands et de petits pays (en termes de taille et de population), des pays rentiers et producteurs de pétrole et des pays plus ou moins insérés dans les échanges mondiaux. Les BRICS (Brésil, Russie, Inde, Chine, Afrique du Sud) apparaissent systématiquement dans la catégorie « émergents ». Voir Dalila Nicet-Chenaf, « Les pays émergents : performance ou développement ? », *La Vie des idées*, 4 mars 2014.

17. Guillaume Devin, *Les Organisations internationales*, Armand Colin, Paris, 2016.

La solidarité entre les pays en développement – ce que James Toye, historien de l'ONU et des pays du G77 – appelle la « façade politique de l'unité[18] » – est minée par la transformation des États en emprunteurs individuels, concurrents sur les marchés de capitaux. L'économiste et ancien fonctionnaire du Trésor étatsunien Brad Setser évoque un « déchirement » entre les « principaux pays émergents » qui « doivent choisir entre représenter leur intérêt comme emprunteurs cherchant à lever des fonds sur les marchés de capitaux au coût le plus faible possible, et leur intérêt comme pays susceptibles de profiter d'un processus efficace de restructuration des dettes souveraines, s'ils étaient un jour contraints de faire défaut »[19].

Les équipes Kirchner face à l'habitus de la finance globale

Aux yeux de Leonardo Madcur, la politisation du litige contre les fonds vautours est une « erreur stratégique ». Le conflit est devenu une « question personnelle à la fois pour Cristina et pour les opposants qui ont désormais une "image de marque" à défendre, consistant "à mettre les pays à genoux" ». D'après cet ancien directeur adjoint au Trésor sous Néstor Kirchner, les fonds procéduriers sont « avant tout des *businessmen* », qu'il ne faut pas « insulter dans la presse », et avec qui il est nécessaire de « s'asseoir autour d'une table pour discuter et négocier » afin d'entreprendre de « normaliser financièrement l'Argentine ». Ciblant un litige qui s'ensable devant les tribunaux new-yorkais, Madcur critique une Argentine occupée à « jouer les avocats depuis des années », ce qui « n'est pas son rôle ».

Néanmoins, le vote de la résolution à l'ONU en 2014 est présenté comme une victoire en Argentine. Le texte a été porté par le jeune et médiatique ministre de l'Économie

18. James Toye, « Assessing the G77 : 50 years after UNCTAD and 40 years after the NIEO », *Third World Quarterly*, vol. 35, n° 10, 2014, p. 1759-1774.

19. Brad Setser, « The political economy of the SDRM », *loc. cit.*

et des Finances (nommé en 2013 à quarante-deux ans), Axel Kicillof. Élève de Pablo Levin, professeur d'économie marxiste, il a soutenu une thèse titrée « Genèse et structure de la Théorie générale de lord Keynes » à l'université de Buenos Aires, où il devient professeur adjoint et enseigne la macroéconomie et l'histoire de la pensée économique. Kicillof est nommé directeur financier en 2009, puis directeur adjoint de la compagnie aérienne Aerolineas Argentinas, quand celle-ci est nationalisée en 2011. Il atteint une envergure politique nationale avec la réélection de Cristina Kirchner en octobre 2011. Rapidement identifié comme le principal conseiller économique de la présidence et de l'opposition aux politiques néolibérales des années 1990, en particulier à la parité peso-dollar, le premier fait d'armes du « gamin », comme certains le surnomment dans la presse, est d'avoir pensé les nationalisation et expropriation, initialement sans compensation, en avril 2012, de l'entreprise pétrolière espagnole YPF, contrôlée par le groupe privé Repsol. Une fois ministre, il mène avec son équipe de jeunes économistes et juristes la bataille légale contre les fonds « vautours ».

Un avocat new-yorkais, qui a notamment comme client Citibank, me le présente comme « un peu gaffeur », ayant « une approche très étrange des choses ». En 2016, à l'Universidad nacional de José Clemente Paz (UNPAZ), dans une banlieue éloignée de Buenos Aires, je rencontre un ancien membre de son équipe. Pablo Lopez enseigne dans cette université qui semble faite de préfabriqués. Il a mené les négociations avec les fonds vautours, alors directeur du Trésor âgé d'à peine trente-six ans. En 2017, à mon invitation, il donne une conférence à Dauphine à l'occasion de déplacements en France. Dans sa présentation, qui décrit le « harcèlement permanent des fonds vautours » dont souffre l'Argentine, ses diapositives qui justifient les offres de restructuration s'intitulent « les morts ne paient pas leurs dettes ».

La technostructure argentine ne désespère pourtant pas de se rebrancher à la finance globale, y compris sous les assauts des fonds procéduriers. Au paroxysme du bras de fer avec NML, en 2014, l'État a cherché à se présenter en bon payeur auprès du Club de Paris, en arrachant un accord difficile avec les créanciers officiels réunis sous l'égide du Trésor français. Une façon de montrer au monde entier que seule une petite frange de la finance globale, les fonds vautours, s'oppose à la normalisation de l'emprunteur argentin. La part renégociée dans cette instance ne représente cependant qu'un peu moins de 5 % de la dette en défaut depuis 2001[20]. L'essentiel de la dette argentine de 95 milliards de dollars a été contracté sous la forme d'obligations d'État détenues par des investisseurs privés.

En 2014, affaibli, rejeté et dans le besoin urgent de se refinancer sur les marchés financiers, l'État argentin est en position de négociation très défavorable, explique un ancien responsable des affaires multilatérales du Trésor français de l'époque : « Leur balance commerciale était déficitaire et les marchés financiers ne voulaient pas refinancer l'Argentine tant qu'elle n'avait pas démontré sa capacité à travailler avec les institutions internationales, le FMI, et donc rembourser le Club de Paris. » La négociation, comme souvent interminable, dure toute la nuit au ministère de l'Économie et des Finances français. Le Trésor, responsable du secrétariat, assure les allers-retours entre deux salles : dans l'une, sont rassemblés les représentants des États créanciers ; dans l'autre, la délégation du pays surendetté patiente et réagit aux concessions des créanciers bilatéraux réunis.

Le Club de Paris – « quelque part, c'est un cartel de pays riches », explique cet ancien dirigeant du Trésor – a balisé des principes d'action au fil des accords de restructuration, mais conserve de larges marges d'appréciation en fonction des « cas » inscrits à son agenda. Y siègent, pour les États créanciers, les serviteurs du Trésor (et/ou des banques centrales) de chaque pays, qui partagent des visions du monde, des

20. L'encours renégocié s'élève à 4,7 milliards de dollars – principalement dus au Japon (30,6 %), à l'Allemagne (27,7 %) et aux Pays-Bas (8,7 %).

opinions sur les choix de politique économique et monétaire. Ce « pays symbolique, parce que le Club de Paris est né en 1956 avec les négociations liées à la situation argentine », ne bénéficie d'aucun traitement de faveur, raconte un dirigeant du Trésor : « La politique était assez différente selon les pays. Dans beaucoup de négociations relatives aux pays pauvres très endettés (la Côte d'Ivoire, la Guinée, le Tchad), l'idée est d'annuler l'immense majorité de la dette. Sur l'Argentine, on a voulu se faire tout rembourser, y compris les intérêts de retard, et avec des pénalités s'il y avait des remboursements manqués. »

La punition double quasiment la facture : malgré les retraitements, la dette atteint près de 9,7 milliards de dollars[21]. L'ONG Eurodad, surprise que l'Argentine « ait ainsi cédé », dénonce un bénéfice net pour l'Allemagne qui, « tout en empruntant elle-même à 1,5 % à l'époque sur les marchés financiers, voit son prêt à l'Argentine rémunéré de près de 7 % par an »[22]. Cette négociation entre créanciers officiels n'évolue pas dans une bulle publique coupée du monde, explique un haut fonctionnaire : « Le mode de décision du Club de Paris, c'est un consensus. On se demande si le pays montre une volonté de revenir dans les discussions multilatérales, mais aussi "que pense le FMI du pays ? Est-ce qu'ils sont chiants ou pas ? Que pense la Banque mondiale ? Que pensent les créanciers privés ? Est-ce qu'il y a urgence ou pas ?" ». L'assignation de l'Argentine à la figure du paria, du débiteur voyou, du « pays chiant », structurellement indiscipliné sur le plan budgétaire et refusant la négociation de « bonne foi » fait consensus parmi les membres des organisations intergouvernementales comme dans les cénacles de la finance privée. Lee Buchheit, l'avocat de Cleary Gottlieb, pourtant du côté des États, critique par

21. La concession porte sur le plan de remboursement, qui s'étale sur cinq ans et est rétroactif : les premières années, les montants à verser sont moindres.

22. Bodo Ellmers, « Vultures in Paris : bilateral creditors achieve deal with Argentina », *European Network on Debt and Development*, Eurodad, 5 juin 2014.

exemple le choix de « ses amis argentins » de « politiser la dette » : « N'importe quel politicien, dans n'importe quel pays débiteur, peut obtenir une amélioration immédiate de la situation intérieure en disant : "C'est à cause de ces foutus Yankees, des vautours et de tout le reste." Mais l'Argentine ne s'est pas seulement attaquée aux vautours. Elle s'en est prise au système judiciaire américain, ce qui a été, à mon avis, une erreur capitale. »

Pour Buccheit, un « bon souverain » l'aurait plutôt joué de la sorte : « Oui, nous devons adopter des mesures d'austérité budgétaire que le FMI nous a conseillés ; cette douleur temporaire est ce que nous devons endurer pour un avenir meilleur. »

La conversion du litige en scandale public et international des vautours est en réalité corrélative d'un « exit » contraint des marchés de capitaux et d'une marginalisation, sinon une impasse, résume l'ambassadrice d'Argentine à Paris de l'époque : « C'est un scandale. Non seulement pour nous, mais pour tout le monde : qu'un juge de New York puisse faire ça, c'est une interprétation exagérée de son attribution. Il n'y a pas beaucoup de lieux pour restructurer une dette. Il y a New York et Londres. Vous ne pouvez pas le faire à Santiago du Chili, à Brasília ou même à Paris. C'est le milieu financier, même si c'est terrible à accepter. Donc la question est : "Si vous êtes allé dans ce lieu pour négocier, mais que le juge ne reconnaît pas la négociation que vous avez faite, qu'est-ce que l'État peut faire ?" C'est le cœur de la fermeté de la présidente Kirchner, et du ministre Kicillof. Ils continuent de lutter. »

Jouer la carte de l'« international » contre le « global » est la stratégie d'un État acculé, qui, pour se défendre, peut uniquement se faire entendre dans des espaces internationaux déconsidérés par les milieux financiers et technocratiques. Ces tentatives en faveur d'une souveraineté réencastrée dans le politique (plutôt que dans la défense de la valeur du crédit) paraissent néanmoins accumuler les revers. Pablo Lopez raconte qu'avec son équipe, en 2015, ils étaient proches d'obtenir un règlement du litige et une victoire historique pour l'Argentine. Mais, selon lui, les fonds vautours, les yeux déjà rivés sur l'opposition au gouvernement Kirchner, attendaient un *turnover*, et des conditions de négociation plus favorables.

Excès du légalisme global et contre-feux diplomatiques

Le 12 novembre 2015, un séminaire académique sur les restructurations de dettes souveraines est organisé par l'ambassade de la République argentine en France à la Maison de l'Amérique latine. Les économistes rassemblés évoquent les « défis et possibilités » d'un « cadre international » pour gérer les défauts de paiement d'État.

En coulisses, se jouent une lutte diplomatique et une tentative désespérée. L'ambassadrice María del Carmen Squeff, proche de Cristina Kirchner et diplomate de carrière, cherche à sensibiliser l'opinion publique – les universitaires, les journalistes – et, surtout, les autorités françaises aux vulnérabilités juridiques qui fragilisent ses services[23]. Depuis le printemps 2015, huit comptes de l'ambassade, ouverts à la banque BBVA de Paris, font l'objet de saisies à la demande de NML. Ils sont gérés sur le fil du rasoir : renfloués lorsqu'ils sont dans le rouge, et vidés au maximum lorsqu'ils sont excédentaires afin de les abriter des raids d'huissiers. Un comptable se rend régulièrement à Berne, au siège de la BRI, pour rapporter dans des valises l'argent liquide nécessaire à diverses dépenses de fonctionnement.

Les problèmes de l'ambassade argentine en France font suite à un revirement de la Cour de cassation, en mai 2015, dans l'affaire Commisimpex *c.* République du Congo. Le Congo s'était engagé, en 1993, à « renoncer définitivement et irrévocablement » à toute immunité de juridic-

23. Elle dit rencontrer, dans la mesure de leurs possibilités, le ministère des Affaires étrangères, le ministère des Finances, le procureur de la République française et les sénateurs du groupe d'amitié des pays du cône sud.

tion et d'exécution, et la société Commisimpex avait fait saisir les comptes bancaires de la mission diplomatique de la République du Congo à Paris et de sa délégation auprès de l'UNESCO (Organisation des Nations unies pour l'éducation, la science et la culture). La Cour de cassation avait validé l'opération et cassé les « mainlevées » des juges d'appel.

C'est dans cette brèche que les fonds procéduriers de l'Argentine s'engouffrent. « Le cœur du problème est l'immunité des comptes, explique l'ambassadrice. Si la convention de Vienne est très claire sur les meubles, la maison, la résidence, le patrimoine, elle ne l'est pas en ce qui concerne l'immunité du compte bancaire. » Selon elle, les avis des tribunaux varieraient en fonction des souverains jugés : « L'Argentine a renoncé partiellement à son immunité. Jamais entièrement ! Quelquefois, quand l'État est pris à la gorge, comme le Congo, on accepte ces renonciations totales. Une deuxième saisie portait sur l'ambassade de Russie. Mais l'ambassadeur russe m'expliquait très bien que les saisies ont été levées en 24 heures, parce que la Russie n'a jamais renoncé à son immunité, jamais ! Et de toute façon : c'est la Russie ! Pas le Congo ni l'Argentine… [*elle rit*] ».

Jacques-Alexandre Genet, avocat pour le cabinet d'avocats Archipel – une « boutique » parisienne qui propose à ses clients « un accompagnement sur mesure » tout particulièrement dans « l'exécution internationale des décisions de justice et sentences arbitrales »[24] –, ne manque jamais, lors de ses interventions publiques de dénoncer ce traitement asymétrique des plus hautes juridictions, selon le rang des États défendeurs dans la hiérarchie financière internationale. Il s'est impliqué dans de nombreux dossiers d'exécution contre des États, notamment pour NML Capital et Commisimpex. Il résume le rapport au droit, flexible au centre et rigide à la périphérie : « Quand vous essayez de comprendre pourquoi la Cour de cassation a

24. <www.archipel.law.fr>.

dit blanc un jour et noir le lendemain, regardez l'identité de l'État débiteur[25]. »

La saisissabilité des biens diplomatiques pose la question des classifications, proposées par les États eux-mêmes, entre activité diplomatique, protégée par l'immunité, et activité commerciale courante. Les avocats des créanciers soupçonnent systématiquement ces divisions d'être arbitraires et artificielles. D'autant qu'en amont de tout litige les États ne rendent pas toujours publique la liste des biens protégés. Dans le cas du patrimoine localisé en France, les découpages résultent d'une déclaration de l'État étranger, qui affecte tel type de locaux à une activité diplomatique, et d'une accréditation du ministère des Affaires étrangères qui valide (ou non) ces classements. Face au silence du ministère, les avocats des créanciers n'ont de cesse de demander, en vain, la divulgation de la liste. Mais, selon les autorités, mettre à disposition un tel inventaire porterait atteinte aux relations entre la France et l'État étranger concerné. Jacques-Alexandre Genet en conclut : « Donc vous ne saurez pas ! Vous saurez seulement quand l'État étranger vous sortira de son chapeau une affectation diplomatique. »

Ici se font jour les marges de manœuvre, variables, que se laissent les États dans l'exécution des décisions de justice, tout particulièrement extraterritoriales. Ne pas fixer à l'avance de liste de biens diplomatiques protégés, ni la rendre accessible, c'est conserver la possibilité d'une négociation « entre souverains » sur la distribution des immunités. Autrement dit, maintenir, en certaines zones, un régime d'encastrement politique du droit financier appliqué aux souverains, soit la capacité de décider de l'exception.

Pour obtenir le « soutien de la France », l'ambassade argentine rédige une note : « Nous sommes conscients de l'existence d'une séparation des pouvoirs et des fonctions. Mais, dans cette affaire particulière, l'accompagnement du gouvernement

---

25. Extraits de son intervention à l'université Paris-Dauphine à l'occasion du colloque « L'immunité d'exécution des États », organisé dans le cadre du 150e anniversaire de l'Association de droit international, du 18 au 20 juin 2023.

français est crucial, de même que son soutien dans la défense des droits argentins[26]. » La note rappelle que la représentation argentine en France compte quarante-cinq employés locaux. Délaissant le langage juridique, elle adopte une tonalité plus morale pour appeler à nouveau à la mobilisation des pouvoirs publics français face à des « fonds vautours [qui] n'ont pas de limites dans leur voracité spéculative », et dont « les stratégies, de totale mauvaise foi, incluent la possibilité de saisir la Cour européenne des droits de l'homme ».

L'ambassade revient sur les actions diplomatiques entreprises par l'Argentine auprès de l'ONU pour faire valoir une conception du droit international opposable aux créanciers qui se prévalent de la *Rule of Law* globale, afin « d'encadrer de façon adéquate les activités spéculatives au niveau international, rééquilibrant ainsi la balance face à un adversaire puissant attiré seulement par l'appât du gain ». Manière d'inviter le gouvernement français à lui emboîter le pas, la note mentionne la loi belge sur les fonds vautours, votée en 2015, qui limite les actions en exécution possibles dans la juridiction belge et met à l'abri les biens diplomatiques. Cette loi était notamment l'un des contre-feux allumés face aux saisies entreprises par NML contre Euroclear.

Ce sont les tentatives de saisie des créances fiscales détenues par l'Argentine sur des entreprises centrales de l'économie française – BNP Paribas, Total Austral et Air France – qui finiront par faire réagir les autorités. Les nombreuses tractations diplomatiques – impliquant aussi la Russie dans une affaire d'arbitrage – débouchent sur un changement législatif. Plusieurs articles relatifs à l'exécution des décisions de justice sont ajoutés à la loi dite « Sapin II », adoptée en 2016, dont un article spécifiquement dédié à l'action des fonds vautours. Comme le confie un fonctionnaire du Trésor qui travaillait alors dans le cabinet du ministre de l'Économie Michel Sapin, il y avait la volonté de « rectifier » le slogan « mon ennemi c'est la finance » du candidat François Hollande, en disant :

26. Note non datée, confiée par l'ambassadrice le 26 novembre 2015.

« il y a la bonne finance et la mauvaise finance », qu'il est important « de ne pas mettre tout le monde dans le même sac », et « d'éviter les comportements malsains de certains financiers ».

Un autre dispositif veille plus particulièrement à réaffirmer le caractère intouchable de certains biens et actes d'État. Isabelle Clouet, journaliste des *Échos*, évoque, au sujet de cet article de loi, « logé au milieu du fameux "porte-avions" Sapin 2 [...], un changement de doctrine majeur, décidé sans débat, motivé avant tout par des considérations diplomatiques[27] ». Si la situation de l'Argentine a certainement pesé, la journaliste se demande s'il s'agit d'« un cadeau au président Poutine » dans le cadre de l'arbitrage Ioukos. *Le Figaro* n'hésite pas à titrer, certes avec des guillemets, sur l'« amendement Poutine[28] ».

Au sujet du renforcement de la protection des biens diplomatiques, Emmanuel Rosenfeld, qui est notamment l'avocat de Total et de BNP, livre bataille, par tribunes dans *Le Monde* interposées, avec Jacques-Alexandre Genet, qu'il présente comme « l'avocat du fonds vautour Elliott ». Évoquant le projet de loi Sapin et les marges de manœuvre des créanciers pour exécuter les décisions de justice et sentences arbitrables, Genet parle d'« un recul intolérable des droits des victimes », qui vient « anéantir des décennies de développement progressif de la soumission des États à la règle de droit ». Qualifiant la France de « zone de non-droit », il porte le fer sur les classifications d'immunité émises par les États eux-mêmes et le déficit de « preuves » apportées quant

27. Isabelle Couet, « Immunité des États. Pourquoi la loi Sapin 2 fait des vagues », *Les Échos*, 14 août 2016.

28. La mesure est déposée au moment où les tentatives de saisie se multiplient en France contre des biens appartenant à l'État (la cathédrale orthodoxe en construction à Paris, par exemple) ou à des sociétés publiques russes (des actifs de la société spatiale Roscosmos). Ces procédures sont intentées par les ex-actionnaires de la société (pétrolière) Ioukos (détenue par Mikhaïl Khodorkovski) qui, en juillet 2014, avaient obtenu devant une cour internationale d'arbitrage de La Haye, la condamnation historique de la Russie à payer 50 milliards de dollars (*Le Figaro*, 10 juin 2016).

au caractère diplomatique ou commercial des activités de l'« État condamné » et qui vient justifier l'immunité.

Enfin, l'avocat d'Archipel ironise sur les « comptes dits "d'ambassade" » qui seraient des véhicules passe-partout : « Chacun sait en réalité qu'ils servent à toutes sortes d'opérations financières sans aucun lien avec les missions diplomatiques – achats de matériels, opérations de négoce, financement de contrats, voire d'activités terroristes. » La coordination interétatique des diplomaties sur la question de l'immunité, en quête « de relations apaisées […] de nos diplomates avec leurs homologues étrangers », ferait des institutions françaises « un havre pour les États criminels[29]. » Sandrine Mazetier, députée socialiste (du 12e arrondissement de Paris), fait retirer cet amendement lors de l'examen en commission des Lois, y voyant « un obstacle à l'exécution de la chose jugée ».

Cette volte-face inspire à Emmanuel Rosenfeld une tribune cinglante, dans laquelle il affirme que cette « suppression a été le fruit d'une manipulation ». La commission des Lois se « serait fait berner »[30] par l'intervention de Genet dans *Le Monde* qui, « en rebaptisant ingénument "victimes" ceux qu'en bon français on appelle "créanciers", avait convaincu que les fonds vautours étaient, à peu de chose près, des femmes de ménage licenciées par l'ambassade qui les emploie, ou des opposants torturés[31] ». Au contraire, selon lui, la disposition contenue dans Sapin 2 n'allait pas assez loin en « laissant tous les actifs non régaliens en pâture aux saisies ». De même, sur la corruption, Rosenfeld réaffirme la nécessité d'une immunité pour la chose publique et, *a contrario*, une responsabilisation judiciaire de la personne privée du gouvernant : « C'est l'impunité des dirigeants et non l'immunité qui crée la corruption. » La cible de l'offensive contre la loi Sapin serait le « véritable magot, [qui] n'était pas la saisie

29. Jacques-Alexandre Genet, « Un recul intolérable des droits des victimes », *Le Monde*, 12 mai 2016.

30. Emmanuel Rosenfeld, « Loi Sapin 2 : attention aux "fonds vautours" », *Le Monde*, 6 juin 2016.

31. *Ibid.*

des ambassades, mais les impôts dus par les entreprises aux États en défaut » : « Partout dans le monde en effet, le droit interdit aux créanciers d'un État de saisir la ressource fiscale. Les vautours, eux, ont eu l'idée d'aller la saisir à l'étranger lorsque le contribuable y est domicilié puisque la convention des Nations unies ne le prohibe pas explicitement. »

En entretien, Rosenfeld évoque le lobbying orchestré par Elliott Management (et NML Capital) pour peser dans le processus législatif de la loi Sapin. Une accusation qui sera démentie dans *Le Monde*. Évoquant les différentes institutions juridiques françaises, Rosenfeld dit avoir cherché à peser sur la rédaction du texte de loi, mais s'être « heurté soit au scepticisme, soit à l'hostilité de l'administration ». Il parle des membres de la Chambre de commerce internationale comme de « marchands de soupe vendant de l'arbitrage », qui auraient réussi à infuser sa culture, « sacro-sainte, dans la magistrature française en général, à Paris et dans les strates supérieures » : « [Ce] sont des fous furieux d'un angélisme internationaliste complet. Ils n'ont toujours pas compris que les Américains ou les Anglais se servaient du droit comme d'une arme économique […]. C'est cette espèce de philosophie de crétin qui consiste à dire que les États ne sont pas des États et qu'on va les traiter comme un ménage ou une entreprise et qu'on peut les saisir jusqu'à l'os et que c'est ça qui prime parce qu'il y va de la gloire de l'arbitrage et des arbitres. »

Si la *Rule of Law* globaliste peut s'appuyer sur certains segments des États-nations – les tribunaux de première instance à New York –, elle rencontre des résistances en d'autres terrains institutionnels – ici dans la confection spéciale de lois pour protéger les souverains étrangers, dans les juridictions où les fonds cherchent à fait appliquer leurs droits.

La stratégie des créanciers de « jouer avec les tribunaux » trouve en certains États étrangers, où ils cherchent à faire exécuter leurs sentences, des alliés (comme le Ghana dans le cas de la frégate) ou, au contraire, des freins à leurs actions.

En France, les plus hautes instances judiciaires posent des limites aux raids mondiaux des créanciers new-yorkais et ménagent des zones politiques « internationales » préservées de cette percée du droit « globaliste ». Si les créanciers avancent leur agenda sous l'égide de la lutte contre la corruption ou utilisent le registre des droits de l'homme et de la victime (notamment *via* des recours à la Cour européenne des droits de l'homme) pour continuer leur progression, des citadelles de l'immunité persévèrent dans leur être.

Dénouement : fusil à un coup ou percée durable des vautours ?

Un simple changement de gouvernement peut balayer ces différents points de résistance. À l'automne 2015, l'élection de Mauricio Macri, libéral antipéroniste, marque une rupture radicale après douze années de kirchnérisme valorisant le protectionnisme, l'indépendance face aux institutions de la finance globale, et la justice sociale. Fils de Franco Macri, un grand patron argentin, Mauricio Macri, président du club de football Boca juniors en 1995 et maire de Buenos Aires, incarne le retour en force de l'entreprenariat privé en politique, et l'entrée en scène de nouveaux hommes d'État, dont les parcours sont marqués par l'expérience dans la banque et la finance de marché.

En mars 2016, après une décennie d'intense combat de Cristina Kirchner, un accord est conclu avec les fonds « vautours » NML Capital, Aurelius Capital Management et deux autres fonds d'investissement détenant des obligations à long terme de l'Argentine[32]. Le « volontarisme » de Macri pour revenir sur les marchés a été décisif, selon un membre du cabinet présidentiel : « En privé, il disait : "Peu importent les conditions. Parce que c'est essentiel qu'on retourne sur

32. Le deal obtenu par Macri offre aux principaux fonds « vautours » 4 653 millions de dollars. L'Argentine a aussi accepté de payer les frais de poursuite, pour un coût total de 7 563 millions de dollars. Le paiement a été effectué en cash suite à la levée d'un emprunt.

les marchés financiers, qu'économiser quelques millions de dollars, ça ne fait pas une si grande différence." »

Un accord quoi qu'il en coûte… Face à un tel élan « de bonne foi » marchande, l'interprétation *pari passu* est levée par le juge Griesa, à la demande des plaignants, pour permettre le règlement des créanciers – les fonds les plus récalcitrants à la restructuration étant désormais les premiers servis. L'élection du président Macri a « tout changé[33] », *dixit* Griesa. Loin d'être froide, rationnelle et objective, la justice new-yorkaise a des goûts, des dégoûts, et sait évaluer une situation. Mandaté par le président pour agir au plus vite, un des responsables en charge de la négociation raconte avoir commencé par montrer au juge new-yorkais et au médiateur, Daniel Pollack (mais aussi au « monde entier »), le tournant que représente le nouveau pouvoir argentin : « Jusqu'à maintenant, l'Argentine avait joué très agressivement. On a décidé de devenir amis. On paye ses honoraires, on va être sincères, on va être sensibles à ses opinions, on va être gentils. Et, très vite, le médiateur a réalisé que le changement de gouvernement en Argentine était un vrai changement d'attitude, vers l'obtention d'un accord. Il a vu que nous étions des gens professionnels, gentils et sincères[34]. »

Le réalignement des astres entre le gouvernement argentin et l'ordre financier sur les conceptions légitimes de la souveraineté, qui actent la supériorité de la loi des contrats, résout en quelques mois un conflit qui semblait englué dans des arguties indépassables. Macri bénéfice d'un charisme de situation[35], produit par ces conditions institutionnelles. *The American Lawyer* ironise : « Mauricio a compris le message. Dès qu'il

---

33. *Wall Street Journal*, 12 février 2016.

34. Entretien à Buenos Aires, novembre 2016.

35. Michel Dobry, « Hitler, charisma and structure : reflections on historical methodology », *Totalitarian Movements and Political Religions*, vol. 7, n° 2, 2006, p. 157-171 ; Vanessa Bernadou, « Réflexions autour de la notion de "charisme situationnel". Le cas du président argentin Nestor Kirchner », *in* Vanessa Bernadou, Félix Blanc, Raphaëlle Laignoux et Francisco Roa Bastos (dir.), *Que faire du charisme ? Retours sur une notion de Max Weber*, PUR, Rennes, 2014.

a succédé à la populiste Cristina Kirchner à la présidence en décembre 2015, l'Argentine a cessé d'utiliser le mot en "v" [pour "vautour"][36]. » Mais le retour sur les marchés a fait l'objet d'une controverse derrière les portes closes de l'administration Macri – certains ministres préférant prendre le temps d'établir un rapport de force plus favorable avec les fonds procéduriers. Le rythme effréné des négociations se serait avéré coûteux.

La « concorde » avec les représentants des vautours est mise en scène par le nouveau gouvernement comme une victoire de la République argentine, libérée du stigmate de « l'intouchable ». La note souveraine attribuée à l'Argentine par l'agence de notation Moody's est rehaussée pour l'occasion, passant de Caa2 à Caa1 – quelques crans au-dessus du « D » de défaut, dans la catégorie des « *junk bonds* », pour les obligations spéculatives. Le FMI présente cet accord comme « une étape importante pour permettre à l'Argentine de revenir sur les marchés financiers et de rétablir sa situation financière[37] ». Des ONG dénoncent une capitulation politique : « Cet argent versé aux créanciers abusifs [...] donne le feu vert aux fonds "vautours" pour continuer leur système néfaste "d'abus de procédure judiciaire" ; il sera automatiquement déduit des dépenses sociales et augmentera l'endettement de l'État[38]. » Le volontarisme politique de Macri pour restaurer la confiance des marchés n'est pas un cas isolé. En effet, dans la majorité des configurations étatiques contemporaines, les intérêts des administrations financières publiques et ceux des marchés sont étroitement intriqués.

L'idée que la souveraineté et la crédibilité financière d'un État ne sauraient exister qu'à travers un accès renouvelé et intensifié aux marchés de capitaux trouve dans cette scène

36. « An infamous bet : how Argentine bond lawyer turned a long-shot legal theory into billions », *The American lawyer*, octobre 2016.

37. Mariano Andrad, « Argentina, "vulture" funds end 15-year debt battle », AFP, 29 février 2016.

38. Renaud Vivien, « No need to negotiate with vulture fund », Comité pour l'annulation des dettes du tiers monde (CADTM), 22 février 2016.

une forme de naturalisation. Une telle redéfinition de la souveraineté, « embarquée » dans les dispositifs du droit et de la finance globale, contraste avec les versions promues par l'administration de Cristina Kirchner. La critique est reléguée à des fresques géantes sur les murs de Buenos Aires. Signée par les syndicats travailleurs de l'État, un immense graffiti figure le président Macri en marionnette manipulée par les vautours et les grands groupes industriels, bancaires et médiatiques (*Clarín*, Barrick, Shell, JP Morgan et Monsanto).

Sans le trou de souris du changement de gouvernement en Argentine, la stratégie des fonds vautours aurait pu s'essouffler. Le succès résulte d'une stratégie de pression juridique combinée à des paramètres de politique internationale et nationale.

Comme l'explique Robert Cohen, avocat chez Dechert pour Elliott Management, « il est pratiquement impossible de trouver dans le monde des actifs permettant d'exécuter des jugements de l'ampleur de ceux que détenait mon client. Mais il doit y avoir un autre moyen d'obliger le pays à vouloir traiter avec vous ». Si le dénouement peut intervenir à l'occasion d'un changement de majorité électorale, la variable politique n'est pas strictement exogène à l'entreprise des financiers : elle se travaille, à travers le modelage des institutions législatives domestiques et judiciaires, l'enrôlement des élites, aux États-Unis, et se structure avec les leaders d'opinion des pays où l'on investit.

Paradoxalement, malgré le FSIA, avec l'intensification des litiges entre souverains et créanciers, la politique est loin d'être évacuée : tous les acteurs sont suspendus à la possibilité du dépôt, par l'administration des États-Unis, d'un brief d'*amicus curiae*. Les coups et tactiques jouables en dépendent, que ce soit devant les tribunaux, *via* ceux-ci ou en dehors. À en croire Robert Cohen, la force d'Elliott Management (et de NML Capital) tient à sa proximité avec les réseaux de pouvoir et à sa capacité d'activer ces connexions en temps voulu : « La force d'Elliott au fil des ans, c'est de ne pas se contenter de la salle d'audience, mais de trouver d'autres moyens de faire pression par l'intermédiaire du département d'État, du FMI ou de n'importe quel autre organisme ». Le fonds est un important donateur du Grand Old Party, le parti républicain, et serait, selon un témoin, en capacité d'utiliser ce levier de pression pour bloquer certaines nominations au Trésor[39]. L'idée étant, selon ce dernier, d'inciter les membres du département du Trésor à prendre des positions plus fermes contre l'Argentine, en affirmant que ses représentants sont des « bâtards diaboliques » qu'il faut obliger à « régler ses dettes ».

Selon un autre témoin, ancien du département du Trésor, cette stratégie produit cependant ses antidotes : « Certaines personnes sont très rancunières et ont une bonne mémoire. » Enfin, en « effrayant le Mexique, et tous les autres émetteurs », cette poursuite a aussi provoqué l'avènement des clauses d'action collective.

L'organisation même de la plainte est une technique politique. Pour consolider le capital sympathie dont les fonds bénéficient auprès du juge, dont Griesa, sensible à la cause de l'épargnant moyen, il était important de maintenir « dans le pack » des créanciers « récalcitrants » et des plaignants les petits détenteurs de dette, comme l'explique un avocat des fonds aux États-Unis : « Nous ne voulions pas que certains des *holdouts* fassent des choses qui puissent nuire à notre stratégie. C'est pourquoi nous avons déployé de grands efforts pour les retenir [...]. Et nous avons utilisé l'argument suivant : "Leurs 60 000 retraités qui ont acheté ces obligations au pair pour leur retraite n'ont pas été payés un centime. Et ils sont exactement dans la même situation que nous." Afin d'essayer d'obtenir un peu plus de sympathie. »

---

39. « Singer est le plus grand courtier du monde financier républicain », déclare un agent qui le connaît. Elliott, en tant que « mégadonateur » (avec 4,4 millions de dollars) des membres du Congrès (pour 59 % des républicains), talonnait les dons de Goldman Sachs. Voir Peter Stone, « This vulture-fund billionaire is the GOP's go-to guy on Wall Street : meet the hard-charging, warship-seizing hedge fund mogul who has become congressional Republicans' most powerful fundraiser », *MotherJones*, septembre/octobre 2013.

Plus gênant pour Elliott, la multiplicité des acteurs peut aussi se retourner contre le leader, au moment où le règlement se rapproche. Certains *holdouts* (les fonds Dart et Montreux) s'engouffrent par la fenêtre politique et transigent trop tôt, ou du moins juste avant le leader.

La variété des litiges et des créanciers qui déploient simultanément leurs forces implique la présence de *piggybackers*, comme BNP Paribas, conseillé par Jacques de Larosière, le haut fonctionnaire pivot de la restructuration mexicaine des années 1980, devenu cadre dans la banque privée : « J'avais dans mon portefeuille la gestion de nos avoirs extérieurs, et quand Kirchner nous a mis au pied du mur, j'ai dit ici à ma hiérarchie : "Je ne vous conseille pas d'accepter, parce que vous n'allez avoir qu'une queue de cerise pour votre investissement en Argentine. Et si vous faites de la procédure, à mon avis, vous risquez de gagner plus." Et la hiérarchie m'avait suivi, donc on était parmi les *holdouts* [...]. D'ailleurs Lavagna me l'avait reproché à l'époque. Mais je lui avais dit : "Si vous m'aviez donné, mais un millimètre de satisfaction en ce sens qu'on se serait réunis, on aurait fait une réunion, on aurait vu la macroéconomie argentine : on aurait dit : 'oui, ça fait du sens de faire ça'. J'aurais été d'accord, mais le fait que vous me disiez : 'c'est comme ça !' c'est inacceptable." On a toujours refusé [les offres d'échange de 2005 et 2010] et finalement, avec Macri, on a gagné. Mais c'était politique, Kirchner voulait imposer sa volonté. Elliott avait acheté des titres et a fait son boulot. Nous, on avait acheté en bonne foi. »

La culbute réalisée par Elliott s'élève à près de + 1 500 %. Après avoir acheté au prix de 150 millions des obligations argentines d'une valeur de 617 millions de dollars (bénéficiant d'une décote de 25 %), ils obtiennent, au terme du litige, et non sans risques et investissements en frais de procédures, près de 2 426 millions de dollars[40].

40. Je me fonde sur la présentation Powerpoint faite par Pablo Lopez lors de son intervention à l'université Paris-Dauphine : « The growth of debt and the debt of growth : (some) lessons from the case of Argentina », 9 juin 2017.

Mais il s'agissait de profiter d'une « étroite fenêtre » d'opportunité, pour reprendre l'expression d'un autre gestionnaire de fonds : « Macri a été là pendant, quoi, un an et demi, deux ans, quelque chose comme ça ? Kirchner n'aurait fait aucun arrangement avec Jay quoi qu'il arrive, que ce soit en enfer ou en mer. » De nombreux clients demandent à leurs avocats financiers, spécialisés dans le recouvrement de créances, de reproduire le coup réalisé sur l'Argentine. Comme le précise un avocat new-yorkais lors d'une conférence, la réponse est « probablement non » – désormais, les États ont « appris la leçon » et, dans le cas de la dette souveraine, savent mieux protéger leur patrimoine des détenteurs de bons.

Une fois la stratégie couronnée de succès – un « investissement » qui a rapporté dix à quinze fois son investissement initial –, l'effet réputationnel se projette en retour sur ses artisans. Les membres de l'équipe élargie qui a participé à la saga argentine deviennent des notoriétés au sein du champ. Côté gestion de portefeuille et décisions d'investissement (le rachat des titres, comme des dossiers juridiques), Jay Newman a gagné une réputation de « *killer* ». Sa simple présence dans un groupe de créanciers, voire le fait qu'il prenne des positions sur le marché, suffit à modifier les comportements et à effrayer les États. En son nom, il est possible de réunir « un tour de table » d'investisseurs sur un dossier, comme me l'explique cet avocat : « Le simple fait de voir Jay Newman, il suffit que les types fassent deux ou trois recherches en face, ils se disent : "Oh putain, on est dans la merde" [*rire*]. Non mais c'est l'idée, c'est de la stratégie aussi, ils savent que : "Bah ils vont pas s'en sortir." Vous voyez Jay Newman déjà, vous savez que vous allez payer plus cher à son client qu'aux autres. Parce qu'avec lui rien n'est impossible. »

Avoir approché le « demi-dieu » ou le « génie » suffit d'ailleurs à bénéficier soi-même du halo de charisme : « Quand, dans certains milieux, les gens comprenaient que je le connaissais, c'était limite les types ils se prosternent à mes pieds. C'était le viatique. »

Interrogé en 2021 par le *Financial Times* sur son implication dans un dossier de poursuite de l'État indien, dans une affaire d'arbitrage, Newman se voit en père la morale des politiques économiques, se positionnant délibérément là « où il y a des déficiences chroniques de la gouvernance qui empêchent certains pays de réaliser leur plein potentiel[41] ». Ainsi, selon lui, « en Argentine, il s'agit d'un mépris total pour le respect des contrats d'emprunt » et « en Inde, d'un manque total de respect pour les entreprises privées, en particulier celles qui viennent de l'étranger ». Non sans ironie, le passage de Macri à la tête de l'Argentine s'est soldé par la nécessité d'une nouvelle restructuration de dette, cette fois-ci par son successeur péroniste, Alberto Fernández, au cœur de la pandémie de covid-19.

D'autres avocats, comme Dennis Hranitzky, qui pose à côté de Robert Cohen à la une de *The American Lawyer* en 2016, ont éprouvé certaines difficultés à s'émanciper du label d'avocat « dur », afin de pouvoir jouer sur d'autres tableaux, plus conciliants, quand les circonstances l'exigeaient. Hranitzky a conduit un groupe de *bondholders* offensifs dans la restructuration menée par Martín Guzmán, ministre des Finances argentin et jeune disciple de Joseph Stiglitz. Refusant (ou ne pouvant jouer la carte de) la stratégie judiciaire, selon certains témoins, l'avocat se serait « assagi ». En entretien, certainement imprégné de son récent vécu coopératif sur le dossier argentin, Hranitzky m'expliquait que le business du litige contre les débiteurs souverains appartenait peut-être au passé : les clauses d'action collective, agrégées, empêcheraient désormais de s'immiscer dans les failles de la coordination entre créanciers.

La tentation est forte de réduire le démêlé argentin à un cas particulier, sans en percevoir les effets systémiques et les causes structurales : l'Argentine aurait été un exemple extrême, le « débiteur le plus destructeur que nous ayons

41. Laurence Fletcher, « Ex-Elliott sovereign debt supremo gears up for final battle in India », *Financial Times*, 4 octobre 2021.

connu », faisant probablement face à « l'un des créanciers les plus durs », pour reprendre les termes d'un financier lors d'une conférence de l'EMTA. Les quelques « pommes pourries » ne sauraient remettre en cause l'arbre de la finance. Tout se passe comme si la notoriété du cas argentin devait autant à la longueur du conflit qu'à la capacité, exceptionnelle, de résistance du pays, comparé aux États pauvres qui transigent à bas bruit (dans la presse internationale).

NML Capital et Jay Newman sont reconnus dans les milieux du droit et de la finance comme des innovateurs ayant créé le champ du rachat de créances souveraines et de leur recouvrement agressif. Depuis, une industrie est née. Elle organise régulièrement des grands-messes réunissant des enquêteurs au service des créanciers, des *spin doctors* et des communicants, des fonds d'investissement, des avocats, etc. Mais du champ de bataille des dettes souveraines, le *business* s'est déplacé vers l'arbitrage d'investissement.

Conclusion

New York sans foi ni loi ? Menace sur le « gold standard »

Une force de résistance à l'ordre juridique de la finance globale est venue d'un lieu inattendu : son centre même. En mars 2023, trois projets de loi sont sur le point d'être présentés au vote de l'Assemblée de l'État de New York, qui siège dans sa capitale, à Albany[1]. Ces textes visent à faciliter les restructurations de dette souveraine dans la juridiction. Ils sont portés par des sénateurs démocrates particulièrement marqués par les tourments du Porto Rico à l'épreuve de sa dette[2]. À l'époque, des hedge funds – dont Aurelius, qui a fait fortune, aux côtés d'Elliott, dans la poursuite de l'Argentine – avaient racheté les titres à bas prix et déposé des plaintes, court-circuitant l'ensemble de la procédure de faillite et s'imposant comme créanciers prioritaires. Ils avaient contesté auprès du juge de district de San Juan, la capitale de l'île, des programmes de dépenses publiques, les estimant contraires à la Constitution du Porto Rico – censée sacraliser le remboursement aux détenteurs d'obligations financières. Selon eux, le caractère « essentiel » attribué au budget portoricain consacré à la culture ou à l'aide aux sinistrés en cas de catastrophe naturelle était un luxe douteux[3]. Trois mois après, l'ouragan Maria ravageait l'île. La Cour suprême des États-Unis, auprès de qui étaient

1. Depuis 2021 différents brouillons sont présentés, mais aucun texte n'avait alors passé le cap de l'examen en commission.

2. Le Porto Rico est un État libre mais associé aux États-Unis.

3. Jesse Barron, « The curious case of Aurelius Capital *v.* Puerto Rico. How a hedge fund's efforts to take the island territory to the cleaners wound

montées les plaintes, a décidé de la nomination d'un juge fédéral du district sud de New York pour prendre en charge le dossier de la restructuration. Le différend a débouché, malgré les interventions du gouvernement des États-Unis, sur un remboursement des hedge funds, au détriment des contribuables portoricains et de certains détenteurs de dette locaux[4].

Jessica González-Rojas, démocrate ayant introduit l'une des nouvelles lois new-yorkaises, a expliqué qu'étant « d'origine portoricaine » et « compte tenu de ce qui s'est passé » dans l'île, elle a rapidement été sensibilisée à cette cause[5]. Consciente que l'enjeu dépasse largement le cadre de la dette portoricaine, puisque New York régit la plupart des contrats de dette souveraine du monde, elle considère qu'il s'agit « d'une occasion d'exercer un certain pouvoir et de redonner une dignité à un grand nombre d'îles et de nations souveraines victimes des manœuvres des fonds vautours qui les endettent lourdement et imposent des mesures d'austérité à leur territoire et à leur population ». Le projet qu'elle porte réintroduirait à New York, pour des transactions supérieures à 500 000 dollars, la doctrine dite Champerty, qui interdit l'achat de titres dans le seul but de poursuivre le débiteur en justice. Les deux autres lois ajouteraient pour les dettes émises en vertu de la loi de New York un mécanisme d'organisation de la faillite similaire à celui d'une entreprise (avec un mandataire judiciaire) et plafonneraient légalement les réparations que pourraient obtenir les créanciers privés aux concessions que les souverains auraient déjà obtenues auprès des créanciers officiels dans le cadre de leurs accords négociés au Club de Paris – qui réunit des représentants des États, créanciers bilatéraux.

Ces points de résistance législatifs, parce qu'ils bénéficient d'un large soutien parmi les membres de l'Assemblée de New

---

up before the Supreme Court – with ordinary Puerto Ricans arguing in the hedge fund's favor », *The New York Times*, 26 novembre 2019.

4. Abner Dennis et Kevin Connor, « Hedge funds win, Puerto Ricans Lose in first debt restructuring deal », *The American prospect*, 8 février 2019.

5. Rafael Bernal, « New York Democrats push bills to stop sovereign debt "vulture funds" », *The Hill*, 5 mars 2023.

York, mais aussi en étant relayés dans le débat public par de nombreuses ONG[6], suscitent une levée de boucliers unanime des différents lobbies de Wall Street[7]. Ces lois « menaceraient » la place financière globale[8]. Pire, elles nuiraient aux pays émergents eux-mêmes, les privant de précieux placements en capitaux ou augmentant leurs coûts de financement à New York, des primes de risque étant exigées par les investisseurs pour compenser ces incertitudes juridiques. De ce point de vue, nuire au droit new-yorkais, c'est nuire aux États du Sud eux-mêmes et à leur accès à la liquidité. De plus, selon les lobbies, cette loi saperait « des années de travail et de concertation entre le département du Trésor américain, le FMI et les acteurs du marché » dédiées à la mise en place des outils contractuels de régulation des faillites souveraines. Surtout, il s'agit de rappeler que de tels sujets ne devraient pas se discuter dans une assemblée législative, démocratiquement élue, mais bien plutôt dans les cénacles d'experts du G20 où les organisations professionnelles de la finance ont voix au chapitre. Cleary Gottlieb, le cabinet new-yorkais ayant pour habitude de conseiller les États du Sud dans leurs transactions et disputes, considère que « malgré les bonnes intentions des partisans de ces lois », les « lacunes et défis juridiques considérables qu'elles engendreraient pourraient limiter leur utilité et conduire à la migration de la dette souveraine du droit new-yorkais vers d'autres juridictions »[9].

---

6. C'est le cas, parmi beaucoup d'autres, des Amis de la terre ou d'Oxfam.

7. The American Council of Life Insurers (ACLI), The Credit Roundtable (CRT), the Investment Company Institute (ICI), the International Capital Market Association (ICMA), the Institute of International Finance (IIF), the Life Insurance Council of New York (LICONY), the Partnership for New York City (PFNYC), et the Securities Industry and Financial Markets Association (SIFMA). Voir « ACLI, CRT, ICI, ICMA, IIF, LICONY, PFNYC, and SIFMA oppose New York legislature bill on sovereign debt », Open letter, 13 mars 2024.

8. Dirk Behnsen et Daniel Margulies, « New York markets under attack or relief for sovereign issuers ? », *International Financial Law Review*, 10 août 2023.

9. « New York State legislature revives sovereign debt restructuring proposals », Cleary Gottlieb, 26 mars 2024

Fuir New York ?

Jay Newman, l'architecte de la chasse aux États endettés, est lui aussi inquiet. Si, « depuis des décennies, les prêteurs et emprunteurs ont expressément choisi New York » jusqu'à le constituer en « étalon-or », c'est parce que « les droits de propriété y sont protégés sans équivoque », que « le caractère sacré des contrats y est reconnu et garanti » et que « la justice y est administrée de façon impartiale, prévisible et cohérente » : « Si ces principes fondamentaux venaient à changer, les souscripteurs d'obligations et les émetteurs fuiraient. Il ne faudrait pas longtemps pour que des juridictions plus attrayantes, comme Londres, prennent le relais, faisant perdre à New York des affaires et des recettes fiscales[10]. » Selon Newman, le signal véhiculé par ces lois consacrées à la régulation des opérations de restructuration de dette souveraine, et adressées aux investisseurs potentiels qui ont placé leur confiance dans ce droit, est sans équivoque : « Laissez tomber ! »

Quelques mois plus tard, en septembre 2023, l'Emerging Market and Trading Association se réunit pour « discuter des alternatives au cas où une telle législation viendrait à être adoptée à New York », et s'il serait souhaitable, ou faisable, pour les lois applicables régissant les nouveaux contrats de dettes souveraines, de préférer une nouvelle juridiction « telle que le Texas, la Floride ou le Delaware ». L'essentiel des critiques qui s'abattent sur ces propositions de lois se situent dans le registre de l'effet pervers : non seulement ces lois ne résoudraient pas les problèmes visés, mais elles en créeraient d'autres[11].

Cependant, lors d'une conférence réunissant des professionnels de la finance, un participant, à la tête d'une association représentant les hedge funds, décèle dans ces ébauches

10. Jay Newman, « New York to investors : drop dead. Bombshell bills », *Financial Times Alphaville*, 6 mars 2023.

11. Albert O. Hirschman, *Deux Siècles de rhétorique réactionnaire*, Fayard, Paris, 1991.

de loi un agenda idéologique plus profond : la volonté de « déclencher une conversation plus large et de catalyser un débat mondial ». Il ne s'agit pas selon lui d'une « loi de réparation », mais d'un projet destiné à « remodeler complètement la dynamique », un « désir de *reset* » : « Ce qui se passe à New York en particulier, mais résonne maintenant à Washington, est la mise à l'épreuve du fondement, de l'efficience et de la légitimité des marchés de capitaux », comme du FMI ou du G20, dans leur « capacité à dicter des résultats contraires aux besoins des citoyens ». Il s'agit selon lui de la « disparition d'un consensus entre les partis de gauche et de droite sur l'importance du système financier mondial », d'une « gigantesque tentative de rééquilibrage des rapports de force entre l'émetteur et le créancier ». En bref, il s'agirait de mettre fin aux politiques du « pistolet sur la tempe ». Il explique cela par l'origine sociale et géographique des porteurs de ces lois : « Porto Rico, mais aussi le Bronx et le nord-ouest du Queens, qui sont le berceau du mouvement socialiste aux États-Unis » et de l'« avant-garde » de la critique du capitalisme financiarisé. Ces députés sont coupables, selon lui, de faire revenir la lutte des classes au sein de l'assemblée législative new-yorkaise, avec l'idée que le système financier est toujours favorable aux riches et « qu'une nation ne devrait jamais avoir à choisir entre un programme d'éducation, de nutrition ou de logement et le remboursement d'une dette ». Cet intervenant espère que Londres cèdera en premier aux sirènes de la société civile, afin de préserver la vitalité du centre financier new-yorkais. Mais un de ses confrères prenant la parole est plus pessimiste : le business des dettes souveraines est pour l'heure « livré à la merci des vents politiques d'Albany » où « siège un important contingent de parlementaires anticapitalistes ».

Jay Newman, amer vis-à-vis de la majorité démocrate, dépeint New York en Gotham City hostile aux milieux d'affaire et où, à « l'insécurité des rues et des rames de métro où patrouillent des gardes nationaux armés de mitraillettes », s'ajouterait depuis quelques années l'insécurité économique et financière : fuite des « talents et des entreprises » en raison d'impôts trop élevés, « déménagements en Floride » (où le prix des abonnements de golf exploserait), « jugement des disputes commerciales par les procureurs dans la presse »[12]. Résigné, Newman conclut : « Qu'il en soit ainsi ! » L'argent, selon lui, affluera vers des juridictions dotées de systèmes juridiques plus respectueux des droits de propriété et du caractère sacré des contrats, et où l'application de règles de droit cohérentes est prévisible. Le choix de New York ne s'impose plus avec la force de l'évidence : il faut anticiper une grande mise à jour du catalogue de juridictions où les investisseurs s'adonnent à leur shopping.

De son côté, le FMI considère que ces lois pourraient inutilement prolonger et compliquer les processus de renégociation[13]. Quant aux créanciers, ils se mobilisent – individuellement et collectivement *via* l'Institute for International Finance – et déploient leurs réseaux pour se faire entendre à Washington par les représentants du Trésor.

La finance globale, et procédurière, tire sa puissance de la géographie du pouvoir qui articule des intérêts étatiques et des intérêts sociaux sectoriels (ceux de l'industrie financière), localisés en certaines zones où tout est concentré – ici Wall Street et ses juridictions. Mais la spécificité de la globalisation financière sous hégémonie étatsunienne, construite par ces différents points d'assemblage, est la création de vulnérabilités inattendues. Une assemblée démocratiquement élue, échappant au contrôle strict du pouvoir fédéral, peut ainsi faire vaciller l'alignement au cœur de cet échafaudage de zones, de territoires, de droits et d'autorités.

---

12. Jay Newman, « Why New York law doesn't actually matter. "Brickell Bay North" is shooting itself in the foot », *Financial Times*, 6 mai 2024.

13. « IMF : N.Y. bill could "prolong and complicate" sovereign debt restructurings », *Axios*, 11 avril 2024.

L'hégémonie du droit et de la finance étatsunienne tiendrait-elle à une simple loi ? Selon un analyste, qui a participé à de nombreux groupes de travail sur les clauses de dette souveraine, il n'y aurait jamais eu « de choix conscient de faire de la loi de New York un standard » ; l'étendue du pouvoir de la ville et de son centre financier relèverait de la contingence, et aujourd'hui il en irait autrement.

Ce livre a montré, au contraire, à quel point la construction de New York en capitale des dettes souveraines du monde aurait été impossible sans le concours des pouvoirs publics étatsuniens. Cette réalisation remonte aux conditions de possibilité du procès contre les souverains : la justiciabilité des États actée dans le *Foreign Sovereign Immunities Act*. Le pouvoir global du droit étatsunien est aussi une entreprise diplomatique, systématique, de façonnement des États du Sud en cibles de l'investissement, en sujets emprunteurs individualisés, dont l'appareil d'État fédéral s'est efforcé de saper les efforts de solidarité et de miner les espoirs d'alternatives institutionnelles pour mieux imposer ses standards, codes de conduite et cultures de la négociation « en bonne foi ». La défense des créanciers et la promotion de New York comme chambre de compensation mondiale des réclamations juridiques – le site de la *Rule of Law* globale – a constitué une ligne d'action constante.

Le tout petit monde de la judiciarisation des controverses relatives à la dette souveraine se dispute dans le cadre d'un consensus partagé : œuvrer à la vitalité du secteur financier et de ses infrastructures juridiques. Ces acteurs partagent un sens de l'économie politique légitime : le recours nécessaire des États aux marchés de capitaux plutôt qu'à l'administration de l'économie, de la monnaie et de la finance – tant au plan national qu'international. Ils considèrent que la défense d'une architecture financière alternative pour le traitement des défauts souverains est naïve, infaisable ou indésirable. De même, il est communément admis que la défense des intérêts publics en dehors du territoire national passe nécessairement par l'adoption et la maîtrise des techniques du droit financiarisé. Les avocats traitent le souverain étranger comme un « client » qu'il faut éduquer, convaincre de la nécessité de renoncements à ses pouvoirs exceptionnels et acculturer à la finance pour le rendre attractif et séduisant. L'avocat Lee Buchheit a ainsi expliqué comment, à ses yeux, il est capital de modérer les ardeurs de son client souverain et de le convaincre de ne pas sortir de son fourreau l'« épée du Seigneur », faisant référence aux souverains qui jadis coupaient la tête ou envoyaient au bûcher les créanciers trop tenaces : l'utilisation de ce pouvoir traduit une « vue à court terme » vis-à-vis de laquelle « le marché réagit très mal », « c'est malsain pour l'ensemble du système »[14]. La « cause du client est défendue par tous les moyens, aussi vigoureusement que possible »[15], mais dans les limites d'un intérêt général redéfini, indexant l'intérêt des États à celui des places financières. Les avocats sophistiqués ont, sur ces terrains, provisoirement effacé les grands architectes postcoloniaux du droit international pour qui la propriété privée n'était pas la loi naturelle de l'économie.

La globalisation du droit local-hégémonique des États-Unis s'est faite en défaisant les projets d'internationalisation (ou de régionalisation) et de coopération économique et juridique entre nations et États du Sud. Il a fallu imposer l'idée que le lieu du « global », en ce qui concerne les transactions financières et de dettes, est avant tout un espace de compétition entre des systèmes juridiques nationaux que les États-Unis domineraient. C'est en ces termes précis que la globalisation est une forme d'« américanisation[16] ». Et cette hégémonie demande à être entretenue, en veillant à marginaliser les options discordantes, pour sans cesse enrôler les autres pays

14. Robin Wigglesworth, « Lee Buchheit : the crisis veteran on the sovereign debt frontline », *loc. cit.*

15. Yves Dezalay et Bryant G. Garth, *Dealing in virtue. International Commercial Arbitration and the Construction of a Transnational Legal Order*, The University of Chicago Press, Chicago, 1996. p. 68.

16. Yves Dezalay et Bryant Garth, « Merchants of Law as moral entrepreneurs », *Law & Society Review*, vol. 29, n° 1, 1995, p. 27-64.

et les convaincre qu'il en va de leur intérêt souverain de s'y laisser happer.

L'aventure de la globalisation financière oblige les États souverains qui choisissent de s'y embarquer à laisser aux juges le soin de trancher des questions ontologiques : décider de la nature commerciale ou souveraine des entités, et peu à peu réduire le périmètre de la souveraineté au strict régalien. Les « tests » des tribunaux new-yorkais, ou des plus hautes instances juridictionnelles, au fondement des décisions d'attribuer ou non l'immunité souveraine, se refusent à prendre en compte les « finalités de l'action » publique telles que les États étrangers la revendiquent.

Démembrer la souveraineté en opposant une face publique et une face commerciale-privée a bien entendu une visée tactique pour les créanciers : saucissonner la puissance publique comme autant de tranches d'actifs auxquelles il est possible d'attribuer une valeur financière et sur lesquelles on peut mettre la main, en exécution et saisie, pour satisfaire les créances et indemnités impayées.

La souveraineté de l'État a toujours droit de cité, mais elle doit s'exercer avec l'art du contrat, qu'il soit public ou privé, et assumer les conséquences de ce mode opératoire : traiter d'égal à égal, dans les tribunaux, avec ses interlocuteurs. Si les créanciers cherchent à endiguer, canaliser et contrôler la souveraineté en instaurant un « ordre public des contrats[17] », ils ont désespérément besoin d'une part de souveraineté : un « tiers coercitif », une police de l'exécution des contrats qui veille à ne jamais s'élever au-dessus d'eux.

L'encastrement de la souveraineté étatique dans le droit et la finance globale ne concerne pas uniquement les pays périphériques mais recompose, dans une moindre mesure, l'*hégémon* étatsunien de l'intérieur. Une fraction de la société

17. Régis Bismuth, « L'émergence d'un "ordre public de la dette souveraine" pour et par le contrat d'emprunt souverain ? Quelques réflexions inspirées par une actualité très mouvementée », *Annuaire français de droit international*, vol. 58, n° 1, 2012, p. 489-513.

étatsunienne – des spécialistes du droit et des transactions financières internationales – a en effet été en mesure d'imposer au sein de l'appareil d'État fédéral un programme d'action faisant de la défense du droit de propriété financière à l'étranger une priorité absolue. L'État américain a été enjoint de s'adapter aux exigences pratiques de tribunaux stables, dégagés de la politique étrangère et bénéficiant d'une assise informationnelle et coercitive, permettant et encourageant l'exécution des contrats et l'application des sanctions à l'encontre de débiteurs indisciplinés et récalcitrants.

Cette « société des droits privés », que les avocats-financiers de la *Rule of Law* ont promue en défendant les contrats contre toute autre forme de raison d'État, correspond à un constitutionnalisme économique de marché[18], une « ordo-finance ». Même s'il n'aboutit pas complètement, ce projet est capable de tenir tête à d'autres intérêts nationaux puissants, ceux des banques centrales, plaques tournantes des transactions financières mondiales et filets de sécurité de la finance privée dans son ensemble. Plus particulièrement, les offensives de la *Rule of Law* ont bousculé l'ordre établi de la Banque centrale des États-Unis, où sont déposés et stockés les dollars du monde entier et où se façonne la valeur du dollar en tant que monnaie hégémonique. Le droit et la monnaie, qui passent pour deux piliers sur lesquels repose à part égale l'hégémonie des États-Unis, ne coexistent en réalité pas toujours pacifiquement. Être le réceptacle des réserves monétaires du monde ne s'accommode pas toujours au mieux de contrats indéboulonnables et de l'agressivité juridique des fonds procéduriers.

Quand la poussée jurisprudentielle contre l'immunité souveraine atteint les actifs déposés par les États en défaut dans la sacro-sainte Federal Reserve à New York, garante de

18. Stephen Gill et Claire Cutler, « New constitutionalism and world order : general introduction », *in* Claire A. Cutler et Stephen Gill (dir.), *New Constitutionalism and World Order*, Cambridge University Press, Cambridge, 2014, p. 1-22.

la valeur, de la confiance dans le dollar, le pouvoir exécutif s'efforce de faire entendre raison aux tribunaux et aux fonds trop gourmands en rappelant l'importance de la « finance-entrepôt », de la fluidité et du nombre de transactions qui passent par New York. Cependant, les interventions politiques de l'exécutif ne sont plus immédiates, mais doivent passer par la médiation des tribunaux et se faire entendre sous la forme de témoignages en tant qu'*amicus curiae*.

Les situations où ces deux programmes – la finance-entrepôt et l'ordo-finance – s'entrechoquent sont révélatrices des deux facettes de l'hégémonie étatsunienne : la recherche du consentement des autres pays et la coercition. Ces tensions peuvent produire des points de bascule dans le rapport de force mondial. En effet, les fonds vautours, au nom d'une version maximaliste de la *Rule of Law* et par leurs excès d'application de la loi (parfois en déchirant le voile d'immunité des banques centrales), ont suscité des contre-mouvements, sociaux et politiques, qui ont ébranlé la confiance des États étrangers dans le centre financier new-yorkais. La loi de New York, telle qu'elle a été modelée par l'industrie financière, chancelle.

Aussi, sous l'effet de la chasse aux actifs souverains et d'une place financière devenue revêche, les États du Sud ont pu trouver dans la puissance de prêt chinoise une alternative. Progressivement, la Chine est devenue le plus grand créancier officiel des pays à faible revenu, dépassant même les banques de développement multilatérales occidentales[19]. Le modèle marchand de restructuration des dettes souveraines en détresse, géolocalisé à New York – et arrimant la planète financière occidentale – est peu à peu rendu caduque : « C'est comme si la communauté financière internationale avait passé la dernière décennie à essayer de

19. La République populaire de Chine est la plus grande nation créancière officielle du monde. L'encours de ses créances sur le reste du monde s'élevant à un total estimé à 5 500 milliards de dollars américains en 2019, soit plus de 6 % du PIB mondial.

nettoyer autour du réverbère, sans se rendre compte des monticules de déchets qui s'amoncelaient à l'abri des regards dans le reste de la rue plongée dans l'obscurité », résume Anna Gelpern, ancienne juriste du département du Trésor et professeure de droit et de finance internationale à l'université de Georgetown[20]. De fait, depuis les années 1970 jusqu'à récemment, la Chine créancière n'avait pas été conviée à la table des négociations, ni embarquée dans les ateliers façonnant les outils légitimes de traitement des faillites souveraines.

Les problèmes homologues des hégémons

Deux hégémons coexistent désormais. Stéphanie Blankenburg, alors cheffe du département de la dette à la CNUCED, m'expliquait en 2018 que la Chine « joue un rôle beaucoup plus important dans le financement du développement, parce que les pays avancés, en investissant moins d'argent, ne laissent pas d'alternative ». Les institutions du Consensus de Washington (Banque mondiale, FMI, Trésor américain) et les créanciers officiels appartenant au Club de Paris (dont ne fait pas partie la Chine) ont en effet laissé la place aux créanciers privés dont la part de dette détenue sur les pays en développement est passée de 46 % fin 2021 à 61 % en 2024[21]. La Chine est désormais le principal créancier bilatéral[22] mais aussi prêteuse *via* les Routes de la soie et ses banques de développement (la Banque de développement et la Banque d'exportation et d'importation de Chine)[23]. Cette masse

20. Robin Wigglesworth et Sun Yu, « How China changed the game for countries in default », *Financial Times*, 13 avril 2023.

21. Gillian Tett, « A rotten system for sovereign debt restructuring needs fixing », *Financial Times*, 7 mars 2024.

22. Sebastian Horn, Carmen M. Reinhart et Christopher Trebesch, « China's overseas lending », National Bureau of Economic Research, working paper n° 26050, 2019.

23. La valeur totale des infrastructures représente un montant considérable. Tom Miller, *China's Asian Dream*, Zed Books, Londres, 2019, p. 214. En 2021, la Chine détenait 21 % du stock de dette des pays à bas revenu mais

d'argent, qui permet d'obtenir des prêts *a priori* avantageux, attire les pays les plus pauvres, bien que les projets financés s'avèrent souvent peu viables sur le plan économique[24].

Comme pour les États-Unis, inonder le monde de liquidités répond pour Pékin aux enjeux géostratégiques d'une puissance financière qui étend et consolide ses intérêts économiques et diplomatiques en phase avec ses capacités croissantes. Ces investissements chinois à l'étranger, s'ils ont pour but de développer des marchés susceptibles de fournir des biens et des ressources, sont aussi la conséquence d'une surcapacité de production industrielle que le marché intérieur est incapable d'absorber[25].

De cette montée en puissance découle une profonde méfiance à Washington comme au sein du G7. L'administration Trump accusait régulièrement la Chine d'utiliser la dette pour « piéger » les pays et exercer un pouvoir politique : un plagiat des États-Unis eux-mêmes ? Si, au début des années 1970, la Chine représentait un pays en voie de développement retors pour le département d'État, elle incarne désormais un péril, un hégémon concurrent qui fait l'objet d'un « bashing » régulier – phénomène qui s'est atténué avec la présidence de Joe Biden.

Depuis le milieu des années 2000, le secrétariat du Club de Paris a cherché à intégrer la Chine en son sein. Un de ses anciens membres évoque à ce propos une « vaste opération de séduction ». L'État chinois est invité aux séances en tant qu'observateur dans ce lieu où les hauts fonctionnaires des différents États créanciers du monde partagent leurs informations et tableaux de créances. L'idée est à l'époque de

---

représentait une part moins importante du financement des pays émergents. La part des créances publiques chinoises se limitant à 5 %, comparée aux 7 % des créanciers du Club de Paris et, surtout, aux 49 % des détenteurs privés d'obligations.

24. Shalendra Sharma, « China and debt-trap diplomacy : a brief assessment », dans Ndongo Samba Sylla, *Imperialism and the Political Economy of Global South's Debt*, Emerald Group Publishing Ltd, 2023.

25. Benjamin Bürbaumer, *Chine/États-Unis, le capitalisme contre la mondialisation*, *op. cit.*

convaincre la Chine qu'elle a « tout à gagner à se joindre au Club ». Les BRICS y ont été également conviées : la Russie a intégré le Club en 1997, le Brésil l'a rejoint en 2016. De fait, le Club se pose la question de sa représentativité : il faut faire « progressivement entrer autour de la table les nouveaux créanciers qui accepteraient de participer à ces règles du jeu multilatéral », explique un ancien de ses responsables et haut fonctionnaire. À commencer par la Chine : « On voyait bien qu'en restructurant la dette d'un État on réglait un problème d'un côté, mais si c'était pour que cet État se réendette massivement auprès de la Chine, on créait un autre problème sans avoir de cadre pour le régler. » Mais la Chine est restée « le gros poisson à pêcher », comme le dit un autre ancien fonctionnaire. Il faut batailler pour convaincre les États réfractaires : « Il y a une difficulté de nature politique à s'afficher aux côtés des méchants occidentaux », poursuit-il. Aujourd'hui, la crainte du Club de Paris est celle d'un effondrement de la force multilatérale des créanciers face à des configurations où le gouvernement chinois sera « seul en capacité de dire aux pays africains : "Vous me remboursez ou pas ?!" », explique cet autre ancien dirigeant du Trésor.

La Chine elle-même se penserait encore comme un pays en voie de développement et jouerait de cette ambiguïté au moment de se présenter aux pays à qui elle est susceptible de prêter. Pour autant, un membre du Club ironise sur le fait que les représentants du pays peuvent se montrer ostensiblement solidaires des pays du G77 dans les instances onusiennes, mais qu'en coulisses ils se comportent en créanciers exigeants. Les pays de l'OCDE parlent donc aujourd'hui des dettes « Non Club de Paris », un euphémisme pour parler de la Chine.

Le secrétariat du Club distingue parmi ses interlocuteurs plusieurs visages du gouvernement chinois et centres de décision. La banque centrale (The People's Bank of China), dont la fonction est tournée vers l'international et la coopération multilatérale – c'est elle qui travaille en lien avec le FMI et est attentive au risque auquel sont exposées les banques chinoises à l'étranger –, a été progressivement effacée, à partir de 2018, sur les sujets liés à la dette par le ministère des Finances, « plus conservateur ou nationaliste », qui priorise à des enjeux de politique intérieure et se montre soucieux du coût pour le contribuable des retraitements de dette, selon un témoin. Ainsi, les progrès dans les relations entre la Chine et le Club, ont été ralentis par l'arrivée au pouvoir de Xi Jinping en 2013, qui a infléchi ce processus, jusqu'à faire de l'adhésion au Club et du partage d'informations entre créanciers une illusion.

Néanmoins, la pandémie de covid 19 et la prolifération de l'insolvabilité dans les pays pauvres ont relancé le processus. À défaut d'inclure la Chine dans le Club, les hauts fonctionnaires du Trésor français s'efforcent de « l'arrimer » à des modes de traitement *ad hoc* des dettes impossibles à honorer. L'initiative dite de « suspension du service de la dette » forme un cadre propice à une telle coopération.

En effet, alors que les États-Unis de Trump s'étaient repliés sur l'impératif « *America First* », le gouvernement chinois et ses dirigeants, prenant le contre-pied, se sont présentés au monde comme les nouveaux champions du multilatéralisme et ont fait allégeance au G20[26]. Xi Jinping a déclaré que les pays ne devaient pas « utiliser [les institutions multilatérales] lorsqu'elles correspondent à leurs propres intérêts pour les délaisser dans le cas contraire[27] ». Attachés à leur réputation internationale, les dirigeants chinois ne peuvent revenir en arrière et participent au cadre commun de restructuration mis en place : saisir les actifs des débiteurs en pleine pandémie détruirait les efforts

26. Deborah Bräutigam et Yufan Huang, « Integrating China into multilateral debt relief : progress and problems in the G20 DSSI », Johns Hopkins University, School of Advanced International Studies (SAIS), China Africa Research Initiative, Briefing Papers, septembre 2023.

27. Xinhua, « Keynote speech by president Xi Jinping at the APEC CEO Summit, Xinhua news, November 17, 2018 ». Cité dans Deborah Bräutigam et Yufan Huang, « Integrating China into… », *loc. cit.*

consentis à construire une image d'État ouvert au multilatéralisme. Cette initiative a été un succès et a servi à la restructuration de la dette de la Zambie, entamée en 2020 et finalisée en 2024. Pour autant, la Chine n'accepte pas l'intégralité des règles du Club de Paris et préfère, comme les États-Unis dans les années 1980, le rééchelonnement des dettes ou le renflouement par de l'argent frais, à des pertes sèches en capital, auxquelles sont désormais accoutumés les créanciers du Nord[28]. En effet, comme le note avec amusement ce grand gestionnaire d'actifs mondial : « On leur dit : "C'est comme ça que ça se passe ! C'est vous qui avez toute la dette, mais c'est nous qui avons toutes les règles !" » Chine comme États-Unis sont traversés par les mêmes tensions internes, celle d'un hégémon tiraillé entre un penchant pour la défense de l'intérêt national et une propension à l'extraversion : sens du multilatéralisme, souci de la réputation, volonté d'enrôlement des économies du monde dans ses réseaux d'interdépendance, défense d'un modèle de traitement de la dette s'opposent au goût du discrétionnaire, aux décisions prises au cas par cas et selon l'intérêt national du moment sans se préoccuper des règles pour tous. Dans le cadre de la guerre en Ukraine, la Chine exhorte les États-Unis à cesser les sanctions financières « unilatérales et illégales » à l'encontre de la Russie, qui passent par le gel, la saisie ou l'expropriation des avoirs privés d'oligarques mais aussi par la confiscation des réserves de la banque centrale russe. Autant de mesures destinées à soutenir la résistance à l'invasion russe et l'effort de guerre, et qui soulèvent d'intenses controverses au sein du G7 et des cercles juridiques sur les potentielles violations de la *Rule of Law*, du droit international et de l'immunité souveraine[29].

---

28. Muyang Chen, « China's rise and the reshaping of sovereign debt relief », *International Affairs*, vol. 99, n° 4, juillet 2023, p. 1755-1775.

29. Ces saisies, ne faisant pas suite à un procès ou à une plainte et requête en exécution de la part d'un créancier privé, mais d'une décision de l'exécutif étatsunien, sortiraient du cadre du *Foreign Sovereign Immunities Act* et

La méfiance des États-Unis vis-à-vis de l'omnipotence du créancier chinois ne saurait pour autant se réduire à une lubie nationaliste. Les statistiques de dette comme les contrats sont rarement communicables et la diplomatie chinoise cultive le secret. Surtout, les obligations émises en droit chinois comportent, si l'on se fie aux quelques échantillons étudiés par des chercheurs, de nombreuses garanties – les contrats sont par exemple gagés sur les ressources naturelles des pays débiteurs. Des clauses inscrites dans les documents de prêt priorisent aussi le remboursement du créancier chinois et excluent la possibilité pour les États à l'agonie de soumettre le contrat d'emprunt à la renégociation du Club de Paris[30].

Mais, une fois soumis au traitement du Comité de créanciers officiels – une arène *ad hoc* coprésidée désormais par le Club de Paris et la Chine en fonction des pays et des situations traités –, le droit s'efface derrière la négociation politique entre États : « On est là quand le droit des contrats ne marche pas », affirme cet ancien dirigeant du Club. Les négociations entre créanciers officiels refusent la logique du prêt avec collatéral [gagé sur des actifs ou des ressources] ou doté de garanties. C'est le rapport politique international et la « bonne volonté » des parties prenantes à la négociation – le Club de Paris et la Chine – qui fait loi. L'accord noué a vocation à « dépasser la rédaction juridique de chaque contrat de prêt individuel » et prend une valeur de quasi-traité, comme l'explique un de ses confrères : « Ça se mue en rapports de force entre les parties, avec deux situations possibles : soit la Chine veut effectivement trouver un deal et peu importe le collatéral. Soit la Chine ne veut pas trouver un deal et peu

s'inscriraient pleinement dans le cadre des politiques étrangères. Voir Ingrid Wuerth Brunk, « Does Foreign Sovereign Immunity apply to sanctions on central banks ? », *Lawfare*, 7 mars, 2022.

30. Anna Gelpern, Sebastian Horn, Scott Morris, Brad Parks et Christoph Trebesch, « How China lends : a rare look into 100 debt contracts with foreign governments », Peterson Institute for International Economics, Kiel Institute for the World Economy, Center for Global Development, 31 mars 2021.

importe le collatéral. On est dans un monde d'absence de loi. C'est l'état de nature. Il n'y a pas de juge, pas de mesures d'exécution, et peu importe les clauses juridiques du contrat, on n'en a rien à cirer, c'est pas le sujet ! Il n'y a pas de règles, à part la volonté commune des États de trouver un accord. Ça montre qu'il y a deux mondes : le monde du droit privé et le monde des dettes officielles. »

Pour cet ancien dirigeant du Club, le droit international est certes « complètement embryonnaire », parce que les relations internationales n'ont pas d'autonomie et sont « une émanation des États », mais les accords entre créanciers souverains dans le monde de la dette pourraient obliger les créanciers privés à s'aligner, grâce au mécanisme de la comparabilité de traitement – le débiteur souverain doit s'efforcer de trouver au moins d'aussi bons termes avec les banques et détenteurs de dette privés.

L'état de nature, avec la médiation du club de puissances nationales créancières, pourrait imposer sa loi à la civilisation des contrats financiers et à la chasse aux actifs souverains. Loin d'affecter les relations économiques et financières du monde, la géopolitique, assumée et encadrée démocratiquement, constituerait-elle une forme de régulation acceptable, capable de dompter le jusqu'au-boutisme contractuel des propriétaires privés ?

*

Depuis les années 1980, les États du Sud sont de moins en moins disposés, ou même désireux de promouvoir des alternatives structurelles et collectives au traitement des faillites au cas par cas, quand bien même ils auraient un intérêt direct dans le succès de ces initiatives. Pour les pays émergents, le lot de pratiques, de rhétoriques et de calculs associés au terme de souveraineté a radicalement changé : alors que, dans les années 1960 et 1970, la souveraineté renvoyait aux mouvements d'indépendance et de contestation des formes occidentalo-centrées de droit international, la préservation de la souveraineté, dans le contexte actuel, signifie avant tout le maintien de l'accès aux marchés de capitaux privés et la conformation aux attentes, en matière de valeur du crédit, des pays dits à l'ONU du « Groupe B », les riches créanciers mondiaux.

Le modèle de développement qui s'est imposé consiste à faire des États du Sud de bons élèves de la finance, capables d'emprunter par eux-mêmes sur les marchés de l'argent mondialisés auprès des détenteurs de capitaux, souvent originaires des États-Unis ou du moins se référant à la monnaie et au droit de l'hégémon[31]. Depuis 2010, la part de la dette publique extérieure détenue par des créanciers privés a augmenté dans toutes les régions du monde (elle représentait 61 % de la dette extérieure totale des pays en développement en 2022). La construction patiente du pouvoir juridique des financiers, conforme au règne des contrats, lentement stabilisé à partir des années 1960 aux États-Unis, est allée de pair avec la légitimation exclusive des remèdes de marché pour soigner les faillites chroniques.

La crainte d'une violente vague de défauts des États du Sud a été réactivée avec la remontée des taux d'intérêt directeurs aux États-Unis. Un gestionnaire de portefeuille spécialisé dans la dette des « pays émergents » dressait en 2022 la longue liste de pays en défaut ou en cours de restructuration – le Mozambique, le Liban, l'Équateur, le Sri Lanka, le Suriname, le Belize, la Russie, l'Ukraine – et des nombreux autres pays dans le rouge[32]. Fin 2023, à l'occasion de la COP 28, près de 550 économistes (dont Yanis Varoufakis et Thomas Piketty), aux côtés d'experts du développement, du climat et de la défense des droits de l'homme, dénonçaient la façon dont les dettes des pays du Sud se transformaient en véhicules de régression sociale « drainant les ressources destinées aux

31. Daniela Gabor, « The Wall Street Consensus », *Development and Change*, vol. 52, n° 3, p. 429-459 ; Adam Tooze, « Finance and the polycrisis : Africa's debt crisis », Chartbook n° 181, 19 décembre 2022.

32. Simon Hinrichsen, « How to restructure sovereign debt Break in case of emergencies », *Financial Times*, 16 Septembre 2022.

soins de santé, à l'éducation, à la protection sociale, à une transition verte et équitable et à la lutte contre les effets de la crise climatique » pour les « transférer dans les poches des créanciers étrangers »[33]. La sacralisation du remboursement des dettes est corrélative d'une obsession pour la croissance économique, afin de produire des recettes fiscales pour honorer ces engagements ; ce qui en retour oblige à intensifier l'exploitation des ressources naturelles nationales, y compris les combustibles fossiles[34].

Les besoins de financements impliquent pour la plupart des pays du Sud une dépendance vis-à-vis des hégémons : à leur monnaie, à leur droit et aux aléas de leurs tactiques géopolitiques ou de leur conscience multilatérale[35].

L'hégémonie financière tient à sa « face sombre » : l'enrôlement des classes dominantes des pays périphériques[36], les fractions de la classe dominante qui, aux Suds, définissent en quoi consiste l'intérêt général : le placement de l'épargne dans une monnaie de confiance qui entretient sa valeur.

La domination financière se traduit, et cela n'a rien de spécifique aux pays du Sud global, par une hégémonie domestique des classes financières qui ont intérêt aux mécanismes de la finance globale, à la labellisation des transactions dans une monnaie fiable, souvent non nationale, voire à l'abandon

---

33. « Yanis Varoufakis, Thomas Piketty, Vanessa Nakate and leading experts call for debt cancellation at COP28 », Eurodad, 30 novembre 2023.

34. En 2019, 2,4 % de la dépense publique rapportée au PIB des pays émergents (mis à part la Chine) étaient consacrés au paiement d'intérêts de la dette quand seulement 2,1 % du PIB l'étaient à des investissements climatiques ; UN Trade and Development, « A world of debt : a growing burden to global prosperity », Report 2024, UNCTAD.

35. Michel Aglietta, Guo Bai et Camille Macaire, *La Course à la suprématie monétaire mondiale. À l'épreuve de la rivalité sino-américaine*, Odile Jacob, Paris, 2022.

36. Yanis Varoufakis (« Because we must ! », *Progressive International*, 27 janvier 2023) détaille ainsi le « pacte sombre, tacite et implicite entre la classe dirigeante américaine et les capitalistes et rentiers étrangers » sur laquelle repose l'hégémonie financière et monétaire étatsunienne : « La suprématie du dollar a tout autant servi les intérêts des rentiers américains que ceux des capitalistes allemands, argentins, nigérians, coréens et chinois. »

du signe monétaire « local » pour placer leur épargne dans un support plus digne de confiance, global et souvent le dollar[37]. Le pouvoir de ces classes sociales repose sur la perpétuation des asymétries entre souveraineté financière et souveraineté populaire, et la défaite structurelle de la main gauche vis-à-vis de la main droite dans les arbitrages entre ministères.

Quand les dettes souveraines sont à l'agonie, les détenteurs de capitaux, qui ont contribué à provoquer ce chaos en défendant leurs positions par-dessus tout, veillent à faire respecter leur droit de propriété et de priorité auprès des tribunaux, mais aussi à se faire entendre par les bureaucraties publiques, leur rappelant à quel point celles-ci ont besoin d'eux et de leur argent, aujourd'hui comme à l'avenir.

Le modèle d'État-souverain dominant – au centre comme à la périphérie – se donne pour devoir prioritaire de sécuriser la finance, d'en être la terre d'accueil, de lui fournir des actifs sans risques, de lui garantir la *Rule of Law* et d'exécuter ses contrats à domicile comme à l'étranger, au détriment du reste de la population et des engagements sociaux, qui laissent peu de recours judiciaires aux bénéficiaires.

Mais cette forme d'État-souverain reste un assemblage contingent et dont les points d'ancrage locaux peuvent devenir autant de zones de subversion. D'autant que l'« hypocrisie souveraine » des États-Unis consiste à mettre en scène le triomphe de l'initiative et de la propriété privée, tout en requérant le déploiement incessant de réseaux bureaucratiques. La « main invisible du marché » construit les cibles d'investissement juteuses (les marchés émergents), protège la propriété privée, façonne des doctrines juridiques et des segments d'accumulation, fait avorter les architectures régulatoires et coopératrices, renfloue en cas de crise et légitime des opérations spéculatives en les considérant comme salutaires

37. Le président de l'Argentine Javier Milei, libertarien, autoritaire et climato-négationniste avait proposé pendant sa campagne électorale le démantèlement de la banque centrale d'argentine et l'abandon d'une politique monétaire singulière.

pour l'ensemble du corps économique et social. La chasse aux souverains prend les atours d'un ball-trap global, un safari bien organisé institutionnellement.

Mais cette administration publique est exclusivement conçue et pensée politiquement comme une facilitatrice des flux financiers. Bien que contribuant activement à la richesse privée, tout se passe comme si la puissance publique concourait à sa propre illégitimité pour mieux mettre en scène le succès autonome des richesses privées et les valider en tant que *self-made*. La puissance publique, en même temps qu'elle rend possible les succès du capitalisme financier, mute en *shadow State*.

Il faut donc mener la bataille du Trésor public contre le Trésor liquide de la finance globale, obsédé par la sécurité, la compétitivité et l'accessibilité de ses titres pour les possédants du monde. La puissance de la multitude, quel que soit le support de sa réalisation, doit refuser l'assignation à un rôle de tiers coercitif mis au service des contrats financiers et d'une fraction infiniment réduite de la société. L'encastrement politique et l'administration démocratique de l'économie, de la monnaie et de la finance, loin d'être un arrangement repoussoir, forment la seule machinerie capable de désarmer les chasseurs d'États et de réarmer la collectivité pour répondre aux désastres sociaux et environnementaux.

Glossaire

Tribunal fédéral du district Sud de New York : Le *New York Southern District*, un tribunal fédéral, représente le premier niveau dans la hiérarchie judiciaire des États-Unis. Situé dans la juridiction de Wall Street, il est particulièrement sensible aux intérêts des investisseurs financiers et détenteurs de capitaux.

Tribunal d'appel : Comme le décrit Makoff, « alors que les audiences des tribunaux de district sont souvent houleuses et bruyantes », l'atmosphère du tribunal d'appel « est généralement feutrée, érudite et formelle[1] ». On parle de tribunal de circuit (2nd circuit pour la juridiction de New York) parce qu'à l'origine, ces cours tenaient leurs audiences de façon « nomade » : les juges voyageaient selon un circuit déterminé pour rendre justice.

Cour suprême : La *Supreme Court of the United States* parfois abrégé en SCOTUS est le sommet du pouvoir judiciaire aux États-Unis et le tribunal en dernier ressort. La Cour siège à Washington, non loin du Capitole. Les affaires montent à la Cour et sont acceptées dès lors qu'il s'agit d'une question de droit fédéral importante, qui n'a pas encore été tranchée, ou que plusieurs cours inférieures ont émis des jugements contradictoires. Enfin, il faut que quatre juges votent en ce sens. En pratique, guère plus de 1 % des demandes sont acceptées. Les financiers estiment qu'en matière de dette souveraine, la Cour suprême est plus sensible aux enjeux diplomatiques.

---

1. Gregory Makoff, *Default, op. cit.*, p. 77.

Département de la Justice : Abrégé en « DoJ », département exécutif des États-Unis, il est l'équivalent du ministère de la Justice français. Il est dirigé par le procureur général des États-Unis (Attorney General) et secondé par un procureur général adjoint, incarné par Antonin Scalia dans ce récit.

Département d'État : Le State Department, abrégé en « State », est le département exécutif fédéral des États-Unis chargé des relations internationales. Il est l'équivalent du ministère des Affaires étrangères en France. Ses bâtiments principaux sont situés non loin de la Maison-Blanche, dans le quartier de Foggy Bottom à Washington. Ce livre narre en particulier l'activité des juristes du Legal department qui, en son sein, gèrent les affaires d'immunité souveraine.

Département du Trésor : Le département du Trésor des États-Unis (United States Department of the Treasury) est le département exécutif fédéral des États-Unis chargé de répondre aux besoins budgétaires et monétaires. Il est plus comparable au ministère des Finances en France qu'à la direction du Trésor (qui n'en est qu'une composante). Il est très proche de l'industrie financière et bancaire et attentif à la vitalité et à la stabilité de la place financière newyorkaise.
Les archives mentionnent souvent le terme « d'agences » de l'exécutif pour évoquer ces départements.

Réserve fédérale des États-Unis : Son siège est à Washington et elle est responsable de la politique monétaire, de la supervision et régulation du système bancaire, ainsi que de la stabilité du système financier. Elle offre des prestations financières aux organismes de dépôt, au gouvernement fédéral et aux institutions financières étrangères. Elle intervient dans les tribunaux pour faire valoir l'importance de son rôle de plateforme des réserves monétaires mondiales et du rôle de New York en tant qu'entrepôt de la finance mondiale.

***Foreign Sovereign Immunities Act* (FSIA)** : Signée en 1976 par le président Ford, cette loi est l'aboutissement d'un long processus qui commence dans les années 1960. Il s'agit de sortir du giron « politique » du département d'État les décisions d'attribution (ou non) de l'immunité à un souverain étranger. Ce livre raconte la fabrique de cette loi qui rend les États justiciables et est aux racines de la chasse qu'ils subissent.

Amicus curiae : L'expression désigne une personnalité ou un porte-parole d'une organisation que le tribunal peut entendre sans formalités dans le but de rechercher des éléments propres à faciliter son information, pour connaître les termes d'une convention, d'un contexte, ou d'éléments non écrits. Avec la loi FSIA, le gouvernement, la Federal Reserve, mais aussi des lobbies de créanciers et d'avocats sont amenés à déposer des « memos », des notes ou mémoires énonçant des grands principes de politique publique. S'il s'agit d'apparaître « indépendant » ou de cadrer son intervention comme la plus générale possible, les *amicus curiae* sont appelés par l'une des parties au procès et visent à faire pencher la balance en sa faveur.

Chronologie

Les dates et périodes qui suivent sont les jalons essentiels du récit de ce livre.

1812 : Dans l'affaire The Schooner exchange, le juge Marshall, président de la Cour suprême, formule la doctrine de l'immunité souveraine absolue.

1897 : Affaire Underhill, le juge Marshall définit la doctrine de l'*Act of State.*

1948 : Michael Cardozo, dernier opposant à la dépolitisation de l'immunité souveraine, entre au département d'État.

1953-1961 : *Administration Eisenhower. Parti républicain.*

1959 : Arrivée de Fidel Castro au pouvoir, nationalisations et expropriations.

1953-1969 : La Cour suprême, dirigée par le juge Warren, propose une vision relativisant le point de vue occidental sur le droit international.

1961-1963 : *Administration Kennedy. Parti démocrate.*

1962 : L'Hickenlooper amendment conditionne l'aide étrangère des États-Unis.

1962 : Résolution « Souveraineté permanente sur les ressources naturelles » de l'Assemblée générale des Nations unies.

1964 : L'arrêt Sabbatino de la Cour suprême donne raison à Cuba et enflamme la scène judiciaire et financière états-unienne.

1964-1969 : *Administration Johnson. Parti démocrate.*
1964 : Création de la CNUCED. Raul Prebisch est le premier secrétaire général de la Conférence.
1964 : L'amendement de la *Rule of Law* renverse l'arrêt Sabbatino.
1968 : Premier meeting d'un groupe de travail (la section de droit international) pour réfléchir à une réforme législative de l'immunité souveraine.
1968 : Nationalisation d'International Petroleum Company (IPC) au Pérou.

1969-1974 : *Administration Nixon. Parti républicain.*
1971 : Le choc Nixon : le président met fin à la convertibilité or du dollar.
1973 : Premier choc pétrolier qui fait suite aux décisions de l'Organisation des pays exportateurs de pétrole (l'OPEP).
1973 : Première série d'audiences sur le *Foreign Sovereign Immunities Act* au Congrès.
1974 : Résolution du Nouvel ordre économique international.

1974-1977 : *Administration Ford. Parti républicain.*
1975 : Monroe Leigh rejoint le département d'État.
1975 : Affaire Alfred Dunhill (compagnie d'exportations de cigares) contre Cuba.
1976 : Signature de la loi FSIA par le président des États-Unis Gérald Ford.

1981-1989 : *Administration Reagan. Parti républicain.*
1979-1982 : Choc Volcker : remontée brutale des taux d'intérêt pour enrayer l'inflation aux États-Unis.
1982 : Restructuration de la dette mexicaine par le FMI dirigé par Jacques de Larosière. Les détenteurs principaux sont des banques étatsuniennes.
1989 : Plan de Nicholas Brady, secrétaire du Trésor US : conversion des prêts bancaires en bons garantis par le Trésor étatsunien.
1990 : Fondation de l'Emerging Market Traders Association (EMTA).
1992 : Affaire de la Banque centrale Argentine contre Weltover. Arrêt rendu par la Cour suprême contre l'Argentine : la dette publique est définitivement identifiée comme un acte commercial.

1993-2001 : *Administration Clinton. Parti démocrate.*

1998 : Le juge new-yorkais Robert Sweet brosse le portrait de Jay Newman dans une affaire contre le Pérou. Premier succès du fonds procédurier Elliott Management.

2001-2009 : *Administration Bush. Parti républicain.*

2001 : Défaut souverain argentin.

2001-2002 : Proposition formulée par Anne Krueger d'un Sovereign Debt Restructuring Mechanism (SDRM).

2003-2007 : *Présidence argentine de Néstor Kirchner.*

2003 : Première émission d'obligations avec des Clauses d'action collective (CAC) par le Mexique.

2005 : Première offre d'échange de titres et de restructuration par le gouvernement argentin.

Décembre 2005 : Remboursement anticipé du FMI par Nestor Kirchner.

Fin décembre 2005 : Première offensive de NML capital, Elliott management, contre la Banque centrale argentine.

2007-2015 : *Présidence argentine de Cristina Kirchner.*

2009-2017 : *Administration Obama. Parti démocrate.*

2010 : Seconde offre d'échange de titres et de restructuration par le gouvernement argentin.

2012 : Décision *pari passu* du juge Griesa.

2012 : Saisie-conservatoire de la Frégate *ARA Libertad.*

2014 : Décision « Discovery » de la Cour Suprême des États-Unis.

2014 : À la suite des actions des fonds « vautours », l'Argentine est à nouveau en défaut de paiement.

2015 : Vote de la résolution à l'ONU sur les principes de restructuration de dette (portée par l'Argentine).

2016 : Réglement des fonds vautours par le nouveau président argentin Mauricio Macri.

2017-2021 : *Administration Trump. Parti républicain.*

2020-2023 : Restructuration de la dette de la Zambie et mise en place d'un comité de créanciers qui associe le Club de Paris et la Chine.

Remerciements

Je remercie infiniment les éditions La Découverte, tout particulièrement Rémy Toulouse et Élisabeth Lau pour leur travail d'édition inestimable sur ce manuscrit, leur patience et leurs précieux conseils. Merci à Cédric Durand et Romaric Godin pour leur aide dans sa confection. Merci à mes ami.e.s pour leur lecture indispensable : Arnaud Fossier, Isabelle Guérin, Vincent Gayon, Sylvain Laurens, Quentin Ravelli, Bruno Théret, Éric Monnet et Brice Laurent. Béatrice Hibou, Olivier Borraz, Brigitte Gaïti, Katharina Pistor et Fabian Muniesa ont commenté une version antérieure de ce travail et leurs retours ne m'ont pas quitté pendant la rédaction. Un grand merci à Antoine Vauchez qui a suivi de près tout le processus. Cette enquête aurait été impossible sans les structures collectives qui accueillent les chercheur.e.s. L'IRISSO a permis de financer une grande partie des terrains d'enquête, dont une première mission en Argentine. Les financements de PSL et ÉCOS-Sud ont été décisifs. Je remercie Jaime Marques Pereira et tout particulièrement Quentin Deforge, qui m'a mis la puce à l'oreille sur l'initiative argentine quand il était en stage à l'ONU. Notre collaboration sur la CNUCED a été essentielle. Mes liens avec l'université San Martin à Buenos Aires sont précieux. Merci tout particulièrement à Martha Lucia Bernal, Alexandre Roig, Mariana Luzzi et Ariel Wilkis, ainsi qu'à Gabriel Vomarro. Un de mes séjours argentin a été enrichi par la présence et les contributions de Vanessa Bernadou. Je remercie les personnes avec qui j'ai coécrit : Thomas Angeletti, Quentin Deforge, Anne-Laure Delatte, Fabien Éloire, Vincent Gayon, Pierre-André Juven, Paul Lagneau-Ymonet, Jeanne Lazarus, Marie Piganiol, Damien Piron, Quentin Ravelli, Bruno Théret et Olivier Vallée. Ces binômes, en plus d'être stimulants, sortent le chercheur de sa torpeur solitaire. Je remercie l'ensemble des membres du CMH pour leur accueil au sein du laboratoire depuis 2022. Je pense aussi à Emilia Schijman, Liora Israel et Claude Didry pour nos conversations. Je remercie Benjamin Castelanelli pour son aide et son travail sur l'EMTA à mes côtés. Sans mon passage à l'Institute for Advanced Studies de Princeton (2019-2020), ce travail n'aurait pas été possible. Les rencontres que j'y ai faites m'ont beaucoup apporté. Je remercie Didier Fassin pour son accueil et toute l'équipe réunie autour de Marion Fourcade et de sa générosité : Federico Neiburg, Susana Narotzky, Frédéric Wherry, Horacio Ortiz, Sarah Quinn, Lena Lavinas. Pour les discussions nourrissantes permanentes, je remercie Marlène Benquet, Benjamin Braun, Daniela Gabor, Clément Fontan, Michel Feher, Matthias Thiemann et Jérôme Sgard. Rencontré pendant mon séjour aux États-Unis, Gregory Makoff a été particulièrement aidant. Ce travail aurait été impossible sans les avocats, financiers, hauts fonctionnaires qui ont accepté de me rencontrer, parfois plusieurs fois en France, en Argentine, au Mexique et aux États-Unis. Je les remercie vivement, tout particulièrement ceux qui m'ont confié leurs archives personnelles. Merci à l'EMTA, qui m'a donné accès à ses archives numériques, une mine d'or sur l'histoire des marchés émergents. Et enfin merci à Serge Paugam, Arlette Mollet, Solenne Bertrand et Séverine Gojard, pour le temps que j'ai pu, grâce à leur efficacité et à leur bienveillance, consacrer à ce manuscrit malgré nos responsabilités au laboratoire.

Je remercie mes beaux-parents et mes parents pour leur soutien indéfectible et pour m'avoir chouchouté dans des lieux champêtres dédiés à l'écriture, Arc-en Barrois et Champagne-sur-Oise. Merci au 7, 7 *bis* et 7 *ter* de la rue pour leur soutien, à Paris, chez Momo, ou à Senonches. Merci à Mochi d'avoir mis ses pattes à ce manuscrit et veillé avec moi toutes les nuits où j'y ai travaillé. Juliette et Victor ont gentiment toléré un papa bien occupé ; je me rattraperai avec joie. Je dédie ce travail à Marianne, relectrice merveilleuse et amour de ma vie.

Table

COLLECTION ÉCONOMIE POLITIQUE
dirigée par Cédric Durand et Romaric Godin

« Tout ce qui rampe est gouverné par les coups », écrivait Héraclite. Cette maxime, hélas, ne s'applique que trop bien à la pensée sur l'économie, matraquée institutionnellement par quatre décennies de néolibéralisme. L'économie politique fut autrefois prospère, c'est un champ aujourd'hui dévasté, dont ne subsistent que quelques poches aux marges de l'académie. Pourtant, de crises financières en catastrophes écologiques et sanitaires, à mesure que le capitalisme renoue avec les grandes turbulences, la demande de critiques dans et sur l'économie croît. La collection « Économie politique » se propose de répondre à cette demande.

L'économie politique met en relation les dynamiques économiques et les rapports de force socio-politiques. Elle analyse les modes de production, d'échange et de consommation dans les sociétés humaines et assume leur variation géographique et historique. Cette approche renvoie aux recherches des économistes hétérodoxes, qui défient sur le plan scientifique les préceptes néolibéraux.

S'il s'agit de décrypter la dynamique du capitalisme contemporain, l'objectif de la collection est aussi de contribuer à briser le sortilège marchand. Les ouvrages qu'elle publie répondent ainsi à un double souci : favoriser un contrôle démocratique sur l'économie et réencastrer ce domaine dans le reste de la vie sociale.

Ouvrages déjà parus dans la collection :

Pavlina Tcherneva, *La Garantie d'emploi. L'arme sociale du Green New Deal*, 2021.

Bruno Amable, *La Résistible Ascension du néolibéralisme. Modernisation capitaliste et crise politique en France (1980-2020)*, 2021.

Benjamin Bürbaumer, *Chine/États-Unis, le capitalisme contre la mondialisation*, 2024.

#lisez engagé !
www.lisez.com

Cet ouvrage est imprimé
sur du papier issu de forêts
gérées durablement.

Composition Facompo, Lisieux (Calvados).
Achevé d'imprimer sur les presses de
La Nouvelle Imprimerie Laballery à Clamecy (Nièvre).
Dépôt légal : octobre 2024
Nº de dossier : 409428

Imprimé en France